21世纪普通高等教育系列教材

公共关系学

第3版

刘 军 李淑华 主编

机械工业出版社

公共关系学是一门实践性很强的综合性学科，涉及管理学、心理学、广告学、传播学、语言学、市场营销学等知识，本书注重将这几门学科融会贯通，体系完整，内容精练。本书第 3 版在前两版的基础上进行了补充、更新和修订，系统地介绍了公共关系的相关理论和实践艺术，并突出公共关系中的重要内容和新内容，如危机管理和网络公共关系。

本书可作为管理类各专业的教材，也可作为企业管理人员、公关人员、营销人员的培训教材，同时也是帮助其他从业人员自学管理艺术、提高自身素质的一本好书。

图书在版编目（CIP）数据

公共关系学/刘军，李淑华主编 .—3 版 .—北京：机械工业出版社，2018.2（2024.7 重印）
　21 世纪普通高等教育系列教材
　ISBN 978-7-111-59216-7

Ⅰ. ①公… Ⅱ. ①刘… ②李… Ⅲ. ①公共关系学 – 高等学校 – 教材
Ⅳ. ①C912.3

中国版本图书馆 CIP 数据核字（2018）第 035440 号

机械工业出版社（北京市百万庄大街 22 号　邮政编码 100037）
策划编辑：易　敏　　　　　责任编辑：易　敏　付鑫宇
责任校对：郑　婕　王明欣　封面设计：鞠　杨
责任印制：张　博
北京中科印刷有限公司印刷
2024 年 7 月第 3 版第 7 次印刷
185mm×260mm・17.5 印张・444 千字
标准书号：ISBN 978-7-111-59216-7
定价：42.50 元

凡购本书，如有缺页、倒页、脱页，由本社发行部调换

电话服务	网络服务
服务咨询热线：010-88379833	机 工 官 网：www.cmpbook.com
读者购书热线：010-88379649	机 工 官 博：weibo.com/cmp1952
	教育服务网：www.cmpedu.com
封面无防伪标均为盗版	金 书 网：www.golden-book.com

前　言

本书第1版于2006年2月出版，第2版于2012年2月出版，两版共印刷12次，得到了许多高校师生和从业人士的认可。2017年，机械工业出版社编辑联系我们，告知有读者反馈，希望能对版本进行修订，我们也正有此意。因为时隔数年，大的经济环境、政治环境、技术环境在改变，公共关系领域有了很多新情况、新发展，特别是随着网络的快速发展，网络已经成为公共关系活动的主战场。这些变化，我们都特别希望能和读者分享。因此，本书编写组在总结前一段时间教学经验的基础上，结合公共关系学科发展的案例教学成果，对本书进行了再一次修订。

公共关系学是一门实践性很强的综合性学科，涉及管理学、心理学、广告学、传播学、语言学、市场营销学、控制论等一系列学科。本书既融合国内公共关系三大学派，又侧重传播管理学派理论，既有大学科的综合性，又有鲜明的个性。本书第1版在编写的过程中，以实用性为宗旨，注重将这几门学科交叉贯通，更好地体现完整的知识体系。随着社会信息化建设的加快，本书第2版实现了学科体系的全面提升。本次修订中，考虑到虽然实践应用千变万化，但公共关系的一些基本规律、内在逻辑还是起作用的，因此对理论部分改动不大。本次修订的主要内容是：进一步理顺知识内容的逻辑关系，使之更符合人们的认知规律；增加了一些反映新时期公关实践的案例，删掉了一些已经不合时宜的案例，对部分案例里的资料进行了更新，增加了案例讨论；在第二章增加了"公共关系活动的模式"一节；在第十一章增加了"网络公关新应用"一节，以丰富网络公关的内容，并体现当代网络公关的新发展，如网络舆情监测等；对多处文字叙述进行了优化。

本书由刘军教授、李淑华副教授主编。具体分工如下：刘军编写第一、十一章；许强编写第三、四章；燕波涛编写第九、十章；邵晓明编写第十二章；李淑华编写第七、八章；吕辰晨编写第二、五章；刘嘉琪编写第六章。全书由刘军、李淑华统稿。

本书适合作为管理类各专业教材，也适合作为企业培训教材，或供从业人员自学以提高自身素质。

限于我们的各种条件，书中不当之处在所难免，真诚希望广大读者批评指正！

当今社会，公共关系越来越受到各种组织的重视。随着人与组织之间的关系越来越密切，各类企业、非营利组织，甚至是国家，都在积极开展公共关系活动，塑造和维护自身形象。让我们与各位同仁一起，为公共关系理论与实践的发展再次谱写新篇章！

编　者

目 录

前 言
第一章 绪论 …………………………… 1
第一节 公共关系的含义 …………… 1
第二节 公共关系的要素、特征与形成
条件 …………………………… 6
第三节 公共关系的产生和发展 …… 9
第四节 公共关系学的范畴 ………… 15
案例 1-1 "一带一路"为国家形象塑造
搭建黄金平台 ……………… 17
思考·讨论·训练 …………………… 18

第二章 公共关系的职能与原则 …… 19
第一节 公共关系的职能 …………… 19
第二节 公共关系的原则 …………… 27
第三节 公共关系活动的模式 ……… 32
案例 2-1 "蒙牛—超女"与"闪亮—
快男" ……………………… 34
思考·讨论·训练 …………………… 35

第三章 公共关系主体 ………………… 36
第一节 公共关系主体的含义、构成要素
和特征 ……………………… 36
第二节 社会组织概述 ……………… 40
第三节 公共关系机构 ……………… 45
第四节 公共关系人员 ……………… 54
案例 3-1 企业公关,最需什么样的
人才 ………………………… 60
思考·讨论·训练 …………………… 61

第四章 公共关系客体 ………………… 62
第一节 公众的含义和特征 ………… 62
第二节 公众的分类 ………………… 64
第三节 公众心理定势分析 ………… 67
第四节 公众关系处理 ……………… 73
案例 4-1 "加多宝"公众形象的重新
打造 ………………………… 80

思考·讨论·训练 …………………… 81
第五章 公共关系传播 ………………… 82
第一节 传播的基本原理 …………… 82
第二节 公共关系传播媒介 ………… 88
第三节 公共关系传播的三个层次 … 94
第四节 创造有效公共关系传播的
条件 ………………………… 97
案例 5-1 新时期的《人民日报》 …… 99
思考·讨论·训练 …………………… 101

第六章 公共关系工作程序 …………… 102
第一节 公共关系调查 ……………… 102
第二节 公共关系策划 ……………… 112
第三节 公共关系计划的实施 ……… 118
第四节 公共关系评估 ……………… 126
案例 6-1 美国佛罗里达州针对流行感冒免
疫问题提出的战略构思方案 …… 133
思考·讨论·训练 …………………… 134

第七章 公共关系文书写作 …………… 135
第一节 常规性文书写作 …………… 135
第二节 传播性文书写作 …………… 146
第三节 调查咨询性文书写作 ……… 151
第四节 公共关系策划书 …………… 158
案例 7-1 芝麻信用的危机声明 …… 160
思考·讨论·训练 …………………… 161

第八章 公共关系专题活动 …………… 162
第一节 会议活动 …………………… 162
第二节 专项活动 …………………… 165
第三节 新闻宣传活动 ……………… 170
第四节 接待活动 …………………… 173
第五节 公共关系谈判 ……………… 174
第六节 公共关系广告 ……………… 180
案例 8-1 哈尔滨啤酒节专题活动策划 …… 185
案例 8-2 苹果发布会 ……………… 187

思考·讨论·训练 …………………… 188
第九章　公共关系危机管理 …………… 189
　　第一节　公共关系危机概述 …………… 189
　　第二节　危机处理 ……………………… 191
　　第三节　危机管理 ……………………… 196
　　案例 9-1　成功危机公关案例 ………… 201
　　案例 9-2　不完全成功危机公关案例 … 202
　　案例 9-3　完全不成功危机公关案例 … 203
　　思考·讨论·训练 …………………… 204
第十章　社会组织形象的塑造 ………… 205
　　第一节　组织形象概述 ………………… 205
　　第二节　CIS 战略 ……………………… 209
　　第三节　名牌战略 ……………………… 220
　　第四节　组织形象的评价 ……………… 223
　　案例 10-1　如家酒店的 CIS 导入 …… 225
　　思考·讨论·训练 …………………… 227
第十一章　网络公关 …………………… 228
　　第一节　网络传播与网络公关 ………… 228

　　第二节　网络公关三要素的变化 ……… 228
　　第三节　网络公关的应用 ……………… 234
　　第四节　网络公关新应用 ……………… 240
　　案例 11-1　"顺丰小哥被打"与"如家酒店
　　　　　　　女生遇袭"中的网络公关 … 245
　　思考·讨论·训练 …………………… 246
第十二章　公共语言与礼节 …………… 247
　　第一节　公共关系语言的一般要求 …… 248
　　第二节　公关界域语言 ………………… 248
　　第三节　体态语言 ……………………… 250
　　第四节　服饰语言 ……………………… 253
　　第五节　公关礼节 ……………………… 257
　　第六节　跨文化的公关语言 …………… 260
　　案例 12-1　G20 峰会晚宴首脑座位安排 … 265
　　思考·讨论·训练 …………………… 269
参考文献 ………………………………… 270

第一章 绪 论

本章提要 本章将概要介绍公共关系这一概念的内涵、公共关系构成要素、公共关系的形成条件和机制、公共关系的本质和特征、公共关系的功能，以及公共关系学科的研究对象、研究内容、研究范围、重要概念与学科框架等公共关系的基本理论。

第一节 公共关系的含义

公共关系的定义，是公共关系学研究中首先面临的问题，也是公共关系理论中的核心内容之一。我们将通过对既有理论观点的综合考察，确定核心概念，然后勾勒出公共关系的具体含义。

一、对历史上各种定义的综合考察

历史上关于公共关系定义的表述非常多，我们先来研究一下以往对公共关系学的发展产生过重要影响的公共关系定义，并对这些表述进行分析。

我们把历史上各种公共关系定义分为如下五种类型：

1. 管理职能论

持这种观点的研究者认为，公共关系是一种管理职能。

国际公共关系协会曾给公共关系作过如下定义：公共关系是一种管理职能。它具有连续性和计划性。通过公共关系，公立或私立的组织、机构试图赢得同他们有关的人们的理解、同情和支持，借助对舆论的估计，以尽可能地协调他们自己的政策和做法，依靠有计划的、广泛的信息传播，赢得更有效的合作，更好地实现他们的共同利益。

这个定义非常鲜明地强调了公共关系的管理职能，明确其活动形式是"有计划的、广泛的信息传播"，结果是"更好地实现他们的目标"。

2. 传播沟通论

持这种观点的研究者更多的是从公共关系的运作特点上来考虑，认为公共关系是社会组织与公众的一种传播沟通方式。

美国人约翰·马斯顿讲得更为坦率：公共关系就是运用有说服力的传播去影响重要的公众。

这一类定义强调的是公共关系的手段，认为公共关系不能离开传播沟通。在我国也有大量研究者持这种观点，以至于传播沟通论与主体管理职能论构成势均力敌的管理学派和传播学派两大体系。

3. 社会关系论

持这类观点的研究者避开了管理职能论倾向于公共关系的目标、传播沟通论偏重于公共关系的手段的争论，认为公共关系是社会关系的一种，必须从此入手来把握公共关系的实质。

美国普林斯顿大学的希尔兹认为：公共关系是我们所从事的各种活动、所发生的各种关系的统称，这些活动与关系都是公众性的，并且都有社会意义。希尔兹的定义比较抽象，更多的是从公共关系的本质属性上去思考问题。

这一类定义往往比较笼统而抽象，理论色彩浓厚。

4. 现象描述论

美国公共关系协会征询了两千多名公共关系专家的意见，从中选出的四种公共关系定义，都带有很浓的现象描述色彩：

——公共关系是企业管理机构经过自我检讨与改进后，将其态度公诸社会，借以获得顾客、员工及社会的了解和好感的经常不断的工作。

——首先，公共关系是一个人或一个组织为获取大众的信任与好感，借以迎合大众的兴趣而调整其政策与服务方针的一种经常不断的工作。其次，公共关系是对此种已调整的政策与服务方针加以说明，以获取大众了解与欢迎的一种工具。

——公共关系是一种技术；此种技术在于激发大众对于某个人或某个组织的了解并产生信任。

——公共关系是商业机构用以测验大众态度、检查本企业的政策与服务方针是否得到大众的了解与欢迎的一种职能。

5. 表征综合论

持这类观点的研究者采用将公共关系的各种表征综合起来的办法来解决问题。

1978年8月，在墨西哥城召开的世界公共关系协会大会上，代表们对公共关系的含义达成了共识：公共关系是一门艺术和社会科学。公共关系的实施是分析趋势，预测后果，向组织领导人提供建议，履行一连串有计划的行动，以服务于本组织和公众利益。

这个定义目前在国际上有一定的代表性和权威性。

历史上关于公共关系的定义十分繁多，上述五类有着相当强的代表性和影响力。综合考虑，本书对公共关系定义做出如下表述：公共关系是公立的或私立的组织为了自身事业发展，通过连续的、有计划的、持久的形象塑造、传播管理、利益协调等方式，来改善公众对于它的态度和行为、创造最佳社会环境的政策或行动。

二、公共关系理论的核心概念——组织形象

组织是人们依照一定的规范和目的所进行的社会组合。组织包括三个因素：第一，组织是社会成员的组合，即组织是群体的一种，须有一定数量的人员；第二，组织是依照一定规范组合起来的，即组织不是随机的杂乱无章的组合，而是以一定的规范为基础的；第三，组织具有一定的目的，是为实现或达到某一目标进行的组合。形象是公众对于社会组织的总体评价，是主客体的统一。展开来说，第一，形象是一种总体评价，这种总体评价当然是各种具体评价的总和。具体评价构成局部形象，总体评价组合成总体形象。第二，形象确定者是公众，公众是形象的评定者。第三，形象源于社会组织的表现，公众对社会组织的印象不是凭空产生的，而是基于社会组织的表现。

所谓组织形象就是公众对于社会组织的总体评价，是社会组织的表现与特征在公众心目中的反映。我们认为，组织形象是公共关系理论的核心概念，是学科的理论基石，并作为一条主线贯穿于整个学科的各个方面。

第一章 绪 论

(一) 组织形象的构成

组织形象的构成主要有以下三个方面：

1. 组织的总体特征与风格

组织的总体特征是指组织最为显著的、能代表整体情况的一些特点，是公众对组织及其行为的概括性认识。组织的总体特征与其他形象要素相比，具有如下特点：组织总体特征的形成，需要较长的时间；比较抽象、概括，能比较全面地反映组织的情况；信息适用面比较广泛，一般不强调针对具体的某类公众；具有更大的稳定性，对公众的影响力也更持久一些；具有相对独立性，即一旦形成以后，可以相对地脱离其他形象要素而存在，并产生作用。

组织的总体特征可以分为两大类：一类是内在总体特征和风格，另一类是外在总体特征和风格。

组织的内在总体特征和风格，是构成组织形象的"软件"，包括组织精神和风格，组织内部具有共同的价值观，组织的资金实力、技术实力、人才实力，企业的等级，服务对象的选择和风格的选择等。例如，奔驰给公众展示的组织形象就是优秀的品质和较高的价格。

组织的外在总体特征和风格，是组织形象的"硬件"部分，包括：组织建筑的布局，房屋的装饰，技术设备的状况，卫生及环境状况，员工的仪表、着装、态度、办公用品及设施中独特的色彩与标志，工厂的厂旗、厂徽、厂歌，特有的产品包装装潢，等等。外在特征可以使人一目了然，在大脑中产生鲜明的形象。

内在特征和风格和外在特征和风格是相对应的，内在特征和风格是外在特征和风格的支柱和根据，它决定了外在特征和风格的取向，但它比较含蓄。外在特征和风格是内在特征和风格的直接表现，很直观，易形成第一印象，使公众迅速了解组织的特色。

塑造组织形象时，两者不可偏废。

2. 认知度、美誉度与和谐度

认知度、美誉度与和谐度，是评价组织形象的三个基本指标，是在原来"知名度、美誉度"两度指标基础上的一个升华。

"认知"，英文为 Cognition，是 20 世纪 50 年代兴起的认知心理学的核心概念。该心理学流派主要是从信息加工的角度来研究认知和认识活动。"认知"即认识知晓之意，由"认知"转换过来而为公共关系目标之一的"认知度"，表述的是一个社会组织被社会公众所认识、知晓的程度，包含被认识的深度、被知晓的广度两个方面。例如，一个企业的企业名称、产品商标、行业归属、历史沿革、主要产品、产品特征、经营状况、法人代表等诸多具体信息在多大范围内被公众所知晓，在多深的程度上被公众所认识，合起来则为这个企业的认知度。

"美誉度"，即一个社会组织获得公众赞美、称誉的程度，是组织形象受公众给予美丑、好坏评价的舆论倾向性指标。美誉度与认知度不同的是：认知度是中性的，不存在道德价值的判断；而美誉度则是有褒贬倾向性的统计指标，是对组织道德价值的判断，不同的社会组织，其美誉度的体现有不同的内容。如企业的美誉度与政府的美誉度，其衡量的角度就不尽相同，而生产性企业与服务性企业的美誉度也有不同的要求。

与美誉度一样，"和谐度"也属于对组织道德价值判断的范畴，但却是美誉度在目标公众中的延伸。即一个社会组织在发展运行过程中，获得目标公众态度认可、情感亲和、言语宣传、行为合作的程度，是组织公共关系工作所获回报的指标。在客观世界，关系无所不在，而关系的最佳境界就是和谐。人与人构成的社会关系，和平共处，和谐发展，同样也是处理各种各样关系最基本的准则。而公共关系学本身，便正是为了求取组织与公众关系的和谐而产生的。

3. 组织形象定位

组织形象定位是组织在公众心目中确定自身的形象行为。这个定位通常是特定组织与同类组织相比较而确定的。

因此，组织形象定位总是根据组织的自身特点、同类组织的情况和目标公众的情况三个要素来实行的。

(二) 组织形象的特性

1. 组织形象的主客观两重性

组织形象作为组织在公众心目中的印象，必然会受到公众自身价值观、思维方式、道德标准、审美取向以及性格特点等主观因素的影响。因此，一个组织在不同的公众心目中产生的形象是有差别的。

但是，公众对组织的总体评价还是具有客观性的。公众心中的组织形象不是从天上掉下来的，也不是他们头脑中固有的，它是组织自身行为及形象在他们心灵上的投影。根据统计学上的"大数定律"，评价的人多了，主观偏见自然就会减少。因此，大量公众对组织形象的评价是比较客观和真实的。

2. 组织形象的多维性

由于组织自身构成具有多维性，它必然会向社会发出各种各样的信息。从形象构成的要素分析看，时间、空间、人员素质、设施配备、内在精神和外在风格上，都能反映出一个组织的形象。任一个方面出现失误，都会使组织形象受损。

3. 组织形象的相对性

由于组织形象具有主客观两重性和多维性，所以组织形象就不能不具有相对性。

首先，一个组织整体形象如何，它的实力的强与弱，认知度、美誉度、和谐度的高与低，以及自身的特色、设备的先进程度等，都是与一定的参照物相比较而显现的。

其次，因为组织形象的美与丑、好与坏受主客观两方面因素的影响，任何一个因素的变化都会对组织形象产生作用。因而，组织形象只能是相对的，不可能一成不变。

4. 组织形象的相对稳定性

虽然由于诸多原因使组织形象不能不处在一个动态变化过程之中，具有一定的相对性，但是，一个组织的形象一旦形成，就会具有一定的稳定性。形象的变化不会是不可捉摸、瞬间即逝的。像中国的"老字号"企业和商店，几十年乃至几百年前塑造起来的形象至今还令人难以忘怀。不论是作为"硬件"的外在形象、建筑风格、特殊标志，还是作为"软件"的组织精神、传统风格，往往会陪伴着一个组织很长时间，并会在一定的时空条件下，在一定的公众之中形成些概念化的东西，造成一种心理定势。我们必须珍惜这种无形的财富。

三、公共关系的含义分析

确定了公共关系理论的核心概念和公共关系实务的核心问题之后，我们便可以对公共关系的含义做具体分析了。

(一) 公共关系含义的多种指代

"公共关系"一词源于英文 Public Relations，简称 PR，也可以译作"公众关系"。在英文原意中，它有多种指代，其中最常见的有公共关系状态、公共关系活动和公共关系学科三种意思。

第一章 绪　论

1. 公共关系状态

公共关系状态是组织的现实形象状态，即组织在公众心目中形象的总和。比如：在公众心目中的认知度是否高，美誉度、和谐度怎么样，相互间的关系是否亲密，是相互合作还是彼此对抗等。

公共关系状态虽是无形的，却是客观的，不以组织的主观设想为转移。

一般来说，我们从良好或不良、自觉或自然两种角度剖析组织的公共关系状态。

（1）良好的公共关系状态和不良的公共关系状态。良好的公共关系状态是指组织拥有良好的组织形象，处于被公众支持和信赖的状态。这是组织存在和发展的环境基础，是无形的财富。

相反，不良的公共关系状态是指组织形象欠佳，不被社会公众支持和信赖。这种公共关系状态不但使组织无法取得"人和"之便利，而且还使组织处于潜在危机之中，一旦产生某种契机，便会对组织造成危害。

（2）自觉的公共关系状态和自然的公共关系状态。自觉的公共关系状态是指组织通过开展有意识的公共关系活动之后所拥有的组织形象。

自然的公共关系状态则是组织在无意识的情况下自然而然地获得的组织形象。

2. 公共关系活动

公共关系活动是组织为了塑造自身的良好组织形象而从事的各种活动，主要包括协调、沟通和传播等。通常情况下，我们从以下三方面对公共关系活动进行具体分析和把握：

（1）自觉的公共关系活动和自发的公共关系活动。自觉的公共关系活动有明确的目的，是在一定的公共关系理论指导之下，经过周密计划和科学组织所进行的公共关系活动。自发的公共关系活动则是目的比较模糊，缺乏明确的公共关系理论指导，没有科学组织和系统计划的公共关系行为。

（2）兼及的公共关系活动和专门的公共关系活动。兼及的公共关系活动并非由公共关系部门和公共关系从业人员来开展，只是在组织日常事务中，兼顾了公共关系活动。专门的公共关系活动是由专门的公共关系机构和公共关系专业人员所策划和从事的公共关系活动。

（3）单一的公共关系活动和系列的公共关系活动。单一的公共关系活动是指目标单一、运作方式独立、规模较小的公共关系活动，一般由组织内部的公共关系部门完成。系列的公共关系活动是指一组系统的公共关系活动，它们互相配合，往往由几个部门甚至几家公共关系公司介入组织与实施。

3. 公共关系学科

作为一门应用性很强的学科，公共关系学有着完整的研究对象、任务和方法。

（1）公共关系学的研究对象。公共关系学笼统地说是研究公共关系理论与运作过程的学科。其研究内容主要有：

1）一般理论研究。公共关系学研究公共关系的概念，公共关系的功能、机构、人员、公众、手段等。这些是公共关系学科赖以建立的理论基石。

2）相关理论研究，即研究公共关系学在学科群中的地位以及学科间的相互渗透问题。

3）发展历史研究，研究公共关系理论与运作的发生、发展和逐步完善的过程。

4）实际运作研究，即研究公共关系的具体运作。

5）分类研究，即研究不同社会组织或同一社会组织面对不同公众开展公共关系活动的特定方式与方法。

公共关系学

(2) 公共关系学的任务。公共关系学的研究,是为了弄清理论、指导实践、培养人才、服务社会。

(3) 公共关系学的研究方法。公共关系学的研究,从方法论角度讲,主要有经验的方法、实验的方法和测验的方法三种。通过这些方法来总结概括理论,探讨公共关系活动内在规律。

第二节　公共关系的要素、特征与形成条件

一、公共关系的构成要素

公共关系是一种客观存在,它是由一些"元件"构成的。构成公共关系必要和主要的成分,我们称之为公共关系要素。

公共关系的组成主要有三大要素:社会组织、媒介、公众。

1. 社会组织

社会组织是人们为了有效地达到特定目标,按照一定的宗旨、制度、系统建立起来的共同活动集体,一般简称组织。它有清楚的界限、明确的目标,内部实行明确的分工并确立了旨在协调成员活动的正式关系结构,比如政党、政府、各种社团、企业、学校、医院等。

组织是公共关系的主体。它是公共关系中处于主动地位的一方。

2. 媒介

公共关系媒介是指使组织与公众发生联系的人或事物。人通过语言、行动表达思想和情感,传递信息,使组织与公众建立和发展关系。

事物包括为建立和协调公共关系所开展的活动,使组织与公众发生联系的物品、符号、标志、图画、图像等。在现代社会,报刊、电视、广播、互联网等都是重要的公共关系媒介。

3. 公众

公众是指与组织相关的有共同利益需求的个人、群体、组织集合而成的整体。组织内部员工、顾客、读者、观众、社区居民、社会名流等都是重要的公众。公众构成了组织生存和发展的社会环境。

公众是公共关系的客体。它对组织产生制约和影响,是组织认识和作用的对象。

公共关系的构成如图 1-1 所示。

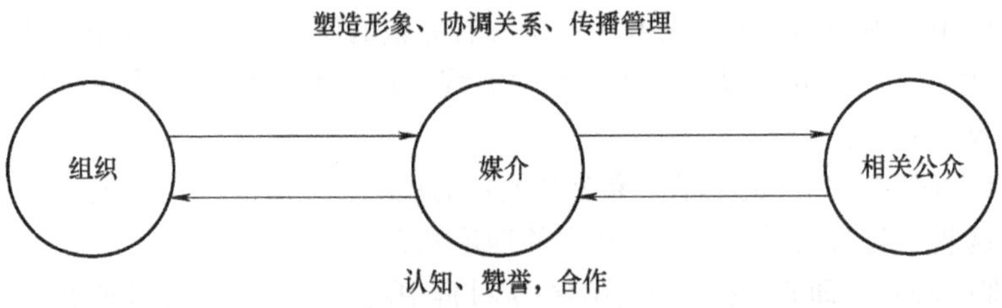

图 1-1　公共关系构成要素

图 1-1 表示:组织通过媒介作用于相关公众,作用方式主要有塑造形象、协调关系、传播管理等;相关公众对组织产生认知、表示赞誉,与组织进行合作,形成互助互利的关系。

二、公共关系三大要素的协调

1. 组织的主导性

组织作为公共关系的主体决定了公共关系状态和主宰着公共关系活动。组织的任何运作，都会通过传播来影响公众。尤其是在当今信息社会，组织的活动很快就会引起公众的反应。

2. 媒介的效能性

公共关系之所以能够产生作用，得益于传播沟通手段。因此，社会组织的各种良好的行为要转化为实际公共关系中的认知度、美誉度、和谐度，必须充分依靠传播、沟通。在现代社会，"做了还要说""做得好加上说得好"，是非常重要的。

3. 公众的权威性

虽然公众在公共关系活动中处于被影响、被作用的地位，但是公众绝不是消极的被愚弄的对象。"凡宣传皆好事"的观点在公共关系历史上早已臭不可闻。社会组织越来越认识到自身的每一步发展、每一项成就都离不开公众。公众的支持是无形的财富和成功的决定性因素。因此，在现代公共关系的三大要素中，公众的权威性已日益被公认。

4. 主体、媒介、客体的统一协调

构成公共关系的三大要素，存在着多种多样的组合。一切公共关系活动所追求的都是这三大要素的最优状态和优化组合。

三、公共关系的特征

如果说核心概念揭示的是公共关系的本质，基本要素揭示的是公共关系的内在架构，那么，基本特征则是揭示公共关系的外在特点，这些外在特点是核心概念的外化，也是基本要素的延伸。

1. 以事实为依据

真实是公共关系活动的前提，真诚是公共关系人员的信条。公共关系的一切活动都要以事实为依据。

2. 以沟通为手段

（1）认清沟通的公众对象。公共关系活动的重要方式就是与公众对象的沟通。为了有效地进行沟通，必须对公众对象的特性作具体细分，用心去体察公众对象的各不相同的状态和行为动机，从而达到最佳的沟通效果。

（2）明确沟通的主要目标。塑造形象是公共关系的核心问题，组织形象的美化，是公共关系活动追求的效果。美誉，即美好的组织形象，是组织所向往的。因此，公共关系活动中的沟通并不是一般的情感交流，而是为组织形象而进行的有目的的社会活动。公共关系活动中的沟通与其他职能部门所进行的沟通相比，最明显的区别就存于其运作目标上的差异。

（3）立足于长远的沟通。组织与公众建立起良好的关系、获得美好的声誉、与环境的和谐发展、让公众获益，所有这一切，都不是一日之功所能及的，必须经过长期的艰苦的努力。如果说，广告和推销大量地考虑眼前效果的话，那么，公共关系则主要着眼于长远效果。

3. 以互惠为原则

（1）公共关系明确认定利益目标。我们尽管强调情感与真诚，但作为服务于特定组织的公共关系活动，其利益目标是不含糊的，而是公开认定自身公共关系活动的利己特点。实际上，情感、真诚与利益目标不但不矛盾，反而是相辅相成的。

（2）公共关系的道德是"大家都赢"。最好的公共关系状态是公共关系主体与公众对象在道德规范下的利益目标的共同实现，这不是"我赢你输"或"你赢我输"，而是"大家都赢"，即互惠互利。

以上三个特征最为明确地勾画出公共关系运作的外在特点，从而使公共关系活动区别于其他社会活动。

四、公共关系的形成条件

公共关系产生于19世纪末、20世纪初的美国并不是偶然的，它是当时美国及资本主义社会的基本矛盾以及经济、政治、科学技术和文化等社会历史条件发展到一定阶段的必然产物。为了真正全面而深刻地把握和理解现代公共关系的精髓，我们有必要联系社会历史条件进行具体分析。

1. 社会组织的高度分化以及在此基础上形成的相互协调、融通和整合的发展趋势是公共关系赖以产生和发展的社会基石

纵观人类历史的发展过程，人类社会的进步史在某种意义上来说就是一部社会组织不断分化和发展的历史。社会发展的趋势表现为，一方面，社会日益走向多元化与多极化；另外一方面，各种社会矛盾和对抗又日趋融通和缓和。这就使得任何一个社会组织只有加强与其他社会组织和公众的相互沟通、协调与合作，才能得以生存和发展。

2. 公共关系产生与发展的社会经济条件

市场经济的出现是公共关系产生与发展的社会经济条件。在市场经济条件下，整个生产活动都是社会化的，人们生产的产品主要用来交换以实现其价值。市场交换实现后，人们生产的产品和劳动才能得到社会承认。于是，无论是个人或者组织，只有通过自觉的努力才能得到社会的认可和支持，才能为自己创造一个良好的生存和发展环境。

3. 公共关系产生与发展的社会政治条件

社会政治生活的民主化是公共关系赖以产生和发展的政治条件。当时的资产阶级民主政治破除了君主主权神圣不可侵犯的信条，把政府的合法性奠定在公民认可的基础之上，从而就迫使统治者不得不注重自己的施政方针被公众信任和支持的程度，改善与公众的关系。为此，政府和组织就必须及时了解民情民意，根据民意来制定或调整自己的内外政策，并通过各种传播媒介向公众宣传解释政策，争取公众的理解和支持。

4. 公共关系产生与发展的物质技术条件

传播手段和通信技术的进步是现代公共关系产生与发展的物质技术条件。20世纪初，科学技术有了长足的进步，尤其是交通工具和传播手段的现代化，为现代公共关系的产生和进一步发展提供了物质技术保障。现代信息社会，网络的普及加速了公共关系学科的发展。

5. 公共关系产生与发展的社会文化心理因素

在社会经济领域，科学技术的进步和生产力的高度发展，使得劳动开始从体力密集型向智能密集型转化，这迫使企业主不得不考虑公众和员工的态度和心理因素，从而最大限度地调动他们的生产积极性。这导致了企业经营管理思想的重大转变，领导者认识到，顺应民众的社会文化心理，满足他们更加广泛的物质需求和精神需求，比采取以往的对抗手段来压制他们，更有利于消除组织与公众之间以及劳资之间的隔阂与冲突。

第一章 绪 论

第三节 公共关系的产生和发展

公共关系作为一种客观存在的社会关系和社会现象有其久远的历史。不过,作为一种专门化的社会职业,成为一门较为系统和完善的学科体系,却不过近百年的时间。追溯公共关系的源流,了解其发生与发展的历史过程,把握国内外公共关系的现状,剖析公共关系形成和发展的诸多社会历史条件,对全面、准确和科学地把握公共关系的思想与理论,开拓适合我国社会情况的公共关系事业,具有重要意义。

一、公共关系的起源

现代意义上的公共关系起源于美国,而美国的公共关系则起源于美国的独立战争。当时,美国的贵族爱国者与资产阶级保守党之间存在着严重的分歧和斗争,为了压倒对方,对立的两派想方设法争取公众的支持。以亚历山大·汉密尔顿为首的商业界、金融界和以杰弗逊为首的种植园主、农民集团之间的斗争是这样,以杰克逊为首的边疆垦荒者同以尼古拉斯、比德尔财团为中心的政治集团之间的斗争也是这样。特别是在美国内战期间,南北双方的政治集团和军事集团也都把争取公众作为自己工作的重中之重。

严格来说,这时美国产生的公共关系活动在内容上较之公共关系的史前时期还没有发生根本性的变化,但它较之于公共关系的史前时期却具有不同的意义和作用。这是因为它所取得的成功,成为现代公共关系在美国产生和发展的直接原因。此后,公共关系经历了不同的历史阶段,并得到长足发展。

1. 费尼斯·泰勒·巴纳姆时期

有组织的公共关系活动发端于19世纪中叶在美国风行一时的报刊宣传代理活动。19世纪30年代,美国报刊史上出现了以大众读者为对象,大量印发通俗化报刊的"便士报"时期。当时,不少公司和财团雇佣专门人员炮制煽动性新闻,为"自己做夸大和虚假的宣传"。而报刊为了迎合一些读者的心理,也乐于接受并发表。这种配合,便出现了当时的报刊宣传代理活动。

巴纳姆是这一时期最有代表性的报刊代表人,因制造舆论宣传、推动马戏演出而闻名于世。他是一个马戏团的老板,利用报纸为自己的马戏团编造过不少神话。诸如:马戏团里有一位黑人女奴,曾在一百多年前养育过美国第一位总统乔治·华盛顿;马戏团里有一个矮小的汤姆将军,他当年曾率领一群侏儒,赶着矮和马拉的车去觐见维多利亚女王,等等。于是,人们抱着好奇心纷纷到马戏团一探究竟,结果马戏团的票房收入猛增。当这种骗局被揭穿之后,报刊宣传活动就受到了人们的批评,只是到后来,人们才逐渐认识到,这种报刊宣传活动在促进公共关系发展成为一种有组织的活动方面具有积极意义。

但从总体上看,这一时期的报刊宣传活动却具有如下两个致命的弱点:其一是这种宣传对公众的利益全然不予考虑;其二是几乎所有的报刊宣传员都以获得免费的报纸版面为噱头欺骗公众,这在根本上与公共关系的宗旨背道而驰。因此,这就使整个巴纳姆时期在公共关系的历史上成为一个不光彩的时期,有人称之为"公众受愚弄的时期"、"反公共关系的时期"或"公共关系的黑暗时期"。后来,人们以此为鉴,明确了在公共关系活动中必须奉行诚实、公正和维护公众利益的原则和精神。

1882年,美国律师、文官制度倡导者多尔曼·伊顿在美国耶鲁大学法学院发表题为《公

公共关系学

共关系与法律职业的责任》的演讲。在这篇演讲中,他首次使用了"公共关系"这一概念。1897年,美国铁路协会编的《铁路文献年鉴》也第一次正式使用了"公共关系"这一名词。

总之,这一时期的公共关系活动已带有一定的组织性和较为明确的目的性。这就是说,公共关系已经不再局限于政治活动和思想宣传活动,而是逐渐与谋利愿望紧密地结合在一起,为公共关系在其后的迅猛发展奠定了基础。

2. 艾维·李时期

1903年,美国著名记者艾维·李在美国开办了一家正式的公共关系事务所,标志着现代公共关系的问世。从此,公共关系事业进入了一个前所未有的现代发展时期。

到了19世纪末,美国已进入垄断资本主义时期,垄断财团占有着社会的绝大部分财富。为攫取最大利润,他们全然不顾广大民众的利益和最起码的社会道德准则。由于经济危机频频爆发,不仅广大劳动人民的生活极度艰难,一大批中小企业和资本家也在垄断财团的疯狂兼并活动中惶惶不可终日。于是,整个社会的阶级矛盾日益激化,各个阶层和集团之间的利益冲突也日益尖锐,整个社会都充满了对工商寡头的敌意。在此情况下,终于爆发了以揭露工商企业的丑闻和阴暗面为主题的新闻揭丑运动,史称"扒粪运动"。当时,新闻界的一些作家和记者愤然以笔代枪,掀起了揭丑运动的高潮。在近十年的时间里,各种报刊上发表的此类文章达2000多篇,从而使许多大企业和资本家声名狼藉。垄断财团最初试图使用高压手段来平息舆论。起先,他们对新闻界进行恫吓,提出要起诉,说新闻界犯了诽谤罪;继而,又以不在参与揭丑运动的报刊上刊登广告相威胁。当这些都未奏效时,他们又变换手法,以贿赂为武器。一些大财团和大公司公开雇佣记者创办自己的报刊;仿效19世纪报刊宣传活动的手法,编撰有利于工商巨子们的耸人听闻的神话和"新闻",遮掩自己公司和企业中出现的种种问题。结果适得其反,公众对垄断财团的敌意反而与日俱增,于是,以"说真话"、"讲实话"来获得公众信任的主张被提了出来,并越来越得到工商界一些开明人士的赞同。艾维·李就是"说真话"的社会思潮的主要代表人物。

艾维·李曾是《纽约日报》、《纽约时报》和《纽约世界报》的记者。他审时度势,针对巴纳姆式宣传活动的局限性,提出了"说真话"的宣传思想。他认为,"一个企业、一个组织要获得良好的声誉,不是依靠向公众封锁消息或者以欺骗来愚弄公众,而是必须把真实情况披露于世,把与公众利益相关的所有情况都告诉公众,以此来争取公众对组织的信任;一旦披露真情确实对组织不利的话,那就应该调整公司或组织的行为,而不是去极力遮盖真实情况。在通常情况下,一个企业与员工或其他社会组织处于紧张的摩擦状态,这往往是由于这个企业的管理者不注重与公众的沟通所造成的。因此,要想建立良好的公共关系,创造最佳的生存发展环境,最根本的信条是:说真话!"

1903年,艾维·李开办了一家正式的宣传咨询事务所,从而成为向客户提供公共关系咨询并收取费用的第一位职业公共关系人员。1906年,他又向新闻界发表了阐述其活动宗旨的《原则宣言》。他指出:"我们的责任,是代表企业单位及公众组织,就公众关心并与公众利益相关的问题,向新闻界和公众提供迅速而真实的消息。"这一《原则宣言》成为反映他的基本思想的重要文献。在实际工作中,他落实了自己的思想,做得很出色。他在洛克菲勒财团面临公共关系极端恶化而声名狼藉时,为其提供了成功的公共关系咨询,建议洛克菲勒财团邀请劳工领袖协商解决劳资纠纷,广泛进行慈善馈赠,改变自己在公众心目中的不良形象;他在处理宾夕法尼亚州铁路公司发生的人员伤亡事故时,果断采取公布事故真相、向死难者家属提供赔偿、为受伤者支付治疗费、向社会各方诚恳道歉等措施,取得了良好的效果。从此,

第一章 绪 论

他成为蜚声社会的公共关系专家，被人们誉为"公共关系之父"。

当然，艾维·李的公共关系咨询工作还存在许多不足。比如，他从未进行过公众舆论的科学调查，而只是凭经验、凭直觉来进行工作。尽管如此，他在公共关系发展史上仍占据着重要的地位。

正是由于他的努力，公共关系不仅成为一种独立的社会职业，而且也朝着科学化的方向迅速发展。

3. 爱德华·伯内斯时期

艾维·李是现代公共关系的创始人，但他没有提出系统而科学的公共关系理论。真正为公共关系奠定理论基础，使现代公共关系科学化的，是另一位现代公共关系的先驱——美国著名的公共关系顾问爱德华·伯内斯。

艾维·李之后，美国的公共关系事业得到长足发展。1913年，爱德华·伯内斯受聘于美国福特汽车公司，担任该公司的公共关系经理。第一次世界大战期间，他又在威尔逊总统成立的官方公共关系机构"克里尔委员会"担任委员，专门负责向国外的新闻媒介提供有关美国参战情况的背景和解释性材料。第一次世界大战结束后，他和夫人在纽约开办了公共关系公司。1923年，他出版了论述公共关系理论的著作《舆论明鉴（Crystallizing Public Opinion）》，成为公共关系学的第一部经典性著作。同年，他在美国纽约大学首次讲授公共关系课程。之后，他又于1925年写了教科书《公共关系学》，1928年写了《舆论》，从而使公共关系的基本理论和方法形成一个较为完整的体系。

爱德华·伯内斯公共关系思想的一个重要组成部分就是他提出的"投公众所好"的主张。他对现代公共关系的重要贡献主要表现在以下几方面：

① 公共关系活动职业化。
② 公共关系摆脱了对新闻界的从属。
③ 公共关系动作程序、方法、技巧的现代化，提出公共关系的整个动作过程应当包括从计划到反馈最后到重新评估等八个基本程序。
④ 初步建立现代公共关系的理论体系。
⑤ 强调了舆论以及通过投其所好的方法和通过宣传引导公众舆论的重要。
⑥ 投公众所好是公共关系思想的核心和立足点。
⑦ 使公共关系观念有了含义。
⑧ 主张将获得公众的谅解与合作为公共关系的基本信条。

4. 现代公共关系时期

在有的书中，现代公共关系时期也被称为斯科特·卡特利普时期。

20世纪50年代以来，公共关系的实践和理论研究进入了一个全新的现代发展时期。

1955年5月1日，国际公共关系协会在英国伦敦成立，现总部在瑞士日内瓦，有会员逾千人，遍布欧、美、亚、非各大洲60多个国家和地区。国际公共关系协会的诞生标志着公共关系作为一门世界性的行业而独立存在。

这一时期，以斯科特·卡特利普等为代表的一大批公共关系专家和大师，通过对半个多世纪公共关系实践和理论探索的总结，把公共关系这门学科推向了一个新的历史发展阶段。

美国著名公共关系专家卡特利普和森特合著的《有效公共关系》是这一时期出现的一部集公共关系理论研究成果之大成的代表作，它不断修订，保持了长久的生命力，有"公关圣经"之称。卡特利普和森特在该书首版和2版中首次完整地概括和描述的公共关系"四步工作法",现已为广大公共关系理论和实践工作者认可和接受,这是他们对公共关系研究的一大贡献。该书第6版由于布鲁姆的加盟,增加了重要的一章,即第八章《调整与适应——公共关系的理论模式》。在这一章里,布鲁姆沿用和扩展了该书首版作者采用的"生态学"概念,从系统论的角度提出了"调整与适应"这一面向开放系统的公共关系理论模式,从而促使人们更深刻地理解组织与其公众在开放的社会环境中的动态关系,以及公共关系在协调这种关系时的积极主动作用。国外学者在评价这一理论模式价值时指出,这一模式对公共关系主动性的描述,为公共关系发挥它在帮助实现组织总体目标作用方面,提供了更广阔的空间;另外,这一模式提出了公共关系实践的系统论研究方法,揭示了未来公共关系研究的方向。该书对公共关系职业化问题也有着精彩的论述,概括了公共关系职业化的主要标志,明确指出公共关系是一个发展中的职业。

格鲁尼格是另一位美国公关界的大师级人物,是研究公共关系学和传播学的著名学者。1984年出版的《公共关系管理》是他的代表作。在该书中,作者提出了不少独到和新颖的观点,其中最具影响的就是公共关系实践的四种模式:第一种,新闻代理型模式。这种模式旨在通过新闻宣传制造轰动效应,以吸引公众的注意力,传播性质为单向。第二种,公共信息型模式。它偏重于经常性地对外发布信息,传播组织的真实情况,以便公众了解组织,传播性质为单向。第三种,双向非对称模式。这种模式的目的在于通过科学方法,诱导和劝服公众接受组织的有关观点,并进而支持组织的行为方式。此模式传播性质虽为双向,但其在组织和公众之间的效果并不平衡,它相对来说只有利于组织,公共关系人员作为信息提供者吸收公众的反馈意见仅为提高诱导劝服工作的有效性。第四种,双向对称型模式。它强调对话,注重坦诚、完整、准确的双向交流,目的是促进相互理解。其传播性质属双向性的,且在组织和公众之间的传播效果是平衡的,因为公众能够像组织改变公众的态度和行为一样,促使组织改变其行为。国外学者的评论指出,虽然这四种模式在当今公共关系实践中都不同程度地存在着,但双向对称型模式的提出,展示了公共关系实践发展的方向。这一模式真正体现了公共关系的本质。

布莱克教授是英国公关界的杰出代表人物。作为英国公共关系协会和国际公共关系协会的创始人之一,他一生致力于公共关系事业的发展。弗兰克·杰夫金斯是英国著名的公共关系专家,他是英国公共关系协会顾问、英国公共关系学院教授。他早年主攻经济学,曾在伦托基尔公司从事公共关系工作,主要负责处理科技公共关系。自1968年后,他在英国开办了公共关系学校,讲授公共关系、广告和市场等方面的课程,从而成为一位出色的公共关系教育家。与此同时,公共关系的实务活动在全世界不同国家和地区也得到突飞猛进的发展。各种公共关系协会、顾问公司等雨后春笋般地蓬勃成长起来。各国公共关系事业的不断发展,也促进了国际公共关系事业的繁荣。

随着公关事业的发展,公共关系也逐渐引进和运用了最新科学技术手段,在工作方法上有了新的变化。比如大型电子计算机、计算机网络、通信卫星等,都为公共关系工作提供了现代化的有效手段和方法。公共关系也开始吸收传播学、行为科学和心理学等学科的知识,研究公众心理和公众舆论,策划公共关系工程,协调组织的内外部关系,使公共关系发挥出更加重要的社会作用。这期间,公共关系教育事业也在蓬勃发展。随着公共关系向广度和纵深发展,社会不仅对公共关系人员数量的需求急剧增加,而且对其专业水平和素质的要求也越来越高。

总之,公共关系的历史发展过程,由巴纳姆、艾维·李、伯内斯到卡特利普、森特和杰

第一章 绪 论

夫金斯、格鲁尼格和布莱克，是一个日趋成熟和不断完善的过程。严格来说，20世纪50年代以后，公共关系的面貌才发生了巨大的变化，从而才真正走上科学化、职业化、规范化的发展道路。

二、现代公共关系的发展

20世纪七八十年代，公共关系事业在全世界范围内获得了突飞猛进的发展。美国汤姆生公司总裁预测，在未来的年代里，国际公共关系和广告业将成为全世界范围内发展最快的产业之一。之所以会如此，主要是由现代公共关系发展的基本趋势及其进一步发展的社会历史条件的形成决定的。

1. 现代公共关系发展的基本趋势

随着世界范围内新技术革命的兴起和经济、政治及文化生活的一体化程度的不断提高，公共关系从20世纪60年代起有了世界性的大发展。概括起来讲，公共关系在这一发展过程中大致呈现如下几种趋势：

（1）职业化程度日益提高。自从1903年艾维·李创办世界上第一个公共关系事务所以来，公共关系作为一种全新而独特的社会职业已得到很大发展。由于它在社会各个行业和领域中发挥着重要作用，因而逐渐从其他经营管理职能和行业中分化出来，成为一种越来越受人们尊重和向往的独立的社会职业。据一项调查报道，美国的公共关系从业人员认为自己的职业地位不低于物理学家、律师、工程师和大学教授，甚至还高于飞机驾驶员、新闻记者、广告设计师和商品推销员。实质上，这表明公共关系职业已成为具有社会公认的实践技术、技巧和范围的独立领域，因而越来越成为一种不可缺少的独立的职业，成为社会必不可少的重要职能部门。

（2）国际化趋势的日益增强。世界政治、经济和科学文化一体化趋势的日益加剧，要求不同国家和民族必须加强相互之间在政治、经济和文化等各个领域中的沟通和联系，从而也就促进了国际公共关系事业的蓬勃发展。国际性的公共关系公司和国际性的公共关系协会纷纷建立，国际公共关系业务往来也在不断增多。公共关系在各种国际事务中发挥着越来越重要的作用。

（3）技术手段日益现代化。随着现代科学技术的迅速发展，公共关系作为一种智力密集型的新职业，其工作手段也不断现代化。尤其在一些发达的国家，公共关系人员竞相运用电子技术、通信卫星等现代化大众传播媒介和信息传播手段，使用计算机储存、分析调查资料，进行市场和环境预测，从而大大提高了工作的科学性和有效性。

（4）社会管理功能多元化。公共关系作为一种专门的职业最早产生于美国的工商企业界，因而它最先在经济领域发挥其重要的管理功能。随着公共关系自身的发展以及社会对其客观需求的不断增长，它已在越来越多各种类型的社会组织中发挥其广泛而具体的管理作用。如今，公共关系已不再局限于工商企业等各种形式的营利性社会组织，它已经在社会的其他领域和各种非营利性组织中发挥着重要的作用。因此，现在不仅有企业公共关系和服务行业公共关系，而且还有政府公共关系、宗教公共关系、科技公共关系、教育公共关系以及国际公共关系，等等。这一切不仅增强了公共关系工作的针对性和有效性，而且也使公共关系在整个社会中发挥的作用愈加普遍和广泛。

（5）理论的科学化和系统化。自从伯内斯开辟公共关系的理论化和科学化道路以来，在半个多世纪的历史发展过程中，公共关系理论已日臻成熟和完善。这主要表现在：一方面，

公共关系学

公共关系理论在吸收其他各门具体科学成果的基础上逐渐实现自身的科学化；尤其是各门具体社会科学和人文科学的相关知识和理论为公共关系理论奠定了坚实的思想基础，诸如社会学、心理学、人类学、民族学、经济学、传播学、管理学和哲学等，都是现代公共关系理论赖以建立的科学基础。另一方面，公共关系理论在吸收其他科学理论的同时，已逐渐形成一个较为完整的理论体系，从而使自身的多学科性、交叉性和边缘性建立在整体系统性的基础之上。这一切最终都增强了公共关系理论的实际指导作用。

（6）民族化和公共关系意识的普及化。任何理论只有为人们所掌握，才会变成巨大的物质力量。而一种理论要为人们所掌握，就必须具有能为特定对象所接受的理论内涵和形式。由于不同的民族有其独特的文化传统、价值观念、风俗习惯以及特殊的社会心理，因此公共关系理论只有汲取不同民族文化精华并构建与此相应的理论形式，才能最终发挥自己对实际的指导作用。事实证明，公共关系作为一种思想理论，之所以能在全世界范围内发挥重要的作用，就是因为它在与不同民族的思想文化发生相互作用的过程中能够实现民族化。与此同时，由于公共关系理论民族化趋势的增强，公共关系理论和思想为人们所接受的范围在扩大，因而公共关系意识也出现了普及化的趋势。没有公共关系理论的民族化，就不可能使公共关系意识普及化，更谈不上公共关系理论对人们的各种社会行为前实际指导。公共关系事业和公共关系理论的发展，有赖于不断实现公共关系的民族化和公共关系意识的普及化。

（7）规模日趋扩大，影响进一步加深。在最近二十多年的时间里，公共关系活动和事业的规模都在不断扩大。由于公共关系事业的发展，对公共关系人员的能力和素质的要求越来越高，因而公共关系人员的培养和教育事业也得到长足发展。20世纪80年代初，美国的公共关系公司就有近2000家之多。美国政府不惜工本，每年雇佣公共关系人员12000多人，经费开支近10亿美元。与此同时，欧美其他各国及第三世界的许多发展中国家也都纷纷掀起了公共关系的热潮。公共关系不仅在工商企业界，而且在诸如工会、大学、宗教组织、政府机构乃至立法和司法机关等，都得到广泛的关注和应用。

通过上述分析不难发现，公共关系事业方兴未艾，具有广阔的发展前景。

2. 公共关系进一步发展的社会条件

从公共关系发展的基本趋势来看，它必将在未来的社会发展中开辟出更加广阔的前景，并占领更加广阔的市场。这主要是因为，当前世界范围内存在着诸多有利于公共关系事业大力发展的各种客观条件。具体来说，保障公共关系进一步发展的社会条件主要有以下几个方面：

（1）网络对公共关系的进一步发展产生巨大的促进作用。这是因为，一方面，网络带来社会的产业革命，劳动生产率极大提高，世界各国的经济发展速度进一步加快，市场竞争更加激烈，整个社会也就对公共关系的进一步发展提出更高、更多的需求；另一方面，网络带进了社会信息化时代，网络成为更加重要的社会资源，它对于一个企业或社会组织能否在日益激烈的社会竞争中赢得胜利起着重要的决定性作用。网络为公共关系事业的发展产生了内在推动力。

（2）当今世界的又一显著特征是不同民族、不同国家和不同地区之间在经济、政治和思想文化领域开展更加频繁而广泛的交流，从而使得人们的交往关系更加复杂多样化。因此，任何一个社会组织要求得生存与发展，就必须更加自觉地协调、疏导和改善这些关系。这就为公共关系在广度和深度上的进一步发展创造了良好的条件。

总之，随着社会的进步以及人们思想观念的不断更新，公共关系事业必将具有更加广阔的发展前景。

第四节 公共关系学的范畴

公共关系学是研究社会组织与相关公众相互作用、相互协调、彼此合作的规律及工作方法的一门科学。公共关系学有自己特定的研究对象、研究内容、范畴和学科体系。

一、公共关系学的研究对象

公共关系学的研究对象是社会组织与公众相互关系的运动与发展规律。

二、公共关系学的研究内容

公共关系学的研究内容主要包括如下四个方面。

1. 公共关系基本理论

公共关系基本理论是由公共关系的基本概念、范畴及规律等构成的，还包括对公共关系构成要素、形成条件、基本属性、主客体特征等的研究。

2. 公共关系工作原则与方法

公共关系工作原则与方法是指公共关系实际工作的有关规定、标准和程序、方法、技巧等。

3. 公共关系历史

公共关系历史研究包括公共关系实践发展史、公共关系理论发展史。

4. 公共关系案例

公共关系案例是对公共关系具体工作实例的叙述、分析与总结。公共关系学是一门实践性很强的应用科学，十分注重对具体工作实例进行研究，以总结规律、指导实践。

三、公共关系学的范畴系列

在对公共关系进行深入研究时，必须确立一系列重要的范畴，以概括公共关系的重要特征和实质，完善公共关系理论体系，并为实践提供理论上的指导。以下关于公共关系的概念和范畴，作为公共关系学的理论基石。

1. 社会组织

社会组织是公共关系的主体，它是公共关系的三大构成要素之一。

广义的社会组织泛指一切人类共同活动的群体，包括家庭、家族、村社初级群体。狭义的社会组织指的是次级社会群体的重要形式。

公共关系学所称的社会组织是狭义的。它是指人们为了有效地达到特定目标，按照一定的宗旨、制度、系统建立起来的共同活动集体。（详细内容见本书第三章）

2. 公众

公共关系学中使用的公众，是指与某社会组织发生联系并对该社会组织生存与发展具有影响的个人、群体集合而成的整体。（详细内容见本书第四章）

3. 公共关系主体

公共关系主体是指具有公共关系意识的公共关系工作的承担者，是公共关系活动的发动者，包括开展公共关系工作的社会组织——实质主体，以及公共关系专门机构和公共关系工

公共关系学

作人员——实施主体。

4. 公共关系媒介

使社会组织与公众发生互动的人和事物被称为公共关系媒介。

人在社会组织与公众的互动中，承担着沟通信息、协调关系的重要媒介作用。声息、图像、各种实物、报刊、图书、电视、计算机与网络、电影、幻灯、展览、广播、会议、演讲、交际语言、标语、公告牌、纪念品、礼品、眼神、服饰、动作、声音、走路姿态等都是公共关系重要的媒介，它们主要起传递信息和情感的作用。

5. 公共关系客体

作用于某社会组织的公众被称为公共关系客体，是公共关系工作的对象。

6. 公共关系学

研究社会组织与相关公众相互作用、相互协调、彼此合作的规律及工作方法的一门科学，被称为公共关系学。

7. 公共关系状态

公共关系状态是指社会组织与相关公众之间联系的程度、互动的性质与形态。联系程度有窄与广、松与紧、浅与深等。互动的性质通常分为合作性和对立性两大类。合作性的公共关系又被称为良好的公共关系，对立性的公共关系为非良好公共关系。

8. 公共关系要素

公共关系要素是指构成公共关系的最基本和最主要的成分。它包括社会组织、媒介、公众。

9. 公共关系类型

公共关系类型是指根据社会组织和公众的类型及它们之间的不同组合等对公共关系种类进行的区分。它主要包括政府公共关系、企业公共关系、群众团体公共关系、军队公共关系、学校公共关系等；还包括员工关系、股东关系、消费者关系、同行关系、社区关系、政府关系、社会名流关系、国际公众关系；还包括内部公共关系、外部公共关系等等。

10. 公共关系业务

公共关系业务是指个人或机构的专业公共关系工作。

11. 公共关系功能

公共关系功能是指公共关系对社会及社会组织所发挥的作用和影响。

12. 公共关系意识

公共关系意识是指人们对公共关系的本质属性、特征、作用及活动规律、方法等形成的理性认识和概括性见解。如公众意识、平等意识、互利意识、服务意识、形象意识、沟通意识、协调意识、开放意识、传播意识、创新意识等。

13. 公共关系事业

公共关系事业是指人们为建立和发展公共关系所进行的有系统、有规模、有影响的经常性活动。

14. 公共关系职业

公共关系职业是指人们在社会中专门以开展公共关系业务作为主要经济收入来源的工作。

15. 公共关系活动

公共关系活动是指为达到某种公共关系目的而采取的行动。

第一章 绪 论

16. 公共关系活动方式

公共关系活动方式是指公共关系活动所采取方法和形式。如新闻发布、商务谈判、组织参观等。

17. 公共关系活动目标

公共关系活动目标是指公共关系活动想要达到的境地或标准。如扩大社会组织的知名度、让公众更全面地了解自己、赢得公众对本社会组织的支持等。它具体体现在认知度、美誉度、和谐度这"三度"的定量与定性的标准上。

18. 公共关系活动原则

公共关系活动原则是指开展公共关系活动所依据的法则或标准。如平等互利原则、为公众服务原则、讲信誉原则、双向沟通原则、注重形象原则、协调一致原则、讲效率原则、追求长效原则、创新原则等。

19. 公共关系活动类型

公共关系活动类型是指将公共关系活动细分为若干个种类。如宣传型公共关系、交际型公共关系、服务型公共关系、社会型公共关系、征询型公共关系、建设型公共关系、防御型公共关系、矫正型公共关系、维系型公共关系、进攻型公共关系等。

20. 公共关系沟通与传播

传播是指人与人、组织与公众之间,通过符号、声响、图像直接进行信息、思想、感情、态度等交流,以达到表达某种愿望、说明某些情况、促成某种合作等目的。

社会组织与公众之间通过一定的媒介彼此通连,进行信息、物资、能量的交流,就叫作公共关系沟通。公共关系的信息沟通,常常被称为公共关系传播。

21. 公共关系协调

在公共关系学中,"公共关系协调"一词有两种含义:一方面,它是指社会组织内部及社会组织与公众之间的比较和谐一致的状态;另一方面,它是指社会组织为了促使组织内部及社会组织与公众的相互适应、相互合作所做出的调整、平衡行为。

【案例1-1】
"一带一路"为国家形象塑造搭建黄金平台

国家形象被视为一个国家最大的无形资产,是国家软实力的象征,是国家利益的重要内容。

"一带一路"建设为构建国家形象提供了前所未有的机遇,是促进文明对话合作交流的"大道"。

"一带一路"是国家形象的"大品牌"

新时代的中国前所未有地日益走近世界舞台中央。经过近40年的快速发展,中国已经是一个响当当的世界大国。在国家推进"一带一路"办公室综合组组长赵艾看来,大国要有大国的样子,"鲜明的中国特色、中国风格和中国气派,这应该就是今天中国的国家形象"。

2017年5月,首届"一带一路"国际合作高峰论坛在北京成功举办,29位外国元首、政府首脑及联合国秘书长、红十字国际委员会主席等重要国际组织负责人出席高峰论坛,来自130多个国家的约1500名各界贵宾作为正式代表出席论坛,形成270多项具体成果。中国的影响力、感召力、引领力和凝聚力空前提升,世界从未如此强烈地感知到充满生机和活力的、形象鲜明的中国。

"一带一路"建设实施四年来,已经有70多个国家和国际组织与我国签署了90多个共建"一带一路"合作协议。品牌项目——中欧班列开行超过6000列,通达欧洲12个国家、34个城市。中国形象、中国品牌、中国名片已经在"一带一路"上开花结果。

党的十九大明确提出,中国特色社会主义进入了新时代,这是我国发展新的历史方位。十九大报告中先后五次提及"一带一路"建设,特别是明确把"一带一路"建设写入了中国共产党章程。

"'一带一路'是国家形象的大品牌",清华大学新闻与传播学院院长、国家形象传播研究中心理事长柳斌杰认为,品牌战略是塑造国家形象的重要抓手,其在"一带一路"中的作用主要体现在以下几个方面:一是提高品牌认知能力,二是提升生产能力,三是提升科技创新能力,四是提升品牌推广能力。品牌打造不仅是企业的事,更涉及国家形象。中国的品牌要利用好"一带一路"这个绝佳的历史性平台,从细节做起,在"一带一路"沿线国家和地区生根发芽,为中国国家形象的塑造奠定坚实基础。

清华大学副校长杨斌表示,党中央、国务院高度重视中国自主品牌建设,强调品牌建设对中国软实力的提升和"一带一路"倡议具有的战略意义,"一带一路"与品牌建设是国家形象建设的重要内涵和途径。

"国之交在于民相亲,民相亲在于心相通,心相通在于形象认同,形象认同离不开媒体的传播之功。"赵艾表示,我们不仅要打造好国家形象,更要传播好国家形象,这是新时代推进"一带一路"应有之义。

主流媒体是国家形象的"化妆师"

"主流媒体是国家形象的'化妆师'",人民日报社副总编辑张首映的观点很形象。他认为,"一带一路"建设为我国主流媒体发展带来巨大机遇:作为参与者、传播者,要深入研究国家形象,运用新闻叙事,讲述"一带一路"建设的精彩故事,让丝路精神深入人心;作为建设者、塑造者,要紧紧围绕"一带一路"建设,将中华文化传播到相关国家,也将他山之石、异域风景引入中国。

"一带一路"倡议自实施以来,沿线国家的评价总体是正面的,但也有一些海外媒体、学者或官员存在疑虑,有时会发出一些错误论调,这要求我国主流媒体增强报道力,及时有力回应,用事实说话、让案例说话,以正视听。

思想是构建国家形象的标志。我们主张文明融合论,主张共建共赢。为了增强"一带一路"报道的思想力,我们要更加弘扬"和平合作、开放包容、互学互鉴、互利共赢"的丝路精神。

媒体是国与国之间文明交往的信息纽带和桥梁,张首映强调,中国主流媒体在实际工作中,要增强亲和力,着力推进国际关系民主化进程,尊重不同国家、民族和地区的差异,包括价值观和生活习惯的差异,尊重不同受众的感受;尽可能用受众喜闻乐见、丰富多彩的方式讲故事、说道理。

以互联网为代表的新兴媒体日益改变世界的传播方式,主流媒体要遵循新媒体发展的规律,强化互联网思维、推动优势互补一体化发展,利用好"一带一路"这个大机遇、大品牌,继续多媒体、多渠道、多层次、多角度地呈现和提升国家形象。

新时代呼唤新形象,新形象需要新传播。柳斌杰指出,新时代的"一带一路"建设,既要成为刷新的国家名片、国家品牌,又要在推进建设中传播好党的十九大后新的国家形象;既要以党的十九大精神指导好新时代的"一带一路"建设,又要在新时代"一带一路"建设中传播好党的十九大精神。

(资料来源:《中国教育报》,作者杨国营,有删改。)

[**案例讨论**] 非营利组织、政府是否需要搞好公共关系?结合你身边的例子,讨论分析公共关系的含义和作用。

【思考·讨论·训练】

1. 你对历史上各种公共关系定义有什么看法?
2. 组织形象是什么?它包括哪些内容?
3. 为什么要强调公共关系以事实为依据这一特征?
4. 如何理解公共关系主体与公众对象在利益目标上"大家都赢"的原则?
5. 现代公共关系的发展经历了哪几个历史时期?各个历史时期的主要特点是什么?

第二章 公共关系的职能与原则

本章提要 作为一种经营管理行为，公共关系在社会组织经营管理的各个环节上发挥着极其重要的职能。本章从社会组织的角度出发阐述公共关系的六项职能：采集信息、监测环境，咨询建议、参与决策，传播沟通、协调关系，塑造形象、优化环境，管理危机、化解矛盾，教育引导、增强凝聚力；并讨论开展公共关系工作所应遵循的八项基本原则：诚实信用原则、公众第一原则、互利互惠原则、依法办事原则、全员公关原则、遵循社会公德原则、兼顾社会效益原则和战略与战术相结合原则。

第一节 公共关系的职能

公共关系的职能是指在一定的社会经济条件下，社会组织及其成员对组织自身、公众及整个社会所应担负的职责和所发挥的功能。公共关系应当具有哪些职能？这个问题与社会组织公共关系的根本目的有关。社会组织公共关系的根本目的在于通过形象塑造、传播管理、利益协调等方式，寻求相关公众的良好合作与和谐发展，进而促进社会组织实现其经营目标。公共关系的职能复杂而广泛，概括起来主要有采集信息、监测环境，咨询建议、参与决策，传播沟通、协调关系，塑造形象、优化环境，危机管理、化解矛盾，教育引导、增强凝聚力六个方面。

一、采集信息、监测环境

信息（Information）是指包含新知识、新内容的可以进行传递的消息。社会组织在运行过程中需要多方面的信息，而组织开展公共关系活动则需要公共关系信息。公共关系信息是指社会组织在公共关系活动中，为了取得相关公众的良好合作与和谐发展，塑造自身良好形象，全面推进各项工作，达到预期经营目标而专门采集、整理、传播、应用的各种信息。能否及时、准确、全面地采集有关信息，是决定一个组织生死存亡的重要因素。

（一）**公共关系信息的特点**

与其他类型的信息相比，公共关系信息有其自身的特点：

（1）信息内容的综合性。这是公共关系信息最大的特点，因为它综合了社会生活的各个方面，如政治形势、经济趋势、军事动态、外交风云、公众心理，等等，从而形成了其自身独特的信息系统。

（2）信息载体的分散性。一般信息都存在于较为固定的载体之中，而公共关系信息通常比较分散，没有固定的载体。常见的报刊、广播、电视、网络、会议、庆典、简报、顾客投诉甚至街谈巷议，都可能包含对组织有用的信息，都需要纳入公共关系的信息系统中。

（3）信息沟通的双向性。公共关系信息的沟通是双向对称的：一方面，组织的公共关系

公共关系学

人员应当把组织的信息和想法向公众进行传播和解释;另一方面,公共关系人员应与外界保持密切的联系,还应把公众的信息和想法向组织进行传播和解释。其目的是使组织与公众结成一种双向沟通、对称和谐的关系。

(4) 信息形式的隐蔽性。一般的信息如财务信息、工程信息等,都可以用精确的数字或形象的图表表现出来,而公共关系信息则常以较为隐蔽的形式显示出某种趋势或趋势的转折。例如,顾客对某企业的产品或服务不满意时不一定就表现为投诉,有时可能表现为悄然转向购买其竞争对手的产品和服务。这就要求公共关系人员在采集信息时不要被其表面现象所迷惑,要通过深入了解和认真分析,学会透过现象看本质。

(二) 信息采集的作用

采集公共关系信息具有沟通组织内、外部信息交换渠道,监测组织环境等多方面的作用。具体地说信息采集的作用如下:

(1) 沟通组织内部信息交换渠道。内部信息交换渠道是组织内部各类信息交流、互换的渠道。内部公众的心理特征、精神风貌、行为特点、价值观念、对组织决策的响应程度以及家庭状况等,都是影响组织目标实现的重要因素,公共关系人员可以通过多种方式采集上述各种信息,以供管理者决策使用。

(2) 辅助领导决策。要保证组织目标的顺利实现,就必须使组织目标与内部公众的个人目标相协调一致。这就要求组织的领导者在制定决策时必须掌握全面而准确的组织内部信息,特别是有关内部公众的各种信息,努力使决策得到最广大内部公众的响应与支持。

(3) 沟通组织外部信息交换渠道。外部信息交换渠道是指组织外部与组织生存与发展密切相关的各类信息交流、互换的渠道。外部信息包括公众对本组织的综合评价、公众对本组织产品的评价、公众对本组织服务的评价、公众对本组织管理水平的评价、公众对本组织人员素质的评价等内容。

(4) 监测组织环境。采集信息的目的是为了监测组织环境,即观察和预测影响组织目标实现的社会环境。组织环境是由它的公众及其他影响组织生存、发展的社会政治、经济、文化等多因素构成的开放系统,具有明显的不确定性、可变性和复杂性。通过采集信息,组织一方面可以测度自身当前所处的公共关系环境状况,准确把握组织环境的特点、构成情况、干扰程度等,为制定切实可行的公共关系行动方案提供依据;另一方面可以监测组织环境的变化情况,根据组织环境变化的特点、方向、内容和速度,调整组织公共关系战略和策略。可以说,公共关系人员开展的信息采集工作,起到了组织环境"监测器"的作用。

(三) 信息采集的内容

围绕组织公共关系工作的目标,信息采集的内容大致包括以下三个方面。

(1) 组织社会环境状况,具体包括组织所处的国家或地区的政治、经济、文化、法律、人口等因素状况,市场环境状况,所属行业环境状况等内容。

(2) 组织自身状况,具体包括组织的总体情况、经营情况、组织产品(服务)、组织荣誉、组织文化、组织实力等方面内容。

(3) 相关公众状况,具体包括公众构成状况,公众需求状况,公众对组织产品、服务、管理水平、人员素质等的评价状况等内容。

二、咨询建议、参与决策

公共关系咨询建议、参与决策,是指公共关系人员向组织的决策者和各个管理部门提供

第二章 公共关系的职能与原则

有关公共关系方面的可靠情况说明、意见和建议,以提高组织决策和管理的民主化和科学化。这是公共关系的一项重要职能。可以说,公共关系人员在一定程度上成为组织的"智囊"和"军师",起到了组织决策参谋的作用。

(一) 咨询建议的内容

公共关系咨询建议主要包括以下四个方面的内容。

1. 组织自身情况的咨询建议

它具体包括以下几方面:

(1) 组织形象咨询。组织形象咨询的目的在于诊断组织存在的问题,为塑造组织良好形象提出合理化建议。因此,公共关系人员要全面、客观、准确、及时地收集公众对组织形象的评价信息,经过加工整理和缜密分析后,及时、准确地向组织决策者提出建议。如果组织形象受到损害,公共关系人员更要及时反映情况,并尽快提出改进意见和建议。

(2) 产品或服务形象咨询。组织是通过提供产品或服务与公众发生联系的。只有当组织的产品或服务被公众认可和接受,受到公众欢迎,组织存在的价值才能得到体现。因此,公共关系人员应与公众广泛联系和接触,通过多种渠道搜集公众对组织产品或服务的评价信息,经加工整理和综合分析后,提供给组织决策及有关部门参考。

(3) 组织政策、措施的咨询建议。公共关系人员要站在公众的立场上,公正地对组织的方针、决策进行审视和评价。因此,公共关系人员要进行换位思考,设想自己是公众中的一员,进而分析组织的政策、措施是否对公众有利,是否较好地满足了公众的要求,对有利于公众的政策、措施应加以总结归纳,对不利于公众的政策、措施要提出改进建议,促使组织决策的合理化。

2. 公众情况的咨询建议

它具体包括以下几方面:

(1) 公众一般情况的咨询建议。它主要是指提供社会组织与公众关系状态的一般情况说明。如组织员工的归属感、顾客对本组织产品和服务的反映、新闻媒体对本组织的宣传报道、同行对本组织的评价等。此类咨询建议的目的是使组织的决策层及时了解和掌握公众的一般情况,以便适时调节组织运行机制,为实现组织目标创造有利条件。这是组织公共关系的一项经常性工作。

(2) 公众专门性情况的咨询建议。如果社会组织拟举办某项专题活动,公共关系人员应提供与该专题活动直接相关的情况说明和建设性意见,以便使该活动能更加有效地开展。例如,组织拟举办一次新闻发布会,公共关系人员应提供新闻媒体近期的宣传动向、新闻记者对本组织的了解程度等情况,以及建议应邀请的会议出席者、会场布置等。

(3) 公众心理特征及变化趋势的咨询建议。公众心理是指社会生活中普遍存在的一种群体心理现象。公众的心理特征及变化趋势对社会组织的运行有极大影响,如果公众心理已经发生较大变化,而社会组织运行方式未发生改变,就可能会破坏组织与公众之间的和谐关系,最终影响组织目标的实现。因此,公共关系人员应注重对公众信息的长期收集和积累,认真研究和掌握组织相关公众的心理特征,分析公众心理变化的趋势,并及时提供给组织决策者,以提高决策的科学性。

3. 公众意向的咨询建议

公共关系人员应根据采集到的大量信息,综合分析并预测公众的兴趣心理、需要心理、价值观倾向和角色心理倾向,以及它们对组织公共关系的影响,及时向组织决策者提出咨询

公共关系学

建议，以便增强公共关系活动的导向性。

4. 市场动态的咨询建议

市场情况日新月异，这更加显示出公共关系咨询建议职能的重要性和紧迫性。公共关系人员应根据已掌握的大量信息，结合自己丰富的经验和广泛的公共关系活动，综合分析组织存在的潜在危机，预测市场的发展变化趋势，向组织决策者提出咨询建议。

（二）咨询建议的方式

咨询建议可以由社会组织内部的公共关系部（或公共事务部）来进行，也可以委托专业公共关系公司（或公共关系咨询公司、公共关系顾问公司）来进行。咨询建议可以采取定期和不定期两种方式进行。

（三）参与决策的方式

决策是指个人或集体为达到预期目标，从两个以上的可行方案中，选择最优方案或满意方案，并推动方案实施的过程。科学的决策程序一般包括发现问题、确定目标，拟定备选方案，评价选择方案，方案实施与控制，信息收集与反馈等五个相关阶段。公共关系人员参与决策可以从以下两个方面着手。

1. 直接参与决策

组织公共关系部门的领导一般直接隶属于组织的决策层，有的组织公共关系部门的负责人是由决策层的领导者兼任的。这样，公共关系人员就可较为直接地参与组织决策过程。

2. 间接参与决策

公共关系部门是组织的信息中心，负责将有关信息进行加工整理，以供决策者参考使用。同时，公共关系人员在工作中应加大公共关系意识的宣传力度，尤其要强化组织领导者的公共关系意识，将之作为一种现代经营哲学渗透到组织文化中去。这是公共关系人员参与决策的一种特殊形式。

三、传播沟通、协调关系

在组织公共关系工作中，通过传播沟通信息，可以协调组织与公众的关系，塑造组织的良好形象。传播沟通、协调关系的目的是广结良缘，创造良好的氛围，对内争取组织内部员工的团结协作，对外争取组织外部公众的理解与支持，树立组织可亲、可敬的形象，减少各种消耗，为组织的发展创造"人和"的有利环境。

（一）传播沟通的方法

传播沟通的方法可以分为两类：一类是采集信息的方法，一类是输出信息的方法。

采集信息的方法主要有文案调查法、访问调查法、观察调查法、实验调查法、开通反馈与投诉渠道等几种方法。输出信息的方法主要有大众传播媒介传播，举办新闻发布会、展览会、庆典活动、纪念会、邀请参观等。上述方法各有其优缺点，在组织公共关系工作中可以结合起来运用。

（二）协调关系的内容

1. 协调组织内部领导者与普通员工的关系

在组织内部，组织的领导者与普通员工在实现组织目标的问题上是一致的，但由于各自所处角度不同、工作方式和生活方式等的不同，在工作和交往过程中产生分歧也就在所难免。如果不及时加以消除，久而久之势必使得组织内部矛盾重重，影响组织内部团结，抑制员工积极性的发挥，降低组织的活力。因此，组织公共关系人员一方面要经常向领导层反映员工

第二章　公共关系的职能与原则

的意见和心声；另一方面要积极向员工宣传、介绍组织的政策、方针和措施，正确传达领导意图，消除分歧，化解矛盾，使组织内部做到上通下达、团结协作、积极向上、充满活力。

2. 协调组织内部各职能部门之间的关系

组织本身是一个由多个职能部门有机组成的系统。按照系统原理要求，只有各职能部门相互配合、精诚合作，才能达到最佳管理效果，顺利实现组织的整体目标。组织公共关系部门和公共关系人员应积极协助管理人员协调好各职能部门之间的关系，积极地为各职能部门提供有利于合作的信息，加强沟通，增进了解，消除误解，形成一种和睦相处、精诚合作的良好内部环境。

3. 协调组织与外部公众的关系

组织在运营过程中要与其外部公众建立起多种关系，如与政府公众的关系，与顾客公众的关系，与社区公众的关系，与金融公众的关系，与协作伙伴的关系，与新闻媒体的关系，与竞争对手的关系，等等。在相互交往中，难免有误解、分歧和矛盾，甚至引发纠纷，致使双方关系紧张。此时，公共关系人员要及时了解情况，通过适当的方式和方法消除误解、化解矛盾、争取谅解，为组织发展创造一个良好的外部环境。

（三）协调关系的原则

通过国内外一些社会组织经营成功的实践可以看到，要使组织在协调关系方面取得实效，必须坚持以下六项原则。

1. 积极主动的原则

从某种意义上说，公共关系部门是组织的"外交部"，公共关系人员是组织的"外交人员"。公共关系人员要以积极、主动的状态投入到工作中去，经常、主动地选择合适的方式沟通组织与公众的关系。一方面，公共关系人员要代表组织，向公众做宣传、解释工作，有时甚至当公众的出气筒；另一方面，公共关系人员又要代表公众向组织的决策者提出合理化建议，从而消除误解，化解矛盾，发展友谊，塑造组织的良好形象。

2. 及时沟通的原则

当组织与公众之间发生摩擦、矛盾的时候，公共关系人员要及时发现问题，主动加以协调。在矛盾产生的萌芽阶段，公共关系人员就要通过调查了解，寻找症结所在，采取必要的措施加以解决；最好的做法是通过采集信息，及时与公众进行沟通协调，了解公众意向，将可能产生的矛盾消除在萌芽阶段。

3. 客观公正的原则

组织在协调各种关系时，应做到客观公正、一视同仁，不以关系的亲疏远近作为考虑问题的出发点，尊重事实，实事求是，公正地处理问题。

4. 利益一致的原则

组织在协调各种关系时，应妥善运用利益这一因素，努力寻求组织与公众利益的一致性，在互利互惠的前提下实现双方的共同发展。

5. 服务全局的原则

协调关系必须以组织的总体利益为重，服从、服务于组织的方针目标。具体地说，一是要服从国家法律和政策；二是要有利于组织总体目标的实现；三是在发生矛盾时，局部利益要服从总体利益。

6. 公开透明的原则

组织在协调各种关系时，应将处理结果及有关事宜予以公布，提高工作的透明度，减少

公共关系学

和避免暗箱操作,这有利于相互监督,增进信任,更好地协调各种关系,塑造组织的良好形象。

(四) 协调关系的方法

协调关系应以维护公众利益为主,以柔性手段为主,尽量避免与公众发生正面冲突。协调关系的方法具体如下。

1. 自律自醒法

组织与其相关公众常因利益关系而引发各种矛盾,如组织领导者与员工之间的矛盾,组织各职能部门之间的矛盾,组织与顾客公众之间的矛盾,组织与社区公众之间的矛盾,等等。在协调各种关系时,组织应自我约束,自我警醒,严于律己,宽以待人,并以制度的形式规范起来,要求组织成员严格遵守。

2. 舆论沟通法

如果组织与相关公众之间发生了矛盾,组织就应在坚持以诚相待、互利互惠原则的前提下,及时通过适宜的大众媒介进行舆论宣传,辅以信函、座谈等方式,增进双方了解,统一认识,争取合作与支持,从而建立长期的良好合作关系。

3. 情感交融法

组织与其相关公众之间的关系不仅仅表现为利益关系,常常还表现为情感关系,即公共关系具体工作人员与公众之间建立起的人际关系。这种人际关系处理得好,公共关系事务就办得顺利;处理不好,公共关系事务就会遇到阻力,直接影响组织公共关系目标的实现。因此,公共关系人员应重视同相关公众的情感沟通,通过热情周到的服务,设身处地为公众着想,争取与公众的情感交融,拉近公众与组织的心理距离。

四、塑造形象、优化环境

公共关系一方面可为组织塑造良好形象,提高组织认知度、美誉度、和谐度;另一方面,可以优化组织所赖以生存的社会政治、经济、文化、心理等环境。

(一) 组织形象的含义

组织形象(Organization Figure)是指社会公众对一个社会组织在各种环境下的行为的总体评价,是对组织、组织行为、组织的活动成果的评价和认定。组织形象主要包括组织的实力形象、产品形象、人员形象、管理形象等。

(二) 塑造组织形象的意义

良好的形象是组织生存和发展的基础和推动力量。只有塑造良好的组织形象,才能赢得社会公众的支持,赢得市场,进而赢得丰厚的利润,并使组织在市场竞争中立于不败之地。塑造组织形象的意义是多方面的,主要表现在以下几个方面。

1. 组织形象是组织生存发展的精神资源

作为组织生存发展的精神资源,组织形象对内外部公众具有规范、导向、凝聚、激励、辐射、整合等作用。海尔集团作为中国最大的综合家电企业,正是依靠其组织形象的逐步建立和不断完善得以生存并发展壮大起来的。海尔提出的"用户永远是对的"、"真诚到永远"等经营理念,在公众心中塑造了海尔的良好组织形象,促进了海尔的发展壮大。

2. 组织形象是组织无形资产的重要组成部分

无形资产代表了组织在社会公众心目中的良好形象,公众对组织的认知度越高,美誉度越好,和谐度越高,组织形象就越好,其无形资产就越高。例如,海尔集团就是依靠其组织

第二章 公共关系的职能与原则

形象的不断完善来建立、保护和使无形资产增值的。2004年5月11日，全球知名独立品牌评审机构（Super Brands）英国超级品牌机构宣布，授予海尔、欧倍德、大众等19家中外著名企业品牌"超级品牌"荣誉。2010年"中国最有价值品牌100"榜中，海尔以855.26亿元的品牌价值连续9年蝉联榜首；2015年海尔入围"世界品牌500强"前100强，并居全球白色家电品牌第一名。

3. 塑造组织形象是组织扩张的市场铺垫

良好的组织形象会增强公众购买组织产品和服务的信心，促进产品的销售，培养公众对组织和组织产品的信任感和忠诚度，从而有助于组织不断扩大市场份额，成功地进行组织扩张。海尔集团从1991年开始实施资产扩张战略，先后兼并了青岛空调器厂、冰柜厂、武汉希岛、红星电器公司等数十家大中型企业，组成了国内家电行业规模最大的一支"联合舰队"；2016年还整合了通用电气（GE）的家电业务。

4. 良好的组织形象是优化组织生存环境的重要力量

组织形象对外部公众具有辐射和导向功能，它在一定范围内对其他组织乃至整个社会都会产生重大影响。良好的组织形象能有效地优化组织所赖以生存的社会政治、经济、文化、心理等环境，能够吸引各类公众积极参加组织的各项活动，增强组织的向心力和生命力。2004年1月4日，中央电视台一套、四套隆重推出大型电视片《走遍中国——青岛》第七集《张瑞敏与他的"海尔梦"》，这是青岛市首次通过中央电视台国际频道如此全方位、大容量地推介城市形象，而《张瑞敏与他的"海尔梦"》是唯一一集以企业领导人为素材的专题报道，海尔和张瑞敏也是青岛市推出的一张"城市名片"。节目播出后，受到社会各界的广泛关注。

（三）塑造组织形象的方法

组织形象是组织内在基础和外在形象的综合体现，因此，塑造组织形象应从内筑基础和外树形象两个方面着手。

1. 内筑基础

组织形象的塑造必须首先从组织的内在基础建设开始，这是不同社会组织形象相互有所区别的根本。它主要包括组织事业领域的确定、组织目标的确定和组织理念的确定等三个方面。

（1）组织事业领域的确定。组织事业领域是组织面向未来的总体方向，是组织发展的长远意图，是组织行为的行动纲领。如海尔早期生产单一产品电冰箱，后来逐步发展到拥有冷柜、空调、洗衣机、微波炉、手机、整体厨房、整体卫生间等白色家电、黑色家电、米色家电在内的86大门类13000多个规格产品群，都是根据企业确定的事业领域——家电工业而进行开发的。

（2）组织目标的确定。要实现组织事业领域所确定的组织发展前景，还必须确定相应的组织目标。如海尔早期确立的企业总目标是"进入世界企业500强，创中国的世界名牌"，其阶段目标有三个：一是名牌战略阶段（1984~1991年），用7年的时间，通过专注于冰箱领域成功实施了名牌战略；二是多元化战略阶段（1991~1998年），用7年的时间，通过企业文化的延伸及"东方亮了再亮西方"的理念，成功实施了多元化扩张；三是国际化战略阶段（1998年~现在），以创国际名牌为导向的国际化战略，通过以国际市场作为发展空间的三个三分之一的策略正在加快实施。

（3）组织理念的确定。组织理念是指带有组织个性的组织经营活动的思想和观念，对组织的兴衰成败有着潜移默化的异常重要的影响作用。海尔确立的"海尔定律"、"OEC管理

公共关系学

法"、"吃休克鱼理论"、"东方亮了再亮西方"、"高标准、精细化、零缺陷"、"优秀的产品是优秀的人干出来的"、"只有淡季的思想，没有淡季的市场"、"用户永远是对的"、"真诚到永远"等经营理念，对海尔员工具有强烈的凝聚和导向作用，在社会公众心中塑造了海尔的良好组织形象，促进了海尔的发展壮大。

2. 外树形象

组织外在形象是组织内在基础，特别是组织理念的外在表现形式。组织可以通过外在形象的设计，帮助公众识别本组织，将本组织与其他组织特别是同行业组织区分开来。外在形象主要包括组织名称、徽标、标准色、员工精神风貌、环境设施、广告等方面。如海尔的组织名称是"海尔"，徽标是"Haier"；1988 年"海尔"电冰箱获得中国电冰箱史上第一枚国产金牌；1990 年"海尔"电冰箱通过美国 UL 认证（中国首家）；1990 年"海尔"成为家电业第一个"中国驰名商标"；海尔先后通过德国 TV、VDE 认证，加拿大 CSA 认证；2004 年中国海尔入选"世界最具影响力的 100 个品牌"；在第 95 届法国列宾国际发明展览会上，海尔的"双动力全自动洗衣机"专利获得法国列宾国际发明金奖（GE、西门子、惠尔浦、汤姆逊等公司均参加了该次评奖，经过激烈的角逐，海尔是唯一一个获得发明金奖的家电企业），"网络空调"、"空调器富氧装置"、"与电视机保持收视距离的装置" 3 项专利获银奖……所有这些都使海尔组织形象和声誉的无形资产价值与日俱增。

五、管理危机，化解矛盾

社会组织在经营过程中可能遭遇各种问题，这些问题将危及组织的生存、财产和声誉的安全，此即危机事件。危机事件的发生往往酿成组织内外部公众与组织的矛盾、冲突和对抗，不仅可能给社会组织带来直接的人、财、物损失，而且可能会严重损害社会组织的形象，使社会组织陷入舆论压力和困境之中。组织公共关系的一项重要职能就是对危机事件进行管理，即危机公关，这对组织公共关系是一个严峻的考验，集中反映了组织公共关系工作的水平。危机发生后，组织应通过与公众进行有效的沟通，使公众了解组织所面临的灾难及正在采取的补救措施，最终达到保护组织声誉、恢复组织形象的目的。

1982 年 9 月底，当强生公司的"泰利诺"止痛胶囊事件发生后，强生公司在搜集相关资料的同时，警告所有的用户在事故原因未查清之前不要服用"泰利诺"胶囊，并让全美所有药店和超级市场都把"泰利诺"胶囊从货架上撤下来。后来查明，此药根本无毒（美国食品与药物管理局怀疑有人故意打开包装，在药中加入剧毒氰化物再以退货为由退回给药店），但"泰利诺"胶囊被投毒者利用这一事实还是使强生公司受到了巨大影响。在弄清氰化物不是在生产过程中被投入胶囊这一事实后，为了阻止"泰利诺"胶囊恐慌情绪蔓延，强生公司除了配合媒体向媒体提供及时、准确的信息以外，还在全国范围内回收并处置了所有进入市场的"泰利诺"胶囊（3100 万瓶、价值为 1 亿多美元）。强生公司还向各个医院、诊所和药店等拍发了 50 万份电报、电传（耗资 50 多万美元），同时借助媒体，一方面提醒有关医生、医院和经销商提高警惕，另一方面，声明暂时将"泰利诺"胶囊生产改为药片生产，并以优惠价格鼓励消费者服用不易遭受蓄意破坏的泰利诺药片。

"泰利诺"品牌形象重塑工作的重点首先放在老顾客身上。为了重新赢得老顾客的信任，强生公司通过电视广告声称它会不惜一切代价捍卫"泰利诺"的荣誉，期盼老顾客继续信任"泰利诺"。为了防止芝加哥的悲剧重演，强生公司为重新推出的"泰利诺"胶囊设计了防污染、防破坏的新包装。新包装为三重密封：盒盖用强力胶紧紧粘住，打开时得把它撕开且痕迹非常明显；药瓶帽和瓶颈处用一个塑料封条封死，封条上印着公司名称；瓶口又被一层箔纸从里面封住。药盒和药瓶上都写着："如果安全密封被破坏，请勿使用。"强生公司真诚而富有道德感的做法得到了公众的理解，产品重新获得公众的信任。

六、教育引导，增强凝聚力

组织在外部公众中的良好形象不会自发产生，它必须依靠组织全体员工的持久努力才能达到。如何使公共关系成为组织员工的自觉行动呢？这就要依靠组织公共关系的教育引导职能了。

（一）教育引导

组织最高管理层和公共关系人员要教育员工，充分认识公共关系工作对于组织生存和发展的重要性，认识到组织形象和声誉的好坏对组织兴衰的重要意义。而良好组织形象的建立绝不仅仅是组织决策层和公共关系人员的事情，它必须经过组织全体员工的共同努力。因此，组织必须教育和引导全体员工重视和关心公共关系工作，时时、事事考虑到公众利益，牢固树立公众第一的信念，人人从我做起，从现在做起，在对外交往中自觉地把自己作为组织的一员，主动宣传本组织取得的各方面成就，与外界公众建立各种交往渠道，并向组织决策者提供外部信息和公共关系建议。

组织公共关系部门应当配合组织领导和其他有关部门，开展公共关系技术、实务等方面的教育培训工作，包括外语能力、礼貌语言、风度、仪表、交谈方式等。这些公共关系知识的掌握，对于组织公共关系工作的开展大有好处。

（二）凝聚人心

从某种意义上讲，公共关系是一门"内求团结、外求发展"的艺术，因此说，公共关系有凝聚人心的功能。社会组织是由人构成的，而人的能动作用对组织来说存在着正、反两方面的效能。从正面来讲，正是因为组织成员的能动作用，组织才有活力，才能正常运行，如果离开了人的能动性，组织也就不复存在了；从反面来说，也正是由于组织成员能动性的存在，才使有些社会组织内耗不断，分离倾向严重。公共关系的凝聚功能就在于它能使这种负向作用不断地向正向作用转化，从而使得组织内部上下一心、团结一致，为组织的正常运行扫除内部障碍。

公共关系的凝聚功能不同于行政命令，也不同于经济因素的激励，它是通过信息交流来沟通组织成员的心理情感，从而使组织成员团结起来。与行政命令和经济激励相比较，公共关系更具有持久性、牢固性。

第二节　公共关系的原则

开展公共关系工作必须遵循以下八项基本原则：诚实信用原则、公众第一原则、互利互惠原则、依法办事原则、全员公关原则、遵循社会公德原则、兼顾社会效益原则和战略与战术相结合原则。

一、诚实信用原则

公共关系的诚实信用原则是指社会组织在公共关系工作中，要以事实为基础，客观、公正、全面地向社会公众传递信息，反映情况，诚实、守信用地对待相关公众。

公共关系学

（一）立足事实开展公共关系工作

客观事实是公共关系存在的基础。因为事实不仅仅是一种客观现象，而且它还承载了一定的社会信息。没有客观存在的事实，也就没有与之俱生的信息，那么以传播和宣传信息为手段的公共关系工作也就成了无源之水。因此，公共关系人员在着手这项工作之前，首先要做的工作便是收集有关信息，弄清事实真相，然后在此基础上，才能分析原因，制定出有关传播、宣传的方式和方法。

（二）尽可能全面、客观地掌握事实

客观事实在公共关系工作中具有极其重要的意义，因此，全面、客观地掌握有关事实对公共关系工作的开展具有决定性作用。

这里的"全面"包括以下两层含义：

（1）掌握事实的广度。比如，某企业生产的一种新产品在投放市场一段时间后，销售量却远远低于市场预期。为了探究其原因，企业决策者将此问题交由公共关系部进行调查。公共关系人员的调查不仅要在本地区进行，而且应在该产品已进入的外地市场进行；不仅要调查经销商的反映，还要调查有关消费者；即使是对消费者的调查，也应分别调查工人、农民、机关干部、知识分子等不同层面人的反映。同时，调查的内容也要广泛而全面，具体应包括市场和消费者对该产品的性能、使用方法、外形、价格、色彩、包装、品牌等多方面的反映。

（2）掌握事实的深度。掌握事实的深度是指对事实掌握的深入程度，即对某件事本身各阶段、各层面情况的全面认识。调查事实不能走马观花、蜻蜓点水，必须深入、充分地调查问题和事件背后的事实真相，才可能制定切实、有效的公共关系策略，扭转组织所处的不利局面。

"客观"地掌握事实是指公共关系人员在调查、了解有关事实时，应不带偏见，杜绝主观随意性，力求事实的真实与公正。

（三）实事求是地传递信息

公共关系工作要注重调查研究，公共关系的决策、计划、传播、反馈等都必须在掌握大量第一手资料的基础上进行，决不能以主观想象代替客观事实。社会组织在传播信息时，应向组织内外部公众据实报告，公开事实真相，喜忧皆报，不能有意识地强调对自身有利的方面，而忽略其他方面的事实。

（四）诚实守信地对待公众

在组织公共关系工作中，公共关系人员要讲诚信、守信用，要客观、公正、全面地传递信息，忠实地履行组织向公众做出的承诺，做到不欺骗、不愚弄公众，言而有信。这是塑造组织良好形象的一把"金钥匙"。例如，当别的开发商因为交楼而与业主"打"得不可开交的时候，潘石屹的北京红石实业有限责任公司却两次提出了无理由退房：第一次提出无理由退房，是加上银行利息；第二次提出无理由退房，是加上10%的年息回报。虽然它的这种做法遭到来自业界的一片口诛笔伐，称其"扰乱市场，哄抬物价"，但是红石公司忠实地履行了其对于顾客公众的承诺，在现代城B、C座的"年息10%的无理由退房"期限结束时，为6位业主办理了退房手续，为该公司在公众心目中树立起了诚实守信的良好形象。

二、公众第一原则

这里的"公众"，是指与特定的社会组织发生联系，并对其生存发展具有影响的个人、群体或组织的总和，是公共关系传播沟通对象的总称。它包括组织内部公众、政府公众、社区公众、顾客公众、新闻媒体公众、金融公众等。

公共关系的公众第一原则是指社会组织在公共关系工作中，应牢固树立公众第一的思想，以公众利益为第一需要，把满足公众利益作为组织公共关系活动的出发点和落脚点。

宝洁（P&G）公司就是坚持公众第一原则的一个典范。宝洁公司以寻求和明确表达顾客潜在需求的优良传统，被誉为在面向市场方面做得最好的美国公司之一。其一次性婴儿尿布的开发就是一个很好的例子。1956年，宝洁公司开发部开始研究、开发一次性尿布。一次性尿布的想法并不新鲜，事实上，当时美国市场上已经有好几种牌子了。但市场调研显示，多年来这种尿布只占美国市场的1%。原因有两个：一是价格太高；二是父母们认为这种尿布不好用，只适合在旅行或不便于正常换尿布时使用。调研结果还表明，一次性尿布的市场潜力巨大。美国和世界许多国家正处于战后婴儿出生高峰期，如将婴儿数量乘以每日平均需换尿布次数，可以得出一个大得惊人的潜在销量。

宝洁公司的产品开发人员经过研制、现场试验的两次反复后，1959年3月，宝洁公司将重新设计的一次性尿布拿到纽约州去做现场试验，这一次，有2/3的试用者认为该产品胜过布尿布。接下来的问题是如何降低成本和提高新产品质量。宝洁公司选择地处美国最中部的城市皮奥里亚试销这个后来被定名为"帮宝适（Pampers）"的产品，并发现皮奥里亚的妈妈们喜欢用"帮宝适"，但不喜欢10美分/片的价格。因此，价格必须降下来。进一步的试销表明，如果定价为6美分/片，就能使这种新产品畅销。经过宝洁公司几位工程师的努力，终于使"帮宝适"尿布成功推出，至今仍然是宝洁公司的拳头产品之一。

三、互利互惠原则

公共关系的互利互惠原则是指社会组织在公共关系工作中，要充分考虑组织与公众双方的利益，在互利互惠的基础上，寻求组织与公众的良好合作与和谐发展。

1. 互利互惠以平等为前提

平等是互利互惠的前提条件。社会组织应与公众平等相处，在公共关系工作中强调组织与公众的平等权利和义务，尊重双方的共同利益和各自的独立利益。公共关系人员及组织的其他成员在与公众的接触过程中，要十分注重尊重公众的人格，满足公众独立的人格需求，真诚地对待公众，设身处地地为公众着想，认真倾听公众意见，以公正、平等的态度为人处世，一视同仁，不讽刺、挖苦公众，不盛气凌人。只有平等地对待公众，公众才能理解组织，并愿意与组织合作。

2. 互利互惠，兼顾组织与公众双方的利益

兼顾组织与公众双方的利益，即互利互惠，这有助于组织寻求与公众的良好合作与和谐发展。组织如果一味地追求自身利益，必然会损害相关公众的利益，影响组织公共关系，从而影响组织的长期利益；而组织如果只追求公众利益，而以损失组织利益为代价，则组织眼前的生存都会发生问题，更别说组织的长远发展了。这就要求社会组织不仅要考虑自身的利益，更重要的是要满足公众的利益，这是互利互惠的基础。而要满足公众的利益：第一，组织的一切经营行为都要以满足公众利益需求为前提；第二，对公众负责，切实解决好由于组织行为而引发的各种问题，并勇于同公众一起承担社会责任；第三，既要在物质利益上与公众共享，又要在精神利益上与公众共享；第四，在必要时，宁可牺牲组织的眼前利益，也要满足公众的利益需求。例如，宝洁公司生产的一次性尿布"帮宝适"的成功推出，做成了一桩双赢的生意：减轻了每个做父母的最头疼的一件家务的产品，为宝洁公司带来收入和利润

公共关系学

的重要新财源。

3. 互利互惠是长期的

由于组织公共关系具有稳定性、长期性，这就决定了组织与公众的互利互惠也是长期存在的，只要组织存在，这种关系就将继续。这就要求公共关系人员要进行持久的、有计划的努力，在满足公众利益需求的前提下，谋求组织的长期生存和发展。

四、依法办事原则

公共关系的依法办事原则是指社会组织在公共关系活动中，必须遵循国家政策、法令、法律、法规的规定。这就要求公共关系人员要熟悉我国的政策、法令、法律及法规，熟悉有关的国际贸易规则、公理和惯例，熟悉有关国家的政策、法令、法律、法规的规定，并在公共关系工作中遵照执行。

五、全员公关原则

公共关系的全员公关原则是指社会组织在公共关系活动中，不仅要依靠公共关系专门机构和专职工作人员的努力，而且要依靠组织各部门的密切配合和全体员工的共同关心和积极参与。这就要求组织的全体成员都要树立公共关系意识，共同关心并积极参与组织公共关系工作，共同推动组织公共关系目标的实现。

1. 公共关系工作必须得到组织最高决策层的支持

只有得到组织最高决策层的支持，组织公共关系工作才能取得真正的动力和良好的效果。这就要求组织最高层决策者必须有强烈的公共关系意识，并将公共关系工作纳入领导工作议事日程，在组织的方针、政策和主要活动中体现出公共关系意识，有计划、有步骤地支持公共关系工作。组织最高决策层要从战略的高度看待公共关系工作，并将公共关系工作同组织的发展战略结合起来，重视对公共关系工作的监督、检查、指导和支持，使之有助于组织战略和策略的实施。可以说，没有最高决策层的支持，组织公共关系工作就很难顺利开展。

2. 组织公共关系工作必须得到组织全体员工的关心和参与

塑造组织形象不是哪一个部门的工作，更不是哪一个人的事情，它需要组织全体员工的关心、配合与支持。这就要求组织决策层和公共关系部门要经常教育和引导全体员工重视和关心公共关系工作，充分认识公共关系工作对于组织生存和发展的重要性，认识到组织形象和声誉的好坏对组织兴衰的重要意义；要教育员工从我做起，从现在做起，在对外交往中自觉地把自己作为组织的一员，主动宣传组织取得的各方面成就，与外界公众建立各种交往渠道，并向组织决策者提供外部信息和公共关系建议；促使组织全体员工自觉地关心和支持公共关系工作，形成全员公关的风气和组织文化氛围。

六、遵循社会公德原则

在公共关系活动中，组织必须遵循传统道德规范和社会公德。传统道德规范和社会公德是人们头脑中形成的一种辨别是非和真善美的标准，公共关系活动以此为标准才能获得感情的回报，与公众建立良好的关系。公共关系的最终目标是获得更多的利益，但求利忘义是违反道德规范的，所以公共关系活动必须先求义而后求利。当然，强调传统道德规范和社会公德的重要性，并不排除组织追求自身利益。因此，义利统一是组织生存和发展的基础。

第二章 公共关系的职能与原则

七、兼顾社会效益原则

公共关系的兼顾社会效益原则是指社会组织在公共关系活动中,不仅要追求经济效益,而且要谋求社会效益,坚持经济效益与社会效益并举的方针,在社会公众中树立良好的组织形象。社会组织是社会的一个组成部分,它与社会发生着密切的联系,只有为社会做出贡献,它才能得到社会的认可,获得合理、持久的报酬,否则便无法获得持续的经济效益。因此,组织的公共关系活动应时刻牢记组织的经营目的,时刻想着国家利益、社会利益和公众利益,积极参加各种公益活动和社会活动。

(一) 社会效益是社会组织与公众根本利益的总和

社会效益既包括了社会组织的自身利益,也包括了社会公众的利益,是两者根本利益的总和,是立足于整个社会而言的。

在现代社会中,任何一个社会组织或公众都不是孤立的个体,而是组成具有多维内容的社会整体的一个部分。社会组织和公众所扮演的社会角色是在不断变换的。比如,一家企业对其经销商、顾客来说是生产单位,而对其原料供应商、银行来说又成为客户了。再比如,某个公众在该组织中是公共关系人员,进到商场就成为顾客,步入影剧院成为观众,登上飞机又成为乘客了,等等。这使得社会组织与公众相互之间关系错综复杂、互有纠缠。

正是由于这种错综复杂的关系,公众与组织的利益也会相互影响、相互制约。尽管从单个社会组织或公众来看,他们似乎各自有自己独立的利益,但如果从社会这一整体角度来看,情况就不同了——他们彼此之间的利益是相通的,而且可能是环环相扣、联系紧密的。

某化工厂产销两旺,经济效益良好。但是,由于该厂生产所产生的工业废水未经任何处理而直接排放到灌溉渠里,造成了较为严重的环境污染,致使周围农民的庄稼大幅度减产甚至颗粒无收。农民怨声载道,多次与该厂交涉,而该厂领导和公共关系部门却对此漠不关心。本来可以通过解释、说服、赔偿及防治污染解决的一项危机事件,却逼得农民一纸诉状将之告到法院,一时间闹得沸沸扬扬,该厂不但被判赔偿,还很快名誉扫地,真可谓"赔了夫人又折兵"。

(二) 公共关系既要对社会组织负责,也要对公众负责

1. 公共关系要对社会组织负责

公共关系对社会组织负责是指公共关系在社会组织为达到自身目标的运行过程中发挥积极、有益的作用。其中主要是关注组织目标的完成程度。不同的社会组织,由于其性质的不同,有各自不同的组织目标,但它们都力求使本组织发展壮大。而公共关系作为社会组织的一项工作,其工作目标首先就应是推动本组织发展,努力塑造本组织的良好形象,对与之相关的所有事实和信息表示关注,并注意收集有关信息,适时地传播给公众。

2. 公共关系要对公众负责

公共关系对公众负责所行使的不单纯是一个社会组织的一般事务性职责,而是一个社会成员对另外一个社会成员所尽的社会责任。公共关系对公众负责包括两个方面:一是关注由于组织行为而引起的公众问题,二是关注与组织行为无关的公众问题。

(1) 关注由于组织行为而引起的公众问题。19世纪末的杜邦公司是一家从事炸药生产事务的化学公司。当时化学工业刚起步不久,工艺技术还比较落后,公司里难免发生一些爆炸事故。开始时公司管理层采取保密政策,一律不准记者采访,结果大道不传小道传,社会公众对此猜测纷纷,久而久之,公司在社会公众心目中留下了可怕形象。这对杜邦公司的市场拓展和企业发展造成极为

公共关系学

不利的影响,杜邦为此深感苦恼。后来他在一位报界朋友的建议下,实行了"门户开放"政策,杜邦公司在宣传方面改弦更张,坚持向社会公众公开事故真相和公司内幕,同时还精心设计出一个口号并广泛宣传:"化学工业能使你生活得更美好!"杜邦又重金聘请专家、学者在公众场所演讲,他还组织员工在街头义务服务,并积极赞助社会公益事业,从而改变了"杜邦→流血→杀人"的可怕形象。

（2）关注与组织行为无关的公众问题。与组织行为无关的公众问题,一般是指带有普遍性的、共同性的一些公众问题。有些问题不仅与本组织行为无关,而且与其他组织行为也不相干。比如山区的桥梁、道路与该地区公众关系密切,但它不属于哪一个社会组织的职责范围;再比如,地震、海啸、洪水、干旱等问题是由于自然原因形成的,而非社会组织行为引起的。但是,如果一个社会组织的公共关系部门能主动关注这些问题,并积极运用自身的经济能力或技术力量为公众服务,比如向受灾地区的百姓捐款、捐物,为山乡百姓修建桥梁、公路等,组织在受到公众肯定和欢迎的同时,其良好形象已经树立起来了。

八、战略与战术相结合原则

开展公共关系工作,塑造良好的组织形象是一项长期艰苦的工作,需要组织领导者、公共关系人员和全体员工坚持不懈、持之以恒地努力,这就要求组织公共关系工作必须坚持战略与战术相结合的原则,兼顾组织眼前利益和长远利益,摒弃急功近利和短视的思想。

1. 必须认真谋划组织公共关系战略

组织公共关系具有长期性和稳定性,因此,开展公共关系工作、塑造组织形象是一个日积月累和循序渐进的伟大工程,绝非一朝一夕所能达到之功。这就要求组织的领导者和公共关系人员必须通过对组织内部条件和外部环境的调查研究,结合组织发展目标,制定明确的公共关系战略目标,以及在此目标指导下的公共关系战略方针和战略规划。战略目标又可分为总目标和阶段目标,阶段目标是总目标的分解,以各个阶段目标的实现来保证总目标的实现。战略方针是公共关系战略实施的基本指导思想。战略规划应是具体且便于分解的。

2. 必须从一点一滴做起,扎实推进组织公共关系工作

组织的长期战略规划必须分解为中、短期规划,细化为公共关系人员可以操作的工作战术和措施,公共关系战略的实施才有可能。这就要求公共关系人员目光要远,工作要认真、细致、扎实有效,从我做起,从现在做起,从一点一滴做起,要大处着眼,小处着手,落实好公共关系战略实施的每一个环节工作。

3. 努力做到公共关系战略与战术的完美结合

社会组织某一次公共关系活动的成功,并不意味着它下一次公共关系活动的成功。这就要求组织公共关系工作要努力做到战略与战术的完美结合。有时为了组织公关战略的实施和组织长远目标的实现,舍弃眼前的一时利益也是值得的。组织的公共关系活动应重视所有细小的事件,不能忽视可能对组织形象有损害的任何事情,并能够坚持不懈、持之以恒。

第三节 公共关系活动的模式

公共关系活动是一个组织长期进行社会交往、沟通信息、广结良缘、树立自身良好形象的过程,它表现为日常公共关系活动和专项公共关系活动两大类。日常公共关系活动如热情服务、礼貌待客,以及大量的例行性业务工作和琐碎的临时性工作等。专项公共关系活动是

第二章 公共关系的职能与原则

指有计划地运用有关技术、手段去达到公共关系目的的专门性活动，如新闻发布会、产品展示会、社会赞助、广告制作与宣传、市场调查、危机公关等，本书将在后续章节中专门介绍。

公共关系活动内容包罗万象、形式千姿百态，为了更好地研究公共关系活动的规律，并在实践中对组织的公共关系活动提出启发和进行指导，可以对公共关系活动的具体表现形式进行抽象，概括出多种模式。

一、按活动本身抽象

从公共关系活动的开展形式和内容考虑，可将公共关系活动概括为五种模式：

1. 宣传模式

这是指组织运用大众传播媒介和内部沟通方式，为树立良好的企业形象进行的宣传性传播。

对内部员工公众，宣传性传播的主要手段有：自办报纸、刊物、墙报、黑板报、宣传橱窗，内部广播系统，自设闭路电视，各类展览与陈列，员工手册，意见箱与意见簿等；对外宣传手段主要有：接待参观，展览会，展示会，影视资料，记者招待会，新闻发布会，公共关系广告，编写公关小册子等。

2. 交际模式

这是通过直接的人际交往开展公关活动的模式，其目的是通过与公众的直接接触，为企业建立广泛的社会关系网络。具体形式有各种招待会、恳谈会、工作午餐会、宴会、茶话会、慰问、专访、舞会、联谊会、有目的的交谈、电话、拜访、信件往来、祝贺等。这种公关活动的作用最明显地表现在商业、服务业、旅游业和社团类组织中。

3. 服务模式

这是指向公众提供各种优质服务，以实实在在地获得公众信赖的一种公关活动模式，如有的医院开展医疗下乡服务等。

4. 公益模式

这是指组织利用举办各种公益活动、提供赞助等形式来开展公关活动的模式。其目的是提高企业的社会声望，赢得公众的赞誉和支持。

5. 征询模式

这是以收集、整理、分析、提供各类信息为核心的公关模式，其目的是要了解社会舆论及民意民情，为企业的公关工作提供依据。

其形式主要有：市场调查，产品调查，访问重要用户或顾客，征询公众意见，开展各种咨询业务，健全信访制度，健全接待机构，设立监督电话，开展合理化建议活动，处理举报和投诉等。

二、按主观目的抽象

以上五种模式，是从活动本身来考虑的；而从公共关系主体的主观目的出发，又可以将公共关系活动总结为下面五种模式。

1. 建设模式

这是特指适应企业初创时期或企业为了重新塑造形象而打开新局面时所进行的公关活动。

如当企业刚成立不为大众所知时，当企业推出某种新产品或新的服务项目而又不被公众了解时，当企业力图改变过去的旧形象、开展工作新局面时，就需开展建设性公关活动。建设性公关活动大量采用广告、发布会等形式。

2. 维系模式

这是指当一个企业正处于稳定发展时期时，用于巩固良好的公关状态的一种活动方式。

常采用的方式有：提供优惠服务，予以特殊照顾，赠送小礼品，召开年会，组织联谊会，邮寄节年卡、慰问信、问候信，进行广告宣传，开展专题活动等。

3. 防御模式

这是企业为防止自身公关失调而采取的一种以预防为主的公关模式。

防御模式的显著特点是预防和引导相结合。从预防方面看，组织居安应思危，要保持头脑清醒，通过捕捉各种"危机"苗头，及时调整组织行为，以适应环境要求，防患于未然；从引导的方面看，在组织稳定发展时，由于公众的某些误解或错觉而使组织形象受到影响时，及时、有效地做好引导、沟通、畅导工作，防止公共关系失调给组织形象带来损失。

4. 进攻模式

这是指当组织与环境发生冲突时，组织通过自身努力改变环境，使环境有利于自己。

它要求组织采用一切可以利用的手段，以攻为守，抓住有利时机和条件以积极主动的态度调整组织自身的结构、方针、政策和行为，开创出一种有利于组织发展的新局面和新环境。

5. 矫正模式

矫正性公关主要是指危机公关，其目的是要通过采取及时、有效的措施，改变组织公共关系严重失调的情况，使受到损害的组织形象得以纠正和改善。

【案例 2-1】
"蒙牛—超女"与"闪亮—快男"

"超女""快男"曾经是国内娱乐选秀类节目的里程碑，它们的推出使原本火爆的湖南卫视收视率再创新高，尤其是"第二届超级女声"大赛成为 2005 年中国演出市场上最引人瞩目的现象，甚至到达了轰动全国的地步。而 2007 年的"快男"也在短短 3 个月时间内打了一场高效漂亮的闪电战。"超女""快男"何以取得如此巨大的成功，让那么多中国家庭的电视机同时集中到一个电视台，让那么多媒体跟踪报道，成为全国那么多百姓街谈巷议的话题，这和背后的公共关系活动是密切相关的。

公共关系包括组织、公众和传播三要素，接下来我将从这三方面对"蒙牛—超女"和"闪亮—快男"的成功进行分析。

首先，从组织上讲，社会学家认为，"组织就是精心设计的以达到某种特定目标的社会群体"，"超女""快男"这个组织的设计可谓独具匠心，从海选到预赛、复赛，层层淘汰，又层层设立复活机制，决出的各赛区冠亚季军参加在星城长沙举行的决赛，吊足了观众的胃口，也可以在长达几个月的时间内对选手进行包装。另外，组织作为一个有机体，它的生存、发展也需要良好的环境，环境构成了组织发展的基本条件，"组织是社会的一种器官，只有能为外部环境做出自己的贡献，才能算有所成就"，"组织存在的唯一理由，就是为外部环境提供良好的服务"。

其次，就环境而言，"超女""快男"在这点上也处理得比较妥当，其内部环境诸如决策层、员工队伍、管理机制、文化氛围、精神面貌等都做到了和谐有序。从外部环境上分析，外部环境中一项最重要的内容就是公众，尤其对于"超女""快男"这类选秀节目而言，公众的支持与否直接决定了他们的命运。作为公共关系工作的对象，公众是以某个特定组织为核心而形成的特殊的利益共同体。以"蒙牛"为例，"蒙牛"以"超女"为平台，把公共关系工作的对象集中在年轻人身上，"蒙牛"获得"超女"的冠名费为 2000 万元，加上 15 秒的插播广告及现场广告牌等，其投入总额在 2800 万元左右。当然，"蒙牛"为"超女"贡献的远不止于此，在许多公交车体、户外灯箱和平面媒体广告

第二章 公共关系的职能与原则

上,都留下了"超女"们的倩影,而这笔投放费用则高达8000多万元。前后两者数字相加,"蒙牛"的投入已达1.08亿元。随着湖南卫视收视率和社会声望的急剧上升,"蒙牛"也获得了巨大的利益,成为时下年轻人的时尚饮品,往往是一提到"超女"马上就想到蒙牛酸酸乳,喜欢"超女"的人也会"不可救药"地喜欢上蒙牛酸酸乳。由此可见,在"超女"的影响下,"蒙牛"将对象重点圈在年轻人这个时尚一族是极其明智的,它适应了年轻人对时尚疯狂追求的时势,可谓顺意公众,从而取得了巨大的成功:"蒙牛今年在酸酸乳上的销售收入至少20亿元,在酸性乳饮料上的平均利润有望达到30%。"根据某营销咨询公司的调研组在上海的调查报告,蒙牛酸酸乳已经成为"酸性乳饮料"的消费者第一提及品牌,在10~25岁女性的目标受众之中,酸酸乳的第一提及率高达45%。

最后,从传播要素上看,传播是"人们利用符号并借助媒体来交流信息的行为与过程","蒙牛"请第一届"超女"季军张含韵为产品代言,并量身定做广告曲《酸酸甜甜就是我》出现在电视广告、广播以及一线二线城市的灯箱和路牌上,"蒙牛"的一切活动,如产品包装、海报、电视广告、网络广告、广播广告都与"超女"挂钩,"蒙牛"的300多场街头演唱及派发的200多万张商品广告,这些湖南卫视无法依靠自身网络完成的工作,由"蒙牛"来完成,既为"超女"推波助澜,也提高了湖南卫视的整体形象。而"快男"更是超越了"酸酸甜甜就是我",打出"我最闪亮"的口号,并连续推出"闪亮新看点""闪亮新势力""闪亮新猜想""闪亮新人生"多种战略,使传播收到了良好的效果。同时,"闪亮""快男"还及时有效地与全国各大主流媒体进行细致沟通,重视记者的反馈意见,把握企业品牌的宣传导向,通过传播达到提高企业品牌知名度和美誉度的目的。针对传播中出现的问题,他们将媒体分门别类,逐个击破,并专门为媒体定制稿件,反复与记者进行沟通。

终于,"快男"成功了,成功在于它取得了超过2005年"超女"的高收视率、高投票率;"闪亮"也成功了,成功在于它用最短的时间取得了滴眼液行业最高的知名度以及80%的市场增长率。整个项目的公关事件最终得到了客户的认可,2007年仁和闪亮快乐男声这场营销闪电战也最终画上圆满的句号。

"蒙牛—超女""闪亮—快男"这个公共关系的案例充分表明良好的公共关系对政府、企业乃至整个人类社会都有至关重要的作用,只有在公关活动中充分重视公共关系形象与美誉度,企业才能取得最终的成功。

[**案例讨论**] 本案例中,公共关系对企业的作用有哪些呢?请具体分析。

【思考·讨论·训练】

1. 公共关系具有哪些职能?
2. 以一个社会组织为例,谈谈你对公共关系职能的理解。
3. 信息采集的内容与方法有哪些?
4. 咨询建议的内容和方式有哪些?
5. 塑造组织形象有何意义?如何塑造?
6. 组织应如何进行危机公关?
7. 公共关系应遵循哪些基本原则?
8. 如何理解公共关系的互利互惠原则?

第三章　公共关系主体

本章提要

本章内容共分三个部分，即公共关系主体的含义，构成要素和特征、公共关系机构和公共关系人员。公共关系由公共关系主体、公共关系客体和公共关系媒介三大基本要素构成。公共关系主体——社会组织，是公共关系的构建者和承担者。不同的社会组织有着自己特定的公众对象及所要协调的关系。社会组织为不断适应环境的变化而求发展，便产生了公共关系行为，为实现社会组织的公共关系目标，从事公共关系工作的专职机构和专业人员便应运而生。公共关系机构是组织中公共关系的专业执行部门。公共关系人员是指在组织中从事公共关系的人员和公共关系公司工作的从业人员。

第一节　公共关系主体的含义、构成要素和特征

一、公共关系主体的含义

公共关系主体不是指开展公共关系活动或从事公共关系工作的主导力量或主要部分，而是指相对于公共关系活动对象而言的具有意识的人。所有公共关系的承担者构成了公共关系的主体，不论它是人还是社会组织。只要它（他）是公共关系活动的发起者、组织者、承担者，是主动开展公共关系活动的一方，不是公共关系活动的被动接受者，那么它（他）就是公共关系主体。公共关系主体也是相对于公共关系客体而言的。由此不难看出，公共关系主体是第一种含义上的主体，即哲学意义上的主体，但它又不完全等同于第一种含义上的主体。公共关系主体一般不直接指向个体的人、具体的人，而是指向由人所组成的社会组织，其次才是公共关系机构和公共关系人员，这就是公共关系主体区别于哲学意义主体的所在。所以，公共关系主体就是公共关系活动的主动一方，是公共关系活动的发起者和实施者。没有公共关系主体就没有公共关系活动。

在公共关系活动中，处于主动的一方（活动的发起者和实施者）是具有意识的人，但习惯上往往又不直接指向人，而称社会组织是公共关系主体，这是因为以下原因：

（1）公共关系活动的发起者和实施者实质上包括建立系统目标的社会组织，以实现社会组织公共关系目标为己任的公共关系机构（公共关系部、公共关系公司等）和以实现社会组织公共关系目标为职业的公共关系从业人员。

（2）特定的具体的人是不能以个体名义出现在公共关系活动中的，而必须以其所属社会组织的名义出现。而以实现社会组织公共关系目标为己任的公共关系机构有的是社会组织的有机组成部分，有的虽独立于某一社会组织之外，但在其为组织实现的公共关系目标而开展公共关系活动时，总是以社会组织的身份出现。这就是为什么总是称社会组织是公共关系主体的原因。

二、公共关系主体的构成要素

公共关系的主体在一般情况下表现为两种状态，即自然状态和自觉状态。

公共关系主体的自然状态是指公共关系主体的职能不明确，虽然主体及其成员在一定的条件下也开展公共关系活动，但在其职能方面没有明确化、专业化和规范化；缺乏明确的行为目标、行为策略和行为方式；主体本身尚未实现专业化、独立化和组织化，表现为临阵磨刀、仓促应战。一句话，公共关系主体的自然状态是指公共关系主体的不成熟状况，是公共关系活动的不自觉状态的反映。

公共关系主体的自觉状态是指公共关系主体职能明确，主体及其成员都具有明确的、规范化的职能，主体及其成员在开展公共关系活动时，都具有非常明确的行为动机、行为目标、行为策略和行为手段，它是基于对客观环境的能动认识，是在客观条件作用下的能动反应。一句话，公共关系主体的自觉状态是公共关系主体的成熟状态，是公共关系活动的自觉状态的反映，是公共关系日益成熟的标志。

要实现公共关系主体由自然状态向自觉状态的转变，建立独立化、专业化和规范化的公共关系主体是关键。

公共关系主体的状态如何，是公共关系主体是否成熟的一个重要标志，这就需要考量公共关系主体的各构成要素。

公共关系主体是由诸多要素构成的。众所周知，作为社会构成基本细胞的社会组织是一个复杂的肌体，除目标、规范外，还有场地、设备、物资、技术、信息、人员、资金等，这些要素是公共关系主体不可或缺的物质条件，是社会组织存在的前提。而以下将要讨论的是建立在这些物质构成要素之上的公共关系主体构成要素，即公共关系意识、公共关系人员和公共关系管理。

1. 公共关系意识

公共关系意识是公共关系主体构成的核心要素，没有公共关系意识的社会组织是不可能成为健全的公共关系主体的。只有具备了公共关系意识，社会组织才能明确自己的公共关系目标，制订详细而周密的执行计划和实施方案，将组织的公共关系目标变成公共关系活动，从而改善与公众的关系，协调好组织与公众的利益，避免与公众的冲突和避免公共关系危机发生。只有具备了公共关系意识的社会组织才会注重与公众交流，传播信息，宣传自己的行为和政策，扩大影响，引导舆论朝着有利于组织生存和发展的方向发展。

没有了公共关系意识的公共关系主体就像一个人没有了思想和精神，只能是摆在那里的一副空架子。

2. 公共关系人员

公共关系人员是公共关系主体的重要物质构件，没有公共关系人员的公共关系主体是很难想象的。这里所说的公共关系人员主要是指以公共关系为职业的人员，也包括事实上担负社会组织公共关系工作的兼职人员。公共关系人员是公共关系主体的关键。没有公共关系人员，社会组织的公共关系目标就无法实现，制订的公共关系计划和执行方案就会束之高阁，只能是纸上谈兵，组织与公众之间的交流与沟通就会变成一句空话，永远无法兑现。在多数情况下，公共关系活动并不是社会组织的全体人员一哄而上，而是由组织指定的公共关系人员负责落实，他们是公共关系主体的代表者。社会组织中如果缺乏一批这样的以公共关系为职业的人，它就无法成为成熟的、自觉的、名副其实的公共关系主体。当然，我们无意否认

公共关系学

全员公共关系的重要,相反,必须强调,只有组织的每一位成员形成了良好的公共关系意识,社会组织的公共关系工作才能落到实处,这样的公共关系主体才是真正意义上的公共关系主体。

3. 公共关系管理

公共关系管理是公共关系主体的保证,它主要包括公共关系的目标管理和机构管理。公共关系的机构管理是指社会组织对其公共关系机构设置及职能和公共关系人员录用、培训、考评的管理活动。它一般是由领导或领导机构来完成的,所以也叫公共关系的领导管理。公共关系的目标管理是指公共关系机构及其人员围绕着公共关系目标的实施而进行的管理活动,它一般由公共关系机构或公共关系人员来完成。公共关系管理是公共关系主体是否成熟的重要标志,它反映了公共关系在社会组织管理活动中的地位。没有管理,社会组织的公共关系就会陷入无序状态,公共关系活动的成本就会增加,公共关系活动的成效就会大大降低。

强烈的公共关系意识是公共关系主体的核心,专业化、职业化的公共关系队伍是公共关系主体的物质基础,科学化、规范化的公共关系管理是公共关系主体的保证。学习公共关系主体的构成要素有利于对公共关系主体是否成熟做出鉴别,以便更好地指导公共关系主体做好自身的建设,从而更好地发展公共关系事业。

三、公共关系主体的特征

(一) 公共关系主体的能动性

公共关系主体是公共关系活动的发起者、实施者,它是由具有意识的人所组成的。人与动物的根本区别在于人有意识、有思维、有判断能力和推理能力。公共关系主体在开展公共关系活动时是一个对环境和条件不仅能认知而且能够做出反应的过程,是一个自觉的、能动的反应过程。在这个反应过程中主体始终处于主动的地位,随环境的变化而变化,随条件的改变而改变,并能采取相应措施使公共关系活动朝着主体期望和预计的发展轨迹发展。特别需要指出的是,因为公共关系客体也是具有意识的人及人所组成的群体,公共关系主体的能动性的表现就更为特殊,它必须用自己的观点和方式去说服和引导社会组织的相关公众,而不能采用政治、军事等强制手段。这就更能体现公共关系主体能动性的高级程度。有人称公共关系是"智者的事业",这话是有一定道理的。

(二) 公共关系主体的社会性

公共关系是一种社会实践活动,它不能脱离社会而存在,它必须在社会关系中进行,因此,公共关系主体必然处在一定的社会关系之中,并反映这种社会关系。一定时代的公共关系必须服从和服务于一定的时代,随时代的发展而发展、变化而变化。在阶级社会中,公共关系主体总是隶属于一定的阶级、阶层或国家,必然打上一定阶级、阶层或国家的印记,而且必然反映一定阶级、阶层或国家的利益要求。

(三) 公共关系主体的组织性

公共关系主体在现代社会中首先表现为一定形式的组织,组织的各相关要素和组成部分是一个相互联系紧密的内在机体,是一个不容分割的整体。公共关系主体的组织性内容包括以下几方面:

(1) 公共关系主体是一个开放系统,它与外部环境间进行物质、能量和信息等方面的输出—输入交换,存在着各式各样的社会和经济联系。

(2) 公共关系主体是一个整合系统,它自身具备相对独立的运行系统和组织机构,有一

第三章　公共关系主体

整套符合自身特点的管理体系和机制。

（3）公共关系主体具有统一的目标，这种目标是维系内部各分支系统和机构正常运行的最终目的和最高准则，各分支系统和机构虽然也有着其各自的具体目标，但其必须围绕着组织的总目标运行。

（4）公共关系主体具有严格而健全的行为准则和行为规范。公共关系主体除遵守整个社会的社会公德和法律规则外，其组织内部还必须具有一套完备的规章制度和行为规范。这样，既可以使公共关系主体与社会环境相和谐，又能使组织内在机制发挥正常作用。

（四）公共关系主体的目标性

公共关系主体的目标性是指公共关系主体总是为了实现一定的目标并围绕着目标而活动。公共关系主体必须具有明确的公共关系目标，公共关系目标是强化公共关系意识的具体化和形式化，是公共关系主体形成和发展的前提，也是开展公共关系工作的基础，是公共关系工作决策的依据。没有公共关系目标或目标性不强，必然导致公共关系工作的盲目性，必然导致公共关系活动的被动，甚至失败。加强公共关系主体的目标性，有利于加强公共关系主体的内在活力，有利于提高公共关系主体的业务素质和理论水平，有利于提高公共关系活动的成功率，有利于增强公共关系的成效。加强公共关系主体目标性的建设，是公共关系主体建设的一个重要课题。

（五）公共关系主体的客观性

公共关系主体的客观性是指公共关系主体必须依靠一定的社会物质条件而存在。公共关系主体不是抽象的，而是具体的。

（1）公共关系主体总是以特定形式的社会形态呈现在我们面前的，虽然它是具有意识的人及其所形成的群体构成的一定社会细胞形式，如××学校、××集团等，但它是以一定的物质基础为存在前提的，是一种客观存在。离开了这个物质基础（比如场地、建筑、设备、资金、技术、员工），它就不复存在了。

（2）公共关系主体离不开信息。信息是一种社会现象和社会物质。从一定意义上讲，公共关系活动实质上就是信息的双向交流活动，离开了信息，公共关系主体拿什么与客体交流，又怎样实现交流呢？

（3）公共关系主体离不开现代传播技术。公共关系主体在公共关系活动中利用现代的一切传播技术，比如印刷技术、影视技术等。如果离开了这些传播技术的支持，公共关系主体的目标就无法实现。

（六）公共关系主体的变化性

公共关系主体的变化性是公共关系主体的重要特征之一，是指公共关系主体是一个开放的系统，是一个有机的生长体，它将随着社会环境的变化而不断调整自身行为。

1. 公共关系主体目标的变化

组织的目标是一个组织的最高行动纲领。即使是这样，它也不是一成不变的，而是要根据社会对组织的要求和公众需求的变化而做出相应的调整和变化，建立更加符合公众需求和组织实际的组织目标。

2. 公共关系主体机构的变化

社会组织的内部机构设置是为实现组织的目标而设置的，它同样是一个动态系统，它依照组织目标的变化而变化，其目的是要达到人、财、物的最佳组合，使组织的运行效率达到最佳状态。

公共关系学

3. 公共关系主体的人员变化

公共关系人员根据公共关系主体目标的需要而设置，其人数的增加或减少，必须由组织的公共关系目标和任务来决定。人员变化不仅反映在数量上的多少，而且反映在人员素质上的提高，因此，公共关系人员应根据社会环境和公共关系主体对其公共关系目标的调整，适时改变观念、作风和行为，提高自身素质，以满足公共关系主体目标实现之需要。

4. 公共关系主体传播手段的变化

公共关系主体的变化性还体现在公共关系主体利用传播技术的变化上。公共关系主体在实施公共关系活动时，必须依靠和利用各种新的技术和设备，使传播的信息更加清晰、具体和形象，从而使传播效果更加理想。

综上所述，对公共关系主体特征的认识和考察必须在一定的历史阶段下、一定的社会关系中，以及公共关系主体所处的特定活动情景中来进行，否则就失去了其考察的意义。

第二节 社会组织概述

社会组织是公共关系的主体，是公共关系的发起者、组织者和实施者，在公共关系活动中起着主导作用，占有主导地位。

一、社会组织的含义和特征

1. 社会组织的含义

"组织"一词有多重含义。它既可以作为名词，用来表达系统、关系，指某种社会群体和特指"上级领导机关"，如"学校是一个组织，工厂也是一个组织"、"组织上派我来考察一下"等，也可以作为动词，用来表述整合、组合，如"把同志们组织起来"等。很显然，公共关系学中的"组织"一词是第一种含义的组织。"组织"本是社会学的概念范畴，公共关系学把它借用来表述一定的社会群体组合。为了区别于"上级组织"的狭义和社会学的组织概念，公共关系学多采用"组织"前加"社会"一词，本书中，"社会组织"与"组织"的含义是一样的。

社会组织是指按照一定的目标、规则和形式编制起来的社会群体，它是由若干人相互影响和相互作用而形成的活动单位。它目标统一、行为规范、结构严密。它与一般的家庭、邻里等自然形成的社会群体有较大差别。它是社会构成的基本单位和细胞，是一个不断运动的有机体（运行是组织的生命），它随社会环境的变化而不断调整自身结构和功能使之与社会相适应，它是由若干要素组合而成的集合体。

它的主要构成要素有以下几种：

（1）目标及任务。组织是人们为实现一定的目标、完成一定的任务而形成的集合体，目标和任务就必然是组织的构成要素之一。没有目标和任务，也就没有组织存在的必要。

（2）人员。组织是由若干人相互影响和相互作用而形成的，人是构成组织的基本要素，没有人员的组织是不存在的。

（3）物质条件。组织的运行既需要人，又需要一定的物质投入，运用一定的技术、设备和工具，消耗一定的能源和材料。没有这些物质条件，即使有了目标和人员组织也只能是个空架子，不能正常运行。

（4）内在结构与机制。这是指组织内部各个分支系统、各个成员之间的一系列从属及并列关系及其相互联系的形式。职能、职责、权力及利益关系是机构和机制的核心。组织通过内在机制协调和处理各分系统及其成员的相互关系。

（5）信息联系。在上述各要素具备的前提下，组织的运转是要靠信息与各分支系统及成员的联系。组织的目标和内在机制也必须靠信息的传递，离开了信息，组织目标、组织内各分支系统及其成员的联系就会失去物质载体，因此，信息是组织运行的不可或缺的基本要素之一。

2. 社会组织的特征

社会组织的特征是指社会组织与其他非组织区别开来的各种特性的总和。社会组织是社会的最基本元素，尽管它的社会存在形式千差万别，但其特征表现为以下几点：

（1）群体性。任何社会组织都是由至少两个人以上所构成的社会群体。一个人是无法形成一个社会组织的。

（2）整合性。组织一般都具有严密的内在结构和机制，组织内各分支系统、各个流程环节、各个成员之间存在着相互依存、相互牵制、相互作用的关系。这种关系是依靠组织内部机制（规范、准则、岗位职责等）来处理和协调的。

（3）目标性。任何组织都是依靠一定的统一目标而形成的，"为了一个共同的目标，走到一起来了"。组织的目标是一个体系，可分为长期目标和近期目标、一般目标和特殊目标等。

（4）动态性。动态性也叫变化性。任何组织都是一定社会环境的产物，环境是组织生存的社会基础。组织的环境可分为直接环境和间接环境、良好环境和恶劣环境等。组织的环境是不断变化的，是一个动态系统，所以，组织也必须要根据环境的变化而不断地修正自己的方针、政策、经营理念，不断地矫正自身行为，不断地进行自我协调、自我改造和自我更新（开发新产品、提供新服务等）来适应环境的变化需要，只有这样，组织才能更好地在社会上生存。

（5）多样性。"社会组织"是个统称概念，是对社会上存在的各式各类群体、集合体的统称。社会组织的存在形式千差万别，且种类繁多。如在日常生活中常见的学校是文化组织，工厂是经济组织，政府机关及政党是政治组织。

（6）物质性。任何社会组织都有一定的办公场所或生产场地，即便是网络虚拟环境下的组织，也应有其活动场所和人员，这就是社会组织存在的物质性。如没有这些物质"硬件"，社会组织的生存就只能是一句空话，就只能是"皮包公司"。

二、社会组织的分类及其意义

社会组织的分类是指将纷繁复杂、形式各异的社会组织按照一定的标准归类分析。社会组织的分类可以根据组织的性质、结构、作用和活动方式将它们分为不同类型，分类的根本目的不在于分类本身，而在于人们能更好地认识各类社会组织的类别和特性，从而更好地促进和提高组织的运行效率和有针对性地开展公共关系活动。

一般来说，组织的分类有以下几种：

（1）以组织的社会功能为标准，可将组织分为产业组织、政治组织和整合组织。产业组织是指为社会提供产品和服务的生产性组织。它直接为社会提供人们生活、生产所需的产品或服务。如从事纺织的纺织厂、服装厂，从事乳品生产的奶厂以及各类生产性企业等。政治组织是指为了保证整个社会达到自己的目标和正常运行而进行的权力分配的组织。这类组织的社会功能在于保证社会达到自己目标和进行权力分配。如政党组织和宗教团体等。整合组

公共关系学

织是指调整社会内部关系、维持社会正常秩序的组织。如法院、警察局等。

这种分类方法是美国结构功能主义大师帕森斯提出的。

(2) 以组织目标及其受益者关系为标准，可将组织分为互利组织、商业组织、服务组织和公益组织四类。互利组织的目标是为所有参加者提供利益，受益人是所有参加者。商业组织的目标是为组织创造利润，受益人是组织内部成员。服务组织的目标是为顾客提供服务，受益人是接受服务的对象。公益组织的目标是为社会整体成员服务，受益人是社会的所有成员。

这种分类方法是由社会交换学派的理论家彼得·布劳提出的。

(3) 以组织对成员的控制方式为标准，可将组织分为强制组织、功利组织和规范组织。强制组织以暴力和强制手段来控制成员。功利组织以物质利益来控制成员。规范组织以道德、信仰和制度等来控制成员。

(4) 以组织成员的关系状态为标准，可将组织分为正式组织和非正式组织。组织成员之间关系明确，组织活动有一定的规章和制度，称其为正式组织。组织成员之间关系模糊，组织缺乏严密的规章和制度，称其为非正式组织。

(5) 以组织成员数量为标准，可将组织分为巨型组织、大型组织、中型组织和小型组织。

(6) 以组织与环境关系状态为标准，可将组织分为有机组织和机械组织。能适应环境变化，组织始终处于动态变化之中，能根据环境变化需要适时调整自身行为和政策，有旺盛生命力的组织为有机组织。不能适应环境变化需要，一味机械地按部就班重复自身工作程序，缺乏生机和活力的组织为机械组织。

(7) 根据组织从事活动的性质为标准，可将组织分为经济组织、政治组织、文化组织和宗教组织。

经济组织是人类社会中最基本、最普遍的社会组织，担负着为人们提供衣食住行和文化娱乐等物质生活资料的任务，履行社会的经济功能，如生产领域的工厂、农场，流通领域的各种商业组织等。现代公共关系主要发生在社会的各个经济组织，它是公共关系活动的主体，是现代社会市场经济条件下公共关系的最大市场所在。

政治组织是指在社会中从事政治活动的组织，是一定阶级、阶层、集团的代表。政治组织包括政党组织和国家政权组织。

文化组织是指在社会中从事文化活动、文化事业的组织。它以满足人们的各种精神文化需要为目标，开展各种文化活动和文化事业。文化组织的类型很多，包括自我服务和服务组织、营利性组织和非营利性组织。常见的学校、图书馆、文化馆、影院、剧团、文艺俱乐部等均属于文化组织。

宗教组织是指以某种共同的宗教信仰为背景而形成的组织。它用宗教信仰来制约和规范成员，也是人们表达和实现自己宗教信仰的载体。它的基本任务是维护信仰自由和宗教信仰者的合法权益，组织正常的宗教活动，提高信教者的道德水准和文化素质等。

(8) 根据组织是否营利和竞争程度为标准，可将组织分为四类，即竞争性营利组织、竞争性非营利组织、独占性营利组织和独占性非营利组织。

竞争性营利组织是指以营利为目的的社会组织。它一般包括生产性组织、商业组织、交通运输业组织、服务性组织。利润是这类组织的生命，没有利润组织就会自动消亡。因此，这类组织进入公共关系主体的角色较快，公共关系意识较强烈，市场所逼，竞争所逼。它是现代社会公共关系的主力军，是公共关系的最大主体和最大市场。

第三章 公共关系主体

竞争性非营利组织是指不以营利为目的的社会组织。它一般包括各类专业学术团体等。这类组织的共同特点是存在竞争但不以营利为目的，旨在通过组织努力，宣传和普及某种观念、知识，推动某项事业发展。组织生存的资金来源一是靠政府拨款，二是向社会募集和收取会员会费。

独占性营利组织是指在市场竞争中占有独占性地位的组织。它不仅以营利为目的，而且营利的方式是独占性的，其他组织无法与其竞争，如某些具有垄断优势的邮政、电信、电力、铁路、航空、金融等企业。由于所提供的产品和服务具有独占性，其利润来源又轻而易举，因此就必然使这类组织可能不主动听取社会公众意见。近年来，这些状况也有所改善，该类组织也开始注重公共关系。

独占性非营利组织是指以独占性、排他性存在于社会之中，不以营利为目的的社会组织，主要包括国家机关和军队等。它的职能主要是对国家各项事务行使管理、指导、服务和保卫职责，保护国家安全、保证市场秩序。政府公共关系将是公共关系的新课题，也是摆在各级各类政府面前无法回避的问题。

三、社会组织与环境

社会组织的生命在于运行，组织的运行是在一定社会关系和社会环境中进行的。组织不能离开环境而孤立存在，它必须在与环境进行经常性的信息和能量交换中生存。

（一）环境的含义

环境是指社会组织周围的各种社会因素和条件。它是社会组织与社会进行信息和能量交换的基础，没有这些因素和条件，组织与社会的信息与能量交换就不可能实现。同时，这些因素和条件又时无刻不在影响和制约着组织的社会活动，当然包括组织的公共关系活动。要研究社会组织及其活动，就不能脱离其所处的具体环境而孤立地进行，处理好社会组织与环境的关系是公共关系的重要任务之一。

环境根据不同分类标准，可以有不同的分类结果。可以将其分为自然环境和社会环境，也可以将其分为直接环境和间接环境，还可以将其分为良好环境和恶劣环境。

自然环境是指组织所在地区的地理位置、气候条件等。社会环境是指组织所在国家（地区）和社会的政治制度条件、法律制度条件、经济制度条件和社会文化思想条件等。公共关系要处理的主要是社会组织与其所处的社会环境之间的关系。

直接环境是指对社会组织活动起直接作用和与组织发生直接关系的因素和条件；间接环境对组织活动的作用是间接发生的。组织所处的直接环境和间接环境如图3-1所示。

良好环境是指对组织生存和发展起推动作用的因素和条件，指组织与环境处于良好的运行状态。恶劣环境是指对组织生存和发展起阻碍作用的因素和条件，指组织与环境处于不良的运行状态。

公共关系意义上的环境是一个复杂的综合体，具有系统性、关联性、渗透性、复杂性和变化性的特征。社会组织总是生存于一定的环境之中，环境是组织生存和发展的基础。环境既可以促进组织的发展，也可以阻碍组织发展；既可以维系组织生存，也可以危害

图3-1 组织所处的直接环境和间接环境

公共关系学

组织生存。用公共关系的观点来审视环境对组织的作用影响，不难得出这样的结论：任何组织都必须站在战略的高度重视环境、研究环境并在此基础上开发和利用环境，处理好组织与环境的关系。

（二）社会组织与环境的关系

社会组织与环境的关系是一种相互影响和相互作用的互动关系：一方面，环境对社会组织起着影响和制约的决定作用；另一方面组织也不是绝对被动地接受环境的影响，而是能动地做出反应，对环境起着反作用。在这里为了突出环境对组织及其组织开展的公共关系活动的影响，以下主要讨论环境对社会组织的作用。

1. 环境为社会组织提供生存的客观条件

任何组织都是在一定的自然、文化、社会、经济和政治环境中生存的，环境是组织生存的前提和基础。具体来说，环境为组织提供各种物质条件和信息要素，如人员、技术、办公场地、资金、原材料和各类信息等；环境为组织的产品、服务提供市场。组织生存的前提是为社会提供一定的产品和服务（工厂生产机器设备、农村生产粮食、电厂供应电、水厂供应水、宾馆提供住宿服务等），否则，组织就没有存在的必要。组织提供的产品和服务必须进入一定的市场才能交换，只有把产品和服务变换成再生产的资金，组织才能完成再生产，才能够正常运行，这个市场的提供者就是环境。

2. 环境为社会组织的生存和发展提供制度保障

环境为社会组织的生存和发展提供制度保障是指环境因素中所形成的法律、制度、政策和各项规定为组织生存和发展提供行为规范和行为保障。它不仅对组织行为有制约作用，而且也对组织的关系和行为起规范作用，创造一定的规范的市场秩序。环境对组织的生存和发展的保障一开始并不像现代社会条件这么完备，而是处于一种初级状态，靠自发的社会秩序、社会传统（人们的约定俗成）和社会道德对社会组织及其成员进行规范、协调和调度。这种保障是原始的，是经不起利益的冲击的。随着社会的进步，国家根据社会总体利益和意志开始制定维护社会秩序的各项制度、法律、政策和规定，并结合依靠社会发展过程中形成的道德要求来规范组织和社会成员的行为，使社会逐渐走上法制化、民主化、规范化、秩序化的道路。这种保障是坚固的、是根植于社会的，是社会组织生存和发展的有力保障。

3. 环境为社会组织的生存和发展提供动力条件

环境是由各种社会因素和条件组成的综合体，是一个复杂的体系，且是一个动态的体系，它具有不确定性和动态性。组织要在环境中生存和发展，必须适应环境的变化，必须建立起一种能适应环境变化的机制。只有这样，组织才能有效地应对环境的威胁和挑战，才能把握住环境提供的机遇，才能作好环境监测，才能针对组织所处环境及其变化趋势。对组织发展目标、计划、方针、措施做适当调整。由此看来，环境对组织而言就是一种压力，它促使组织应变机制的建立，推动组织的调整和发展。危机和挑战是组织生存和发展的动力。同时，环境也并不是一味地对组织生存和发展存在威胁和压力，而是随着社会的进步不断地为组织生存和发展提供科技进步成果，为组织提供因生产关系和上层建筑变革而带来的新的宽松环境（必要的有利于生产力发展的法律和制度保障）。又因为社会自然条件和人口等诸因素的变化，环境还将为组织的产品和服务提供消费市场保障。

综上所述，环境对组织公关起决定性作用。任何组织都必须高度重视对环境问题的研究，做好环境监测、环境评价、环境决策工作，采取相应的环境对策，使组织处于一定良好的环境状态下运行，这正是公共关系所期望达到的。

第三节 公共关系机构

公共关系机构是专业从事公共关系工作的组织机构，代理着特定组织的公共关系工作，其实质是公共关系的实施主体。公共关系机构作为一个具有特定职能的组织具有双重身份：①作为一个组织，其本身也存在着需要不断解决的公共关系问题，这是一个公共关系主体的身份；②作为一个专业从事公共关系工作的机构，代理特定的组织并处理其公共关系问题，进行有效的形象设计与管理。本节是针对后一种身份进行探讨的。

现有的公共关系机构主要分为两类：一类是社会组织内部设立的公共关系部门，如组织内部的公共关系部；另一类是专门承接公共关系委托业务，代理其他社会组织公共关系业务的服务性机构（如公共关系公司、公共关系事务所等）。以下分别加以介绍。

一、公共关系部

公共关系部是社会组织内部自行设立的专门负责处理公共关系事务的部门。社会组织不同，其公共关系机构的设置和名称也有所不同。以美国为例，目前约有85%左右的企业自设公共关系部或外聘公共关系顾问，从事公共关系工作的部门也多称为公共关系部、公共事务部、公共信息部、公共广告部或社区关系部等，这些都是国际上广泛采用的机构名称。

随着社会的快速发展，组织的形象管理工作日趋重要，公共关系部门的工作也日趋繁重。一个组织要想做好公共关系工作，不仅要在组织机构上设立公共关系部门，更重要的是对公共关系部门的地位和作用、公共关系部门的设置原则、组织机构的规模与模式及组织自设公共关系机构工作的局限性有一个足够的认识。

（一）公共关系部的地位与作用

组织内部的公共关系机构是为实现组织的既定目标而设置的，与组织内部的其他机构（如人力资源部、财务部、经营部等）一样，公共关系部门也有着特定的职能。公共关系部在组织中的地位，既取决于组织决策者对公共关系内涵的把握以及对公共关系部门的目标期望，也取决于公共关系部门自身作用的发挥。通常，组织决策者对公共关系部门的目标期望值高，公共关系部门自身作用发挥得好，其在组织中的地位就高；反之，组织决策者对公共关系部门的目标期望值低，公共关系部门的自身作用发挥得不好，其在组织中的地位就低。公共关系部门的作用应突出表现在以下三个方面：

（1）监测环境。它是指感知和预测影响组织目标实现的公众态度及社会环境的变化。社会组织的环境是由其公众及其他影响组织生存和发展的社会政治、法律、经济、文化等因素构成的。组织的环境是不断变化的，要适应这种变化，就必须对此做出迅速反应。公共关系机构的一个重要作用，就是及时、准确地向组织提供环境变化的信息，帮助组织准确地分析并预测环境的变化，从而进行适当的行为或目标的调整。

（2）决策咨询。它是指在采集、整理、分析信息的基础上，为组织目标的实现提供可供选择的决策方案，或对已有的决策方案提出咨询意见，协助组织决策者进行科学决策。公共关系部的重要作用表现在协助组织决策者分析、权衡各种决策方案的利弊，预测组织决策所产生的社会后果及影响的广度和深度，督促并提示组织决策者修正不利于组织长远发展的政策与行为等。为了保证公共关系部这一作用的充分发挥，不仅要求组织提高决策的民主化程度和科学化水平,而且要求组织决策者应亲自主持这一部门的工作,甚至兼任公共关系部的领导职务,在组织上给予充分的保证。

(3) 沟通协调。它是指借助各种媒介有效地通过与公众的信息传递,获得公众的理解和信任,从而取得公众的支持与合作。在这一方面,公共关系部门的重要作用表现在:对外赢得公众,避免或减少组织与公众的摩擦与冲突;对内增强组织凝聚力,创造一个充满理解信任、团结合作气氛的良好内部环境。

(二) 设置公共关系部应遵循的原则

公共关系工作在现代社会组织中的重要性越来越被人们所认识。为了做好这方面的工作,使组织处于一个良好的公共关系状态,开展公共关系工作就必不可少。为此,提出以下三项原则供组织决策者把握:

(1) 必要性原则。任何一个社会组织,只要在社会上存在一天,就不可避免地面对一系列的公共关系问题。也就是说,公共关系问题是随着组织的产生而出现,随着组织的消亡而消失的。如果一个组织对公共关系机构的职能与作用认识充分,有主持这项工作的恰当人选,并能被外部公众所接受,则具备了设置公共关系部的必要条件。此时,组织组建一个公共关系部是必要的。

(2) 职责化原则。公共关系部一旦成立,即是组织内部的一个专门机构,应如同组织内部的其他部门一样,必须赋予它特定的职责。如果说,一个组织的人力资源开发部是对组织的人力资源进行管理的话,那么,一个组织的公共关系部则是对组织的公共关系进行管理。因此,在组织上和职能上都必须保证其正规化、明确化。

(3) 专业化原则。公共关系部门是社会组织贯彻公共关系思想、实现公共关系目标的专业化机构,因此,必须从组织上和工作内容上保证其专业化的特性。在组织上必须由公共关系理念清晰、具有一定的专业素养、勇于开拓进取的公共关系专职人员为骨干,组成一个精干、高效的专业化工作班子。

(三) 公共关系机构的设置类型

组织类型不同,对公共关系机构的设置要求也会有所不同。对一个具体的组织而言,在选择和设置公共关系机构的类型时,应重点考虑机构的规模和运行机制。

1. 对公共关系机构规模的考虑

从机构规模来看,组织内部的公共关系部有大、中、小三种不同类型。

(1) 大型公共关系部人员众多、机构复杂,通常适合于大型组织设置。大型组织一般是指那些拥有几家中大型社会组织的联合体。与这种联合体本身的组织层次较多相适应,公共关系机构的组织机构一般可分为四个层次:公共关系机构负责人、主要的关系部门与职能部门、各业务科和各作业股。其负责人一般由专门的公共关系副总经理或副董事长担任,也有由总经理或董事长挂名担任的。这种公共关系机构本身在一定程度上也构成了一个社会组织,从事着复杂而系统的工作。美国某银行公共事务部机构设置如图3-2所示。

(2) 小型社会组织的公共关系机构比较简单,一般只有两个层次:公共关系机构负责人和具体办事人员。具体社会组织的公共关系机构的内部设置各有其特点,但无论是哪一个公共关系机构,都应从事对内关系、对外关系和专业制作这三方面的工作,其内部设置也基本上是按这三方面的工作来安排的。某小型企业公共关系部机构设置如图3-3所示。在更小的组织中,公关活动可能全部由一人承担,甚至由其他工种人员兼职。

第三章 公共关系主体

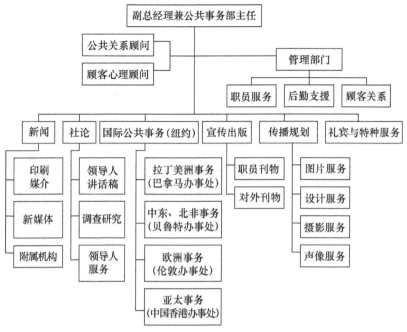

图 3-2 美国某银行公共事务部机构设置图

(3) 中型公共关系部则介于大型公共关系部和小型公共关系部两者之间，适合于中等规模的社会组织设置。中型社会组织的公共关系机构一般也要完成大型社会组织公共关系机构的工作，只是它在分工上不如后者具体、细致，有的部门合并在一起了。它一般有三个层次：公共关系机构负责人、各职能部门和各业务科。某公司的中型公共关系部机构设置如图 3-4 所示。

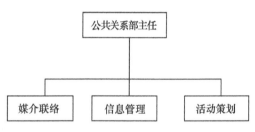

图 3-3 某小型企业公共关系部机构设置图

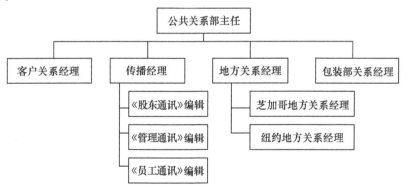

图 3-4 某公司公共关系部机构设置

2. 对公共关系机构运行机制的考虑

从运行方式上看，组织内部的公共关系部大体有以下三种运行机制：

公共关系学

（1）总经理直接负责型，其组织结构实例参见图3-2。这种运行机制的特点是公共关系部的领导人由组织的一名最高决策者兼任，组织的公共关系部门与组织的决策层直接挂钩联系，公共关系部门及工作人员也能够站在组织全局的高度考虑和把握公共关系工作。尤其在组织内部进行联络沟通的过程中，其工作的权威性、有效性大大增强。这是一种较为理想的运行机制。

（2）总经理间接负责型，其组织结构实例参见图3-3。这种运行机制的特点是组织的公共关系部等同于组织的其他各部门，同其他相应工作部门一样，有特定的分工和职能，对组织的最高领导人负责，其工作范围受到一定的限制。尤其是在进行组织内部沟通时，由于其地位与其他部门是平行的，这就大大降低了其沟通的权威性和有效性。

（3）公共关系委员会制。这种运行机制的特点是在组织最高领导层与公共关系部门之间，设置一个由组织最高领导人和各相关部门负责人组成的公共关系委员会。这种运行机制多为特大型社会组织所采用。委员会定期召开会议，统筹安排组织的各项公共关系工作，如研究、制定组织年度或专项公共关系计划，审批公共关系工作预算，监督公共关系计划的实施及评价公共关系工作的效果等，委员会并不直接处理具体的公共关系事务。这种运行机制有利于提高组织公共关系部门工作的权威性和计划性，调动组织内部各方面的积极性，使大家都来关心、支持、参与组织的公共关系工作；但也往往容易束缚公共关系部门及工作人员的手脚，使其工作缺乏灵活性和创造性。

3. 从工作方式上考虑

从工作方式上考虑，公共关系部的机构设置有公共关系手段型、公共关系对象型和复合型三种。这三种不同方式的机构设置类型图如图3-5、图3-6和图3-7所示。

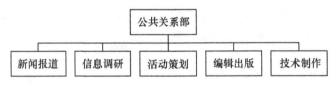

图 3-5　按工作手段设置的公共关系部

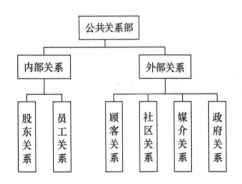

图 3-6　按工作对象设置的公共关系部

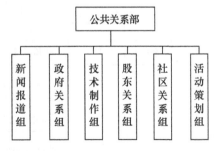

图 3-7　按工作手段与工作对象
复合设置的公共关系部

一个社会组织要设置一个什么样的公共关系机构完全取决于组织自身的具体需要。在这

第三章 公共关系主体

里，外国的经验可以借鉴，国内的模式也可以参考。但是，最重要的是必须保证建立一个有利于实现本组织公共关系目标且行之有效的工作系统。

（四）公共关系机构的工作

社会组织内的公共关系机构主要从事对内关系、对外关系和专业制作三方面的工作。对内关系包括领导与职工关系、职工与职工关系、领导与领导关系、部门与部门关系等；对外关系包括顾客关系、新闻媒介关系、上下级关系、同行关系、社会各界关系等；专业制作包括编辑出版、美工制作、采集调研、礼宾接待等。

弗兰克·詹夫金斯的《实用公共关系学》一书共列举公共关系机构的26项工作，这26个项目正好可用从A到Z的26个英文字母来标数，故它们被称为"公共关系的A到Z"：

A. 写作并向报刊发布新闻、照片和特写，发布前编好报刊的名单。

B. 组织记者招待会，接待参观访问。

C. 向媒介提供信息。

D. 为管理部门安排接见报刊、广播和电视记者的访问。

E. 为摄影师作情况介绍，保存照片资料。

F. 编辑、出版供员工阅读的杂志或报纸，组织其他形式的内部通讯，诸如录像带、幻灯片、墙报等。

G. 编辑、出版以经销商、用户、顾客为对象的对外刊物。

H. 编写并提供各种资料，诸如培训资料、企业的历史、年度报告、新员工须知，以及供学校用的教育招贴等。

I. 制作视听工具，诸如纪录片、同步幻灯片、录像带，包括分发、编目、放映以及维护工作。

J. 组织有关公共关系的展览会、陈列品，包括提供交通工具。

K. 制造并维护企业识别标志，诸如商标、配色图案、专用印刷品的风格以及车辆的标志等。

L. 主办有关公共关系的活动。

M. 组织参观工厂等活动，并提供各种方便。

N. 参加董事会和生产、市场营销和其他主要负责人的会议。

O. 出席销售和经销商品会议。

P. 代表企业出席行业性的会议。

Q. 负责同公共关系顾问联系。

R. 训练公共关系员工。

S. 进行意见调查或其他调研活动。

T. 监督广告或者与广告专业单位联系（在广告工作也由公共关系部门管理的情况下）。

U. 和政府主管部门与公务员联系。

V. 当新厂房或办公楼落成举行开幕时，接待来宾和新闻界。

W. 安排官员和国外人士的来访、参观。

X. 举办纪念活动，如百年纪念或获奖纪念等。

Y. 从剪报、广播、电视或其他外界的报告中获得反馈，进行组织整理。

Z. 分析反馈，评估预定目标的实现结果。

这样的列举比较细致，但不够概括，而且还遗漏"参与决策"等重要内容。如果归纳一

公共关系学

下,公共关系机构工作可分为如下七个方面:

① 举办或参加专题活动,包括举办新闻发布会、有关展览会、参加经销会、筹划和组织纪念活动,等等。

② 对外联络协调工作,包括与新闻界和社会各界人士的联系、组织和安排本组织领导参与外界有关活动,等等。

③ 编辑、出版工作,包括编写月底、年度报告和各种宣传资料,出版内部刊物,制作新闻图片、录像带、幻灯片和企业标志,等等。

④ 调研工作,包括民意调查、报刊检索、市场分析、资料整理,等等。

⑤ 礼宾接待工作,包括定期接待、日常接待,等等。

⑥ 参与社会组织的决策,如表明对新产品开发与宣传的意见。

⑦ 对内协调工作,如加强供、产、销各部门间的信息沟通与合作。

这七个方面实际上是对内关系、对外关系和专业制作三方面的展开,所以比较详细和全面,同时也不显得繁琐。

二、公共关系公司

中国公关市场可以分为三个层次。居于第一层次的只有少数几家有国际背景的公共关系公司。这些公司收费相对昂贵,但客户会理解这一点,因为它们能够提供高附加值的战略性咨询。在第二层次也有很多国际公共关系公司,它们能够想出很有创意的点子并能照样付诸实施,在项目执行方面非常出色。在这一层次也有一些很好的本土公司。第三层次则基本上是本土公共关系公司,业务主要集中在媒体关系上,竞争的主要优势在于执行。

公共关系公司(也称公共关系咨询公司或公共关系顾问公司)是指那些受客户委托,以代理者、实施者的身份专门从事公共关系活动或咨询的服务性机构。公共关系公司通常是由经过一定的专业知识学习和技能训练、具有较多工作经验的公共关系专家组成的。

公共关系公司是随着公共关系作为一种职业的出现而产生和发展起来的。由于它在公共关系工作方面的显著效果,越来越多的客户,尤其是一些具有较强经济实力或较大规模的客户,通常愿将自己的一些公共关系业务委托给公共关系公司代理。

在现代社会条件下,各种各样的社会组织都存在着公共关系协调的问题,都不同程度地需要专业化的公共关系机构为自身出谋划策。因此,为了最大限度地发挥公共关系公司的作用,为了使社会组织恰当地选择公共关系工作的代理机构,正确地认识公共关系公司的职能、类型及收费标准是会有所帮助的。

1. 公共关系公司的具体职能

公共关系公司的基本职能是帮助客户确立公共关系目标,通过调查、研究,对客户进行准确的形象定位(即查明客户的公共关系状态);制订并实施公共关系计划,以帮助客户改善公众形象,在公众中建立良好的信誉。在具体职能上,公共关系公司可为客户提供以下几方面的服务:

(1)公共关系咨询。公共关系公司可根据客户的要求,为客户提供社会政治、经济、文化、教育、科技等方面的情报,提供市场信息、公众态度、社会心理倾向及社区文化习俗的分析资料;为客户进行公共关系问题的分析与诊断;为客户的形象设计、形象评价及公共关系政策或决策提供咨询等。

(2)传播信息。公共关系公司可代客户进行各种信息传播,包括为客户撰写新闻稿件,

第三章 公共关系主体

选择新闻媒体，建立媒体关系，举行记者招待会（或新闻发布会）；为客户设计、印制宣传资料和纪念物品及统一的标志制品；为客户制作宣传影片、录像带或光盘等视听资料；为客户制订广告投资计划，设计制作产品广告及公共关系广告；协助客户推广产品信息，制造有利的市场气氛等。

（3）组织活动。公共关系公司可协助客户与相关公众进行有效的联络沟通，帮助客户与政府、社区、媒体等公众建立并维持良好的关系；为客户安排、组织重要的交往活动，如贵宾和社会政要的参观与访问等；为客户策划和组织各种专题活动，如剪彩仪式、庆典、联谊以及各种社会赞助活动等；组织各种会议，如信息交流会、产品展销会及洽谈会等。

（4）人员培训。公共关系公司可代为客户进行各类人员的知识或技能培训，使其具有足够的公共关系理论知识和实际操作技能，以适应岗位的需要。

以上是公共关系公司的基本职能，需要特别指出的是一个公共关系公司不应承接超出自己特定职能的业务项目。对有损客户整体形象的委托项目，也应力劝客户慎重考虑，一般不要简单、顺从地听命于客户的主张。此外，公共关系公司不该创办隶属于公司的生产性企业或经营性公司，这也是公共关系人员的职业道德所要求的。

2. 公共关系公司的基本类型

从国外及国内公共关系公司的现有情况来看，不同的公共关系公司在规模、结构及业务范围方面有很大差别。从规模上看，有跨地区、跨国度经营的大公司，也有局限于一个地区、一定范围内经营的中小公司；从业务范围上看，有多种业务项目的综合型公司，也有仅承办专门业务项目的专业公司。归纳起来，公共关系公司大体可分为三种基本类型，即综合服务型公共关系公司、专项服务型公共关系公司及顾问型公共关系公司。

（1）综合服务型公共关系公司。综合服务型公共关系公司通常可提供多种公共关系服务，此类公司一般拥有先进的信息收集系统和信息储存与分析系统，通过多种途径广泛采集世界各国政治、经济、文化、法律、社会政策、风俗习惯及市场动态等多方面信息。此类公司拥有一大批擅长处理不同方面问题和协调不同方面关系的经验丰富的专家。此类公司具有较大规模，联系广泛，实力雄厚，可为不同类型的客户提供多种形式的服务，如地区市场开发，政府、社区、媒体、顾客及至雇员关系的处理与协调，客户CI战略的策划与实施；公众调查及人员培训等。

（2）专项服务型公共关系公司。顾名思义，专项服务型公共关系公司是指仅可为客户提供特定项目服务的公司。其服务项目一般仅限于一种，或专项为客户进行市场调查，或专项为客户组织某种公共关系活动。专项服务型公共关系公司的人员通常都是某一领域的专家，在该工作领域有广泛的联系和丰富的经验。这类公司较综合服务型公司的经营规模和业务范围要小。

（3）顾问型公共关系公司。从某种意义上讲，顾问型公共关系公司也是一种专项服务型公共关系公司。它所开展的服务一般仅限于为客户提供咨询，作为客户的"参谋"，对其公共关系事务提出意见或建议。只不过，它所提供的意见和建议往往是多方面的，并不局限于单一方面，因此，将其单独列出介绍。顾问型公共关系公司的组织成员基本上都是已有一定名望的某一工作领域的专家，比如：公共关系专家、新闻传播专家、社会心理分析专家、公众关系协调专家、市场分析与预测专家等。这些专家阅历广、知识新、头脑灵、眼光远，不仅能为客户作决策咨询，还可进行各种公共关系具体业务的指导。

3. 公共关系公司的服务费用

公共关系公司是营利性企业，通过为客户提供有偿公共关系服务，满足客户预先提出的要求，取得公司的利润。

公共关系公司通常是根据服务项目的具体要求来确定所需费用的，即采用所谓的项目计费方式。公共关系公司接受客户委托，办理某一特定的项目，所需支付的经费均由客户支付，以保证项目的顺利完成。项目所需经费通常包括项目活动费、项目管理费、咨询服务费和劳务费等。项目活动费包括为完成项目、实现项目目标而进行的一系列活动所需的费用；项目管理费则为用于公司行政管理和办公开支的费用，通常按项目总费用的一定比例提取；咨询服务费为支付公司聘请的项目指导专家的费用；劳务费则为项目实施期间所有与项目设计和执行有关的工作人员的工资等。

公共关系公司的计费方式与费用标准没有统一的规定，除以上常用的计费方式外，也有按工作日的计费方式，还有按项目进展情况分项、分期的计费方式。公司的声誉不同、公共关系人员的资历不同，其计费方式与费用标准也有很大差别。所以，在选择公共关系公司时，客户应慎重考虑。

4. 选择公共关系公司时应考虑的因素

社会组织往往缺乏策划和运作影响较大的公共关系活动的经验，组织内部的公共关系部也可能不具备进行综合性服务所需的经验和能力，因此，需要委托公共关系公司代理某些特定的业务。此时就有一个如何选择公共关系公司的问题。为此，建议客户着重考虑以下几个因素：

① 公司的信誉情况，包括成立的时间，规模，有无权威人士，开展过哪些著名或大型的公关活动，有多大的影响力等。

② 公共关系人员的素质，包括专业素质、业务水平、服务态度、办事能力、解决难题的能力。

③ 公司客户情况，包括客户的数量，客户的种类、社会地位，对公共关系公司的满意程度。另外，如有与本客户关系对立的客户在此公共关系公司受理，则规定该公司不能接受本客户。

④ 收费标准情况。一般收费高的公共关系公司往往是信誉好的公司，但收费低的却未必不行。客户可根据自己的情况而定。

5. 几家著名的公共关系公司简介

（1）奥美公关。1980年成立于美国纽约的奥美公关是世界十大专业公关公司之一，它和奥美广告等姊妹公司分享同一企业品牌。1995年它开始在中国大陆设立分公司，目前已成为国内最大的国际公关企业。正是因为奥美公关在国际经验方面的优势，国外品牌抢滩中国时，很多都选择了奥美公关作为自己的公关代理，比如BMW、IBM、诺基亚、辉瑞、亚信等世界著名企业都是奥美公关在中国的长期服务客户。2015年，奥美帮助英国旅游局在中国发起了大规模的宣传活动，获得了社交媒体的盛赞，斩获了多项大奖。

（2）博雅公关。1953年成立的美国博雅公共关系有限公司是全球最大的公共关系和传播咨询公司之一，也是最早进入中国的国际公关公司之一。1986年博雅公关和新华社合作成立了中国第一家专业公关公司——中国环球公关公司。目前，博雅中国通过其在北京、上海、广州和香港办事处，为客户提供公共关系与传播方面的全方位咨询和服务。

（3）中国环球。中国环球是中国第一家本土专业公关公司，是新华社和博雅公关合作的

第三章 公共关系主体

产物,1986 年由当时的外经贸部(现为商务部)批准成立。中国环球有着新华社的官方背景,使它拥有国内同行所无法比拟的信息、人才及技术优势与业务网络,这使中国环球与政府、传媒、社团、同行保持着良好的关系。

中国环球曾经服务过的重要国际客户包括可口可乐(中国)有限公司、德国汉诺威展览公司、瑞士欧米茄公司等。

(4)爱德曼(中国)。总部设于美国的爱德曼公司成立于 1952 年,是世界上最大的独立公关公司,在全世界拥有 40 多家分公司和 2000 多名专业咨询顾问。1985 年,爱德曼进入中国市场,在北京、上海和广州设有办事处,并在全国 18 个二级城市设有合作机构。爱德曼最著名的公关案例是在短短的两年半时间内帮助纽约人寿(New York Life)提升了在中国的知名度,获得了中国政府发放的非常有限的经营许可证,在激烈的竞争中脱颖而出。

(5)伟达公关。伟达公关是第一家在中国开设分公司的国际公关公司在中国商业演变过程中,伟达公关有很多开创先例的公关活动。如 1984 年 IBM 在天安门广场举办的第一家办事处的开幕典礼,1990 年中国第一家麦当劳餐厅在深圳开张剪彩等都由伟达公关来执行。伟达提供从宣传活动设计到政府关系和危机管理的全方位服务,其客户包括中国石油、高盛银行、宝洁公司、摩托罗拉和惠普公司等。

三、公共关系部与公共关系公司的比较

(一)公共关系部的优势与局限性

1. 优势
(1)熟悉本组织的内部情况与外部环境。
(2)容易抓住本组织现有公共关系问题的症结,提出有效的改进方案。
(3)能够及时提供公共关系服务,随时为决策者提供咨询、建议,并可对突发事件提供快速、有效的对策。
(4)有利于组织内部公众的沟通与协调。
(5)能够确保组织公共关系政策及工作的连续性和稳定性。

2. 局限性
(1)很难摆脱习惯势力的影响,对组织本身的公共关系问题往往缺乏足够的敏感性。
(2)受组织内部人事关系的制约,对情况的反映和处理可能不尽客观和公正。
(3)工作人员的经验范围较狭小,公共关系工作难以有大的创新和突破。
(4)在协调本组织与外部公众的利益冲突时,由于其自身的角度及立场,很难得到公众的信任与合作。

(二)公共关系公司的优势与局限性

1. 优势
(1)看问题客观。
(2)建议容易受到人们的重视。
(3)经验丰富。
(4)社会联系广泛。
(5)机动性强。

2. 局限性
(1)不方便。

(2) 对客户内部的情况不熟悉，不易找到客户存在问题的症结。

第四节　公共关系人员

要使组织公共关系工作做得出色，必须要有一批德才兼备的公共关系人才。组织的公共关系工作大部分都是由内部公共关系部的工作人员负责设计、规划、组织和实施的。公共关系人员的素质优劣、能力大小、水平高低直接影响组织公共关系工作的好坏，乃至影响整个组织在外界的形象和其自身的发展。

随着时代的变迁以及公共关系专业化水平的提高，公共关系工作领域已远远超出传播媒介的范围，对公共关系人员的意识观念、知识结构与能力素质都提出了新的要求。只有具备满足这些要求的条件，并善于在实践中不断提高自己的从业人员水平，组织才能适应新的历史时期公共关系工作的需要。

一、公共关系人员的意识

公共关系意识是指个人或组织对公共关系的本质属性、特征、作用及活动规律方法等形成的理性认识和概括性见解，是公共关系人员的思想灵魂。公共关系意识作为一种深层次的思想，指导、约束着从业人员的行为。良好的公共关系意识能促使公共关系人员始终处于一种积极、主动的工作状态，可创造性地完成各项公共关系工作；反之，不具有足够、明确的公共关系意识是绝不可能做好公共关系工作的。公共关系人员所应具有的公共关系意识主要有形象意识、公众意识、平等意识、服务意识、协调意识、沟通意识、开放意识、互利意识、传播意识和创新意识等。

1. 形象意识

公共关系的核心概念之一是形象。在现代社会中，良好的形象是组织的无形资产，公共关系的一切工作都是围绕形象目标而展开的，可以说，没有形象的问题，也就没有公共关系这门学科存在的必要。因此，具有明确的形象意识的公共关系人员，往往能够深刻理解知名度和美誉度对社会组织的生存和发展的重要性，会在行动中敏锐体察组织形象中的问题，自觉维护组织的形象。

2. 公众意识

形象是为组织的特定公众塑造的，公众的需求就是组织形象塑造所追求的目标，组织是因为有公众才有其存在的意义。因此，组织应一切为公众的利益着想，创造一切条件为公众服务，满足公众不断发展的需求。只有牢固树立"公众第一"的观念，明确组织的公共关系工作归根到底就是为了"赢得公众"，才能承担起组织应有的社会责任，才能真正做好组织的公共关系工作。

3. 平等意识

作为自然人，法律面前人人平等；作为公共关系人员，要有宽阔的胸怀、饱满的热情，平等地设计和传播公共关系问题。只有在平等意识的指导下，社会组织与公众才能和平共处、与时俱进。

4. 服务意识

公共关系工作的任务是处理好组织同社会公众的关系，为组织创造一个良好的社会关系环境。公共关系人员所开展的日常工作、专项活动都离不开服务。树立服务意识是公共关系

第三章 公共关系主体

人员开展公共关系工作的一个必不可少的理念。

5. 协调意识

社会组织与相关公众之间关系的协调是公共关系的本质属性。公共关系既有对立的一面，也有合作的一面。促使组织与其相关公众建立信任与合作的关系，调节其对立性因素，并使其向合作方面转化是公共关系人员的重要工作。只有在协调的状态下，社会组织和公众才能各得其所，才能获得更好的生存和发展的空间。

6. 沟通意识

感情是维系人团结、合作与共事的基础，理解是人与人之间感情上的相互领悟和认可。沟通可以增强感情、加深理解，产生统一认识。理解了一通百通；不理解一堵百堵，产生心理障碍和对立情绪。具有沟通意识的公共关系人员可以减少工作上的分歧，多一份公众的理解。

7. 开放意识

公共关系人员应主动地在公共关系行为活动中寻求建立良好的公共关系的途径。开放意识倡导的正是要以开放姿态和胸怀向公众、向社会袒露自己，这种诚挚的举措是实现公共关系协调发展的重要基础和条件。营造"玻璃屋"，增强社会组织行为的透明度，可以使社会组织坦诚、全面地融入社会、面向公众，以达成与公众、与社会的全面的双向交流。

8. 互利意识

"与自己的公众共同发展"是社会组织开展公共关系工作的原则，也是组织是否真诚地对待公众的"试金石"。在现代社会，任何组织都希望有一个良好的发展环境，都希望得到更多公众的信任、理解和支持。但组织在自身的发展过程中，能否想到信任、理解和支持自己的公众的利益，能否想到自己对公众的回报，是组织是否具有互惠、互利意识的表现。不具有这一互利意识的公共关系人员，是不可能做好公共关系工作的。

9. 传播意识

传播是一个信息传递和分享的交流过程。它会通过语言符号或非语言符号的交互作用引发社会组织或个体思想和观念的变化。因此，公共关系人员应保有传播意识。可以说，社会组织目标塑造的过程，实际是一个传播管理的过程。

10. 创新意识

塑造组织形象过程中，每一个公共关系活动都不可能是以往或他人已有的活动形式的简单重复，其策划与设计都需要有所创新。因此公共关系人员也要有创新意识，不断突破固定模式、追求变化。唯有创新，才能塑造具有个性的组织形象；也唯有创新，才能使组织的良好形象打动公众、征服公众。

二、公共关系人员的基本素质

素质，从心理学的角度来分析，是指人的神经系统和感觉器官上的先天的特点；从管理学的角度来分析，它是指人的平素表现，气质、风格、修养、才华、学识等方面的基本品格。作为公共关系人员，他要在组织发挥管理职能的作用，必须具备一定的素质。

(一) 全面的知识

做好公共关系工作，尤其是做好公共关系的指挥与管理工作，必须要具备比较全面的知识。这是因为公共关系工作复杂而多变，组织内部与外部任何一项经济活动都涉及公共关系工作。如研制和创新产品时，需要同科研部门建立联系；生产过程中，需要考虑如何

公共关系学

发挥员工的积极性、创造性；产品销售时，需要和顾客打交道等。而要想把组织在经济活动过程中所涉及的各项公共关系工作都做得恰到好处，要求公共关系人员必须具备多方面的知识。

公共关系人员的知识结构应包括公共关系基础学科知识、背景学科知识、专业学科知识、相关学科知识及操作性学科知识。

1. 基础学科知识

公共关系人员的基础学科知识包括哲学和思想史等。哲学从世界观和方法论的高度对公共关系的学科研究和具体实践进行宏观指导。思想史可对认识人类社会发展历程与规律给予一定的启示。公共关系人员的基础理论知识越深厚、扎实，其思维空间就越开阔，创造性也就越强。

2. 背景学科知识

广泛的背景学科知识，如政治学、经济学、社会学、心理学、法学等，为公共关系人员提供了完整的文化知识背景，这对于提高其理论修养和分析现实问题的能力是十分重要的。很难想象一个不懂政治或经济的人会是一个出色的公共关系专家。

3. 专业学科知识

公共关系专业的学科知识包括：公共关系基本概念、公共关系历史与发展、公共关系要素、公共关系职能、公共关系传播、公共关系协调、公众分析、公共关系策划及工作秩序、公共关系实务知识及 CI 战略等。专业学科知识是从事公共关系工作直接运用的知识，公共关系人员必须掌握这些知识并在实际工作中灵活运用，才能做好公共关系工作。

4. 相关学科知识

公共关系工作所涉及的领域是多方面的，单一的学科知识是不能满足实际工作需要的。一些与公共关系密切相关的学科知识，公共关系人员也应熟知和掌握，如管理学、传播学、市场营销学、文化学、民俗学和人际关系学等。

5. 操作性学科知识

操作性学科知识对提高公共关系人员的实际工作能力有直接的帮助，如广告学、写作学、演讲学、社会调查学、计算机应用与社交礼仪知识等。

以上几个方面的学科知识是专业公共关系人员所必备的。公共关系人员或有志于从事公共关系工作的青年学生，可通过学历教育或专业培训获得知识补充或进行系统学习。

（二）专业的技术

最合格的公共关系人员是既博学又有专长的人。然而，一个人的精力和时间毕竟是有限的。公共关系人员具有广博的学识固然重要，然而某些公共关系人员的具体工作却要求专门的技术，如摄影技术、新闻写作技术、信息传播技术、演讲技术、美工技术、打字技术、网络技术等。在组织公共关系工作中，这些工作都要由专人负责。这说明，有某些专长的人完全可以从事公共关系中某些专门性的工作，但他却不能负责全面的公共关系工作。公共关系部门作为一个完整的机构，一定要有两方面的人才，既要有具备广博知识的人才，以负责企业全面的公共关系工作，又要有具备专门性技术的人才，以负责公共关系工作中某项具体的工作，使公共关系部门这个整体成为一个知识结构全面、完整的组织。

（三）和善的性格

理想的公共关系人员并非夸夸其谈、性格外向、善为人师之人，因为这种性格的人在与公众交往中，很可能会造成紧张的气氛，使公众对他敬而远之，难以建立良好的公共关系；

但也并非唯唯诺诺、性格内向、谨小慎微之人，因为这种性格的人在与公众交往中，也会造成不和谐的气氛，使公众难以琢磨，更难以深入地了解。公共关系工作需要与社会各界公众建立联系，加强往来，因此要求公共关系人员既要适应环境，善于交际，谈吐动人，有感染力和吸引力，又要善解人意，耐心细致，和蔼可亲，有较强的忍耐力和缓和力。

（四）高尚的品德

品德是指人的品质与道德。心理学上的光环效应认为，如果某人的人格品性很完美，外貌与举止都很有魅力，那么他在人们的心目中就会形成良好的印象，从而他就会被一种积极、美好的光环笼罩，人们就会不自觉地信任他。公共关系工作人员往往都是直接代表企业与外界往来的，在协调与处理各种公共关系时，作风正派、行为严谨、品质优良、道德高尚、不谋私利、不徇私情，是公共关系工作人员顺利开展工作的必需。

（五）丰富的经验

公共关系人员应该有新闻工作经验，以便能更好地进行信息传播工作、新闻写作工作和与新闻媒介建立良好的关系。此外，教师的工作经验、政府部门的工作经验、旅游服务部门的工作经验、企业一般领导的工作经验、管理工作的经验、推销产品的工作经验、财会部门的工作经验、金融保险界的工作经验，都有助于公共关系人员开展公共关系业务。当然，一个人在有限的时间内不可能任何工作都能亲身体验到，这就需要直接经验与间接经验的结合，在条件允许的情况下，尽量索取直接经验。

（六）广博的阅历

人们在交谈的过程中都渴望引起对方的注意，激发起对方的兴趣，使双方在交谈中产生共鸣。而这种共鸣来自双方共同的经验范围。公共关系人员在工作中接触的人很多，他们有不同的性格、不同的民族、不同的职业、不同的知识水准，所以公共关系人员要有一定的适应性。对于谈话的内容，知识性强的要能跟得上，知识性差的要能下得来；不同地区、不同民族的风土人情要了解，各方面的知识、技术也要知晓。这样，在与不同的人接触中，公共关系人员就可以寻求出不同的谈话线索，达到相互沟通、联络感情的目的。

（七）敏锐的思维

思维是指在表象、概念的基础上进行分析、综合、判断、推理等认识活动的过程。现代组织的公共关系活动是在千变万化的环境中进行的。要适应这种不断变化的环境，公共关系人员必须善于思考，勤于分析，及时捕捉、鉴别和利用可靠的信息，为组织的经营决策奠定强有力的基础。环境的多变性必然导致公共关系工作的复杂性，公共关系人员如果盲目地工作，很可能会导致不良后果的发生；而遇事能冷静地思考、综合地分析，就可以对复杂的问题做出正确的判断和决策。

（八）战略的胆识

公共关系工作人员在开展公共关系活动中，不仅要想到今天，更要想到明天和更远的未来。长远目标是组织努力的方向，而一切公共关系工作都要从目前做起，从每一件小事做起，从而要求公共关系人员要有胆有识，从战略的角度去分析企业目前的公共关系活动，从长远的利益来筹划企业目前的公共关系工作，按照远景规划来指导和要求组织目前的公共关系工作。

（九）幽默的谈吐

公共关系人员在与外界的交往过程中，很可能涉及各自的组织利益和个人利益，从而形成双方的非对抗性矛盾，而双方的语言交流是解决这种矛盾的最好方法之一。自然轻松又富

公共关系学

有幽默感的谈话，可以使紧张的气氛得以缓解，尴尬的局面变得轻松和谐。另外，幽默的谈吐也会吸引更多的公众，协调好各种关系，使公众对公共关系人员，乃至对整个组织产生好感。

（十）进取的精神

拿破仑有句名言："不想成为将军的士兵不是个好士兵。"对公共关系人员，则可以说："不思全面开拓与进取的公共关系人员则不是个好的公共关系人员。"缺乏开拓与进取精神，满足现状，是组织信誉下降、不受社会欢迎的重要原因。

三、公共关系人员的能力要素

美国学者丹尼斯·威尔科克斯在其所著《公共关系的战略与战术》一书中提出，公共关系人员应具备三项至关重要的才能，即写作技巧、研究能力和创造才能。同样，在斯科特·卡特利普等人所著的《有效公共关系》一书中，曾将公共关系工作概括为10类，即：①写作；②编辑；③与新闻媒介的联络；④特殊事件的组织与筹备；⑤演讲；⑥制作；⑦调研；⑧策划与咨询；⑨培训；⑩管理。由此可见，要胜任上述工作，公共关系人员所需要的能力要素是多方面的。当然，在公共关系工作中，并不是要求每一个工作人员都是全能的，实际上这也不可能做到。但对于一个高水平的公共关系人员来说，一些基本的能力要素是必须具备的，比如组织能力、表达能力、协调能力、交际能力和自控能力等。

1. 组织能力

公共关系人员的工作就是开展各种公共关系活动，如各种纪念活动、庆典活动、记者招待会、联谊会、商品展览会和日常的接待、整理资料、传播信息等工作。每一项公共关系工作都需要周密的计划、认真的组织。公共关系人员必须在每一项公共关系活动中都参与组织策划工作。

2. 表达能力

在众多的场合都需要公共关系人员阐述自己的观点、介绍组织的概况或论证某一个项目等，因此，把所要传达的信息或思想清晰地用文字或者口头表达出来，是对公共关系人员的一项基本要求。无论是准确地表达思想，还是给公众留下良好的印象，在公共关系工作中都是十分重要的。清晰、简洁、明了的表达才可能收到良好的沟通效果。

3. 协调能力

公共关系中的每一件工作都离不开公共关系人员的协调；对组织内部公众而言，有组织上下级关系的协调，有同级部门之间关系的协调；对组织外部公众而言，有组织利益与公众利益关系的协调等。公共关系人员的协调能力强，公共关系活动的进展就快，效果就好，公共关系工作的成效也就越大；反之，则可能处处受阻，寸步难行，公共关系工作很难取得成效。

4. 交际能力

公共关系的建立和维护要依靠人际间的交往来完成。因此，有效的人际交往是组织搞好公共关系工作的基础。作为公共关系人员，本身肩负着为组织建立一个良好的工作环境，加强与社会公众的交往，树立组织形象的重任，如果不具备交际能力，就无法有效地与周围的人进行有效沟通，组织之间的关系也难以协调，这样的人也就很难胜任公共关系工作。

第三章　公共关系主体

5. 适应能力

在社会交往中，公共关系人员所接触的人很复杂、很广泛，他们有不同的国籍、地域、民族、宗教、性别和年龄，有不同的思想、经历、文化、知识、修养、习俗和礼仪。公共关系人员在交往中，首先要认真观察所接触公众的自身特点及各种不同的要求，掌握多方的风土人情、民族习惯等，以适应不同公众的要求。

6. 辨析能力

公共关系工作在组织管理工作中居于很重要的地位，从而使公共关系人员成为组织管理决策集团的重要成员之一。这就要求公共关系人员了解组织各部门的情况，利用来自各方面的信息，协调组织内部各部门之间的关系，从而要求公共关系工作人员善于发现问题，分辨是非，正确地估计各部门、各环节的功与过。辨别方向、摸准脉络、准确判断、周密计划，是公共关系工作人员应该为组织改革与创新提供的前提。

7. 写作能力

写作是表达思想意念最重要的方式之一。从事公共关系工作的人员不但要勤于动嘴，更要勤于动笔，也就是公共关系工作人员要具有基本的写作常识和熟练的文字技巧。国外企业的公共关系人员之所以更多地来自于新闻部门或是从新闻传播专业毕业的大学生、研究生中选拔而来的，原因之一就在于公共关系人员的日常工作经常要和写作打交道。尽管并不要求公共关系人员一定成为"小说家"、"评论家"，但起码也应该掌握写作的基本要领，如文字通顺、易懂，条理清晰、明了，分析问题有力、透彻等，并以此与组织内外公众进行沟通。

8. 应变能力

公共关系人员在工作中一定要机警、灵敏，随时可以应付一切偶发事件。对于有损于组织形象的偶发事件如何处理，直接关系到组织是否能走出低谷、生存下去的关键。从而要求公共关系人员具有随机应变的能力：顺利发展之时，应能保持组织原有的形象，并力争向高一层次形象的方向发展；遇到障碍之时，应能保持清醒的头脑，想办法越过障碍继续向前；组织形象受到损害之时，一定要冷静地思考，并寻求出恢复组织形象的基本途径。在日常的工作中，遇到临时性的问题，公共关系人员也应该及时寻觅出解决问题的方案。因此，应变能力是对公共关系人员的必然要求。

9. 创新能力

创新是公共关系活动的一个突出特点，成功的公共关系活动就像是一座座雕塑精品，没有完全一样的。只有不断推出富有想象力的、别具一格的新颖活动方案，才可能使组织或一鸣惊人、旗开得胜，或力挽狂澜、化险为夷，或力克群雄、出奇制胜。公共关系之所以如此迅猛地在世界范围内得以发展，正是这种变幻无穷的创新设计，使人们强烈地感受到公共关系的强大魅力。因此，创新能力是公共关系人员极重要的一项能力要素。

四、公共关系人员的职业准则

公共关系人员的职业准则是指公共关系工作中必须遵循的道德操守和行为规范。很多国家和地区及国际公共关系组织都十分重视公共关系人员的职业准则问题，并纷纷制定出相应的职业准则条款用以规范组织成员的行为。

公共关系职业准则有《国际公共关系道德准则》、《美国公共关系协会职业标准准则》、《英国公共关系协会行为准则》等。我国也有《中国公共关系职业道德准则》。

公共关系学

【案例 3-1】
企业公关，最需什么样的人才⊖

入世的到来加快了中国企业与国际经济接轨的步伐，塑造企业新形象、创建跨国公司、打造世界品牌已成为有志企业家的追求。实践证明，传统的公关人才已无法满足企业的需要，与国际接轨，企业公关迫切需要"新鲜血液"加盟。

1. 企业新闻发言人

企业需要自己的新闻发言人，并通过新闻发言人对外发布信息、传播企业形象。新闻发言人制度是当今世界许多大企业推行的一种基本的信息发布制度，这一制度体现的公开性和透明性，在促进企业由传统封闭型经营方式向现代开放式经营模式的转变过程中具有重要意义。形象地说，企业新闻发言人是企业和老总的形象包装师，是企业与新闻媒体及社会公众的中介人，是企业公关部门的核心人物，也是企业的高级管理人才。他们受企业委托，向公众表达企业对某些事情的意见与主张。新闻发言人可以及时、稳定地向公众和媒体发布企业发展的各种信息，吸引媒体关注，保持企业声誉。通过新闻发言人，企业可以更好地与顾客沟通，使顾客产生信任感，让顾客了解企业、关爱企业。在我国，企业聘请专职新闻发言人并不多见，很多时候是由老总助理或老总秘书来充当这一角色的，有时干脆是老总亲自出马充当自己的新闻发言人。他们大多在知识结构、反应能力、口才甚至形象、气质方面存在一定的欠缺，相对影响了企业形象。作为企业新闻发言人，要有良好的综合素质，气质涵养要好，仪表形象要佳，交际能力要强，要敏捷善言有口才、知识渊博有思想、沉着冷静善应对。专家认为，一个成功的企业新闻发言人不仅要精通新闻业务，还要具有公共关系学、市场营销学、企业管理学、社会学等多方面的知识，而出色的口才、文明的礼仪和灵活的应变能力更是不可缺少的。

2. 危机公关人才

最近，宁波一家企业在当地招聘危机公关人才，引起各方面的关注。其实，这在国外的企业早已不足为奇，招募专职的危机公关人才或者聘请公共关系公司的危机公关专家作为自己的高参是很普遍的行动。俗话说："不怕一万，只怕万一。"企业在进行正常的生活和经营中，某种事故、意外、灾难的发生总是在所难免。这种危机尤其以工商企业居多。如近年来发生的冰箱爆炸、电视机起火、保健品闹出人命案等，对企业来说，都是危机。在紧急关头，危机公关人员就显得尤为重要。危机公关人员如能临危不惧、处理得宜，便可化险为夷，危机转为契机也不是不可能的事，企业还可得到更多消费者的关心和支持。危机公关人员可谓"临危受命"，要在短时间内度过"形象危机"，并维护、匡正、重塑企业形象。这要求从事危机公关的人员，必须具备下列素质和能力：①反应敏捷。危机公关人员要在危机发生的第一时间做出反应，赶赴现场，迅速了解事件的来龙去脉，找出根源，分清责任及其承担者，坦承问题的出现，确保企业对危机事件的立场在第一次报道中得到正确描述。②危机公关人员应具有良好的分析、判断和处理能力。危机发生后，危机公关人员通过深入分析公众心理和企业所处的特定环境，对危机进行准确定性，采取相应的对策。危机公关人员在对危机进行诊断时，须站在客观、公正的立场上，找出问题症结之所在，运用有效的手段对症下药，消除公众的误会，争取多方支持，并根据形象受损的内容和程度，开展弥补形象缺陷的公关活动，重塑企业形象。③危机公关人员要善于与媒体打交道。危机发生后，往往会成为公众关注的焦点，媒体也会对事件进行连篇累牍的报道，使企业面临一个冷漠的舆论环境。危机公关人员需积极、主动地配合媒体工作，真实、客观、及时地提供给他们所需的信息，保证企业与现代公众之间信息传播的及时畅通，引导公众，使各种不利的传闻、猜测、流言等不攻自破。

⊖ 原载于《新民晚报》2002年5月19日，作者：胡慧平。

3. 网上代言人

找个明星或有威望的老总（如格力的董明珠、阿里巴巴的马云）当产品或品牌的形象代言人，近年来蔚然成风。用自己的老板当品牌代言，还可给品牌本身增加"爱我"的效果。服装、化妆品、饮料甚至是房地产，但凡和我们的时尚生活沾点边儿的，都有相应的大腕儿或者小腕儿们挺身而出为其摇旗呐喊，效果堪称双赢：产品借了"星"气扶摇直上，"星星们"自然也赚了个酣畅淋漓。此外，也有企业别出心裁，利用虚拟人物做代言人。这些虚拟人物大多是知名动漫作品或游戏中的角色。例如，国产手机品牌小米在 2017 年推出红米 Note 4X 情人节定制版，其代言人是日本虚拟歌姬"初音未来"。该定制版手机发售后被抢购一空。

[**案例讨论**] 结合本章内容和自身条件，试分析你从事公共关系工作的优势和劣势。

【思考·讨论·训练】

1. 公共关系主体是什么？它有哪些构成要素，有哪些特征？
2. 什么是社会组织？什么是组织环境？环境对组织有哪些作用？
3. 简述设置公共关系部应遵循的原则。
4. 组织内公共关系机构的工作有哪些？
5. 请比较公共关系部与公共关系公司的优势与局限性。
6. 公共关系人员的公关意识有哪些？
7. 公共关系人员必须具有怎样的能力？
8. 试论组织内设置公共关系机构的必要性。

第四章 公共关系客体

本章提要

公共关系客体即公众,是公共关系三大构成要素之一。公众既是社会组织赖以生存和发展的基础,又是其开展公共关系工作的对象。对公众的研究是公共关系学研究的重要内容。全部公共关系活动的中心任务,就是解决社会组织与各类相关公众之间的关系问题,因此,要做好公共关系工作,就必须了解和研究公众。

本章主要介绍公众的基本含义和特征、公众分类的方法及意义、公众心理分析、内外部公众分析。

第一节 公众的含义和特征

一、公众的含义

公众是指一些特定的利益群体,即与特定的公共关系主体相互联系、相互影响及相互作用的个人、群体或组织的总和,是公共关系传播沟通对象的总称。公众是公共关系学中最重要的概念之一。它的英文是"public",意思是指具有"合群意识"的社会群体。

公众特指公共关系主体交流信息的对象,它与公共关系主体有相关的利益,与公共关系活动密切相关。在公共关系活动中,公共关系的运作主体——社会组织的形象的建立,是由公共关系的运作客体——公众来评定的,因此,公共关系的工作对象就是公众。社会组织要开展公共关系工作,树立良好的组织形象,就要了解公众、认识公众、分析公众和把握公众。

二、公众的特征

公众的特征概括起来主要有九个方面:

(1) 同质性。同质性是指公众所面临的问题是相同的,在性质上是类似的。公众的形成往往是因为某些社会群体的成员遇到了共同的问题,而且这些问题对他们是利害攸关的。比如,排队购买某次火车票的乘客们自动组织起来维持秩序,进行编号,防止插队,或推举代表向车站交涉,要求延长售票时间或加开售票窗口等。这种集合体虽然是临时性的,但购票需求则是共同的,他们就是车站要协调处理的特定的公众。

(2) 群体性。组织的行为所涉及的公众是以群体面貌出现的。这时的公众既可能是和社会组织发生特定关系的群体,又可能是不自觉地代表某类人群的个人,尤其是在一些经济交往、业务交往刚开始时。在消费公众中,公众群体利益和代表者的个人利益是混合在一起的,当公众的个人利益受到损害的时候,他会想到他所代表的群体。因此社会组织要善于辨别公众代表,善于从处理公共关系的角度来善待各类公众。

(3) 相关性。公众不是抽象的、各组织"通用"的,而是具体的、与特定的组织相关的。

第四章 公共关系客体

公众总是相对一定的公共关系行为主体（组织或个人）而存在的。公众与组织具有一定的相关性、互动性。他们的意见、观点、态度和行为对该组织的目标和发展具有实际或潜在的影响力、制约力，甚至决定组织的成败；同样，该组织的决策和行为也对这些公众具有实际或潜在的影响力、作用力，制约着他们利益的实现、需求的满足、问题的解决等。

（4）多样性。公众的存在形式不是单一的，而是复杂多样的。"公众"仅是个统称，具体的公众形式可以是个人、可以是群体，也可以是团体或组织。日常的公共关系工作对象包括各种各样的个人关系、群体关系、团体关系、组织关系等。即便是同一类的公众，也可以有不同的存在形式。比如消费者公众可以是松散的个体，也可以是特殊的利益团体，也可以是一个严密的组织（如使用产品的其他公司乃至政府）等。公众形式的多样性，决定了沟通方式和传播媒介的多样性。

（5）变化性。公众不是封闭僵化、一成不变的对象，而是一个开放的系统，处于不断变化、发展的过程之中。任何组织面临的公众，其性质、形式、数量、范围等均会随着主体条件、客观环境的变化而变化。公众环境的变化，必将导致公共关系工作目标、方针、策略、手段的变化。反过来，组织自身的变化也会导致公众环境的变化，如组织的政策、行为、产品的变化，使公众的意见、评价、态度或行为发生相应的变化，这种变化的结果又可能倒过来对组织产生影响、制约作用。可口可乐公司曾决定生产新型（带甜味）可乐，在顾客群中引起了强烈不满，本来忠于组织的老顾客站到了组织的对立面。这种情况迫使可口可乐公司慎重考虑其决策，以免导致公众环境的剧变。可见，组织必须以发展的眼光来认识自己的公众。

（6）多维性。多维性也称广泛性，它是指每个社会组织都存在相应的公众。没有公众的社会组织是不存在的，就每个组织的运作而言，是事事面对公众，时时面对公众。一个组织只要活动，就要面对公众；任何一个组织面对的公众都不是单一的个体，而是涉及面比较广泛的公众群体。既有内部的公众对象，又有外部的公众对象。外部公众又涉及政治、经济、文化、教育、科技、体育、新闻出版、社区、政府、社会名流乃至国外的公众对象。尤其是当今网络的发展，使得组织面对的公众更加广泛，有时候看似和本组织无关的公众都会成为组织需要公关的对象。

（7）互助性。互助性是指公众和组织之间呈现的互动状况，公众的意见和行动对组织的目标、发展具有影响力和制约力。如公众给予主体组织支持与合作，就会给主体组织带来利益，促进主体组织的发展。同时，一定组织的行为，对公众所面临的问题的解决，也具有影响力。如工商企业为顾客提供物美价廉的商品，为顾客提供热情、方便的服务，从而使顾客获益。正是这种双向、互动的利益关系，才形成组织与公众之间的公共关系活动。

（8）整体性。整体性是指公众不是单一的群体，而是与某一组织运行有关的整体环境。任何组织的生存和发展都离不开一定的公众环境。公众环境与自然环境、地理环境不同，是指组织运行过程中必须面对的社会关系和社会舆论的总和。这些社会关系和社会舆论范围很广，涉及组织内部和外部，社会方方面面，而且相互关联，构成复杂。比如一家企业，既有内部的职工公众、股东公众，又有外部的社会公众，不仅包括市场上的顾客、销售商，还包括社区、政府、新闻界、文化界、体育界等有关的团体、组织或个人。对其中任何一种公众的疏忽，都可能致使整个公众环境的恶化。公众环境恶化必然影响组织的生存和发展。因此，组织应该将面对的公众视做一个完整的环境，要用全面、系统的观点来分析自己面临的公众。

（9）共同性。公众不是一盘散沙，而是具有某种内在共同性的群体。当某一群人、某一

公共关系学

社会阶层、某些社会团体因为某种共同性而发生内在联系时，便成为一类公众。这种共同性即相互之间的某些共同点，比如共同的利益、共同的需求、共同的目的、共同的问题、共同的意向、共同的兴趣、共同的背景等。这样一些共同点使一群人或一些团体和组织具有相同或者类似的态度和行为，构成组织所面临的一类公众。

第二节 公众的分类

一、公众分类的意义

公众分类是公共关系理论中比较重要的内容。公共关系政策的制定和公共关系方法的运用，都与公共关系公众的科学分类有直接的关系。对复杂多样的公众进行科学的分类，有着十分重要的意义：

（1）对公众进行分类，是每一个公共关系部门的一项重要工作，是开展公共关系工作的出发点和落脚点，是提高公共关系活动效率的重要保证。

（2）能帮助社会组织更好地认识公众的特征和共性，认识公众的多维性，重视与公众的关系，使社会组织的政策和活动能顾及各方面公众的利益，做到内外兼顾，内求同心协力，外求和谐发展，为组织的发展创设良好的社会环境。

（3）能帮助社会组织清晰地把握每一类公众的特征。不同类型的公众会有不同风格的心态和行为方式，了解和掌握不同类型公众的特点，可以有针对性、有重点、有选择地开展公关工作，有助于与各类公众更好地进行沟通与交流，建立起良好的情感关系。

（4）能帮助社会组织了解和掌握公众的变化趋势。对于一个组织来说，所面对的公众始终处于变化状况，过去的顺意公众可能会变为逆意公众，以前的次要公众可能会变为首要公众。组织的公共关系人员应随时了解不同的公众的相互转化情况，并对这种变化趋势做出恰当的预测和估计，才能创造性地开展公共关系工作，使组织立于不败之地。

二、公众划分的方法与类型

不同的组织有不同的公众，同一组织有不同的公众；而同一种公众又可以根据不同的标准做不同的区分。

1. 根据组织公关活动的内外对象分类，公众可以划分内部公众和外部公众两类

内部公众是指组织内部的成员群体，如管理人员、技术人员、销售人员、辅助人员以及股东公众等。外部公众是指组织的外部沟通对象群体，如消费者、协作者、竞争者、记者、名流、政府官员、社区居民等。

公共关系的政策需要内外有别。公共关系传播的信息是经过选择、整理的有序信息资料，哪些在内部传播，哪些在外部传播，内部传播和外部传播在形式、尺度、时间等方面都有区别。组织内部的情况不能毫无控制地宣扬出去，必要的保密也是一种重要的传播政策。在对外传播之前，内部传播必须统一口径，否则就会造成整体形象的混乱。

2. 根据公众的组织结构，公众可以区分为个体公众和组织公众两类

个体公众是指形式上分散，以个人作为意见、态度和行为的表达者，以个体形式与公关主体发生联系的公众对象，如竞选过程中面对的选民，酒店或商场中的散客等。组织公众是指以一定的组织或团体形式出现，以组织团体作为意见、态度和行为的表达者，并与公关主

第四章 公共关系客体

体相互交往的公众对象集团，如竞选过程中面对的各种助选团体，工商企业面对的集团消费者、订购者等。

组织在公关传播过程中，要根据个体公众和组织公众的不同特点采取不同的传播方式，如对个体公众可以采取直接的、面对面的个体传播沟通方式；对组织公众可采取间接的、传播幅度较大的大众传播方式或采用组织沟通的方式。

根据组织权力的性质，组织公众又可分为一般社团型公众和公共权力型公众。社团型公众是指一般的组织机构，如企业、学校、新闻单位、社团组织等。权力型公众主要是指政府及各类行政管理机关，如公安、税务、市政等部门，也包括上级主管部门。

3. 根据关系的重要程度，公众可以区分为首要公众和次要公众

首要公众是指关系到组织生死存亡、决定组织成败的那部分公众。比如酒店、宾馆宾客关系中的 VIP（贵宾），即首要公众。如里根在长城饭店宴请，英国女王下榻白天鹅宾馆，组织对这些重要人物必须置于重要位置，接待、安排稍有差错便会造成重大影响，对这类对象必须投入大量的人力、物力与时间。

次要公众是指那些对组织的生存和发展有一定影响，但没有决定性意义的公众。当然，这种首要和次要之间的划分只是相对的，而且两者之间也可能存在着转化关系。次要公众也不能完全放弃。公共关系的投资总是有限的，从投入和产出的比率来看，应清醒地认识到，有时虽然首要公众只占公众绝对量的20%，可他们给组织带来的效益却可能达到80%以上，因此，对此类公众总投入量（活动的人力、物力、财力等）应多作安排；次要公众从表面数量上看可能相当多，但由于影响力比较弱，即使投入大量的力量，也只可能收到较少的效益，因此，应该将力量集中在"刀刃"上。

可见，"首要""次要"的划分，要从投入和产出的效果来考虑，保证首要公众，兼顾次要公众。

4. 根据公众对组织的态度，公众可以区分为顺意公众、逆意公众、边缘公众三类

顺意公众是指那些对组织的政策、行为和产品持赞成意向和支持态度的公众。逆意公众是指对组织的政策、行为或产品持否定意向和反对态度的公众。边缘公众则是指对组织持中间态度，观点和意向不明朗的公众。一个组织首先应该将顺意公众当作同舟共济的伙伴，细心维持和不断加强与他们的关系。其次，要注意做好逆意公众的转化工作，改变其敌对的态度，即使不能将其转为顺意公众，也应争取其成为边缘公众。"多交友，少树敌"是公共关系的一项基本政策。值得注意的是顺意公众和逆意公众往往只占少数，多数是无动于衷的中间派边缘公众。公共关系工作中的大量精力是做边缘公众的沟通工作，争取他们对组织的了解和好感，引导他们成为顺意公众，防止他们成为逆意公众。这种"争取大多数"是最艰巨的公共关系工作。

5. 根据公众构成的稳定程度，公众可以区分为临时公众、周期公众、稳定公众

临时公众是指因某一临时因素、偶发事件或专题活动而形成的公众，比如因为飞机航班误点而滞留机场的旅客、足球场闹事的球迷、上街游行示威的队伍等。每个组织都难以事先完全预测到某些突发事件的产生，往往遭受一些临时公众构成的额外压力，这时需要公共关系部门进行紧急应对。现代组织的公共关系部门必须具备应对临时公众的能力。当然，这种临时公众有时也可能是因为组织事先的计划不周而造成的，特别是在举办一些大型专题活动的时候，可能会出现预料之外的事情。

周期公众是指按一定规律和周期出现的公众，比如逢节假日出现的游客，招生时节的考

公共关系学

生及家长。周期公众的出现是有规律的、可以预测的,有条件时可以事先制定公共关系活动计划,作为必要的准备。对于某些季节性强的行业来说,周期公众的节律是与行业自身的节律同步的。如旅游业及酒店业,其中一部分周期公众就可能转化成稳定公众。

稳定公众即具有稳定结构和稳定关系的公众,比如老主顾、常客、社区人士等。稳定公众是组织的基本公众,甚至具有"准自家人"的性质,融合为组织的一部分。组织往往对稳定公众采取额外的优惠政策和特殊的保证措施,以示关系的亲密。稳定公众的多寡可以作为考察组织公共关系成熟性的一个标志。临时公众、周期公众和稳定公众的划分,是制定公共关系的临时对策、周期性政策和稳定策略的依据。

6. 根据公众发展过程不同阶段的特点,公众可以分为非公众、潜在公众、知晓公众、行动公众

非公众是公共关系学的特殊概念,社会学中没有这个概念。非公众是指处在某组织的影响范围之中,但却与该组织无关,其观点、态度和行为不受该组织的影响,也不对该组织产生作用的公众。这样的公众被视为该组织的非公众。划分出组织的非公众是有意义的,可以帮助公共关系人员减少公共关系工作的盲目性,将非公众排除在公共关系活动范围之外,避免不必要的浪费。

潜在公众主要是指由于潜在的公共关系问题而形成的潜伏公众、隐患公众、隐蔽公众或未来公众。即某一社会群体面临着组织行为或环境引起的某个潜在问题,由于这个潜在问题尚未充分显露,这些公众本身还未意识到问题的存在,因此他们与组织的关系尚处于潜伏状态。这需要公共关系人员未雨绸缪,加强预测,密切监视势态的发展,分析各种可能出现的后果,制定多种应付的方案,积极引导事情向好的后果发展;当事情不可避免要变糟时,采取必要的预防措施,防患于未然,将问题解决在萌芽状态,避免酿成更大的麻烦。应当承认,遇到这类公共关系问题时要妥善处理是有相当难度的。但现代组织面临这种复杂情况的可能性越来越大,这促使公共关系活动的策划者日益重视公共关系的预测功能、参谋功能。这也是20世纪70年代末以来国际公共关系界重视"问题管理"的原因。

知晓公众是潜在公众逻辑发展的结果,即公众已经知晓自己的处境,明确意识到自己面临的问题与特定组织有关,迫切需要进一步了解与该问题有关的所有信息,甚至开始向组织提出有关的权益要求。这时,潜在的公众已发展成现实的公众,构成组织不可能回避的沟通对象。因此,对组织来说,采取积极、主动的公共关系姿态,及时沟通、主动传播,满足公众要求被告知的心情,使公众对组织产生信赖感,这对于主动控制舆论局势非常重要。因为知晓公众如果不能从有关组织那里获得必要的信息,便会转向其他信息渠道,各种不准确的小道消息将会流传开来,局势的演变将难以控制,事后的解释将事倍功半。美国前总统尼克松处理"水门事件"时,由于没有正视知晓公众的要求,失去了引导公众舆论的时机,使自己越来越被动,最后只好辞职下台。事后,尼克松在总结"水门事件"的经验教训时认为,这完全是"公共关系的失策"。

行动公众自然就是知晓公众发展的结果。在这个阶段,公众已不仅仅表达意见,而是采取实际行动,对组织构成压力,迫使组织必须采取相应的行动。无论公众的行动是积极的还是消极的,组织的反应也不能仅停留于语言、文字上,还必须有实际的行为。也就是说,行动公众必然促成公共关系行为的发生。面对着行动公众,除了采取相应的行动别无选择。当然,高超的公共关系行动方案,必将使行动公众的压力转变为动力,转变为对组织有利的合力,这是公共关系人员向往的最佳结果。

把公众划分为非公众、潜在公众、知晓公众和行动公众是一种纵向的分类方法，其意义是用动态和发展的目光看待公众。

上述各种分类是仅就纯粹理论形态而言的，因此仅具有理论指导和分类学的意义。公众分类的方法还有很多，包括最常用的按人口学的人口结构理论进行分类的方法。公众分类的研究成果可为公共关系人员认识和分析自己的公众提供理论上的指导。

第三节　公众心理定势分析

一、公众心理定势的含义

公众心理（又称大众心理）是指日常社会生活普遍存在的一种团体心理现象。而在现实的社会团体中，人们对于某一对象的共同心理与行为倾向，就是公众心理定势。人们共同的心理行为倾向不是先天就有的，它是在一定的社会条件下，经过人们相互作用以后，个人的社会经验积累凝结而形成的。比如，人们走进商店时，看到"原售50元，削价处理，现售35元"的商品标价以后，不少人会产生购买欲望，继而促成购买倾向，因为贪便宜的心理普遍存在于消费者之中。这就是一种公众心理定势。或许，该商品的合理价格只是30元，商店先制造个虚假的"原价"，然后再"削价"，结果反而多赚了5元钱。这种利用公众心理定势经商牟利的行为一旦被消费者察觉，会立即遭到公众舆论的谴责。此时的公众舆论也是一种公众心理定势，而谴责则是它的表现形态。

共同的心理参考原则是人们知觉或判断一个事物的参照构架，决定了人们的知觉选择性以及归因的方向。因此，公众心理定势虽是无形的、不成文的，或是非正式的，却在制约着公众的行为，成为存在于公众之中的一种无形的影响力。

二、公众心理定势的作用

在日常生活中，心理定势主要通过三方面对人的行为活动产生影响：①它通过人的知觉习惯起作用，即当人们遇到问题的时候，人们往往根据自己已有的记忆、感觉、知觉来判断目前事物，得出"这种事情肯定是……"的结论，从而对当前问题做出迅速的反应。②它要以先入为主的观念影响人，即人们总是以一种习惯模式进行思考的时候，人们往往会不自觉地歪曲客观信息，发生认知偏差。③它通过情绪主体和心境来制约人的心理和行为。特定的情绪和心境不仅能使情绪主体产生特定的自我体验，而且还会通过他的心理活动和行为投射到其发生关系的人或事上。这种情绪和心境一旦与环境相适应，还会继续产生，从而使人的活动带上一种主观情绪色彩。

由此可见，心理定势是不可避免的心理活动状态，是人们认识问题、解决问题及行为活动的动力，它对人们心理活动可能起积极的推动作用。但同时，它又以一种先入为主的观念、知觉和情绪来判断问题，有可能给人们正确地认识事物造成一种障碍，产生不良的消极影响。如人们一旦发现某种商品质量的新闻曝光后，就会以这种刻板印象去认识它，从而产生不良的印象，这种印象形成后，往往又很难立即改变。所以，心理定势是一种固定化的心理状态，公共关系活动必须顺应公众心理定势的指向并因势利导，才能使公共关系活动顺利开展，并收到良好效果。

三、公众心理定势的共同特征

1. 潜伏性

心理定势是一种内在的心理倾向。心理倾向由人们对某一对象的评价、情感体验与意向三个因素组成。

公众心理定势不仅有其产生的社会环境因素，而且还有外显行为上的具体表现方式。因此，它不仅是可观察的，而且还能通过运用各种现代科学手段（记录、统计、实验、分析等），把它转化为某种外显的经验事实，从而去认识和驾驭它。

2. 动力性

公众心理定势不只是存在于公众心底的一种状况，而且具有干预现实生活的主动性，它生发出来，成为人们的一致性行为时，具有一种难以制驭的力量。例如世界各地都有发生的球迷骚动，当球迷们支持的球队让他们深感失望时，有的球迷无法控制自己的情绪，以抛掷汽水瓶、啤酒瓶、水果，拦阻车辆来发泄气愤。这些反映了观众对球队的期望与比赛结果之间的严重不协调，它在易于冲动的球迷们的相互感染、模仿的循环往复中，似乎形成了一个规范，变成了不少球迷的共同行为倾向，驱使他们酿成骚乱事件。

3. 自发性

公众心理定势是对特定情境的适应性反应，是公众经过相互作用后自发产生的。其中公众的无意识心理占有重要的位置，发生着强烈的作用。如球迷的骚乱行为，事先并没有人组织、计划与引导，在骚乱过程中也无理智的组织与控制，目的性也不明确。这种公众的心理和行为，与一个机构经过决策、为完成组织目标而产生的自主性心理行为有着显著不同。

4. 规范性

公众心理定势又是人们对某一自然现象或社会事物的共同反应方式、原则、策略、规范和标准，因此带有一定程度的规范性。比如，"欢度春节"、"拜年"、"尊老爱幼"等，是我国传统的社会习俗，这种心理定势具有普遍的制约力，规范着人们的心理和行为。所以大众心理定势又是存在于人们心中的"一把尺"，它静静地在那里衡量着社会现象中的是非、善恶、美丑、智愚等。公共关系工作的基础在于了解、顺应、疏导公众的心理定势。

5. 综合性

公众心理定势是人的认知、情感、意志等综合作用的结果，并不是认识领域独有的现象。"一朝被蛇咬，十年怕井绳"既反映了人们认识上的心理定势，又有强烈的情感色彩，同时还反映着人们的意志品质。人们在购买活动中，对某种产品的认同或讨厌，都包含这些因素在内。因此，心理定势是一种综合效应，它综合反映人的经验、知识、文化素养和意志品质。

四、公众心理定势的基本形态

公众心理定势的特征决定了公众心理定势不只是一种个体心理现象，也是一种群体心理现象。它不仅表现为人的社会认知，而且还表现为人的认知、情感、意志、行为的综合统一。根据心理定势的性质，可以将其分为三大类：①公众个体心理定势，也就是普通心理学所研究的心理定势，是个体具体事件中表现出来的综合反映其心理特征和心理素养的心理定势。②公众群体心理定势，是一定范围内的人群体在共同的生活过程中所形成的一种人数众多、积淀深厚、作用广阔的心理定势。③流行心理定势，即某个体或群体在一定时期内由于相互影响而形成的一种短时间的心理定势。下面详细介绍这三类心理定势。

第四章 公共关系客体

（一）公众个体心理定势

公众个体心理定势是指个体在长期生活过程中形成的，通过具体事件表现出来的一种稳固的心理活动方式。它对个体今后的心理活动和行为活动会产生重要影响。它主要包括首因效应、近因效应、晕轮效应、定型效应和情感效应。

1. 首因效应

首因效应又叫第一印象，它是指人们第一次与某物或某人接触时会留下深刻的印象，这种最先给人们留下的印象就会成为一种难以改变的心理定势，影响人们今后的心理和行为。

人为什么会产生这种心理定势呢？因为人在与从未接触过的人和事第一次打交道时，总是会给予更多的注意，并留下深刻印象，以后再接触时，他就会以第一印象为主，有意无意地用这种印象去评判和分析对象。如我们在和某人接触时，对方的表情、姿态、身材、仪表、年龄、服装等往往会给人留下深刻印象，这种印象就会影响人对他今后行为的解释。一般地说：第一印象较好，人就会对对象产生认同感而不会产生反感情绪；第一印象不好，对方以后的良好行为也会相形失色，因为人们这种心理定势一经形成就很难立即改变。

首因效应有以下几个特点：

（1）第一印象既可来自直接接触，也可来自传播媒介的间接介绍。例如，你可能并没有见过某人，但通过别人的介绍你已经对他形成了一定的印象，今后接触时往往就会据此去解释对方的心理和行为。所以，第一印象不一定是第一次直接接触的印象，而是指第一次形成的印象。正因为间接接触也能使人产生第一印象，所以广告战才会越演越烈，人们也才日益重视广告的创意和设计。

（2）第一印象具有层次性。当我们对某个人形成第一印象时，由外观能深入到其性格、职业等方面；当我们看到某一商品广告时，可能会由此推及它的质量、功能等要素；当我们进入一家商店或饭店时，对服务人员形成的第一印象也同时是对组织本身的第一印象。所以第一印象具有层次性、推延性和广延性。当然，由于人们根据首先接到的信息去想象和推测，所以难免会产生以偏概全的现象。

（3）第一印象的产生往往是多种因素综合作用的结果。①第一印象的形成及其好坏，与当时的情境有关，这是印象产生的客观因素。②第一印象的好坏也与人当时的情绪、兴趣以及人的智力状况、注意力、性格等主观因素相关。③第一印象的性质还与对象的表现范围和表现程度有关。如果接触时间太短，对象还来不及展示，人们对其形成的印象就相对比较肤浅；反之，则较深刻。

（4）公众第一印象的性质，决定了第一印象的作用。一方面，第一印象良好，人们就容易对其产生信赖或迷信心理，当然第一印象也会使人上当、受骗；另一方面，第一印象不好，则容易使人产生厌恶感受，从而给以后的接触造成障碍。可见，首因效应在公关活动中有积极作用也有消极作用。公共关系工作应充分利用它的积极作用，尽量避免它的消极作用。

2. 近因效应

所谓近因效应，是指最近形成的对事物的印象是非常深刻的心理定势。在实际的公关活动中，运用这种效应也具有重要作用。例如在一次公关主题活动中，组织利用首因效应，给公众留下了良好的第一印象，而在最后活动将要结束时，又采用新奇、独特的做法，利用近因效应加深对公众的影响。这样利用两种效应的作用，必将达到最佳效果。

3. 晕轮效应

晕轮效应又叫光环效应，是指由认识对象具有的某一特征而泛化、推及出其他一系列或

公共关系学

全部特征的心理定势。例如，当一个人对另一个人的某些主要品质有良好的印象后，就会误认为这个人一切都好，这个人也就被一种积极、肯定的光环所笼罩。之所以称之为晕轮效应，是说它像刮风天气之前月亮周围出现的大圆环（月晕或晕轮），仅仅是月亮的光通过云层中的冰晶时折射的光现象一样，是月光的一种扩大化，事实上并不存在这样的一个光环。晕轮效应也就是人们对对象形成的一种总体的幻觉印象，俗语说的"情人眼里出西施"就是如此。

晕轮效应是人在认识过程中认识逻辑上出现的一种认识偏差，它起源于知觉的整体性。由于人的心理活动具有一种把不同属性、不同部分的对象知觉为一个统一的整体的特点，所以导致了晕轮效应的产生。

晕轮效应在日常生活中普遍存在。例如，人们走进商店购买礼品时，往往更注意礼品的包装是否精美、价格是否合适，因为人们总是误认为里面的东西会和外面的包装一样令人满意，从而产生晕轮效应。在交往过程中，人们会经常根据某人漂亮、好交际等特征而概括地认为这人聪明、能干。心理实验也表明：男女大学生对外表吸引人和外表不吸引人两类人所做的评价中，往往赋予前者更多的理想人格特征，如聪明、和蔼、好交际等。

随着商品经济的发展、公共关系意识的增强，商品纷纷装饰门面，讲究包装，这正是利用公众的晕轮效应扩大组织的影响、提高产品效益的表现。现代人际交往中，所谓的"名片效应"，也是晕轮效应的典型表现。作为公共关系来说，一方面要广泛利用晕轮效应来进行宣传，以提高组织的认知度，树立组织形象；另一方面要尽力避免利用晕轮效应来欺骗公众。

晕轮效应和首因效应有联系又有区别。其联系表现在：这两种心理定势都是以主观代替客观，以树木代替森林的，具有强烈的主观色彩。同时，由于首因效应会妨碍人们今后的正确认识，产生固执的认识上的偏见和情感上的偏心，所以必然连带地产生晕轮效应，因此可以说首因效应是晕轮效应的准备和前奏。但是，晕轮效应并不等于首因效应，也不一定要以首因效应为前提，因为两者之间还有明显的区别。其区别表现在：首因效应是从时间上来说的，由于时间上的先后关系，人往往对初始的东西印象深刻，后面的就成了初始印象的补充；而晕轮效应是从反映的内容来说的，对于对象的部分特征印象深刻，就将这局部印象泛化为全部印象。因此，这两种心理定势是不同的。晕轮效应和首因效应相比，晕轮效应是心理定势中更深层次的东西，因而更难以克服和纠正。

4. 定型效应

定型效应也叫经验效应，是指公众个体在对对象进行认知时，总是凭借自己的经验对对象进行认识、判断、归类的心理定势。也就是说，人们在对他人或他物认识时，会自觉不自觉地根据自己的经验产生一种心理准备状态，这种准备状态使他对对象会作定型或定势分析，这也是一种普遍存在的心理定势。

定型效应在日常生活中表现得非常多。例如，谈到教授，一定是清瘦、古怪、文质彬彬的；谈到王子，一定是潇洒、英俊、富有的。当然，经验是人们日常生活的积累。定型效应在有些情况下有助于人们对对象做概括性的了解。如在认识一些不太熟悉的人或事时，由于其给予的信息较少，缺乏必要的线索，人们就可根据经验来对之进行推理和归类，从而迅速做出反应、判断。

心理学家曾对此做过实验。心理学家给两组大学生看同一个人的照片。在看之前，对甲组的学生说此人是一个屡教不改的罪犯，而对乙组的学生说此人是一位著名的学者，然后，让两组学生各自从其外貌特征来说明他的性格特点。结果，甲组说：那深陷的目光，隐藏着阴险；高耸的额头，表明了他死不悔改的决心。乙组的同学却说：那深陷的目光，表明了他

第四章 公共关系客体

思想的深刻；高耸的额头，表明他勇于攀登的坚强意志。可见，第一印象是何等重要。

由于定型效应在日常生活中广泛存在，所以公共关系活动应注意定型效应的影响。公共关系活动中应注意：一是要利用公众的定型效应来巩固组织在公众中的良好形象；二是要注意一旦因为某事使组织在公众心目中的形象受损，就要设法改变人们的经验模式，用危机性公共关系手段重新树立形象，这样才能达到组织的目的。忽视公众的经验会使组织无法长期、稳定地生存和发展。

5. 情感效应

情感效应也叫移情效应，是指人们在对对象形成印象时，当时的情绪状态会影响他对对象今后的评价的一种心理倾向。在现实生活中，主体的喜怒哀乐往往会影响对他人或他物的评价，同时它还能通过情绪感染引起他人的同类心理效应。如常言说的"爱屋及乌"就是如此。

情感效应首先表现在人情效应方面，即以人为情感对象，并将自己的情感迁移到他人身上。如去商店买东西时，如果服务员的态度非常好，就会获得良好的心境，同时也就会将这种感受迁移到他人身上，认为人们都心情舒畅、亲切友好。由于人是情感动物，所以在与人交往中，情感的表露对人际关系的建立起重要作用。情感效应还表现为由人情而达到物情，即所谓由于爱某人而爱及他的一切。如有的女士对抽烟深恶痛绝，对抽烟的人无论认识或不认识都没有好感。同时，情感效应还突出表现在人们之间的情绪感染方面，即一个人的喜怒哀乐等情绪往往会影响其周围的人，从而产生情绪迁移。

由于情感效应在当今商品社会起着越来越大的作用，所以开展公共关系活动时就要自觉利用"情感效应"这一心理规律，或充分调动公众良好的情感体验，或尽力避免不良的情感体验。只有和公众建立一种和谐、融洽的情感氛围，才能保证社会组织的良性发展，这同时也是公共关系工作的责任。

（二）公众群体心理定势

公众群体心理定势表现为风俗等形式，其基本特征是：

1. 日常性

习惯、传统礼仪、风俗是公众日常生活的普遍行为方式，影响居住方式、建筑样式、服装款式、饮食习惯、婚丧礼仪以及教育子女的方式等文化行为。这些都具有相对稳定性、社会性和日常性。

2. 地域性

俗话说："百里不同风，千里不同俗"。风俗、传统等总是带有地域性的。风俗的变迁要受整个地域的经济发展、社会发展以及文化发展的制约。因此，在不同地域的人们之间进行人际交往中，要"入境问俗"，以避免沟通阻塞。

3. 象征意义

风俗、习惯、传统的行为方式与流行、时尚等一样，也含有象征性意义。所谓象征意义，是指某一地域的人们运用某一符号的共同规则。如我国民间有放鞭炮的习俗，鞭炮含有"吉利"的象征符号。在社会生活中，公众受习俗影响的各种行为方式都含有特定的象征意义。

（三）流行心理定势

流行心理定势是指在短时期内社会上形成的一种人们之间的相互影响、相互感染的心理定势。常见的流行心理定势包括流行心理、流言心理、舆论心理。

公共关系学

1. 流行心理

(1) 流行的含义。所谓流行，是指社会上相当多的人在较短时间内，对某种行为方式的遵从和追求，使之在整个社会中到处可见。流行的出现是基于人们选择的一种心理动机。一方面，人们渴望能求同于有地位、有魅力的人，求同于符合社会潮流的价值观念，求同于现代生活方式，求同于多层次的文化品位；另一方面，人们又渴望求异于与自己同层次的芸芸众生，求异于低层次的生活方式，求异于传统的价值观念。所以，这是一种社会心理现象。流行的具体形式又可分为时尚和时髦。

时尚是指社会上相当部分的人或者是特定部分的人，在一段时间或较长时期内，崇尚某一种行为方式。如"读书热"、"流行歌曲热"等。时尚一般来说是人们在精神生活方面的流行，参与者身心投入程度较高。

时髦是指人们对新奇物质的追求，包括新颖的服装、家具的款式等。它一般是人们在物质生活方面的流行。

(2) 流行的特点。流行具有三个特点：迅速性、下行性、时代性。

1) 迅速性。流行是一种短暂爆发、涉及面广、影响力大的大众心理现象。人们通常说的"风靡一时"就反映了这个特征。

2) 下行性。流行的发生和发展往往是自上而下的。时尚的倡导者多为社会上有一定影响的部门（如服装信息中心等）和有一定地位和影响的人物（如歌星、影星等社会名流）。而时尚的发源地往往是在经济、文化较为发达的大城市。

3) 时代性。流行是一种大众心理现象，这与社会文明的发展息息相关。不同的时代，社会物质和精神生活的水平不同，就会导致不同内容的流行。在当今改革开放的年代，随着人们思想越来越开放，生活水平、生活质量越来越高，流行的更替速度也会越来越快。

流行作为一种大众心理现象，对公众行为的影响及其产生的后果是很大的。组织的公共关系人员必须顺应公众这种心理欲求，因势利导，根据流行的特点及其形成的原因，有针对性地开展公共关系工作。

2. 流言心理

(1) 流言的含义。流言是指提不出任何可信的确切根据，而被人们相互传播着的一种消息。流言能使本来人们已经关心的问题更加被关心，使本来不受人们关心的问题成为人们关心的问题。流言具有较强的煽动性。

流言的传播速度很快，而且在传播过程中被人们添枝加叶，以讹传讹，越传越离奇。流言的产生一般有三种情况：①传播者对别人传播给他的信息，根据自己的需要断章取义，使之具有吸引力，增加进一步的传播可能性，于是越传越广，成为流言；②传播者把传播给他的信息中的某些重要情节重新安排，使之渲染性更强，便于向别人叙述，传来传去，成为流言；③传播者根据自己的经验，对得到的信息予以润色，使之更加符合自己的特点，予以广泛传播，最终成为流言。以上三种流言产生的原因都是基于传播者个人的私欲，或是传播者为表达某种情绪，或是传播者信息贫乏或信息不清晰而造成的。

(2) 流言的危害及公共关系策略。流言的危害是很明显的，流言如果指向个人，可以置人于死地；如果指向组织，可以动摇军心，制造混乱；如果指向经济领域，可以引起挤兑、抢购等行为，严重影响经济秩序；如果指向政治领域，可以引起社会动乱和暴力。由此可见，流言具有很大的破坏力，它必须引起社会组织，特别是组织公共关系部门的高度警惕。

由于流言都是建立在缺乏事实根据基础上的虚假消息的传播，因而对付它的最好办法就是公布和说明事实真相。当组织面临对自己不利的流言时，组织的公共关系部门要利用一切可利用的传播手段，针对流言，公布和说明事实真相，向公众及时提供确切的消息和真实的情况，使流言不驳自倒；也可以进行反宣传，对流言制造者以迎头痛击，制止流言的流传。同时，为了阻止流言的产生，组织对自己的一时失误，应及时、如实地向公众讲明，取得谅解，使制造流言者无机可乘。

3. 舆论心理

（1）舆论的含义。舆论是指公众对于某一共同关心的问题所表达的意见。在社会生活中的每一个人对于遇到的社会现象，必然会产生不同的主观反映。起先，这些反映是零散的、不系统的、不一致的，但经过彼此间相互作用之后，逐渐加以汇集，最后形成一致的看法，并以明确的语言和态度表示出来，这就是舆论。

（2）舆论的特点。舆论具有如下特点：①舆论是一般公众所赞同，心理上能引起共鸣的意见；②这些意见经过长时间辩论、讨论、相互作用而形成，具有明显的理性评判的成分；③舆论有一定的影响目标。

（3）正确对待舆论是组织公共关系工作的重要任务。公众舆论对公众行为具有重大影响力。"得到民意的支持，任何事情都不会失败；得不到民意的支持，任何事情都不可能成功"，这是著名的美国政治学家林肯所说的一段话。因此，对于一个社会组织来说必须正确对待舆论，具体应该做到倾听舆论。组织如果要全面、及时地了解公众对本组织的印象和反映，就必须认真倾听代表大多数公众意愿的舆论，并以此作为自身决策的依据之一。

（4）顺应舆论。任何组织和个人如果不顾舆论的向背，一意孤行，一定会走上失败的道路；只有顺应公众舆论，搞好与公众的关系，才能建立起自身生存与发展的良好环境。俗话说，"民心不可辱"、"民意不可欺"。由于舆论传递速度快、范围广，能抓住人们的心理，引起人们的普遍关心，所以顺应舆论见效就快，能够很快地对某种不利于组织的行为起到制约作用，对某种有利于组织的行为起促进作用。

（5）引导舆论。社会组织的公共关系部门可以通过宣传、解释和劝导，及时引导公众的舆论，使其朝着有利于组织的目标发展。有条件的组织还可以制造良好的社会舆论，形成一种对组织有利的良好的社会舆论氛围。如倡导和赞助一些公益活动，制造组织对社区具有社会责任感的公众舆论，有利于组织美好形象的树立和传播。

第四节 公众关系处理

社会组织所面临的相关公众尽管可以作多种划分，但一般来说主要区分为内部公众和外部公众两大类。本节以公共关系应用最普遍的企业组织为例，对组织所面临的几种基本的目标公众做简要分析。

一、内部公众关系处理

所谓内部公众，是指组织内部形成的特定利益群体。一般来说，现代企业组织的内部公众关系主要包括员工关系、股东关系和上下级关系等。

（一）员工关系

1. 员工关系的概念和意义

员工即职工，是指组织在人事上的全部构成人员。它是组织赖以存在的细胞，组织的方

公共关系学

针、计划和措施都要通过员工才能实现。员工又是组织与外部公众接触的触角，不仅代表组织形象，而且直接影响外部公众。

员工关系也称职工关系，是指组织内部全部人事关系的总称。从一定意义上说，员工关系是最重要的内部公众关系，公共关系工作必须从建立良好的员工关系开始，着力培养和引导员工对所在组织的认同感、归属感和凝聚力。搞好员工关系，旨在把组织的每一名成员纳入组织整体，在团结互助的气氛中充分发挥员工的潜能，推动组织的发展与建设。因此，处理好员工关系对任何组织都是至关重要的。

2. 处理员工关系可借鉴的理论

从管理学的角度看，处理员工关系就是对组织内部人的管理问题。中国古代有"天时不如地利，地利不如人和"之说，可惜未能发展成为现代组织管理理论。而当代西方行为科学的一些理论则对现代组织管理中如何处理员工关系具有一定的借鉴意义。

（1）行为理论。它是行为科学中关于人的行为活动规律的学说。它认为，人类行为有其独特的规律性，如主动性、目的性、持久性、可塑性等。这就要求管理者要尊重行为主体的这些特性，否则将难以实现对人的优良管理。

（2）激励理论。它是研究如何调动人的积极性的理论。它认为，工作效率和劳动效率与员工的工作态度有直接关系，而工作态度则取决于需要的满足程度和激励因素。如美国心理学家马斯洛把人的各种需求分为生理需求、安全需求、社会需求、尊重需求、自我实现需求五个层次，认为人们按照需求层次追求满足。因而管理者根据需求设置目标即可起到激励作用。另外，双因素论者赫茨伯格把影响工作态度的因素分为保健因素和激励因素两类，保健因素包括组织政策、管理技术、同事关系、工资待遇、工作环境等，这些因素的改善可消除员工的不满情绪，但只维持原有的工作效率；激励因素是指适合个人心理成长，能调动积极性的因素，包括成就、赞赏、工作本身、提升、责任感、发展前途等，这些因素的改善能激发员工的积极性，从而能持久地提高工作效率。

（3）公平理论。它是研究个人投入与所得报酬之间平衡程度的理论。它认为，人需要保持一种分配上的公正感，以便情绪稳定。没有这种公正感，就会影响员工的工作态度和团结。

（4）挫折理论。它是探讨行为中挫折对主体的影响的理论。它认为，当行为主体从事有目的的活动遇到障碍或干扰，致使其动机不能获得满足时，即表现为挫折。挫折既可能使主体总结教训，才智大增，又可能使主体情绪低落，痛苦不堪，甚至发生抵制、报复、攻击等不良行为。因此，管理者在决策时应尽量使员工不受挫折。一旦员工出现挫折时管理者应真诚相助，善意诱导，充分理解，使其"吃一堑，长一智"。

3. 建立良好员工关系时应注意的几个问题

（1）要注意协调好组织与员工的物质利益关系。员工的物质利益是其生存的第一需要，一般包括工资和福利待遇两大部分。工资收入是维持劳动力再生产、提高员工生活水平和劳动热情的基本保证，要建立良好的员工关系必须正确处理员工工资收入问题。福利待遇是职工物质利益的重要部分。改善员工的福利待遇可解除员工的后顾之忧，还可培养员工以企业为家的观念，加深员工与组织的情感，并使之转化为持久的劳动热情。

（2）要理解和尊重员工的个体价值，积极为个体才能的发挥创造条件。组织内员工个性不一，追求各异，公共关系工作要树立组织形象，追求团体价值的存在与实现，就必须尊重员工的个体价值，关注其个性行为。只有激发起员工的主人翁责任感，使其融个体价值于团体价值之中，才能使其自觉地与组织同呼吸、共命运，并在与各界交往中自觉地维护组织的

第四章 公共关系客体

形象。

（3）要善于与非正式组织沟通，联络意见领袖，分析群众舆论，以把握员工的情绪。非正式组织是指单位或组织内部因彼此兴趣、爱好、脾气秉性相投而自发形成的、不正规但又有一定影响的松散组织。它的存在是各类组织中的普遍现象。对此，公共关系人员不能硬性压制，强行拆散，而应与之沟通，合理引导，分析其产生的原因，最大限度地减少其与正式组织的对抗与分歧。

与非正式组织开展关系时，公共关系人员首先要学会与非正式组织的首领即意见领袖打交道。意见领袖是那些极富个性、在某些方面有突出才干，或消息灵通、足智多谋，或讲交情义气、好打抱不平，在员工中有极大影响的人。他们是由群众自发拥立的。有些意见领袖可能给领导留下的印象不佳，但公共关系人员不能因此而加以歧视，应主动与之交往，尊重他们的意见要求，利用其影响，发挥其长处，为开展员工工作铺平道路。

（4）注意创造健康向上的组织文化氛围，以高尚的企业文化精神，鼓舞员工的斗志和激情。真正良好、健康向上的员工关系是建立在健康向上的文化氛围基础上的，这种文化氛围的核心就是一整套明确的价值观念和行为规范，它能增强职工的归属感，是强化组织凝聚力的重要源泉。

（5）采用灵活多样的方式，拓宽沟通渠道，改善员工关系。如通过创办企业报纸，印发职工手册，出版内部刊物，办黑板报、宣传栏，开放员工俱乐部等方式，加强员工间的沟通交流，丰富员工的精神生活。

（二）股东关系

股东关系是指企业与金融信贷、证券市场、股票持有者等组织机构和个人之间的关系，亦称金融关系、财务关系，是企业内部公众关系的重要部分。股东关系在国外是常见的公关业务，它关系着企业的存亡与发展。在我国，随着合资企业、股份制企业逐渐增多，研究股东关系已成为公共关系理论的新课题。

1. 股东的概念与特征

股东是指股份所有者。股份是企业全部资本分成若干基本单位，以有价证券即股票的形式来表现的。股东依法凭股票行使权力，享受对企业的管理权、监察权、取得股息的受益权及对企业产权的间接拥有权。

一般来说，股东有以下特征：

（1）承担风险性。股东入股即把资金投入到企业经营中，而企业经营具有风险性。股东一旦投资，就意味着承担了风险，投资越多风险越大。

（2）追求盈利性。股东将资金投资于企业，是为了盈利分红，投资越多，赚钱的欲望越大。

（3）任意流动性。股东对投资对象可任意选择，若有不满，还可缩小或转移投资。

2. 股东的作用与功能

股东作为投资者，是企业的主人与支柱，是组织内部公众的延伸，他们与企业息息相关。股东出于对自身利益的考虑，乐于为企业开展工作。同时，由于现代企业的股东大多数是由一般顾客转变而来的，因此具备顾客、股东双重身份，公共关系人员应注意发挥其双重身份的特殊功能。

（1）股东的助销和促销功能。股东可利用其广泛的社会交往，宣传其投资企业的产品技术和工艺，扩散组织的内部信息，有助于企业的产品销售。

美国通用食品公司每年圣诞节都向股东赠送公司的罐头样品，股东以此备感自豪，认同感油然而生。他们极力向亲朋好友夸耀公司的产品,并向公司提供其社会关系的联络地址、电话号码等,充当公司的义务宣传员。因此,公司的产品销售量不断增加,股东也得到了实惠。

(2) 股东的决策功能和协调功能。股东向多个企业投资,企业也会有来自多方面的股东。一方面,股东会从自身利益考虑关心企业发展;另一方面,股东之间也可进行协调,取得共同利益。这种决策功能、协调功能都会对企业发展产生积极作用。日本三菱集团有上千家企业,为首的几十家企业每月召开一次首脑会议,通报企业内外情报,协调企业的重大业务。

3. 股东关系的工作内容

股东关系的工作内容主要包括两个方面:一方面是定期向股东汇报企业的经营管理状况、赢利情况、产品服务项目、业务范围、分红政策、竞争地位、企业历史、成长资料及经营中各类统计资料;另一方面是收集来自股东方面的信息,包括股东本人的性别、年龄、职业、特征、兴趣、态度、动机、对企业的意见及他们所了解到的其他方面对本企业的反映等。

(三) 上下级关系

1. 上下级关系的概念及实质

所谓上下级关系,是指组织内部领导者与被领导者、管理者与被管理者之间的关系。

上下级关系的实质是人们在社会工作中的分工协作关系。从控制论和现代管理学角度看,上下级交往是一种特定信息的传输和反馈过程,同时伴随着心理上、感情上的联系与沟通。如果说上下级之间的工作分工难免有某种不平等性,那么上下级之间心理沟通形成的关系则应该是平等的。换言之,工作之外的上下级关系应该是同志关系、朋友关系,而不是不平等关系。那些把上下级之间不平等的工作关系视为不平等的伦理关系,或混同于一般的人际关系或变相的父母子女关系的做法,都是错误的,也是有害的。

2. 上下级关系的作用

上下级关系是组织内部公众关系的重要方面。建立起相互信赖、相互支持的上下级关系,意义十分重大。

(1) 良好的上下级关系是领导活动顺利进行的保证。上级的领导,是对人和人构成的群体的领导,意味着将人们组织起来,调动人们的工作热情,投身到群体事业之中,只有良好的上下级关系才能使领导这一意图得以实现。

(2) 良好的上下级关系是实现组织内部团结的保证。良好的上下级关系会产生向心力,保证群体协调一致,另外,还可以产生巨大的激励作用。

(3) 良好的上下级关系对实现组织成员的个体价值,促进其身心健康有积极意义。对员工而言,大多数时间是生活在群体之中的。良好的上下级关系不仅能使员工更加投入群体活动,而且能使其身心健康,奋发向上,热爱生活。很难想象一个得不到组织温暖的人会生活得很好。

3. 协调上下级关系的原则

上下级关系不仅仅是人与人之间的工作关系或情感联系,而且它对周围的人群、群体甚至社会环境都会产生这样或那样的影响。协调上下级关系时,应坚持以下基本原则:

(1) 社会利益原则。它是指从整个社会利益出发去协调上下级关系,这是社会主义条件下上下级关系的基本原则。只有在这一原则下才能形成健康向上的上下级关系。那些拿原则做交易、以权谋私、拉帮结伙的做法属于不正之风。

(2) 群体效益原则。搞好上下级关系,目的在于顺利实现群体目标,而不是从私利出发,巩固个人权力地位。

第四章　公共关系客体

（3）个人需要满足原则。协调上下级关系时应注意满足下级或个体成员的合理需求，不能把下属看成简单的支配对象或会说话的工具。

（4）平等互助、互谅互让原则。上下级关系既是一种制度性关系，又是一种职业群体的利益性关系，同时还是人际关系交往中的情感关系。从实质上看，它是平等互助的关系。因此，平等互助原则应是上下级关系的基本原则之一。那种上级高高在上、超人一等的观念是错误的。

4. 协调上下级关系的方法和途径

（1）努力满足上下级之间的角色期待，是建立良好上下级关系的基础。角色期待是指社会成员对一定社会地位或职业寄予一定的期望，提出一定的要求。每一种社会角色都处于这种希望和要求之中，上下级之间也是如此，并且其相互间的角色期待更为特殊。

一般来说，下级心目中理想的上级是公正廉洁、关心群众、平易近人、身先士卒、作风正派的；上级则希望下级服从指挥、有责任心、有集体荣誉感等。上下级双方在工作交往中应努力满足对方的期待，这样才有助于形成良好的上下级关系。

（2）克服上下级交往中的心理障碍，淡化角色差异，是形成良好关系的关键。上下级关系中，由于存在着明显的地位差异以及思维方式、行为方式的差异，因而会在不同程度上影响双方的正常交往。只有正确认识并尽量淡化这些差异，才有利于克服障碍，保持良好关系。当然，有些方面的差异是难免的。但上级摆架子，下级抬轿子，上级即上帝，下级为奴婢等绝非是正常现象。

（3）注重上下级的沟通和交流，各尽其责，恪尽职守，是形成良好关系的根本所在。对上级来说，要以身作则，率先垂范，为此要做到：树立服务思想，全心全意，甘为公仆；尊重下级，坚持政治上平等、管理上民主；工作上认真、负责，出了问题敢于替下级承担；生活上关心、体贴下级，注意解决群众生活上的实际困难。对下级来说，处理好与上级的关系，要努力做到：服从上级命令，听从指挥，有不同意见可保留协商，但不能违抗命令；要创造性地完成上级交给的任务；要勇挑重担，为领导分忧解难；要维护上级的威信，善提合理化建议等。

二、外部公众关系处理

组织在其运作过程中，不仅面临着复杂的内部公众关系，而且也面临着复杂多变的外部公众关系。一般来说，企业外部公众关系主要包括顾客关系、社区关系、媒介关系、政府关系等。

（一）顾客关系

1. 顾客关系的概念和意义

所谓顾客关系，是指企业与其产品或服务的购买者、经销者之间的关系。

凡是提供某种产品或服务的组织，都有顾客关系，顾客是企业组织生存的基础。设法满足顾客的需要，建立起良好的顾客关系，是企业组织生存和发展的前提和保证。

2. 建立良好顾客关系的原则

要建立良好的顾客关系，必须遵循"顾客至上"的原则，即企业的一切行动要以顾客的利益和要求为导向，充分尊重消费者的合法权益。

3. 建立良好顾客关系的途径

（1）必须保证提供优质产品和优质服务。优质产品是指那些质量合格、性能优良的产品。

公共关系学

优质服务是指尊重顾客、礼貌待客，产品设计经营、服务方针等都从顾客需要出发的态度和行为。没有优质产品和优质服务，就不会有稳固、良好的顾客关系。杭州娃哈哈集团公司由白手起家到拥有亿万资产，客户遍及全国，靠的正是优质产品和优质服务。

（2）必须做好顾客与企业的双向沟通工作。企业要通过各种途径向顾客及时传播有关企业的政策、产品特性、经销方式等信息，同时还要注意收集顾客方面的信息，包括顾客的年龄、性别、职业、爱好，对产品质量、包装、价格的评议，对服务态度和售后服务的反映等。公共关系人员要对上述信息加以分类，建立信息档案，并及时反馈给有关部门，以制定相应措施。沟通方式主要有口头联系、用户注册、广告或公告、新闻传播媒介、产品展销、消费者参观等。

（3）必须做好售后服务工作。产品售出不是服务的结束，而是服务的开始。完善售后服务能使顾客无后顾之忧，成为企业的"回头客"、"固定客"。目前，我国许多企业集团已有较好的售后服务网络，如"无效退款"的承诺，冰箱的终身保修措施等，都为树立企业的良好形象起了较大作用。

（4）要慎重处理顾客投诉。顾客投诉表明对产品或服务质量的不满或指责，其中可能是实情，也可能有误会，甚至挑剔，但无论如何企业都要认真对待，慎重处理。对待投诉时公共关系人员一定要态度诚恳，或耐心解释，或诚恳疏导，或虚心接受批评、建议。处理要及时，公共关系人员要尽快向投诉者通报结果，不能得过且过、息事宁人。

（二）社区关系

1. 社区关系的概念及意义

社区关系又称区域关系、地方关系，是指组织机构与所在地的社会团体、机关、学校、商店、医院、工厂等组织以及当地居民之间的相互关系。

社区是企业生存和发展不可缺少的外部环境，企业与社区之间有着千丝万缕的联系。

（1）企业的生产经营活动依赖于社区周围的各种服务，如公路、交通、水电供应、治安保卫、消防卫生等。

（2）企业职工及家属的日常生活依赖于周围的商店、学校及其他社会公益部门，企业维持与上述部门的关系有利于增强职工的安全感，解除其后顾之忧。

（3）社区居民是企业的顾客或其他性质的公众，他们对企业的态度如何，对企业的发展有重大影响。

建立良好的社区关系是社区与组织的共同愿望。在现代公共关系的发源地美国，社区关系是企业组织最早看重的关系。在我国自古就有"远亲不如近邻"之说，这都表明处理好社区关系具有重大意义。

2. 处理好社区关系的方法

（1）开展信息交流，增进相互了解。相互了解、相互支持是社区关系的基础。组织可通过寄送出版物、宣传材料，举办展览会、接待参观者等活动，向社区公众宣传企业的宗旨、政策、目标，表达愿为地方经济发展出力的愿望，以取得社区公众对企业的了解与认可。

另外，企业还应经常举办各种形式的座谈会、订货会，在企业纪念日、开业典礼等活动时邀请地方政府人员、社会团体、社区知名人士等前来参加，广泛听取他们的意见和要求，及时就有关问题给以答复或解释，以增进感情交流。

（2）正确处理社区利益与组织利益的关系。社区是企业及其他社区公众共同居住和生活的地方，因而企业活动必对周围环境产生一定影响。这种影响有的是积极的，如增加社区就

第四章 公共关系客体

业等，有的则可能是消极的，如噪声、污染等。对此，组织应注意倾听社区的反映，以社区利益为重，努力克服自身不足。那种急功近利，为自身暂时利益而不惜损害社区利益的做法，必将影响社区关系的发展。

（3）服从当地政府领导，支持各类公益活动。一方面，组织应遵守地方及政府的法令、法规和各项规章制度；另一方面，组织要密切掌握社会的最新动态和社区内的重大活动信息；对一些有价值的活动应给以财力、物力、人力上的支持；既要注意做好事，又要注意宣传自己。企业公共关系部门要抓住每个机会，为企业树立良好形象。

（三）媒介关系

1. 媒介关系的概念和意义

媒介关系亦称新闻界关系，是指组织与报纸、杂志、电台、电视台、网络媒体等大众传播媒介及其记者、编辑之间的关系。报纸、杂志、广播、电视等大众传播媒介具有传递信息迅速、传播面广、可信度高等特点，在一定程度上能影响和操纵社会舆论。而社会舆论的威力是不可忽视的。

对企业组织来说，媒介关系有两方面的作用：

（1）大众传播媒介是组织和社会公众之间沟通的桥梁，组织可以通过它发出信息和获得信息。

（2）媒介本身也是公众，并且是特殊的公众，它对组织的态度如何，直接影响着组织的形象和声誉，并且影响其他公众的态度。

国外公共关系专家往往把媒介公众视为组织最重要的外部公众。特别是在美国，舆论可将一个组织捧上天，也可将它摔得粉碎。一个有远见的组织领导，必须重视并乐意跟新闻媒介打交道，善于利用媒介关系来宣传、树立组织的良好形象。

2. 处理媒介关系的方法和应注意的问题

（1）要熟悉新闻界，要对新闻界的组织机构、工作程序、报刊特性和特殊要求等有足够的了解，甚至对其主要编辑、记者的工作范围及个性偏爱都应心中有数。另外，组织要善于同新闻界的编辑、记者交朋友，主动提供给他们感兴趣的新闻材料。

（2）要注意新闻事件，保证新闻真实。公共关系部门与新闻媒介打交道的王牌是新闻。因此，公共关系人员要善于利用新闻事件，有时还可适当地制造新闻事件，以吸引记者前来采访、对外报道。如企业纪念日、开工典礼、外事活动等都是新闻事件，是宣传的好机会。另外，公共关系人员还要在真实的基础上合理创造新闻，即抓住新闻某一特殊角度或引起人们兴趣的方面大做文章，以达到宣传的目的。美国纽约联合碳化钙公司公关部在这方面就树立了一个极好的榜样。

美国纽约联合碳化钙公司当年正在筹划如何向社会介绍刚竣工的52层总部大楼时，忽然有人发现楼上一间房内有一大群鸽子。这群鸽子本可以轰走了之，而公关顾问却以此大做文章，先是关门闭户不让鸽子跑掉，然后通知动物保护协会前来处理保护动物的"大事"。动物保护协会的行动惊动了纽约新闻界，大批记者蜂拥而至，纷纷拍照、采访、录像。总部大楼负责人借机也频频亮相，甚为风光。事情三天后结束了，随着鸽子一一重上蓝天，总部大楼也传遍全美。

（3）要注意尊重新闻记者、编辑。组织对他们要以礼相待，以诚相待。不论大报、小报的记者，组织都要一视同仁，即使对报道本组织有失实或失误的记者也要热情相待，不能施加报复或在工作中设置障碍。

公共关系学

(4) 对新闻媒介的工作不要乱加干涉,给记者施加压力,强加自己的意志。

(5) 与新闻媒介交往要坦诚布公、以诚相待,不能以利相交;否则,既害他人,也有损企业形象。

(6) 与媒介交往时不要仓促应付,而要制订专门的媒介交往计划,包括常年保持与媒介关系的例行工作,以及年度内需要媒介合作的重大活动等。对这些工作要做出预先安排,为记者准备好文字材料和其他服务,并提前通知新闻媒介。

(四) 政府关系

1. 政府关系的概念和基本内容

所谓政府关系,是指企业组织与政府权力机构的影响和制约关系。政府机关有不同层次,其中有高层次的间接领导关系,也有低层次的直接管理关系。组织与政府发生联系的主要对象是各主管部门或一些机关的具体部门,主要包括党政领导机关、公安机关、检察院、法院、司法部门、海关、边防、交通局、卫生局、质检局、工商局、税务局、物价局、环保、计量局、审计等部门。这些部门代表政府行使管理职权,组织在其运作中涉及有关事项时必须向这些部门请示并得到批准。要搞好政府关系,企业公共关系人员应做好如下两方面的工作:

(1) 要熟悉政府所颁布的各项政策法令及其更改、修正情况,注意分析和研究,为组织决策提供依据。

(2) 有效地与政府保持信息沟通。政府的许多政策都是根据下面的实际情况制定的,为此,公共关系部门要与政府部门经常保持联系,以工作总结、简报、请示报告、口头汇报、请领导参观或参加企业活动等方式,及时反映本组织的情况。

2. 处理好政府关系的方法

(1) 要自觉接受政府领导。组织公共关系部门应帮助决策层及时、全面、准确地掌握政府的有关大政方针和最新举措,从而决策与政府保持一致。在利益关系上组织要以大局为重,以国家利益为重。

(2) 在经营活动中要遵纪守法。组织的一切活动,特别是生产经营活动,必须在政府的政策法令内进行;否则,不仅有害社会,也有害于组织的根本利益。

(3) 要注意保持同政府有关部门的信息沟通。组织一方面应熟悉政府的内部层次、工作范围和办理程序,并与主要部门工作人员经常保持联系;另一方面,组织应不断将自身的各种信息及时反映到有关部门,使其对本组织有充分的了解。

【案例 4-1】
"加多宝"公众形象的重新打造

1. 加多宝集团背景

加多宝集团是一家大型专业饮料生产及销售企业,于 1995 年创立,同年推出首批红色罐装"王老吉"。1998 年,集团以外资形式在中国广东省东莞市长安镇设立首个生产基地。销售网络遍及中国大陆 30 多个省、市、自治区,并销往东南亚、欧美等地。

2. 加多宝与广药集团商标权之争

1995 年之前的罐装王老吉一直由广药集团生产经营,1995 年之后,广药集团授权鸿道集团(加多宝集团母公司)在一定期限内生产经营红色罐装和红色瓶装王老吉,2000 年,广药集团授权许可鸿道集团在红色罐装凉茶饮料上使用注册证号为 626155 号的"王老吉"商标,期限从 2000 年 5 月至 2010 年 5 月,共 10 年。后续签合同至 2020 年,有效期共计 20 年。

第四章　公共关系客体

2011年4月,广药向中国国际经济贸易仲裁委员会提出仲裁申请,并提供相应资料,广药集团认为"2002年至2003年间,鸿道与广药分别补签的《"王老吉"商标许可补充协议》和《关于"王老吉"商标使用许可合同的补充协议》"是当时任广药总经理的李益民收取了鸿道数百万的贿赂后,才签署了将租赁期限延长到2020年的授权书。李益民东窗事发后,广药集团认为上述补充协议无效,商标租赁期限已于2010年5月2号到期。

2012年5月12日,根据中国国际经济贸易仲裁委员会的裁决书,加多宝停止使用"王老吉"商标。

3. 形象重塑之路

痛失"王老吉"商标后,加多宝沿袭了在营销策划王老吉品牌时一贯的定位思想,对加多宝凉茶进行了精准、明确的定位:正宗凉茶领导者——加多宝。他们大张旗鼓地宣传加多宝是正宗凉茶,直接挑战王老吉的正宗凉茶定位。为了有效阻截原来的王老吉品牌,他们用了这样的广告语——"全国销量领先的红罐凉茶,改名加多宝,还是原来的味道,还是原来的配方",并且使用与原来的王老吉广告相似的场景画面,试图让原来的王老吉消费者相信王老吉凉茶已经改名加多宝凉茶了、加多宝凉茶就是正宗凉茶的代表,试图留住原来为王老吉品牌辛辛苦苦积累下的老顾客。

其次,加多宝赞助"中国好声音"是一次成功的公关活动。因为"中国好声音"与加多宝推行的"正宗凉茶"战略相关联。中国中小企业要打造强势品牌,公关活动必须指向品类,与品类形成响应。"中国好声音"演绎了一场场"原创"的声音,而加多宝想抢占"正宗凉茶"的品类,相互之间形成了响应,从战略上实现了加多宝重新塑造凉茶品类领导品牌的目标。

2013年2月4日,加多宝官方微博连发四条主题为"对不起"的自嘲系列文案,并配以幼儿哭泣的图片,引发上万网友转发。

"对不起,是我们太自私,连续6年全国销量领先,没有帮助竞争队友修建工厂、完善渠道、快速成长。"

"对不起,是我们太笨,用了17年的时间才把中国的凉茶做成唯一可以比肩可口可乐的品牌。"

"对不起,是我们无能,卖凉茶可以,打官司不行。"

"对不起,是我们出身草根,彻彻底底是民企的基因。"

在转发和评论的人中,大多数对加多宝表示同情,加多宝又进行了一次很成功的公关。

此外,加多宝通过中国扶贫基金会向四川雅安地震灾区捐出1亿元专项赈灾资金。无论是2008年的汶川还是2010年的玉树,加多宝都不仅仅是一捐了事,在关注灾情的同时关注灾后的重建,更希望以自己的实际行动感召更多的企业共同为慈善事业做出努力,再次唤起了各方对企业慈善观的讨论和关注。

其实,加多宝整个品牌运作的核心就是重新塑造一个凉茶品牌——加多宝。从痛失"王老吉"商标之后,加多宝似乎一切都从零开始,可是它很巧妙地利用各种各样的策略,展开了精彩绝伦的公共关系大作战,将原来红罐凉茶王老吉十余年积累起来的"怕上火"的宝贵心智资源,移植到新品牌"加多宝"身上,从而抢占凉茶品牌的领导地位。

[案例讨论] 试分析和总结加多宝品牌形象重塑的关键要点。

【思考·讨论·训练】

1. 联系实际,谈谈你对公共关系学中"公众"一词的理解。
2. 结合本地一家企业,分析其基本目标公众。
3. 如何处理非正式团体关系?
4. 怎样才能建立和谐的社区关系?
5. 什么是公众心理定势?公众心理定势包含哪些基本形态?
6. 分析处理不同的内部、外部公众关系的方法。

第五章 公共关系传播

本章提要　公共关系传播是联系社会组织与公众对象的纽带和桥梁，社会组织与公众之间的相互作用和影响主要是通过传播及其媒介来实现的。因此，从本质上说，公共关系活动就是以综合运用多种传播方式为手段而进行的一种传播行为。

第一节　传播的基本原理

一、传播的含义和特点

1. 传播的含义

传播（Communication）有通信、会话、交流、交往、沟通、参与等十几个含义。而传播作为理论研究的对象是20世纪初的事情。一些学者曾从不同的角度给传播下过定义。

美国社会学家库利在1909年出版的《社会组织》中为传播下了一个这样的定义："传播指的是人与人间的关系赖以成立和发展的机制——包括一切精神象征及其在空间中得到传递、在时间上得到保存的手段。它包括表情、态度和动作、声调、语言、文章、印刷品、电报、电话，以及人类征服空间和时间的其他任何最新成果。"从这个定义可以看出，库利突出强调了传播的社会关系性，把传播看作是人与人关系得以成立和发展的基础。

与此同时，另一位美国学者皮尔士则认为传播即观念或意义（精神内容）的传递过程，而观念或意义只有通过符号才能得到传达。作为符号学的创始人，皮尔士更强调符号作为精神内容的载体在传播中所起的特殊作用。库利和皮尔士对传播的描述开创了界定传播概念的两个传统，一个是社会学的传统，一个是符号学或语义学的传统。后来，这两个传播观念逐渐发生了融合，例如有的学者将传播定义为"通过符号或象征手段而进行的社会互动"、"通过社会互动共享意义"。

这些概念，使我们对传播的实质有了进一步的理解：所谓传播，实质上是一种社会互动行为，人们通过传播保持着相互影响、相互作用关系。然而，上述定义仍然使我们有些迷惑，这种社会互动，究竟是意义引起的还是符号引起的？

信息概念的提出，为解决这一迷惑提供了答案。信息科学告诉我们，人与人之间的社会互动，行为的介质既不单单是意义，也不单单是符号，而是作为意义和符号、精神内容和物质载体之统一体的信息。于是许多传播学家侧重从传播的信息性来界定传播概念。如著名传播学家施拉姆在《传播是怎样运行的》一文中写道："当我们从事传播的时候，也就是在试图与其他人共享信息——某个观点或某个态度……传播至少有三个要素：信源、信息和信宿。"

另一传播学者阿耶尔则更明确地指出：传播在广义上指的是信息的传递，它不仅包括发布新闻，而且包括表达感情、期待、命令、愿望等。

2. 传播的特点

综合社会学和信息科学的观点，我们认为，所谓传播，即社会信息系统的运行。理解传播的定义要把握传播的以下特点：

（1）传播具有互动性。信息的传播是在传播者与受传者之间进行的，通常传播者处于主动地位，但受传者可以通过信息反馈来影响传播者。任何一种传播都是双向交流，互为主客体的活动，纯单向的传播是没有意义的。

（2）传播具有共享性。作为社会活动，传播的意义在于与传播对象共享信息，通过传播将个人或少数人掌握的信息化为更多人共有的信息，使传受双方达成某种程度的一致。这里的共享概念意味着社会信息的传播具有交流、交换和扩散的性质。

（3）传播具有社会性。施拉姆说："传播（communication）一词和社区（community）一词有共同的词根，这并非偶然。没有传播，就不会有社区；没有社区，也不会有传播。"传播的社会性表现在，传播是人类维持社会生活的一种最常见、最主要的社会行为，没有传播就形不成社会；同时传播又是一定社会关系的体现，传受双方表述的动机、内容和采用的姿态、措辞等，无不反映各自的社会角色和地位。

（4）传播具有符号性。传播是一个符号化和符号解读的过程：传播者将要表达的意思转换成语言、文字、音响、图画、表情、动作等符号；接收者对传来的符号进行还原，了解传播内容。传播选择的符号必须是传受双方都能共通理解的，否则传播过程就没有任何意义。

二、传播过程的构成要素

1. 信源

信源是指传播者。传播者既可以是某个个体，也可以是某个群体或某个社会组织。传播者是信息发出的源头，称为信源。

2. 信息

信息是传播的内容。信息的概念外延非常宽，凡是人们需要表达、传递的意识和行动都是信息，它可以是语言文字信息，如情报、消息、数据、信号、指令等，也可以是非语言文字信息，如观念、态度、动作、表情、服饰、礼品等。

3. 编码

编码是指传播信息的设计过程。传播者根据传播对象的特点，在不违背法律和道德准则的前提下，科学合理地编排信息，便于传播对象的接受与正确理解。

4. 媒介

媒介是指传播渠道，也称信道，是在传播过程中用以记录、保存和传递信息的载体和渠道，是信息传播的中介和途径。媒介和信息密不可分，离开了媒介，信息就得不到传播和交流。

5. 受众

受众是指受传者，也称为信宿。受传者既可以是某个个体，也可以是某个群体或某个社会组织。受众得到信息后会根据自身的理解，产生相应的反应。

6. 译码

译码是指受众对信息的理解过程。受众收到信息后，将信息译成自己理解的内容，受众的译码能力取决于自身的受教育程度、文化和生活背景。

公共关系学

7. 噪声

噪声是指附加在所传递的信息上对所传递信息的真实性产生破坏的一种信号。噪声会使信息在传递过程中失真，受众会因为噪音对信息产生错误的解释，影响信息的传播效果。

8. 共同经验范围

共同经验范围是指传播者与受众之间的共同经验。在传播过程中，传播者总是根据自己的经验进行编码，而受众总是根据自己的经验来译码，两者的共同经验范围越大，传播效果越好。

9. 反馈

反馈是指受众的反应。受众根据自己的经验和理解译码后，会产生相应的反应。发出反馈是受众能动性的反应。反馈既能反映传播者的信息传播效果，又能影响传播者的态度和继续传播活动。

10. 环境

环境是指影响传播的外在构成要素。环境包括政治环境、经济环境、文化环境、地理环境、人口环境、区域环境等。一切传播活动都是在一定的环境下进行的，其传播效果直接受环境影响，在不同的环境下，同样的传播活动会取得完全不同的效果。

三、传播过程模式

模式是指事件的内在机制及事件之间关系的直观的、简化的形式。模式不是对现实事物的单纯描述，而是具有某种程度的抽象化和定理化，但模式又不是理论本身，而是对理论的一种解释或描述。模式虽然具有不完全性，但它是人们理解事物、探讨理论的一种有效方法。传播模式分析，就是把传播过程分解为若干组成部分，以显示其在传播的全过程中所起的作用。有关传播的模式很多，在此列举几种有影响力的模式。

1. 拉斯韦尔和香农—韦弗的直线模式

在传播学史上，第一个提出传播过程模式的是美国学者 H·拉斯韦尔。他在 1948 年首次提出了构成传播过程的五种基本要素，形成了后来人们称之为"五 W 模式"或"拉斯韦尔程式"的过程模式。这五个 W 分别是五个疑问代词的第一个字母：

Who（谁）
Say what（说了什么）
Through which channel（通过什么渠道）
To whom（对谁说）
With what effect（有什么效果）

后来，英国传播学家 D. 麦奎尔等将这个模式绘成如图 5-1 所示的图形。

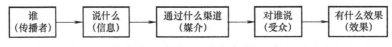

图 5-1　拉斯韦尔的传播过程模式

拉斯韦尔模式首次将传播过程表述为五个环节和要素过程，在传播学史上具有重要意义。但是，我们能够看出，它是单向直线模式，没有表明信息传播的双向性与互动性。

与此同时，美国的两位学者香农和韦弗提出了传播数学模式，如图 5-2 所示。

第五章 公共关系传播

图 5-2 香农—韦弗的传播数学模式

香农—韦弗的传播数学模式一直是最重要且最具有影响力的，导致了许多其他传播过程模式的产生。后来的研究者们认为，只考虑到传播的"噪声"还不够，传播中的信息反馈更能反映出其实质。

2. 施拉姆的循环和互动模式

这种模式是一种双向的循环式运动过程。它与直线模式的根本区别在于：①引进了反馈机制，这里没有传播者和受众的概念，传播双方都作为传播行为的主体，通过信息的授受处于一种互动的、循环往复的过程之中；②在这一系统中，反馈还对传播系统及其过程构成一种自我调节和控制，从而使整个传播系统处于良性循环的可控状态。施拉姆的循环和互动模式见图5-3。

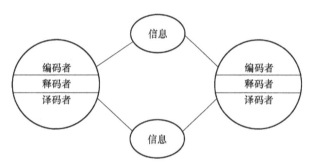

图 5-3 施拉姆的循环和互动模式

四、传播的基本方式

人类传播是一个综合的系统，各种不同的传播方式构成了人类传播这个综合的系统。公共关系作为一种传播行为，为有效达成组织与公众的沟通，必须运用各种不同的传播方式。因此，了解各种传播方式及其特点，有助于完整地理解公共关系的传播活动。

1. 个体自身传播

个体自身传播又称自我传播，是指个人接受外部信息进行自我信息处理的活动。传递信息的主体和接受信息的客体是同一个体，交流沟通的"双方"是同一个人。它是自己与自己的沟通，其表现形式是人的自言自语、自我反省、自我发泄、自我陶醉、自我斗争和沉思默想等。善于自身传播的个体，在事情发生时能做到有所准备、反应敏锐、应对自如；在困难和挫折面前能做到泰然自若、心理平衡。个体自身传播是其他一切传播活动的基础，任何一种其他方式的传播，如人际传播、组织传播、大众传播等，都必然伴随着个体自身的传播。

2. 人际传播

人际传播是指个体与个体之间的信息传播活动，是人类社会生活中最直观、最普通、最丰富、渗透人类生活一切方面的一种基本传播方式。人际传播内容丰富，既包括信息的交流，

公共关系学

也包括情感的沟通。人际传播形式多样,但大致分为两种,一种是面对面"无媒介"的传播,另一种是借助某种有形的物质媒介的传播。前者一般通过语言、表情、手势等直接沟通,能立即得到反馈;后者一般通过书信、电话、网络等媒介进行沟通。人际传播特别是面对面的人际传播具有以下重要特点:

(1) 传播方式随意。人际传播的对象特定、范围狭窄、社会影响力小,因而在进行人际传播时,传受双方承受着较小的心理压力,在信息的内容选择和信息符号的编码上可以比较随意。因此,这种传播方式是丰富多彩的,可以是严肃的主题,可以是轻松的话题,也可以是毫无意义的调侃。

(2) 传播符号多样。人际传播是真正意义上的"多媒体"传播。人际传播所使用的符号多样化,除语言、文字、图像、音响外,还有表情、眼神、动作、姿态、服饰等多种渠道或手段来传递信息,甚至特定的时间和空间也能成为一定信息符号,所谓"心有灵犀一点通"。传播符号的多样性,使得人际传播具有较强的表现力,成为一种高质量的传播方式。

(3) 信息反馈灵敏。人际传播反馈快捷,基本上可以做到实时反馈;人际传播反馈细致,由于这种传播的反馈是在特定情境氛围中获得的,因此比一般的传播方式能得到更多、更为精确的反馈信息。传受双方均可以通过对方的反应修改、补充传播内容或改变传播方式,这无疑大大提高了双方达成一致的可能性。

(4) 信息沟通情感性。人际传播的感情色彩最浓,通过人际传播,不仅可以进行信息的交流,而且可以达成情感的沟通。个人感情的沟通,一般随着对象的增加而递减,个人交往场合的情感沟通比在公众场合感情沟通的效果更明显。这就是组织与公众的关系为什么不能完全取代人际关系、公共关系广泛使用人际传播的原因所在。

(5) 广泛传播容易失真。个体之间的传播,传播面狭窄,不利于信息迅速、广泛地传播,加上传受双方受各自见识、态度和情绪等因素的影响,容易使信息在多次传播中失真走样。

3. 小团体传播

小团体传播是指小群体成员之间可以比较自由地做直接、多向的沟通交流。人们总是在若干个小群体(如家庭、班组、宿舍、兴趣小组等)中生活、学习和工作的,因此就面临着如何与小群体内部成员之间沟通的问题。小团体传播实际上是一种群体内部的人际沟通活动,具有许多人际传播的特点,但它又不完全等同于人际传播,而是具有自身的特点:

(1) 群体人数不多,成员间可以相对自由地直接传播沟通。关于小团体以多少人为限,很难界定,理论上一般认为以十几或二十几人为限,若人数再多,则很难进行具有小团体特点的传播活动。与组织传播不同,小团体成员可以相对自由地与其他成员进行直接的交流和沟通而无须经过信息的层层汇报或层层下达。

(2) 小团体内部可做多向性的直接传播。小团体传播基本上具备人际传播的特点,如参与机会多、传播符号多、信息反馈灵敏等。成员可以在小团体内做多向沟通而不似组织自上而下或自下而上的传播。

(3) 沟通受到共同目标和行为规范的制约。小团体有共同的目标和行为规范,个人往往受到团体的共同目标、行为规范的影响,自觉不自觉地使自己与团体保持一致。因此,小团体传播尽管具有多向、自由、直接传播的特点,但它却不似人际传播那样具有随意性。团体往往能利用成员的从众心理,有效改变或暂时压抑个别成员的相悖观点与行为。

4. 公众传播

公众传播是指传播主体面向相对集中、人数较多的公众群体进行的传播。如大型集会上

第五章 公共关系传播

向公众演讲、大型的演出和竞赛活动、展览会、庆典活动等。其特点有：

（1）面对相对集中、规模较大的公众群体。公众传播不似小团体传播（人数较少、相对集中），涉及比较广泛的公众层；也不似大众传播（人数多、高度分散），公众因参与同一活动而聚集于同一现场。

（2）传播者与公众大规模的现场参与。就传播的一般规律，传播的对象越多，受众的参与性就越低。但由于公众传播是在一个特定的现场、围绕一个特定的主题进行的大规模传播活动，传播者经过精心策划、周密组织激发公众的参与热情，加上规模庞大的现场公众队伍聚集了极强的人气，公众的情绪彼此激励、相互感染，会形成热烈的现场气氛，给公众留下深刻的印象。

（3）多媒体的综合使用。公众传播由于是在特定的现场中进行的，这为多种媒体的使用带来了方便。事实上，为了达到良好的传播效果，公众传播总是力求同时运用多种媒体。如展览会上，有产品实物、文字介绍、录音录像、电脑触摸屏；大型文艺晚会有服装、舞美、灯光、音响等。与人际传播的多媒体不同，公众传播运用的各种媒体大多是先进的、专业的、高档的设备，无疑大大提高了传播信息的表现力。

5. 组织传播

组织传播是指组织所从事的信息活动，包括组织内部个人与个人、团体与团体、部门与部门、组织与其成员的传播活动，以及组织与相关的外部环境之间的交流沟通活动。组织传播既是保障组织内部正常运行的信息纽带，也是组织作为一个整体与外部环境保持互动的信息桥梁。组织传播具有如下特点：

（1）传播的主体是组织而不是个人。传播的目的是为了保持组织的高效率运转，传播活动受组织目标和计划的制约，整个传播过程处于组织的管理和控制之下。组织传播主体的组织性并不意味着只能以组织机构的名义进行传播，有时组织传播是通过个人或以个人的名义进行的，但此时个人的传播活动不代表自己而代表组织，是组织传播的一个组成部分。

（2）组织内部正式传播的层次性和有序性。组织内部传播主要有自上而下的下行传播、自下而上的上行传播和同级部门成员之间的横向传播。组织内部传播的层次性和有序性，保证了组织系统运行的效率，但过多的不合理的层次可能会导致信息的衰减和失真。

（3）组织内部非正式传播的自由性和平等性。组织非正式传播是指在组织的制度性结构以外的传播。非正式传播能弥补正式传播的不足，在组织内部营造一个积极、健康、活泼的人文环境，增进成员的向心力。

（4）组织外部传播的公众性和大众性。组织外部的传播对象远比人际传播更为复杂和庞大。公众对象多、构成复杂，有近距离的沟通，又有远距离的沟通，有相对集中的公众，又有高度分散的公众。因此，组织传播往往需要借助大众传播媒介进行。

（5）传播手段的综合性。组织传播对象是广泛的公众，在传播活动中必须综合运用人际传播、小团体传播、公众传播、大众传播等多种方式。单一的传播方式和媒介是不能胜任组织传播任务的。

6. 大众传播

大众传播是指专业化的媒介组织运用报纸、杂志、广播、电视、电脑网络等大众传播媒介，以不特定的多数人为传播对象而进行的大规模的信息生产和传播活动。特别指出的是，网络技术的发展加速了大众传播的发展。与其他方式的传播活动相比，大众传播具有如下重要特点：

公共关系学

（1）传播主体的职业化。大众传播的传播者是从事信息生产和传播的专业化媒介组织。包括报社、出版社、广播电台、电视台、网络新媒体公司，以及以大量发行为目的的音乐、影像制作公司。

（2）传播手段的技术化和产业化。大众传播借助现代印刷、摄影、电话、卫星通信、互联网等高新技术来大量复制信息，能迅速大范围地传播，成为现代信息产业的主要部分。

（3）传播内容的大众化。大众传播的对象是"受众"，任何人无论其性别、年龄、社会地位、职业、文化层次如何，只要他接触大众传播的信息，便是受众的一员。受众的广泛性，意味着大众传播是以满足社会上大多数人的信息需求为目的的大面积传播活动，也意味着它具有跨阶层、跨群体的广泛社会影响。

以往，大众传播属于单向性很强的传播活动，互动机制较弱。尽管受众可以通过读者来信、热线电话等形式对媒介信息进行反馈，但这种反馈大多是事后的，缺乏即时性和直接性。但现在，网络的发展已经让大众传播在很大程度上克服了这个弱点，一样能获得直接的反馈。

公共关系作为组织的传播活动，广泛涉及人际传播、小团体传播、公众传播和大众传播等不同的传播方式，是综合运用人际传播、大众传播等媒体的一种组织传播。

第二节 公共关系传播媒介

媒介作为沟通传播主体与传播对象的桥梁，在传播系统中是非常重要的环节。使用媒介不同是区分传播方式的重要依据，人际传播运用的是个人媒介，大众传播运用的是大众媒介。在传播媒介日益丰富的现代社会，选择哪种媒介、选择什么地方的媒介、选择在什么时候使用媒介，对于最终形成什么样的传播效果起关键性作用。媒介选择的错误可能意味着信息传播的根本失误。

公共关系作为组织的传播活动综合了各种传播方式，组织在公关活动中对媒介的使用是宽泛而频繁的，因而公共关系特别重视对媒介的研究。了解媒介特点、熟悉媒介作用是组织公共关系工作的基本要求。

一、人际传播媒介

以个体对个体信息交流为主要特征的人际传播是公关传播中最常见、最广泛的一种传播方式，而且其他的传播活动中也渗透着人际传播的内容，离不开人的接触。通过人际传播与交流创造的良好人际关系环境，是顺利开展其他传播活动的必要前提。人际传播的具体形式分为面对面传播和非面对面传播两种，前者一般通过语言媒介和动作、表情、辅助语言等非语言媒介进行交流，后者则通常运用一些电话、信函等小媒介进行交流。人际传播媒介丰富，主要有以下几种。

1. 口头语言媒介

语言（口头语言）是面对面人际传播的主要信息载体，是人类信息、情感交流、实现交际目标的最基本工具。公关活动中公关人员的大量日常和专业的工作都离不开语言的运用。正因为如此，口头表达能力是职业公关人员必备的能力素质之一。凡是具备说话能力的人都能运用口语开口讲话，但能说不等于会说，能够熟练地运用口语传播来说服人、打动人，不是一件容易的事。

在人际传播中，要实现交际目标，达到与公众的沟通，除了注意发音、遣词造句，正确

第五章 公共关系传播

使用语言工具之外,还要讲究说话的艺术方法和技巧,特别是要根据不同的谈话对象的特点灵活地运用。

2. 非语言媒介

有声语言是人际传播的最主要形式,但不是唯一的形式。人们发现,非语言传播在人际交往中也占有十分重要的地位,在一些特殊的场合,非语言媒介在信息的传播中更真实、更可靠,更具表现力和感染力、吸引力。在具体的公关活动中,一切非语言媒介都可作为沟通的手段,最常见的非语言媒介有以下几种:

(1)体语。体语是靠人的动作、姿势、体态、表情等来传递信息的一种无声语言。人的体态语言不仅非常丰富,而且奥妙无穷,具有很强的表现力和感染力,在人际传播中发挥着十分重要的作用,是不可缺少的传播工具。公关人员如果能够熟练地掌握和运用,不仅可以恰到好处地表达,而且能够准确无误地理解交往对象传递出的所有信息,这样就可以始终把握沟通的主动权,促使沟通的成功。体语主要包括表情、动作和服饰。

① 表情。表情是灵长类动物特有的、由脸部肌肉运动构成的信息传播媒介,用于表达情感和思想,如眉飞色舞、瞠目结舌、嗤之以鼻等。人的表情虽然是可以控制的,但在很多情况下是自然情感的流露,能准确地反映传播者的内心世界。

② 动作。动作既可以作为独立传递信息的传播媒介,也可以作为语言传递信息的补充媒介,用于强化所有表达的思想和情感。许多下意识的动作在传播者不知不觉中向他人告知了自己的态度、情感和修养。

③ 服饰。服饰乃身外之物,但服饰不能离开穿着者而单独成为传播媒介,因为同一件服饰,不同的人、在不同的场合穿着往往能传递出不同的信息,如休闲装在旅游、运动时穿着显得精干、活力,而在典礼上穿着就显得不庄重、欠修养。因此,服饰的款式、质地、工艺、品牌及搭配,可以传递出一个人的气质、修养和社会地位等信息。

有关研究证实,如果将个体的信息传播力看成1,那么,$1 = 0.07 \times 言辞 + 0.38 \times 声音 + 0.55 \times 表情$。可见,人体活动具有很强的传播信息功能。

(2)辅助语言和类语言。辅助语言是指说话过程中的音量、音质、声调、语速等要素,是语言表达的一部分,对语言表达起辅助作用。类语言是指有声无义的功能性发声,如哭声、笑声、叹息等。在公关语言交际中,辅助语和类语言是伴随口语表达的一种特殊语言现象,它的巧妙运用和正确读解,对于增强表达效果、准确获取信息、实现双向沟通,有着非常重要的意义。

(3)空间距离语言。这是一种通过人在交往时所处的距离、位置来传递信息的一种无声语言。人际传播中,交往双方所处的位置和距离反映了双方现时关系的状态和进一步发展的趋势。公关人员应对此有所了解并正确地运用,根据交往的场合和交往对象的特点,正确地选择自己的位置和把握恰当的人际距离,保证交际的成功。

3. 个体媒介

个体媒介是指用于非面对面人际传播中的各种个体媒介,也叫小媒介,如电话、书信、传真、贺卡、礼仪电报、名片、手机短信、网络即时通信工具(QQ、微信等)等。个体媒介具有明显的私人性,感情色彩很浓,是与公众特别是重点公众联络感情、加深印象、密切关系经常运用的媒介手段。

二、群体传播媒介

演讲会、报告会、新闻发布会、展览、大型文体活动等群体传播是组织普遍开展的专题

公共关系学

公关传播活动。这类活动中综合运用了各种传播媒介,主要有以下几种。

1. 语言媒介

在群体传播中有许多场合需要良好的口头表达。如演讲会、报告会、新闻发布会就需要传播者充分发挥语言艺术的魅力,在准确传达组织信息的同时,充分展现自身形象和组织的精神风貌。对此,公关人员和演讲者应认真对待,事先做好精心准备,根据传播信息的内容、目的和听众的特点,选择、设计演讲内容、形式和技巧。此外,一些重要场合的即席演讲,展览、展销会上的现场解说、介绍,都要运用语言媒介,也都要讲究表达的方法、技巧。

(1) 演讲、报告。演讲和报告属于公众传播方式,通过演讲或报告者资料翔实、逻辑严密、情绪激昂的表现,感染、说服和影响听众。传播效果与传播者个人的表现有直接的关系。

(2) 会见、谈判。会见属于礼节性沟通,一般是互致问候和祝愿,遇分歧时双方各自表达自己原则立场,不争论;谈判是就具体问题进行磋商,通过双方的妥协,寻求达成一致。

(3) 座谈。座谈是一种小范围的组织传播活动,由主持人代表组织听取与会者意见、发表组织观点,参与者有较多的、平等的发表观点的机会,特别适合于双方的信息沟通、情感交流和达成谅解。

2. 文字媒介

文字媒介主要是指群体传播中运用的各类印刷品。如用于新闻发布会上散发的新闻稿和新闻背景材料;用于展览会、展销会上的产品介绍、文字说明及其他宣传材料;还有在其他场合,用于向广大公众赠送和分发的文字材料。这些都是组织传播信息的重要途径,这些文字资料的撰写是公关人员必须掌握的公关技术之一。

(1) 公共关系报刊。它是指有条件的组织自主出版,定期不公开发行、免费赠送的内部报纸和刊物。由于此类报刊不作公开发行,一般不向信息接收者收取费用、不承揽广告业务,因而不属大众传播媒体。按传播对象不同,此类报刊一般分为对内宣传报刊和对外宣传报刊两种。

(2) 宣传手册。它是指配合特定主题编制的宣传资料,它与内部报刊的区别在于不定期印制、宣传主旨单一明确,往往用于组织的对外宣传。

(3) 宣传材料。它是指组织为宣传企业形象、产品或服务特色而印制的宣传品,如产品简介、产品报价单、促销宣传品、邮寄广告等。

(4) 海报、购买现场宣传品。它是指配合某一活动主题制作的宣传海报、横幅、彩旗或不干胶宣传品等。

3. 视听类媒介

视听类媒介是指用于展览、展销、会议等传播活动中的视听类媒介。主要包括以下方面:

(1) 图片资料。图片资料多用于展览中的宣传图片和附图的宣传材料上,它可以向公众提供真实的形象资料,加深公众的印象。

(2) 幻灯片。通过幻灯机放映出的幻灯画面,比单纯静止的图片展示效果更好。它主要用于会议或演讲中的文字、图表显示、展览会上有关内容的重点介绍和连续展示、产品功能介绍及所提供服务的详尽说明等。

(3) 录像片。录像片兼有录音、幻灯、图片的许多优点,是传播信息较理想的一种方式,它多用于展览、参观、会议、产品介绍和服务说明中,能使这些宣传活动更富有生机,更具有吸引力和感染力,有利于增强传播效果。

第五章 公共关系传播

4. 实物媒介

实物媒介主要是指用于展览、赠送的产品样品、产品或企业建筑微缩模型等。这些用于特殊场合的样品、模型、象征物上凝聚着组织的各类信息,展现着产品和组织的形象,它们实际上充当了组织对外传递信息、沟通与公众联系的特殊媒介。

信息科学认为,信息是物质的普遍属性,是一种客观存在的物质运动形态,因而一切物质都可以成为信息的载体或媒介。由于物理信息和生物信息不涉及人类的精神活动,并不是公共关系传播研究的对象,但物质一旦打上了人类活动的烙印,如人类的创造物、改造物或可控物,那么这些物质所传递的就不仅仅是物的自然信息,也能成为人类思想、情感信息的载体或媒介。公共关系可以运用这些物本身作为媒介,客观地、形象地传递组织的相关信息。

(1) 产品和模型。俗话说,百闻不如一见,在企业公关或营销活动中,产品本身就构成一种可信度较高的信息载体,通过质量、性能、外观、商标、包装能全面地、直观地传递出产品最实在可靠的信息。人们通常所说的产品形象,在很大程度上指的是产品本身所传递的信息。因此,产品作为传播媒介被广泛用于展览会、订货会和赞助活动中。

(2) 公关礼品。公关礼品是指用于加强组织与公众情感交流的实物宣传品。公关礼品的特点有:①标识性,一般经专门设计制作、带有组织标识;②纪念性,不重礼品的货币价值,重在情感的纽带;③新颖性,设计构思精巧,兼具实用和装饰,使受赠者乐于长久珍藏和使用。

5. 组织形象标识系列

组织形象标识系列是指由标准字、标准色及特殊图形或吉祥物构成,如可口可乐飘逸洒脱的红底白字、国际商用电器公司早期蓝色的动感、海尔公司早期的大眼睛儿童等,主要用于增强对公众的视觉冲击,便于形成统一的、特色鲜明的视觉形象,以区别于其他组织和产品。组织形象标识广泛用于产品外观、产品包装、广告宣传、办公用品、交通工具、员工服饰上。

三、大众传播媒介

大众传播是公关传播最主要的传播途径,大众传播媒介也是公关传播中运用频率最高的,大众传媒中的报纸、杂志、广播、电视、网络以新闻传播见长,因此也叫新闻媒介。这些媒介与组织的公关工作关系也最为密切。按其运用的技术特点,一般把新闻媒介区分成印刷媒介和电子媒介两大类。

(一) 大众传播的功能

(1) 报道的功能。自然与社会环境是不断变化的,只有及时地了解、把握并适应内外环境的变化,人类社会才能保证自己的生存和发展。大众传播正是在特定社会的内部和外部收集和传递信息的活动,大众传播媒介负责将社会生活中发生的新闻事件及时、公正、客观地告知公众。公共关系运用新闻报道的方式进行宣传,可以提高信息传播的权威性和客观性。

(2) 社会协调功能。传播是执行联络、沟通和协调社会关系功能的重要社会系统。大众传播并不是单纯的"告知"活动,它所传达的信息中通常伴随着对事件的解释,并提示人们应该采取什么样的行为反应。新闻信息的选择、解释和评价将人们的视线集中于某些特定的事件,社论或评论也都是有明确意图的说服或动员活动,目的是为了形成一定的舆论,向特定方向引导和协调社会成员的行为。公共关系可以利用大众传播媒介形成有利于自己的社会舆论。

(3) 教育功能。大众传播在传播知识、价值观及行为规范方面具有重要的作用。现代人

公共关系学

的社会化过程既是在家庭、学校等群体中进行的,也是在特定的大众传播的环境中进行的。大众传播媒介面向大众普及教育,将政治、经济、文化、科技、生活等知识传播给公众。公共关系可以运用大众传媒向公众传播知识性、服务性的信息,为公众服务。

(4) 娱乐功能。大众传播中的内容并不都是务实的,其中相当一部分是为了满足人们精神生活的需要,例如文学的、艺术的、消遣性、游戏性的内容等。娱乐性在绝大多数情况下,是决定信息、接收率高低的关键。公共关系应充分关注娱乐性在大众传播中的影响和作用,通过精心策划,将公关活动融入精彩的娱乐节目之中。

(二) 印刷类大众媒介

印刷媒介是指借助印刷技术,以文字、图片等形式将信息印刷在纸张上进行传播的报纸、杂志和书籍。

1. 印刷媒介的优点

(1) 印刷媒介的信息容量大,可不受时间、版面的限制,充分容纳和处理信息内容,增强报道的广度和深度。公关传播中需要公众详细了解的信息选择报纸比较恰当。

(2) 印刷媒介能使公众有充分的选择自由。由于印刷媒介属平面媒介,不受时间和接收的顺序的限制,因此,读者可根据需要和兴趣自己掌握阅读的顺序和速度,有主动、自由的选择权和取舍权,而且便于读者保存、检索和重复使用。

(3) 印刷媒介相对成本较低,无须专门接受设备,普及性强,影响力大。

2. 印刷媒介的缺点

(1) 传播速度相对较慢,时效性降低。尽管印刷类大众媒介不断运用最新传播技术试图弥补这一缺陷,但因文字出版总有一个写作、编辑、印刷、传输的过程,加上受出版周期的限制,与电子类媒介的"现场直播"速度相比,无疑是一个难以解决的难题。

(2) 缺乏形象性。印刷类媒介采用的信息符号主要是文字、图画和色彩,与电子类大众媒介尤其是电视相比,缺乏直观性、形象性和生动性。

(三) 电子类大众媒介

电子类大众媒介主要是指依靠电子技术,以电波或电缆、光缆来传播声音、文字、图像、色彩,运用专门的电器设备发送和接收信息的广播、电视、互联网等媒介。

1. 广播

广播的特点如下:

(1) 传播迅速、传播面广。广播节目制作较电视和印刷媒体简单,传播速度快,其短波频率可做远距离的无线传播,因而信号覆盖面广。

(2) 适应面广,老少皆宜,受众不受文化水平限制。广播使用口语、音响传播,形象生动、亲切随和,有较强的说服力和感染力。

(3) 接收方便灵活、无独占性。广播接收设备(收音机)体积小巧,利用无线传播,接收信息不受空间环境限制。广播主要作用于人的听觉器官,人们可以一边工作一边收听广播。

(4) 成本低廉、与受众的交流性强。由于制作简便,加上广播的发送和接收设备简单,因此,广播的运作成本比电视要低得多,这为广播能够从容地与听众交流沟通提供了可能。

(5) 传播受广播电台编排的节目次序限制,听众只能按顺序接收,不能自由选择接收。

(6) 信息稍纵即逝,不能重复、不便保存。虽然现在广播也与网络结合起来,人们可以在网上实现重复收听、点播收听,但在实际应用中较少体现,因此并不改变广播媒介的这些特点。

第五章 公共关系传播

(7) 广播传播采用的符号只有语言和音响，没有文字和图画，这就限制了广播信息的表现力，使其不适宜表现复杂、难以理解的信息内容。

2. 电视

电视的特点如下：

(1) 电视综合了语言、文字、音响、图像、色彩、人身符号，是视听结合的新媒介，形象生动、丰富多彩，信息的表现力和现场感极强，信息接收不受文化程度的影响，最能引起受众的兴趣，具有很强的普及性，因而，受众队伍庞大，且覆盖社会的各个群体。

(2) 信息传播迅速，尤其是"现场直播"形式，做到了与事件的发生同步传播。

(3) 电视的娱乐性最强。电视取众媒体之长，集多种符号于一身，在娱乐性方面具有其他媒介无可比拟的优势，成为现代家庭最主要的娱乐形式，在公众中的影响最大。

(4) 和广播一样，观众只能按照电视台编排好的节目顺序依次接收，缺乏主动性。电视节目制作耗费巨大，制作、播放和接收成本较高。电视观众构成复杂，不宜做受众针对性强的宣传。

除广播和电视外，电影在特定的公关传播中也可选择运用。如北京申办2008年奥运会的宣传活动中，请我国著名导演张艺谋拍摄的电影宣传片，在最后精彩的陈述报告中，起到了画龙点睛的良好效果，为申办一举成功做出了贡献。

3. 网络传播媒介

互联网的出现和日益普及，标志着人类传播史上又一次面临重大的媒介革命，这场革命在改变着人们的思维方式、工作方式和生活方式的同时，也为现代公共关系提供了全新的策划思路和公共关系传播媒介。当前的网络传播主要是基于万维网实现的。

万维网（World Wide Web，缩写为WWW）是互联网上的一种服务。各种社会组织都可以通过它在网上发布信息。独有的"超文本链接"方式把互联网上不同地点的相关数据信息有机地编织在一起，用户只用鼠标点击相关单词、图片或图标，就可以迅速地从一个网站进入另一个网站。它为公共关系人员在网上发布信息和采集信息提供了极大的方便。主要的网络传播方式有：

(1) 域名设置。域名是接入互联网的用户在网上的名称，是一个组织在互联网上的标志。在网上人们通过域名来查找入网单位的网络地址。因此，选取的域名要与自己的单位名称、注册商标相一致，一方面便于用户查找访问，另一方面也可与平时在其他媒介上的宣传统一起来，有利于组织完整形象的塑造。

(2) 主页浏览。Home Page 也称主页，它是组织为自己在网络上建立的一个窗口。通过这个开放的窗口，可以向全世界发布自己的信息，树立自己的形象。为此，组织要精心设计自己的网页，使其图文并茂、声情并茂，富有自己的特色。访问者使用多媒体计算机，就可以得到文字、图像和声音的多媒体信息，从而形象、生动地获得主人的各种信息，加深对组织的印象。

(3) 电子邮件。这是互联网上使用最广泛的沟通方式，通过它，用户之间可以进行快速、简便、安全、可靠、低成本的通信联络。电子邮件正逐步取代传统邮政通信，改变着人们的生活方式，也为公共关系传播提供了一个新的途径。

(4) 门户网站。门户网站可以分为综合性门户网站和专业门户网站两种，前者提供综合的新闻、政治、军事、财经、娱乐等咨讯，相对专业门户网站而言，它是公共关系传播里利用较多的网络媒体。国内主要的综合门户网站有腾讯、搜狐等。综合门户网站传播的特点是

公共关系学

受众广泛、传播速度快，有较好的公信力，然而针对性不强。

（5）论坛。论坛通常是有共同爱好（如读书或电影）或者有共同特点（如来自同一个城市、同一个住宅小区）的人在网络上的聚集地。在论坛上，可以发布关于特定主体的比较深入的报道，同时也可以实现多向交流、分享有益经验。通过论坛进行的传播，其特点是通常比较深入，公信力较强，同时针对性也较强。

（6）微博。微博是一个基于用户关系的信息分享、传播以及获取平台，用户以140字左右的文字（现在也有长微博功能）更新信息，并实现即时分享。微博传播速度特别快，一旦成为微博舆论热点，其传播范围可以呈几何数级增长，很多社会热点事件一开始都是在微博上点燃战火的。在微信推出并迅速增长的几年，学者和业界人士对微博的前途曾经有过争议，部分人认为微信给微博带来的冲击将使微博前途黯淡，但实践表明，时至今日，微博依然活跃在传播阵营的前线。

（7）微信。由于本节讨论的是大众传播媒介，因此，这里引入微信这个网络传播媒介，主要是针对其公众号部分的功能。微信公众平台，简称公众号，曾命名为"官号平台"、"媒体平台"，一直突出其"平台"特点，也就是公众传播功能。利用公众账号平台进行公众传播，简单来说就是进行一对多的媒体性行为活动，组织或个人通过申请公众微信服务号通过二次开发，可以展示其微官网、微会员、微推送、微支付、微活动、微报名、微分享、微名片等，功能强大。

（8）直播。网络直播吸取和延续了互联网的优势，利用视讯方式进行网上现场直播，可以将产品展示、相关会议、背景介绍、方案测评、网上调查、对话访谈、在线培训等内容现场发布到互联网上，利用互联网的直观、快速、表现形式好、内容丰富、交互性强、地域不受限制、受众可划分等特点，提高传播效果。网络直播形式多样，应用面非常广，正在受到越来越多组织的重视。

第三节 公共关系传播的三个层次

现代传播作为公共关系的基本运作手段，在社会组织与公众之间的信息交流中起着重要的作用。公共关系要进行有效的信息传播，必须根据不同层次的公众特点，运用有效的传播方式，开展深度不同的传播活动。一般可以把公共关系传播活动分为三个层次，即知晓层次、态度层次和行为层次。

一、知晓层次的传播

知晓层次的传播是公共关系中最浅层次的传播活动，其主要对象是组织的潜在公众和一部分有可能与组织发生联系的非公众。由于这些公众对组织缺乏了解，对组织的整体形象尚无认识，因此，知晓层次的信息传播主要是运用各种传播媒介，把组织自身运作状况、目标和成就等信息传递给公众，让公众了解组织，在公众心目中初步树立良好的组织形象。其具体形式有以下几种：

（1）提供新闻稿件。它是指由公共关系人员撰写符合新闻价值规律和新闻媒介要求的新闻稿件，报道本组织的发展成果，供各大众传媒使用。这里要求公共关系人员一要懂新闻，二要绝对真实，三要避免广告味。

（2）发布新闻消息。它是指通过举行记者招待会、发布会或专项公共关系活动来间接发

第五章 公共关系传播

布信息。这类活动经过新闻记者的直接采访报道，可信度明显增强。

（3）拍摄纪录片、电视片等。这种形式具有很强的真实性和说服力，是公共关系运作的有力工具。

如1981年由于中国第二汽车制造厂（以下简称"二汽"）生产的"东风"汽车不再由国家物资部门包销，再加上受到进口汽车的冲击，一时间曾畅销不衰的"东风"汽车竟卖不出去了。"二汽"领导经调查发现，造成"东风"汽车滞销的重要原因之一是全国的用户不了解"二汽"的全貌，不知道"东风"汽车的质量，而一味迷信"洋车"。于是"二汽"决定拍摄一部名为《汽车城》的大型电影纪录片，向全国介绍"二汽"，让全社会都了解"二汽"。纪录片拍成后，当年即在全国汽车订货会上首映，引起各地汽车用户的巨大反响。会上一举卖出"东风"汽车1万多辆。纪录片在全国放映后，更是引来大批买主。这次运用新闻片开展的公共关系活动，不仅迅速扭转了"二汽"产品滞销的局面，而且在全国树立了"二汽"设备精良、管理先进、产品优秀、技术力量雄厚的企业形象。

二、态度层次的传播

态度层次的传播是公共关系传播的中间层次，主要对象是知晓公众。通过知晓层次的传播，目标公众已由潜在变为知晓。他们对社会组织已有了一定的认识和了解，因而也必然对组织形象形成一定的评价态度。这时的信息传播活动也就进入了态度层次。

态度是人对特定对象的认识、情感和意向的比较持久的内在结构。其形成既有社会交往过程的影响，也有心理过程的作用。态度一旦形成，便成为一种心理定势，不易改变。心理学研究表明，态度的变化一般呈两种相反趋向，即正态趋向和负态趋向，如图5-4和图5-5所示。

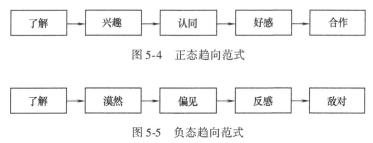

图5-4 正态趋向范式

图5-5 负态趋向范式

转变公众的态度，无疑是公共关系传播工作的重大任务。态度层次的传播可以说是公共关系工作中最复杂、最关键的部分。信息传播理论认为，社会组织转变公众态度的工作面临两种情况：一是公众态度原本就处于正态趋向，但需要维持和发展，此称为"顺向强化"；二是公众态度原本处于负态趋向，需要改变，此称为"逆向转化"。促使公众态度在这两方面的转变，是态度层次传播工作的根本任务。

1. 枪弹论

该理论盛行于20世纪20年代。它认为：凡通过传播媒介传播的信息都可以为受众在不知不觉中所接受，从而达到传播效果。媒介传播信息如同枪弹射靶，受众接到信息便会中弹倒地，成为传播媒介的"俘虏"。然而实践证明，"枪弹论"并不完全符合实际情况，事实上受众具有能动思维。当"枪弹"击中他时，他并不应声倒地，有时"枪弹"的效果可能与预期的正好相反。"枪弹论"显然忽视了传播过程中传者与受者之间的互动活动。因而到了40年

公共关系学

代,"枪弹论"开始遭到绝大多数传播学者的否定。但是,"枪弹论"强调传播媒介对受众的极大影响,这也具有一定的合理性。因为尽管受众对信息会有不同的选择,但传播媒介为这种选择提供了范围,受者只能在此范围中进行选择,就此而言,"枪弹论"在今天仍有一定的现实意义,值得公共关系传播借鉴。

2. 两面宣传论

这是美国传播学家通过对第二次世界大战中军队士气的研究获得的一项成果。研究表明,在鼓舞士气的宣传中,对文化程度较低的士兵,应多做正面宣传,这样可以强化士兵的斗志,如果过分渲染敌人的优势,则反而有损士气;而对文化程度较高的士兵,则应做两面宣传,因为他们有自己的思想,如果只做一面宣传,他们会感到在受欺骗,而用正反两面观点都说的宣传,其效果要大大好于前者。由此得出的一些传播学结论是:当受众对传者的观点持肯定态度时,运用一面宣传法,即只说与自己一致的观点,可以收到强化的效果,对受众心理定势的形成会产生积极影响;如果把对立的观点夹杂进去(哪怕是从批判的角度来谈),不仅不能加强传播的正向效果,反而会使之减弱。

当传者必须面向持相异观点(或态度)的受者传播时,受众的怀疑或否定的心理定势会使之拒绝传者一面的、与他们的观点相异的传播,从而在主观上夸大传播者信息中的缺陷,忽视信息中的积极方面,并寻求种种论据来维护自己的见解,这样,信息传播就难有收效。因此,面对这类受众,传者应从正、反两面分析问题,在阐述自己观点的同时,也向受众提出反对者的观点,同时论证己方的优越。这样,受众会对传播者产生复杂的心理,并对传播的信息认真听取,双方的联系也会变得亲切,最终可能给受众以有力而持久的影响。

两面宣传论的优点在于考虑了受众的分析能力和选择能力,注意了受众的主观能动性。这显然比"枪弹论"要优越,也更符合信息传播的实际。在"信息爆炸"的现代文明中,人的分析选择力和主观能动性较过去表现得更为强烈,"两面宣传论"尤其值得公共关系传播所重视。

3. 逐级传播论

1940年美国总统大选期间,哥伦比亚大学的学者保罗·拉查斯费尔特和他的助手在进行选民调查时发现,许多人在选举时的投票意向与大众传播没有直接的关系。人们在选举中的投票态度和意向,往往不是直接受大众传播媒介的影响,而是受到自己生活圈中有威望者的观点和行为的影响,而这些有威望的人士所接受的信息往往又来自大众传播。可见,在社会上实际存在着传播的"两级层次",即信息往往先是通过各种传媒到达有威望的人士那里,即群体中的"意见领袖"处,再经过"意见领袖"的传播,信息才为广大受众所接收并产生效果。依次类推,在信息的传播过程中,显然存在着多层次的"意见领袖"。这就是逐级传播论的观点。"意见领袖"是在群体成员相互联系中自然形成的,他们居于群体的主导位置,具有一定凝聚力和号召力,在某个时间、某种条件下对某个问题具有一定的权威性和影响力。逐级传播论认为,信息传播要特别重视和发现"意见领袖",并对他们进行重点传播,通过打动"意见领袖"去争取更多的受众。

4. 传播技巧论

在传播过程中,受众态度的转变程度一般会随着对信息的理解程度呈正相关性增减,越容易理解的信息就越能够为受众所接受。因此,在传播过程中,要对信息加以精心处理,使之具备较强的移情能力,这就涉及传播的具体技巧。

第五章 公共关系传播

所谓移情能力，是指善于向受众传输自己的认识和情感，促使对方同自己共享信息的能力。掌握移情能力的基本点是，"到什么山上唱什么歌"、"用什么钥匙开什么锁"，也就是要针对不同的对象采取不同的传播方式，其中最为主要的是要认识受众的性格特点、文化背景、社会经历、固有观念和心理特征。为此，传播者在传播信息时必须针对具体对象，寻找与其一致的语言、经验和兴趣等，从对象关心、感兴趣的问题出发，用对象熟悉的语言、经历来进行交流，这样就容易取得良好效果。另外，增强信息的可读性和可听性，也是帮助受众记忆、理解信息的有效手段。

总之，传播学界对于"人的态度转变促进"的研究，为态度层次的公共关系传播工作提供了极有价值的启示。

三、行为层次的传播

行为层次的传播是公共关系传播的最高层次，它的对象主要是行为公众。这一层次传播的目的不仅是建立社会组织的良好形象，更主要的是促使公众有实质性的行为表现。

由于公众的态度是公众行为的先导，公共关系传播在这个层次上的工作必须以态度层次的工作为基础，只有做好了态度层次的传播工作，行为层次的传播工作才能顺利开展。但是，这并不是说只要态度层次的传播工作做得好，行为层次的工作就一定能取得效果。因为受众在接收到信息后，虽然具备行动的可能性，但也不一定采取行动。要使受众尽快采取行动，就需要对行为层次的传播作进一步努力，同时行为层次的传播也是影响受众态度的过程。根据有效传播的理论，做好行为层次的传播工作必须注意以下两点：

（1）传播的信息必须提出明确的目标。信息的目标明确，且符合公众已有的目标，才有可能促使公众采取行动。比如受众因为想买电冰箱，所以才开始注意电冰箱广告；又如某电冰箱广告内容符合受众心中的目标，人们才会去购买。某餐饮店门口贴着一副对联，上联为"您吃了吗"，下联是"您吃好了吗"，对联虽朴实无华，却引来了无数宾客，原因就在于传递的信息具有明确目标，话说到人的心里。

（2）在传播中要提供方便公众采取行动的信息。公众具备了行动的动机，但如果不具备行动的条件也是不会产生实质性行动的。因此，行为层次的信息传播要尽量提供方便公众行为的信息。一般说来，公众采取行动的条件是：达到目标的途径简便、具体、直接。越是途径简便、直接，公众越可能采取行动。比如，推销电冰箱这种笨重的商品时，应尽可能告诉公众销售网点、便民措施和维修服务情况。有的商场推出"你打的我付款，打的买冰箱"的措施就促使很多受众产生了购买行为。

公共关系传播是一门实用性、操作性很强的学问，公共关系人员只有在掌握现代传播原理和公共关系传播理论的基础上不断地实践、总结，才能在具体的工作中艺术地加以运用。

第四节 创造有效公共关系传播的条件

信息传递是人们建立社会联系、实现社会互动的一种手段。人们传播信息的动机，是试图借助信息的发送和接受，引起对方的观念、态度、行为产生预期的反应。通过传播活动实现传播者的意图或目的，是公共关系传播的全部意义之所在。传播学一直将"传务求通"作为至理名言，公共关系学研究信息传播是为了社会组织或个人形成良好的公共关系环境。事实上，任何一个传播，从主观意图上看，都是为了与对方共享信息、与传播对象达成一致。

公共关系学

良好的传播效果,要求传播过程在传播者、传播对象、传播的信息、传播媒介和传播环境等各个环节上具备一定的条件,公共关系传播管理的任务之一便是为上述各个环节创建良好的条件。

一、创建最佳的传播者条件

传播者是传播活动的起点,是有效传播的第一个重要条件。传播者自身是否具有良好的形象和声誉对传播效果的影响极大。同样的信息内容、同样的传播媒介、同样的传播方式作用于同样的传播对象,仅仅由于传播主体的不同就可能会导致完全不同的结果。研究表明,传播者若具备了权威性、客观性和亲密性这三个条件,就可能极大地改善传播效果。

(1)权威性是指传播者是所传播内容领域的权威或传播者是传播对象心目中敬佩的人物或者崇拜的偶像。如国家质量技术监督局发布的质量检测结果,比绝大多数博览会的评奖结果具有更高的可信度;产品在国家级权威媒体上做广告,除覆盖面广外,无疑也笼罩了媒体的光环;利用某电影演员在群众心目中的影响,而让其出任某产品的品牌形象代言人,则提高了产品的影响力。这些都是利用传播者的权威性而提高传播效果的例子。

(2)客观性是指传播者在传播对象心目中立场客观、态度公正,所传内容与自身没有直接的利害关系。传播者的客观性越强,传播效果越好。因此,组织在传播时,应持客观、公正、超然的态度,不掩盖事实、不偏向一方、不急功近利。在对外宣传上,既重视广告宣传,发挥广告宣传主导性强的优势,也重视新闻宣传,发挥新闻宣传客观性强的作用。

(3)亲密性是指传播者与传播对象之间没有心理隔阂或关系融洽。传播者要获得这种亲密性,在传播时就必须尽量站在公众的立场上,了解并尊重公众的需求,努力营造与公众亲密和融洽的关系。

二、创建良好的信息条件

(1)选择适当的信息符号。符号是信息的表现形式,是信息的载体。不同的符号适用于表现不同的信息内容,适用于不同的传播对象。如语言——丰富、生动、灵活,适于表达不同的情感,多用于人际交往、公众演讲;文字——准确、细腻、富有想象力,适于表达严谨的内容和深邃复杂的思想,多用于公文、文案、论文、著作;图画——直观、形象,多用于宣传、装饰;多媒体——形象生动、现场感强,多用于现场报道和文艺演出或体育比赛的信息发布。

(2)扩大与公众的共同经验范围。传播者应根据传播对象的"经验范围"(如价值观、知识、经验、文化背景等)制作传播内容(编码),扩大与公众的共同经验范围,使其有更多的共同语言,才能引起公众对传播的兴趣和共鸣。

(3)提供合适的信息内容。传播者应针对传播对象的特点,将信息内容与特定对象的兴趣和利益联系起来,通过传播能引起受传者兴趣和能满足受传者需求的信息,激发传播对象对所传信息的关注。在大众传播时传播者应意识到自己的传播不是针对所有受众的,而只能是其中特定的部分,因此在信息内容的选择上,应将为满足特定受众群体的需求作为取舍的重要依据。

三、传播对象分析

传播对象作为传播过程互动的一方,是整个传播系统中的重要一环,有效的传播离不开

第五章 公共关系传播

对传播对象的分析。

传播对象并不是完全被动的信息接收者。心理学研究表明，面对到来的信息，传播对象存在记忆的选择性，传播对象在传播系统中并不完全随传播者的意愿而接收信息，他们总是根据各自的需求、兴趣、知识、经验、价值观、习惯等对信息做自主的选择。

四、重视传播环境的影响

任何传播活动总是在一定的环境和气氛下进行的，环境、场合、情景气氛构成了传播的背景。有效的传播不可忽视具体环境、场合、情景气氛的影响和作用。环境不同、场合不同，传播的形式就不同，同样的传播内容，就会有不同的传播效果。

传播环境主要包括以下几种：

（1）物质环境。物质环境是指传播的空间和物理场景。如在高级写字楼和在简陋的办公室进行商务谈判，效果可能会不一样。

（2）社会环境。社会环境是指社会的价值观念、道德规范和文化习俗。传播方式或传播内容如果有悖于社会的价值观念和道德习俗，可能会严重影响传播效果。

（3）心理环境。心理环境是指传播过程中传播者的心理状态和气氛。如谈判时心理戒备，则气氛紧张；心理放松，则气氛活跃。一般来说，心情舒畅时双方容易沟通。

（4）时间环境。时间环境是指传播的具体时机。适时的传播会取得良好的效果。

五、完善传播沟通的技巧

传播技巧是指唤起受众的注意，引起他们特定的心理和行动的反应，从而实现说服或宣传之预期目的的策略方法。如在传播主题和观点一定的情况下，如何安排材料、进行论证、提示结论，就需要相应的策略安排。

【案例5-1】
新时期的《人民日报》

《人民日报》（People's Daily）是中国共产党中央委员会机关报，也是中国人家喻户晓的报纸。

作为党和政府的喉舌，作为中国对外文化交流的重要窗口，作为展现蓬勃发展社会主义新中国的舞台，《人民日报》积极宣传党和政府的政策主张，记录中国社会的变化，报道中国正在发生的变革。同时，"人民日报"作为一个传播媒介，它本身也在随着时代的发展而不断变革。

《人民日报》报纸于1948年创刊，其后发行过多个版本，其中，《人民日报海外版》创刊于1985年7月1日，是中国对外开放的综合性中文日报，是海外了解中国、中国了解世界的途径，也是沟通海内外进行文化交流与经济合作的纽带和桥梁。《人民日报》2008年度发行量达到232.55万份，是我国发行量最大的报纸之一。

随着网络时代的到来，互联网这个事物所具备的极强的传播属性，让传统的纸质媒体迎来了极大的挑战，《人民日报》将这样的挑战成功转化成了机遇。1997年1月1日，人民网正式上线，是《人民日报》建设的以新闻为主的大型网上信息交互平台，是人民日报社控股的传媒文化上市公司，是国际互联网上最大的综合性网络媒体之一。

人民网自称为"网上的人民日报"。现如今，人民网除中文版本外，还拥有7种少数民族语言及9种外文版本。作为国家重点新闻网站的排头兵与第一家上市的中央网络媒体，人民网致力于做最好内容的网站，形成了新闻采写、网络评论、在线访谈、社区互动、视频直播、移动互联发布互相配合的快速、权威、深度的新闻报道模式，在报道中广泛应用无人机、虚拟现实、增强现实、手机直播等新技术新形式,增强新闻报道的吸引力和感染力。其日常传播覆盖超过1.3亿人次,网民遍布210多个国家和地区。人民网首页(2018年初截图)如图5-6所示。

图5-6 人民网首页截图

除了人民网网站,人民日报也紧扣时代脉搏,在微博和微信平台上建立了传播阵地。其中,微博上有"人民日报""人民日报评论""人民日报社会版""人民日报海外版-海外网"等多个微博账号。其中,"人民日报"是最主要的、综合性的传播账号(如图5-7所示)。

图5-7 "人民日报"微博(手机版截图)

"人民日报"微博有粉丝五千多万,每日阅读数和互动数都在百万级,影响面非常广。其内容除了宣传国家政策、播报重要新闻、社会热点外,还有许多关于中国文化、日常生活、休闲娱乐的内容,

第五章　公共关系传播

充分体现了微博这种社交媒体的亲和性。但这些看起来不那么严肃的内容，与其主体宗旨是不相悖的，本质都是在传播正能量，构建和谐社会。表现形式方面，除了文字和图片，微博还可以很方便地加载视频，也可以链接网络直播。例如，在中国共产党第十九次全国代表大会召开期间，人民网微博就多次进行了相关新闻发布会、记者招待会等的在线直播，让不方便看电视的网民可以获得即时资讯。

人民日报也抓住了微信这一平台。微信公众号"人民日报"的口号是"参与、沟通、记录时代"，其内容与人民网相比，少了很多严肃，更加灵活，部分内容与微博相同，但更加有"微信味"，推送的文章也比较有"微信体"，如图 5-8 所示。同时，它也通过利用微信公众号平台，实现了更多的功能。例如，在 2017 年底，它和中国邮政联合推出了定制明信片的活动，定制的明信片还可以打印实体。这些内容安排和活动安排都使得微信公众号更富有人情味，符合移动用户的使用习惯。

图 5-8　人民日报微信公众号（"小程序"功能和"寄明信片"功能）

从本案例中可以看出，现代社会，各种形式的媒体在进行融合发展，已经很难严格地判定一个传播媒介它到底是纸质媒介还是网络媒介，甚至公共媒体和自媒体之间的界限也在模糊，各种各样的媒介都在网络这个大世界里交叉，同时还衍生出更多细分形式的传播媒介。组织在开展公共关系活动的时候，要善于综合利用各种各样的传播媒介，全方位、立体式地进行公关。

[案例讨论] 结合本章内容，分析和总结人民网及《人民日报》的微博和微信传播都有哪些功能。

【思考·讨论·训练】
1. 什么是传播？有哪些特点？
2. 传播过程有哪些要素？
3. 传播的基本方式有哪些？
4. 分析总结公共关系传播媒介的类型及特点。
5. 有效的公共关系传播应创造哪些条件？
6. 请你为所在的班和学院（系）或你熟悉的某个企业设计公共关系传播方案。

第六章　公共关系工作程序

本章提要　公共关系工作的内在逻辑是调查、策划、实施和评估。这四项工作顺次进行又相互继起，循环往复，被公共关系专家们称为四步工作法。

第一节　公共关系调查

公共关系调查是组织开展公共关系活动的起点和基础。通过调查，公共关系人员能够对组织的公共关系状况和问题进行核实、澄清或甄别。公共关系从诞生发展到现在，调查研究的对象和内容已十分广泛，从组织发展趋势调查到消费者权益保护调查等都可归入它的范围；调查研究的方式也形成了正规方式和非正规方式两大类；调查研究技术越来越科学，调查研究的工具越来越先进，计算机及其他电子手段在调查研究工作中的广泛运用，极大地提高了调查的效率。虽然正规调查大多运用统计方法因而更加科学，但非正规调查由于对公众、社会和组织发展的纵深背景和横向联系研究得更加透彻，因而往往显得更有价值，在不少场合，非正规调查方式被更多地采用。

公共关系调查同其他社会调查有所不同，它是就公众对组织形象的评价进行统计分析，用数据或文字的形式显示公众的整体意见，或者就某一具体公共关系活动的计划、实施和效果进行调研评价。由于公众的态度极易受客观环境的影响，所以，公共关系调查具有动态性和相对性的特点。

一、公共关系调查对组织的意义

1. 帮助组织准确地进行产品和形象定位

公共关系调查可以帮助组织了解公众真实的消费需要，明确界定组织的产品和服务。它还可以帮助组织准确地了解其在公众中的形象定位。组织的形象定位是指组织明确以什么样的形象出现在其公众面前。形象定位取决于组织的战略定位和组织的竞争优势。通过产品和形象定位调研，可以测量出组织自我期望的形象与其在公众中实际形象的差距。组织可针对这个差距策划有效的公共关系活动方案，以缩小差距。

2. 为组织管理决策提供科学依据

公共关系活动的主要功能是系统阐释组织目标并贯彻落实，为组织决策层制定实现组织目标的各种战略提供咨询建议。它既不是推销也非广告，严格地讲也不属于促销，它是管理职能、管理行为的一个组成部分。公共关系调查的主要任务就是及时地为组织提供决策依据并能有效地预测和检验决策的正确性。因为只有通过调查，才能使组织了解公众的要求和愿望；组织只有了解了公众的要求和愿望，才能做出符合公众的要求和愿望的决策；组织只有做出符合公众要求和愿望的决策并认真实施，才能使组织在公众的心目中树立起良好的形象。

第六章 公共关系工作程序

3. 帮助组织监测公众舆论

舆论是指具有共同利益的人群、团体对某些问题所持态度的表达。舆论是可以衡量和推断的。在信息传播极其迅速的现代社会,舆论是一种非常重要的力量。舆论的力量像一阵风,当人们尚未辨明其来源时,就已经能感觉到它的影响,并受到它的影响。舆论又是不稳定的,随着新信息、新思想、新事物的出现而呈现出周期性的变化。

人们经常把舆论、态度和信仰混为一谈,态度是实际的思想状态,有时可能只是一时的状态,而信仰则是一种更为内在、更为牢固的认识,两者表达出来就成了意见,不同个体形成的共同意见就是舆论。

公众舆论最初是自发产生的并处于不断扩大或缩小的动态中,它是公众对组织的一种浮动的表层的认识。但是,当少数人的观点、态度扩展为多数人的观点、态度,分散的、彼此孤立的意见集合为彼此呼应的公众整体意见,声势尚小、影响甚微的局部意见变成声势浩大的公众的共同反响时,对组织的形象就会产生很大的影响。积极的公众舆论有利于组织塑造良好形象,消极的公众舆论则会损害组织的形象甚至会造成组织形象危机。因此,通过公共关系调查,监测公众舆论,并使组织及时扩大积极舆论、缩小消极舆论是十分重要的。

公共关系通常通过以下几种方式影响舆论:一是扭转或反击不利的舆论,二是争取独立的舆论,三是促进或强化有利的舆论。

4. 提高组织公共关系活动的成功率

组织在开展某项公共关系活动之前,必须要对现有的人力和物力条件做充分的调查研究,有时还要作现场考察。通过调查,组织对所要开展的公共关系活动的主客观条件有了充分的了解,这样,公共关系活动就有了充分的准备和切实可行的计划保证,就可能取得好的效果。

5. 有利于宣传、塑造组织的良好形象

公共关系调查本身也是公关活动。从组织的主观方面来说,公共关系调查以搜集信息为主要目的,但在客观上,开展调查活动要广泛接触调查对象,所以,调查人员也同时向公众传播着组织塑造自身形象的信息。恰当的调查本身也会赢得公众对组织的好感。因此,从某种意义上说,公共关系调查本身也是一种传播,是一种公共关系活动。

二、公共关系调查的内容和范围

公共关系调查的内容和范围是十分广泛的,它涉及社会组织公共关系状态的种种影响因素。根据公共关系状态的四大影响因素以及社会组织与公共关系现状的认知度、美誉度、和谐度这三大指标项目,大致可将公共关系调查的内容和范围区分为以下五大方面。

(一) 组织自身状况调查

社会组织是公共关系工作的主体,也是公共关系调查的主体,"知己知彼,百战不殆"。社会组织要取得公共关系工作的成功,"知己"乃第一要事。社会组织自身状况调查的具体内容如下。

1. 组织基本情况

任何公共关系活动的开展都不能脱离社会组织的实际情况,因而也都离不开对组织自身基本情况的掌握。组织基本情况调查的内容,依据公共关系工作的需要,主要可确定为以下几个方面:第一,组织总体情况,如组织的性质、任务、类型与规模,组织的管理体制、机构设置、主管部门等;第二,组织经营情况,如组织的经营发展目标、经营方针、经营战略,组织对社会提供的产品和服务及其特色等;第三,组织荣誉情况,如组织的光荣历史、组织

公共关系学

发展史上的重大事件及影响，组织对社会的贡献，组织获得的各种奖励与殊荣的情况；第四，组织文化情况，如组织信念、组织精神、组织的信条、组织的道德规范、组织的文化传统以及组织的名称和各种识别标志等的文化含义。

2. 组织实力情况

组织实力情况一般是指组织自身的物质基础和技术力量方面的情况。它具体应当调查的有：第一，组织的物质基础情况，如组织的空间、组织拥有先进设备和设施的情况、组织拥有现代化手段的情况、组织的各种附属设施的情况等。第二，组织的技术实力情况，如组织拥有技术人员的数量和知识构成情况、组织的科研器材和实验手段情况、组织技术的领先程度等。第三，组织的财务实力情况，如组织的固定资产总额、流动资金总额、人均利润率等。第四，组织成员的待遇情况，如组织成员的工资水平、奖金数额、津贴标准、住房面积、劳动保护情况等。

（二）相关公众状况调查

公众是公共关系工作的客体，也即社会组织开展公共关系工作的对象，它构成社会组织公共关系工作的微观环境。在公共关系工作中，要想获得公共关系工作的成功，除必要的"知己"外，关键问题在于"知彼"。因此，公共关系调查必须将相关公众状况调查作为其工作重点。具体的调查内容如下。

1. 公众构成情况

任何一种公共关系活动都很难全面地影响所有的公众。开展公众构成情况调查有利于确定公共关系工作的基本范围和重点对象，避免盲目地开展公共关系活动。公众的构成情况调查的主要内容包括：第一，内部公众构成情况，如组织成员的数量构成、专业构成、年龄构成、性别构成、角色构成、能力构成、文化程度构成、职务职称构成、需求层次构成、劳动态度构成、思想素质构成等。第二，外部公众构成情况，如外部公众的数量构成、空间构成、特征构成、需求构成、观念构成、与组织的联系状态构成、对组织的重要性构成、对组织的依赖性构成等。

2. 公众需求情况

社会组织是为人的需要而存在，为人的需要而发展的。社会组织要有效地开展公共关系工作，必须做好对公众需求情况的调查工作，以掌握公众需求信息，不断设法满足公众的合理需要。公众需求情况调查主要涉及两个方面：第一，公众的物质需求情况，如公众对改善物质文化生活环境的需求，公众对获得优质物质产品的需求，公众对获得各种有形服务的需求。第二，公众的精神需求情况，如公众对组织接纳的需求，公众对合法权益的需求，公众对获得满意服务的需求，公众对获得重要信息的需求，公众对获得组织重视的需求等。

3. 公众评价情况

公共关系工作的开展，必须基于对组织实际社会形象的清楚认识。所谓组织形象，实际上是公众对社会组织各种评价的综合。因而，社会组织开展公共关系调查，必须着重收集公众对组织的评价性信息。公众对组织的评价主要有：第一，对组织产品的评价，如对产品内在质量的评价、对产品外形的评价、对产品价值的评价等。第二，对组织服务质量的评价，如公众对组织服务项目、服务方式、服务措施、服务水平的评价等。第三，对组织管理水平的评价，如公众对组织管理机构及其办事效率的评价，对组织经营创新和管理革新的评价，对组织管理效益的评价等。第四，对组织人员素质的评价，如公众对组织领导人、中层管理人员、专业技术人员、一般员工、公共关系人员及特殊人物的评价等。第五，对组织外向活动的评价，如公众对组织外向宣传活动、社会公益活动的评价等。

（三）传播媒介状况调查

公共关系工作的本质是社会组织与相关公众的双向信息交流活动，它需要有效地利用传播媒介来开展公共关系工作，必须以对传播媒介状况信息的把握为基础。传播媒介状况调查的主要范围如下。

1. 大众传播媒介情况

大众传播媒介是公共关系信息传播的支柱性媒介，它们跨越空间大、影响范围广、传播效率高，深受社会组织的重视。对大众传播媒介情况进行调查的基本内容范围是：第一，大众传播媒介的分布情况，如地域分布情况、行业分布情况、类型分布情况、数量分布情况等。第二，大众传播媒介的功能作用情况，如涉及大众传播媒介功能作用的传播范围、传播内容、传播特色、传播效果、传播的威信等方面的情况。第三，大众传播媒介所需信息的情况，如一定时期内大众传播媒介的报道中心，新栏目的开辟，编辑和记者需要的内容等方面的现实状况。

2. 专题活动媒介情况

在现代社会中，专题活动已成为一种重要的社会信息交流通，是现代公共关系工作中一种具有特殊作用的信息传播媒介。掌握有关专题活动媒介的情况可以决定组织是否参加某种专题活动或参考某种专题活动自办有关专题活动。专题活动媒介情况调查的内容主要有：第一，专题活动筹办情况，如某次专题活动是由何种组织机构主办的，将在何时、何地举办，拟办活动的主题、内容、规格、规模、参加活动的人数、估计影响等。第二，专题活动效果评价情况，如某次专题活动的经验教训与利弊得失、经济效益与社会效益、主办单位的自我评价、参与活动者的印象、权威人士的看法、局外人士的见解、新闻媒介的报道情况等。

（四）社会环境状况调查

社会环境是指与社会组织生存和发展相关联的外部社会条件的总和。社会环境对社会组织的经营发展具有制约作用，同时也对社会组织的公共关系工作具有重要影响。因此，在公共关系工作中，必须重视做好社会环境状况的调查。社会环境状况调查一般着重于以下几个方面。

1. 基本社会环境状况

基本社会环境一般是指社会组织所处的一个国家或地区的政治、经济、文化等因素构成的宏观社会环境系统。基本社会环境状况调查的一般内容范围是：第一，人口环境状况，如现有人口的总量、增长速度、年龄结构、性别比例、地理分布、婚姻状况、教育状况、就业状况、流动状况、国家的人口控制政策与人口的管理措施等方面的情况。第二，政治环境状况，如国家或地区的政治体制及其改革情况，国家或地区的方针政策和法令条规的提出、制定、颁布、实施等方面的情况，以及其他方面的政治性因素存在与变化的情况等。第三，经济环境状况，如国家或地区的经济体制及其政策情况，国家或地区的产业结构、分配结构、交换结构、消费结构、技术结构及其调整变化情况，国家或地区的经济发展情况及相应的战略与策略的情况等。第四，文化环境状况，如国家或地区的民族特征、文化传统、宗教信仰、教育水平、社会结构、风俗习惯、价值观念、生活方式、社会道德规范与精神文明建设等方面的情况。

2. 具体市场环境状况

具体市场环境是指与社会组织公关活动相关联的市场因素组成的微观社会环境系统。在

公共关系学

现代市场经济条件下，对具体市场环境状况进行调查，是社会组织特别是企业组织环境状况调查的一项重要课题。具体市场环境状况调查的主要内容有：第一，市场需求状况调查，如市场容量、社会的购买力，居民的消费结构与消费水平，现有和潜在的购买人数，近期需求和长远需求及其需求变化趋势，国家是否鼓励某类消费，银行是否贷款支持某类消费等。第二，消费者状况调查，如消费者的总体数量，消费者的构成情况，消费者的消费欲望与购买动机，消费者的偏好及造成消费者偏好的原因等方面的情况。第三，市场竞争状况调查，如市场是否形成竞争态势，竞争对手的生产能力、产品特色、销售政策、服务措施及其在消费者心目中的印象、与中间商和消费者的关系、广告宣传的力度、公关促销的措施等。

3. 所属行业环境状况

所属行业环境是指由社会组织所在特定行业的各种组织构成的微观社会环境系统。开展所属行业环境状况调查，可以按不同行业组织的信息，把握本行业的发展动向。调查内容主要包括：第一，所属行业基本情况，如所属行业中各种组织的数量、整体发展水平、在国民经济和人民生活中的地位与作用等。第二，所属行业特定组织情况，包括所属行业特定组织的经营方针、人员素质、技术力量、资金占有、经营管理水平、产品与服务方面的情况、在公众心目中的形象、在同行业中的地位等。第三，所属行业横向协作情况，如所属行业各种组织之间的协作意向、协作项目、协作类型、协作可能取得的效果，有无同行组织愿与本组织开展协作等。第四，所属行业竞争对手情况，如竞争对手的历史，竞争对手的优势，竞争对手的横向联系情况，竞争对手的公共关系状态，竞争对手的关键技术和关键人物，竞争对手原本已有的竞争对手或合作伙伴等。

（五）社会组织与公众关系现状调查

公共关系即社会组织与公众的关系，它是社会组织与相关公众在一定社会环境条件下结成的一种社会关系。社会组织与公众关系的现状，实质上就是社会组织公共关系状态的现有状态，它是社会组织公共关系调查的重要内容。如果说前述有关公共关系状态的四大影响因素状况的调查是一种分立项目调查的话，那么，这里所讲的社会组织与公众关系现状的调查则是一种综合项目的调查。社会组织与公众关系现状调查的具体内容，可根据公众关系的三大指标项目确定为以下几种。

1. 认知度调查

认知度是衡量社会组织与公众关系现状的一个重要指标。它表明一个社会组织在社会公众中的影响大小，说明一个社会组织为社会公众关注的程度。认知度由两大维度构成：一是知晓度，即一个社会组织为社会公众知晓的广度；二是熟悉度，即一个社会组织为社会公众知晓的深度。在公共关系调查中，对认知度的调查可以区分为两个方面。

（1）知晓度调查。知晓度调查侧重反映一个社会组织的名声在多大范围内为多少社会公众所知晓，其主要的调查内容包括三项：第一，相关公众的总体数量；第二，相关公众的区域分布情况；第三，一定区域的相关公众中知晓公众的数量。通过这些方面的调查，便可测算出一个社会组织在某一区域内的知晓度。其计算公式如下：

社会组织在某一区域内的知晓度 =（某一区域内知晓公众数/某一区域内公众总数）×100%

（2）熟悉度调查。熟悉度调查侧重反映社会公众对社会组织不同内容层次的各种因素的认识情况。根据公众对社会组织认识内容层次由低到高也即由不够熟悉到很熟悉的一般顺序，熟悉度调查的内容涉及公众对社会组织名称、所处地理位置、行业归属、规模档次、发展历史、取得业绩、所具交换物、组织领导人、个性概念、深层文化等多方面的熟悉情况。通过

第六章 公共关系工作程序

对这些不同层次的认识内容为公众熟悉程度的调查,即可把握社会公众对社会组织有多深的认识,或社会组织的哪些方面在社会公众中有多大的影响。

2. 美誉度调查

美誉度是衡量社会组织与公众关系一个具有决定性意义的关键指标。一般来讲,一个社会组织要获得社会公众的赞誉,必须具有符合社会公众需要的优良的组织行为及行为结果,否则,就不可能获得社会公众的赞誉。因而一个组织获得公众赞誉的程度,实际上就决定一个社会组织公众关系现状的性质。美誉度从某种意义上讲,它是社会公众对社会组织的行为及行为结果的一个评价性指标,因此,对美誉度的调查一般要通过态度测量方式来进行,且往往同认知度的调查和测度结伴而行。可以这样认为,美誉度即指对组织具有一定认知程度的公众中,对组织持好感、信任、欢迎、赞赏态度人数的百分比。其计算公式如下:

$$组织在一定区域内的美誉度 = \frac{一定区域内对组织持赞赏态度的公众人数}{组织在一定区域内的知晓公众人数} \times 100\%$$

美誉度调查也可以区分为不同的具体内容,一般来讲有以下几个方面:第一,公众对组织理念的赞誉程度,如对组织经营宗旨、经营价值观、经营哲学的赞誉程度等。第二,公众对组织行为的赞誉程度,如对组织的行为机制、行为规则、行为模式、行为过程、行为结果的赞誉程度等。第三,公众对组织视听标志的赞誉程度,如对组织名称、组织标志、组织标准色、组织标准字、组织广告、组织特定歌曲和音乐的赞誉程度等。第四,公众对组织产品的赞誉程度,如对产品设计、产品质量、产品功用、产品价格的赞誉程度。第五,公众对组织服务的赞誉程度,如对组织服务方式、组织服务保障体系、组织服务的完备性和方便性、组织服务的环境、组织服务的态度、组织服务绩效的赞誉程度等。

3. 和谐度调查

和谐度调查一般涉及利益协调、目标协调、态度协调、行为协调等多种内容,并涉及社会组织与公众之间的"交互式"调查问题,这就决定了其调查内容的复杂性。就公众对社会组织的取向来讲,具体调查内容可分为:第一,公众对社会组织态度赞同的情况。如公众中对社会组织经营观念、经营政策、经营措施、经营发展目标等持支持、中立、反对态度公众的比例等。第二,公众与组织情感亲和的情况。如公众对社会组织的好感程度,公众中对社会组织存在的冷漠、敌视、怨恨等情感障碍的情况等。第三,公众为社会组织作言语宣传的情况。它包括宣传的次数、宣传的性质、宣传的力度等。第四,公众与社会组织行为合作的情况。如公众对社会组织融资的合作情况、公众对社会组织产供销和技术合作的情况、公众对社会组织产品与服务的接纳情况,以及公众对社会组织采取其他特殊行动的情况等。

就社会组织对公众的取向而言,具体调查内容则包括:第一,社会组织对公众合理需要的承认情况;第二,社会组织对公众合理需求的满足情况;第三,社会组织对公众意见和合理化建议的接受采纳情况;第四,社会组织与公众情感沟通的情况;第五,社会组织对公众或公益事业给予支持和赞助的情况等。在公共关系调查中,和谐度的调查要将行为记录、事实调查和态度测量三者结合起来进行,方能有效把握社会组织与公众关系的协调状况。

"三度"的调查,可以掌握社会组织与公众关系的状态,即组织形象的级别,这就为公共关系活动提供了依据。

三、公共关系调查的过程和方法

在长期的社会调查实践中,人们摸索、总结出了许多各具特色、行之有效的科学调查方

公共关系学

法。公共关系调查并不在于独创一个新的方法体系,而是借用方法宝库中的若干方法,结合组织形象管理的需要,加以具体应用。

公共关系调查所运用的主要方法有访谈调查法、问卷法、引证分析法和抽样法等。在进行公共关系活动条件的调查中,实地考察法也是一种常用的方法。在具体介绍各种调查方法之前,先介绍一下公共关系调查的完整过程,这有助于从调查方法的整体和具体方法的应用两方面来熟悉和掌握公共关系调查方法。

(一) 公共关系调查的过程

公共关系调查的全过程是由四个相关的基本步骤组成的。这四个步骤是:确定调查任务、制定调查方案、收集调查资料、处理调查结果。

1. 确定调查任务

确定调查任务是公共关系调查的第一步。公共关系调查的任务是由调查的内容确定的,根据不同的调查内容,确定不同的调查任务,调查中所使用的方法、技术手段和测量指标也有所不同。

2. 制定调查方案

明确调查任务以后,接下来的工作就是制定调查方案。①根据调查任务的需要,设计一个详细的调查提纲。调查提纲是调查任务的具体化、指标化。比如,要做一个组织整体形象的调查。组织形象是一个抽象的概念,它要通过具体的指标显现出来:经营方针正确、办事效率高、服务态度诚恳等,这些指标就可以反映出形象。调查提纲就是将所要调查的问题全部详尽地列出来。②在调查方案中还应确定具体的调查范围、调查对象以及调查对象的选取办法。比如:调查是在全国范围内进行的,还是在全省范围内进行的;调查是在一种公众中进行的,还是在几种公众中进行的;调查是采用普查的方法,还是采用抽样的方法;如采用抽样方法,那么采用哪种抽样技术等。③提出具体的调查方法,说明用哪种方法或哪几种方法进行调查。

3. 收集调查资料

收集调查资料的过程,实际上就是调查方案的实施过程。在收集调查资料的过程中,必须注意技术手段恰当、合理的运用。技术手段运用得合理与否,不仅影响所要收集资料的数量,更重要的是影响资料的质量。没有足够质量保证的调查资料作依据是不可能得出准确结论的。

4. 处理调查结果

处理调查结果是公共关系调查的最后一步。它包括两项内容:其一是整理调查资料,其二是形成调查结果。整理调查资料就是对调查中所取得的全部资料进行检验、归类、统计等,对调查资料进行检验是必须要做的工作。通过检验工作,排除虚假的资料,补充缺漏的资料。形成调查结果是指将经过统计的数据列成图表,用形象地位差距图或舆论模型图显现出来,并对此进行文字分析,最后形成一份完整的调查报告。调查报告形成以后,应对调查结果和整个调查过程进行一次总体评价,就调查的科学性、准确性给予必要的说明。调查结果和调查报告应及时提供给组织中的有关人员。

(二) 公共关系调查的方法

1. 访谈调查法

访谈调查法简称访谈法。访谈法是社会调查中最古老、最常用的方法之一。它是指调查人员通过与调查对象进行交谈,收集口头资料的一种调查方法。访谈通常是在面对面的场合

第六章 公共关系工作程序

下进行的，由调查人员（也称访谈员）接触调查对象，就所要调查的问题，向调查对象提问，要求调查对象对提出的问题作出回答，并由调查人员将回答内容及交谈时观察到的动作行为及印象详细记录下来。

（1）访谈法的特点。

1）访谈法收集信息是通过调查人员与调查对象进行面对面交谈的方式实现的，因此，它具有直接性的特点。

2）访谈法具有较好的灵活性和适应性。访谈的对象可以不受文化程度、价值观念、个人性格及年龄的影响，为调查人员提供所需要的口头资料。调查人员也可以根据访谈时各种情况的变化调整访谈的方式、内容及时间、空间，为达到预期的调查目的而灵活运用这种方法。

3）由于访谈法获取资料的过程是由调查人员直接进行的，因此，调查人员个人的访谈技巧、人品气质、性格特征等都会直接影响调查的结果。这就要求在实施访谈法时要根据科学调查研究的需要对调查人员进行培训，尽量减少调查人员的个人因素对所搜集资料的质量产生不好的影响。

4）访谈法回答率高、有效度高，但标准化程度低，常常给统计分析带来一定的困难。而且，访谈法费用大，所以一般应用于对那些准确性要求较高的问题的研究上，或者应用于探索性研究。

访谈法调查的规模不能太大，一般根据调查的目的和内容的要求来确定规模的大小，通常来说，规模越大，则耗时、耗费越多。

但是，当访谈法和问卷法结合使用进行调查时，虽说费时、费力一些，却可以避免访谈法标准化程度低和问卷法回收率有限的弊端，并可以对一些问卷法所不能深入的问题进行调查。

（2）访谈法的类型。访谈法可按访谈提纲的方式分为结构性访谈与非结构性访谈；按访谈的场所分为机关访谈、街头访谈、家庭访谈和公共场所访谈；按受访谈的人数分为集体访谈和个别访谈；按访谈的时间分为一次性访谈和跟踪访谈。

1）结构性访谈与非结构性访谈。结构性访谈是指由调查人员携带事先设计好的访问调查表进行的访谈。访问调查表中的所有问题都是事先精心设计的。非结构性访谈是指调查人员只需根据调查任务的要求拟成访谈要点或访谈提纲，并据此向调查对象提问，而无须使用标准化调查表的访谈。在调查中，调查人员可较为自由地进行提问，调查对象也有较大自由来回答所提问题。这种访谈最适用于调查态度、价值判断等方面的问题。但这对调查人员的能力要求较高。此种访谈所得结果不宜数量化，同时又费时、费钱，故只能在小范围内使用，或作为了解一般情况和配合其他调查方法使用。

2）不同地点的访谈。访谈的地点分多种，可以在街头，也可以在家庭中进行。访谈的地点应根据调查对象的特点确定。访谈企业本身的问题，在工厂里较适宜；访谈企业产品的消费问题，则在住宅或街道较为适宜。

在进行访谈时，访谈地点的第三者的存在，将会对访谈资料产生影响。

3）集体访谈和个别访谈。集体访谈类似于开调查会的形式，由一名或几名调查人员亲自召集一些人来与调查人员进行座谈。调查人员应向人们说明座谈的目的和要求，消除人们的疑虑。并且，调查人员应以谦虚、诚恳的态度，运用和掌握会场的一些技巧，创造出一种自由、活泼、热烈的气氛，使人们能无拘无束地、尽情地畅谈。

个别访谈是指由调查人员同调查对象逐一进行面对面的谈话，并将回答记录下来的访谈。

公共关系学

个别访谈应注意这样几个环节：该问的问题一定不要遗漏；所问的问题一定要问清楚、问明白；对回答的问题，要真实地记录；调查人员应懂得人际交往技巧；调查对象对情况了解的程度，是否具有合作态度及语言表达能力等。

4）一次性访谈和跟踪访谈。一次性访谈又称横断式访谈，是指就某一生活时刻或某一时期内人们的态度、行为等方面情况进行调查的访谈。这种类型的访谈，通常是就某个特殊问题进行调查，也可以在某些事件发生后进行调查，以期了解人们对某个特殊问题的态度和某一事件对人们态度、行为产生的影响。跟踪访谈又称纵向型访谈，是指调查人们在不同的生活时期，随着时间的推移，人们态度及行为变化的访谈。这种跟踪式访谈属于深度访谈的一种，具有较强的科学研究性质。一次性访谈了解到的是某一时期的静态信息；而跟踪式访谈则是通过多次访谈，调查和了解人们的动态信息，因而具有更高的价值。

2. 问卷调查法

问卷调查法（简称问卷法）是目前国内外社会调查中较为广泛使用的一种方法。问卷是指为统计和调查所用的、以设问的方式表述问题的表格。

问卷法是指研究者用这种控制式的测量对所研究的问题进行度量，从而搜集到可靠资料的一种方法。问卷法大多用邮寄、个别分送或集体分发等多种方式发送问卷，由调查对象按照表格所问来填写答案。一般来讲，问卷较之访谈表要更详细、完整和易于控制。问卷法的主要优点在于标准化和成本低。因为问卷法是以设计好的问卷工具进行调查的，问卷的设计要求规范化并可计量。

问卷法的使用条件：调查的范围较广，不易当面访谈；如果调查对象的文化水平不高，对问卷看不懂，则不适合用问卷法；如果所要取得的材料是常识性的事实、行为或态度，则可以采用问卷法，因为在这种情况下，回答者不会因顾虑而拒绝回答；问卷的回收由于受诸多条件的限制，回收率在65％以上为较好。因此，如果要求有较高的回收率，比如在80％以上，则最好采用和访谈法相结合的方法进行调查。问卷的类型主要有两种，即开放型问卷和封闭型问卷。

所谓开放型问卷，是指问题虽然对每一调查对象是同一的，但不事先做出任何选择答案，调查对象可根据自己的情况自由作答。如：您对××企业有何评价？开放型问卷多用于探索性研究，它给调查对象以较多创造性或自我表达的机会。但是，它可能导致搜集无价值和不相干的材料。因为调查对象发表的意见和看法不一定都与所问的主题有关，无法保证很不相关的信息不掺杂进去，而且回答的内容非标准化，难于进行统计分析。开放型问卷需要调查对象花较多的时间和精力，容易引起较高的拒答率。

所谓封闭型问卷，是指不仅问题是相同的，而且每一个问题都事先列了若干个可能的答案，由被访者根据自己的情况。在其中选择认为恰当的一个答案。封闭型问卷回答标准，材料利于统计分析，对不同的公众可做对比。封闭性问卷对回答者来说通常较为容易回答，调查所得材料的可信度较高。但它对问题的答案进行了限定，没给回答者留下发挥其创造性或自我表达的机会，这样不利于研究者发现新的问题。

总之，开放型问卷和封闭型问卷各有所长，各有所短，调查者可以根据具体情况选用。必要时可用封闭型与开放型相结合的混合型问卷方式进行调查。

3. 引证分析法

所谓引证分析法，是指调查人员对各种媒介所传播的有关组织形象的信息进行调查分析的一种方法。引证分析也属于定量研究，它是对媒介所传播信息的数量、质量、时间、频率

第六章 公共关系工作程序

等进行数据统计。一般来说,一个组织的信息被媒介引用的次数越多,这个组织的影响就越大,知名度越高。引证分析的关键是设法获取信息材料。

这里所说的信息载体包括所有传播有关组织形象信息的文字资料、声像资料等。

文字资料是指用文字的形式记录并传播有关组织形象信息的一种永久性资料。它包括报纸、杂志、书籍、各种文字和统计资料、各界名流的赠言、题词及群众来信等。

声像资料是指脱离文字形式、记录并传播有关组织形象信息的声音和图像的及时性资料。它主要包括广播、电视、录音、图片、电影等。

信息的引证分析分为内容分析和形式分析两种。

内容分析是指对信息本身做系统化、数量化的统计分析。如所传播的信息是关于组织哪一方面的,是局部的还是整体的,用的是什么词语等。

形式分析是指对信息的传播形式作统计分析。如信息传播的时间、版面频率、媒介级别等。

引证分析的过程。引证分析法的使用是建立在组织的公共关系部门具有完善、有效的信息收集系统上的。调查人员在进行引证分析时:①判明信息的性质,也就是要判明信息所包含的内容,对组织形象的评价是好还是坏,是高还是低。②确定信息传播的影响是大还是小。③根据以上判断迅速得出结论。④检验所得结论的准确性,并将检验后的结论迅速提供给组织的有关人员。

4. 抽样法

抽样法是指一种科学地从调查总体中选取调查样本的方法。总体是指所要调查对象的全部,样本是指从总体中抽取出来调查的那一部分。采用抽样法进行的调查具有调查期短、调查资料准确和可靠、节省调查经费等优点。

抽样必须要遵守随机性原则,也就是在抽选调查对象时,必须要保证总体中的每一个被抽选的对象抽中机会均等。这也是进行统计推论的前提条件。抽样的方法有很多种,这里仅就公共关系调查中常用的几种抽样方法进行介绍:

(1) 简单随机抽样。这是一种最基本的随机抽样方法,也叫纯随机抽样,是指从总体单位中不加任何分组、排队,完全随机地抽取调查单位的抽样方式。在这种抽样调查的组织形式中,总体的每一单位被抽中的机会是均等的。

(2) 等距抽样。等距抽样也叫机械抽样,是指把总体的所有单位按照一定的顺序排列起来,然后按相等间隔或距离抽取必要的单位数目的抽样方式。抽样距离 K 是以总体 N 除以样本单位数 n。

具体地讲,在含有 N 单位的总体中,从 1 到 N 排列,要求从中抽取几个单位的样本。方法:在最初 K 个单位中随机抽取一个单位,以后顺次在每 K 个单位中抽取同样次序的单位。

(3) 分层抽样。分层抽样是指将总体单位按其属性特征分为若干层,然后在各层中随机抽取样本单位,而不是从总体中直接抽取样本单位的抽样方式。层次的划分,一是必须有清楚的划分界限,在划分时不发生混淆,二是必须知道各层中的单位数目和比例,三是分层的数目不宜太多,否则将失去层的特征,不便于在每层中抽样。分层抽样是一种能够提高样本代表性,而又不致给调查结果带来偏误的限制随机的抽样方法。

(4) 整群抽样。整群抽样也称成组抽样,是指在总体中抽取调查单位时,不是一个一个地抽选,而是成群成组地抽选,然后对被抽选的各群或组中的全部单位进行调查的抽样方式。例如,对组织内部公众进行调查,先随机抽取若干个车间或班组,然后对所抽到车间或班组中的每一个人进行调查。整群抽样因为调查单位只能集中在若干群或组中,而不能均匀分布在总体中,因此,它的准确性要差一些,但此种方法最为简便。在某些情况下,往往由于不适宜单个地抽取调查单位,所以不能不采用整群抽样。

第二节 公共关系策划

公共关系策划是公共关系四步工作法的第二步。科学的策划构思和巧妙的策划艺术是制定有效公关活动方案的保证,体现了公共关系学科理论与实践的精华。

一、公共关系策划的作用和原则

(一) 公共关系策划的作用

由于公共关系策划在公共关系工作程序中处于核心的地位,起着承上启下的功能,所以其作用就显得特别重要。围绕公共关系工作的特性,公共关系策划的作用大致包括以下五个方面。

1. 整理思路

公共关系策划既然是一种对未来公共关系行为进行布局的思维过程,它就要求公共关系人员必须具有明确的思维目的、严密的思维逻辑以及系统的思维结果。策划本身就是为了避免未来行为的盲目、随意、无序混乱,因而,策划的作用首先就在于帮助公共关系人员于纷繁的信息中去整理思路、找出头绪、明辨方向、把握节奏,使未来的公共关系行为能主次有序、轻重有别、环环相扣、层层相接。

2. 指导行为

公共关系策划的第二个作用,就表现在对未来公共关系行为的事前设计和规定。为了达到预期的策划目标,策划必须对未来公共关系行为的每一步骤、每一行动的细节作好安排和设定,对公共关系行为的方向、方法、度和量做出统一的规定和要求。这才能保证未来的公共关系行为不至于出现仓促应付、随心所欲、偏离目标、各自为政、主次不分、前后失序、节度不明、张弛失控等毛病。

3. 开启创意

公共关系不应是照本宣科、依样画葫芦。每个组织都有其自身行业的特征、资料的个性化和环境的差异,更有不同的公共关系预期,这就要求策划人员的工作必须是一种创造性活动,追求的是"人无我有,人有我优;不求唯一,但求第一""誓与天公试比高"的境界。公共关系策划因此也就具有开启思维、促进创意、不断进取、追求卓越的作用。

4. 咨询决策

公共关系策划的第四个作用是在组织管理中,对公共关系决策的咨询和支撑。应当说,公共关系策划是组织公共关系学决策中可缺少的一环,它是整个决策过程中决策者方案选择的依据,是策划人员最后决断的前提。毛泽东曾经说过:"指挥员的正确部署来源于正确的决心,正确的决心来源于正确的判断,正确的判断来源于周到和必要的侦察,和对于各种侦察材料的连贯起来的思索。"这种思索,就是通常所说的策划。可以说,没有策划便没有对行动实施的部署和安排。从确定公共关系目标到进行公共关系策划,从进行公共关系策划到优选方案再到最终拍板下决心实施,层层相连、环环相扣。没有了公共关系策划,公共关系决策便成了空中楼阁,毫无意义可言。

第六章 公共关系工作程序

5. 促进竞争

应当说，现代公共关系是市场竞争的产物，但就组织整体竞争战略看，公共关系策划又势必促进组织在树立形象、传播沟通、协调关系诸方面的竞争。今天，各类组织为了自身的生存发展，又逐步从有形资产的竞争过渡到无形资产的竞争，即形象和关系的竞争。如何在激烈的竞争中使自身组织的形象脱颖而出，成为众所瞩目、众望所归的焦点，如何使组织形象能获得公众的认可、理解、支持和依赖，关键在于组织的认知度、美誉度和和谐度，也取决于公共关系策划水平的高低。也就是说，形象和关系竞争的背后，实际上是公共关系策划人员及其策划水准的竞争。由此看来，公共关系策划的确起着促进竞争的作用。

（二）公共关系策划的原则

公共关系策划是组织公共关系工作的中心环节，组织形象管理工作是否有效，在很大程度上取决于策划的成败。因此，公共关系人员在进行公共关系策划时，不可随心所欲，应遵守下述各项原则。

1. 公众利益优先的原则

公众利益优先的原则是公共关系策划的首要原则。公众利益优先，不仅是公共关系工作的指导思想，同时，也是公共关系人员所应遵守的职业道德标准。

所谓公众利益优先，并不是要组织完全牺牲自身的利益，而是要求组织在考虑自身利益与公众利益的关系时，始终坚持把公众利益放在首位，要求组织不仅要圆满完成自身的任务，为社会做出贡献，同时还要重视其引起的公众反应，关心整个社会的进步与发展。组织只有时时、处处为公众利益着想，坚持公众利益至上，才能赢得公众的好评与社会的支持，才能使自身获得更大、长远的利益。

2. 尊重客观事实的原则

公共关系人员在策划过程中，要始终坚持以客观事实为依据，尊重客观事实。①公共关系人员应做到按照客观规律进行策划。如在中国做公共关系工作就不能不考虑到中国的国情，考虑到改革特色，考虑到从计划经济向市场经济转变带来的变化及影响，使策划能脚踏实地。②公共关系策划、方案设计要据实公开，塑造组织形象时必须做到客观、真实、全面和公正。客观，就是要还事物的本来面貌，不以猜测和想象代替事实；真实，则要求面对事实时一是一、二是二，不夸大也不缩小；全面，要求充分掌握事实，公开事实的全部材料，而不是只取某一部分；公正，即对事实采取公众可接受的立场，不袒护和推诿。

尊重客观事实的原则对处于不利情况下的组织来说尤为重要。敢于承认不利的事实，才可能理智地进行策划；企图掩盖事实真相的策划，只能使组织走向自己愿望的反面。

3. 独创性与连续性相统一的原则

独创性是组织形象竞争的需要。严格地说，不会有两个完全相同的公共关系策划，这是因为不同组织的主观和客观条件不一样；就是同一组织，其自身条件和环境也是在不断变化着的。公共关系策划不能随着形势发展不断创新就会丧失生命力。近年来兴起的CIS（企业识别系统）战略，就是对组织形象设计的具体化与深化，要使组织战胜竞争对手，在茫茫商海和众多的组织中标新立异、脱颖而出。

值得注意的是组织形象的塑造不可能一蹴而就，它需要一定的积累，公众要通过多次参与对组织形象的评判，才能建立起对组织较为确定、客观的评价。因此，在进行公共关系策划时，不仅要考虑一次活动的独创性，还要考虑本次活动与前后活动的连续性，只有坚持公共关系策划独创性与连续性的统一，才能更科学、有效地进行公共关系策划。

公共关系学

4. 计划性与灵活性统一的原则

经公共关系策划形成的方案,将列入组织的整体计划之中,构成整体运行的一部分。因而必然涉及组织各方面工作的协调与人、财、物的配备,所以必须有较强的计划性。方案一旦形成,不宜轻易改变,这样才能保证整体行动方案得以运行。

但是由于组织的主观条件与外部环境随时都在发生变化,都会制约方案的运行,因此,在策划行动方案时应留有充分的回旋余地,针对可能发生的变化,考虑灵活的补救措施,使所策划出的方案具有一定的灵活性。

5. 与组织整体计划和社会发展相一致的原则

公共关系策划是在组织整体计划与社会发展的大背景的制约下进行的,它脱离不了这个基础。因此,公共关系策划方案应与组织整体计划和社会发展规划相一致。否则,再好的创意也可能是一种空想,再好的策划也是徒劳无功的。

二、公共关系策划的程序

公共关系策划分两个阶段、七个步骤。策划的第一个阶段为准备阶段,分为组织形象现状及原因的分析和确定目标要求两个步骤;策划的第二个阶段为实际策划,分设计主题、分析公众、选择媒介、预算经费和策划书五个步骤。

(一) 公共关系策划的准备性工作

着手进行公共关系策划之前,应首先做好以下两项准备工作。

1. 组织形象现状及原因的分析

组织形象现状及原因分析工作是指要求公共关系人员在进行公共关系策划之前,对策划所依据的调查材料进行一次分析、审定,确认调查材料的真实性与可靠性。否则,再好的策划也不会取得成功。

2. 确定目标要求

确定公共关系工作的具体目标是公共关系策划的前提。没有目标,公共关系策划就无从谈起。公共关系工作的具体目标是同调查分析中所确认的问题密切相关的。一般来说,所要解决的问题也就成了公共关系工作的具体目标。公共关系工作的具体目标是公共关系策划的依据,它既不同于公共关系总目标和组织的总目标,又要与这些总目标保持一致。

(1) 确定目标的重要性。公共关系目标实际上就是组织通过公共关系策划和实施所希望达到的形象状态和标准。确定公共关系目标,对搞好组织的公共关系工作十分重要。

1) 公共关系目标是指导和协调公共关系工作的依据。公共关系活动的开展要有很多部门和人员配合,在实施过程中又会不断出现各种意外情况。有一个明确的目标,可以指导人们的行为,并为人们处理意外情况提供依据和要求。

2) 公共关系目标是评价行动方案实施效果的标准。策划的好坏、成败,最终只能用所确定的公共关系目标来衡量。

(2) 公共关系目标分类。公共关系的目标体系可以从不同角度分为不同的类型。它通常可按时间长短和目标的共性、个性来划分。

按照时间来分可分为长期目标和短期目标。长期目标涉及组织的长远发展和经营管理战略等重大问题,它与组织的整体目标相一致,反映组织的理想形象和经营信条。通常长期目标的时间跨度在5年以上。短期目标是指围绕长期目标制定的具体目标。它内容具体,有明确的指导性,如年度目标、专题活动目标等。

第六章 公共关系工作程序

从共性与个性角度可分为一般目标和特殊目标。一般目标是指针对各类公众的共性要求制定的目标。它解决共性的问题。特殊目标是指针对那些不同类型公众的个性需求而制定的目标。如对海外公众、少数民族公众工作时的目标就应具备特殊性。

公共关系目标还有一些其他分类方法。如按照公共关系活动目的可分为传播信息、联络感情、改变态度、引起行为等；按照活动作用形式可分为进攻型目标、防守型目标等。这些分类方法都有利于确定具体工作目标。

公共关系策划的目标越具体、越明确，越能形成一个科学的目标管理系统，明确各级的责、权、利与完成时间，就越能保障公共关系活动的成功。

（3）确定目标需注意的问题。公共关系策划所依据的目标要明确、具体并应具有可行性与可控性。

1）目标应明确、具体。明确是指目标的含义必须十分清楚、单一，不能使人产生多种理解。具体是指目标是可直接操作的，具有明确的内容和任务要求，而不是泛泛的、抽象的口号。比如，"把本厂在全国的认知度从现在的20％提高到50％"的目标，要比"提高本厂认知度"的目标明确、具体得多。

2）目标的提出要具有可行性和可控性。可行性是指确定的目标要现实，既不能太高，也不能太低，经过一定的努力可以达到。可控性是指确定的目标要有一定的弹性，要留有充分的余地，以备条件变化时能灵活应变。

（二）公共关系策划的实质性工作

在完成公共关系策划的准备工作之后，便可着手进行实质性策划。

1. 设计主题

公共关系活动的主题是对活动内容的高度概括，它提纲挈领，对整个公共关系活动起着指导作用。主题设计得是否精彩、恰当，对公共关系活动的成效影响很大。公共关系活动主题的表现方式是多种多样的。它可以是一个口号，也可以是一句陈述或表白。如北京长城饭店的公共关系活动主题就是"在长城饭店，小事不小，宾至如归"，北京元隆刺绣绸缎商行的公共关系活动主题口号是"古有丝绸通西域，今有元隆连五洲"。

公共关系活动的主题看上去很简单，但设计起来并非容易。设计一个好的活动主题一般应考虑四个因素，即公共关系目标、信息个性、公众心理和审美情趣。

（1）公共关系活动的主题必须与公共关系目标相一致，能充分表现目标，一句话点出活动目的。

（2）表述公共关系活动主题的信息要独特新颖，有鲜明的个性，既区别于其他组织的活动，又要突出本次活动的特色，与以往的不同。

（3）公共关系活动主题的设计要适应公众心理的需求。既富有激情，又贴切朴素；既反映组织的追求，又不脱离公众，使人觉得可亲、可信。

（4）公共关系活动的主题设计要注意审美情趣，词句要形象、生动、优美、感人，同时要注意简明、扼要，便于记忆、朗朗上口，不能使人产生歧义理解与厌烦情绪。

2. 分析公众

任何一个组织都有其特定的公众，公共关系工作是以不同的方式针对不同的公众展开的，而不是像新闻那样通过传播媒介把各种信息传播给大众。确定与组织有关的公众是公共关系策划的基本任务，否则不能有效地开展公共关系工作。这是因为：①只有确定了公众，才能选定需要哪些公共关系人员来实施方案，以什么样的规格来对待公众。比如对待国内公众与

公共关系学

国外公众、一般公众与特殊公众所选派的公共关系人员和活动规格应有所区别，才能更有针对性，提高效果。②只有确定了公众，才可确定如何使用有限的经费与资源，确定工作的重点与程序，科学地分配力量。③只有确定了公众，才能更好地选择传播媒介和工作技巧。因为不同的公众对象，其文化素质等也就不同。④对媒介有不同的选择和适用范围。只有确定了公众，才有利于搜集那些既能被公众接受，又有实效的信息，而不是漫无边际地传播，造成不必要的浪费。

确定公众一般分为两个步骤：

（1）鉴别公众的权利要求。公共关系在本质上是一种互利的关系，一个成功的策划必须考虑到互利的要求。因而策划时必须明确公众的权利要求，将其作为策划的依据之一。通常可排列一个尽可能反映各类公众权利要求的表格，使之一目了然，便于比较分析。

（2）对公众对象的各种权利要求进行概括和分析，找出哪些是公众的共性要求，哪些是公众的特殊要求，哪些与组织的信念和发展目标相符、哪些相悖，以便分出轻重缓急，并进行区别对待，谋求组织与公众利益的共同发展。

3. 选择媒介

各种媒介各有所长、各有所短，只有选择恰当，才能事半功倍，取得良好的传播效果。选择传播媒介的基本原则如下：

（1）根据公共关系工作的目标、要求来选择传播媒介，使其特定的功能能适合于为公共关系的某一目标服务。如果组织的目标是提高知名度，则可选择大众传播媒介；如果组织的目标是缓和内部紧张关系，则可以通过人际传播与群体传播，通过会谈、对话等方式加以解决。

（2）根据不同的对象来选择传播媒介。不同的对象适用于不同的传播媒介，要想使信息有效地传达到目标公众，就必须考虑到他们的经济状况、受教育程度、职业习惯、生活方式，以及通常接受信息的习惯等。比如对经常流动的出租汽车司机最好采用广播；要引起孩子的注意最好是制作电视节目与动画片；对喜欢阅读、思考的知识分子应多采用报纸、杂志等媒介。

（3）根据传播内容来选择传播媒介。每种传播媒介都有鲜明的特点和一定的适用范围。选择媒介时应将信息内容的特点和各种传播媒介的优点和缺点结合起来综合考虑。比如：内容简单的快讯可选择广播，它覆盖面广，传播速度快；对较复杂、需反复思索的内容，最好选择报纸、图书、杂志等，可以从容研读，慢慢品味；对大型专题公关活动的盛况，采用电视则效果最佳，生动、逼真，引人入胜。

还需要注意的是，只对本地区有意义的信息就不要选用全国性的媒介；只对一小部分特定公众有意义的信息就没有必要采用大众传播媒介；而针对个别消费者的投诉，则只需面约商谈或书信往来。

（4）根据经济条件来选择传播媒介。俗话说："看菜吃饭，量体裁衣"。组织的公共关系活动经费一般都很有限，所以，成功的公共关系策划应选择恰当的媒介与方式，争取以较少的开支得到最好效果。

4. 预算经费

公共关系活动经费一般包括以下几个项目。

（1）行政开支。行政开支包括以下几个方面：

1）劳动力成本。这是行政开支的主要费用之一。它应包括公共关系人员的基本工资、职

第六章 公共关系工作程序

务工资,并包括奖金、副食补贴及其他福利补贴,外聘专家和劳务人员的开支也计算在内。

2)管理费用。它是指维持公共关系部门日常工作而支付的费用,通常包括房租、水电费、保险费、取暖费、办公费、差旅费、维修折旧费等。

3)设施材料费。它依据公共关系活动运用的技术手段而定,一般包括各种摄影设备和材料、视听器材、展览设施和所需的各种实物、订阅的书报杂志等的费用。

以上费用属于基本固定的日常开支。

(2)项目开支。项目开支是指实施各种公共关系活动项目的所需费用。大型专项活动所需经费较多,是日常固定开支难以支付的,比如大型活动的举办、赞助、专项调研、突发事件的处理等。这类费用的预算要有较大的弹性。

公共关系预算总额确定的方法很多,最常见的有以下几种:

1)固定比率法。它是指按照一定时期内经营业务量的大小来确定预算的一种方法。这种方法最突出的优点是便于计算,简单易行。但它也存在着明显的缺点:①最佳比率难以确定,容易影响预算拨款的科学性。②因果倒置,公共关系经费要由销售结果来决定,而事实往往是销售额的增长正是公共关系活动的结果。③这种方法缺乏弹性,一旦有特殊需要,只能望洋兴叹。

2)投资报酬法。它是指把公共关系开支当作一般投资来看,根据同量资金投入获得同量报酬的原则,哪个部门报酬高,这个部门就可以获得较多的资金,使公共关系部门具有竞争意识的一种方法。这种方法的优点是有利于提高资金利用效能;其缺点是在现实中,公共关系部门投资所取得的效益是分散在各个部门的,存在着交叉效益,计算难度大。

3)量入为出法。它是指按照组织的财务状况,根据财政可能支付的金额来确定公共关系费用预算的一种方法。

以上三种方法都是先确定公共关系活动费用的总额,然后再编制行动计划。这几种方法虽然比较现实,但比较消极、被动。

4)目标先导法。它是指先制定出公共关系工作希望达到的目标,再算出完成计划所需的资金总量作为预算额度,同时还应计提一定比率(比如10%)的风险基金,以备偶然事件发生的一种方法。这种方法的优点在于具有主动性、伸缩性,可以根据公共关系活动自身需求和环境变化来进行预算,便于组织充分发挥主观能动性;其缺点是如果预测不够科学、准确,就可能出现超支或浪费,且操作要求难度比较高。

5. 策划书

公共关系计划经过论证后,必须形成书面报告——策划书。职业化的公共关系策划必须建立自己完整的文书档案系统,每一项具体公共关系活动必须见诸文字,以备查找。策划书的写作应包括以下十个方面:

(1)封面。封面应注明策划的形式与名称、策划的主体(策划者及所在公司或部门)、策划日期,文件编号。此外,还可考虑在封面上简洁地附加兼有说明的内文简介。

(2)序文。序文是把策划书所讲的要点加以提炼、概括,使人一目了然,一般在400字左右即可。

(3)目录。目录要对内容提纲挈领,务求让人读过后能了解策划的全貌,目标与标题应协调统一。

(4)宗旨。这是策划的大纲,应该将策划的重点、公共关系目标、社会意义、操作实施的可能性等问题加以具体说明,展示策划的合理性、重要性。

公共关系学

（5）内容。这是策划书的主体和最重要的部分。内容因策划种类不同而有所变化，但必须以让第三者能一目了然为原则，应层次分明、逻辑性强，切忌过分详尽、冗长。

（6）预算。这是指按照策划确定的目标（包括总目标与分目标），每项列出细目，计算出所需经费。在预算经费时，最好绘出表格，列出总目和分目的支出内容，既方便核算，又便于以后查对。

（7）策划进度表。应将策划活动的全部过程拟成时间表，把何月何日要做什么指示清楚，作为策划进程指导。策划进度表最好在一张纸上拟出，以做一览表之用。

（8）有关人员、目标责任分配表。根据目标管理原则，明确各项目标、各项任务由何人负责，即将所有相关人员的责、权、利应明确清楚，避免责任不清、权力交叉造成的混乱。

（9）策划所需的物品和活动场地安排，活动中需要的各种物品、设施、场地的布置规模，停车场地等也要细致安排。

（10）与策划相关的资料。它一般是指有关的背景材料、前期调查结果、类似项目及竞争对手的情况等。它用来给策划的参与者和审查者提供决策参考。资料不能太多，不能喧宾夺主，应择其要点而附之。

策划书的写作应注意要简要地说明背景，引人入胜地描绘策划主题，详细地描述整体形象，严谨、科学地说明预算；如果可能，应尽量用各种图表给读者以直观形象。如果是对外招商的公共关系策划书，还应注意把握好保密度。

第三节　公共关系计划的实施

一、公共关系计划实施的意义

经过调查和策划，公共关系工作便进入实施阶段。公共关系计划的实施就是公共关系被采纳以后，把计划所确定内容变为现实的过程。这个过程是公共关系四步工作法中的第三个环节，也是最为复杂、最为多变的一个关键环节。这时，整个公共关系计划要借助于调查与策划的"双翼"，通过实施而开始"腾飞"了。

（1）公共关系计划的实施是解决问题的中心环节，是直接、实际、具体地解决问题的过程。即使是完美无瑕的公共关系计划，如果不经过实施，而是束之高阁，那么，它无论是对社会组织还是对社会组织的公众都是毫无意义的"纸上谈兵"。

（2）公共关系计划的实施决定了计划能否实现，以及实现的程度和范围。成功的实施，可以圆满地完成计划所确定的任务，实现计划目标，甚至还可以通过实施人员创造性的努力来弥补计划中的不足。这种实施活动的成功之处就在于实施人员能够选择最有效的途径和手段，采用多种方法和技巧，在公众中树立本组织的良好形象。失败的实施，不仅不能实现计划目标，有时还可能使计划中想要解决的问题更加恶化，甚至完全与计划目标背道而驰。从这个意义上说，实施这个环节不仅决定了计划能否实现，而且也决定了计划实现的效果。

（3）公共关系计划实施的结果是后续方案制定的重要依据。一项公共关系计划的实施过程不论成功与否，它都会在社会上造成一定的影响和后果。因此可以说，组织面临的社会现状，就是过去社会组织开展公共关系工作所形成的结果。制订公共关系计划必须要以社会组织所面临的现状为依据，特别要注意前一项公共关系计划实施后由各种渠道反馈回来的信息。以前一项公共关系计划实施的结果为基础，针对新出现的问题制订新的计划，可以说是公关系计划制订过程中的一个原则。因此，前一项公共关系计划实施的情况，对后续方案的制定具有重要的意义。

二、公共关系计划实施过程中的特点

1. 实施过程中的动态性

公共关系计划的实施是由一系列连续活动构成的过程，是一个思想和行为需要不断变化、不断调整的过程。这种实施过程的动态性主要是由于：一方面，一项公共关系计划无论制订得多么周密，也无论它如何具体和细致，总免不了与实际情况存在着一定的差距；另一方面，随着时间的推移、实施的进展、环境的变化，实施过程中仍会遇到一些新情况和新问题。因此，不断地改变、修正或调整原定的实施方案、程序、方法、策略等则是实施活动中不可避免的现象。如果不考虑社会环境的发展而引起的条件的变迁，却按一个固定的模式去机械地执行计划，那就不仅不能实现组织的计划目标，反而会给社会组织自身招来新的麻烦。实施过程中的动态性，并不意味着实施人员可以随意以一些无关大局的变化为借口而不按原计划去实施。公共关系计划实施中的动态性与实施人员的主观随意性不可混为一谈。

2. 实施过程中的创造性

由于计划的实施是一个不断变化和需要调整的动态过程，所以实施人员要依据整个实施方案中的原则和自己所处的环境、面临的条件确定自己的实施策略，如准确地选择传播渠道、媒介与方法，合理地选择时机，正确地分配任务，灵活地调整步调等。可见，公共关系计划实施的过程绝不是一个简单的照章办事的过程，而是一个由一系列不同层次的实施人员发挥主观能动性的过程。在计划实施的过程中，常常会遇到意想不到的突发事件，而在原定的公共关系计划中又很难找到如何处理这些突发事件的具体措施，这时，实施人员能否充分发挥自己的主动性、积极性和创造性则成为公共关系计划能否实现的关键。所以，研究计划的实施过程，必须注意到它是一个实施人员发挥创造性的过程。忽略了这一特点，公共关系计划的实施将成为一种缺乏艺术性的程序化、制度化的活动。虽然鼓励有创造性，但是决不允许实施人员随意篡改实施方案，或以各种借口对计划的实施进行抵触，而把计划的实施过程引向歧途。

3. 影响的广泛性

公共关系计划实施过程中所产生出来的广泛性影响主要表现在以下三个方面：

（1）在计划实施过程中，会对众多的目标公众产生深刻的影响。一项公共关系计划得以成功的实施后，常常会使该社会组织的异己力量变为自己的合作者和支持者。即使有时不能令目标公众从立场上进行彻底的转变，那么在观点、态度等方面也会产生不同程度的变化，至少也可以使目标公众对社会组织的负态度（敌视、偏见、漠然、无知等）向正态度（了解、理解、好感、支持等）的方向有所转化。如一项成功的公共关系广告常常可以在目标公众的心目中树立起组织的良好形象，使其对该组织产生好感或进而引导目标公众的消费行为。

（2）公共关系计划的实施有时还会对整个社会的文化、习俗产生深刻的影响。1971年，美国的汉堡包在一项公共关系的实施中远涉重洋，"登陆"日本，这一成功的公共关系计划实施，不仅使日本民族两千多年以来吃米、吃鱼的习惯发生了变化，而且使日本民族的进餐方式有了突破。以往日本人习惯于端坐桌旁并用筷子吃饭，但是吃汉堡包时却既可以用手抓着吃，又可以边谈边吃，还可以边走边吃，忙碌时甚至可以边工作边吃。这一进餐方式由于适应了日本民族快节奏的现代生活而为日本人民所接受。日本的藤田先生说："汉堡包带给日本人的冲击比佛教传入日本更大。"由此可见，一项公共关系计划在实施过程中所产生的影响和作用往往不局限于计划本身所制定的目标，而对整个社会产生推动作用。这是因为，一项公共关系计划的实施常常会使社会文化的整体结构产生一系列相应的变动。

（3）一项公共关系计划在实施过程中产生的影响还表现在：计划在研究过程中一些没有认识到的、隐藏着的问题，常常在实施过程中显示出来，带来一些未及预料的影响和变化。这一特点，为公共关系计划在实施过程中产生的广泛性影响提供了新的内容。总之正是由于公共关系计划的实施，才使公共关系计划产生了广泛的实际影响。

影响的广泛性、过程的动态性和实施的创造性不是孤立存在的，而是在实施过程中互相影响、互相作用的。一项公共关系计划的实施影响范围越广泛，实施过程中的创造性也会表现得越突出，计划的变化和调整幅度也越大；同样，计划的调整和变动幅度越大，计划实施所产生的影响范围也就越广泛。

三、影响公共关系计划实施的因素分析

影响公共关系计划实施的因素是众多而复杂的，一般来说，主要来自三个方面，即公共关系计划中的目标障碍、计划实施过程中的沟通障碍及公共关系计划实施中的突发事件。在实施过程中，仅凭公共关系人员的工作热情和苦干、实干是不行的，公共关系人员必须懂得：要获得一定的实施效果，就必须了解和研究在实施过程中怎样消除或减少沟通的障碍。

（一）公共关系计划中的目标障碍

所谓公共关系计划中的目标障碍，是指在公共关系计划中由于所拟定的公共关系目标不正确或不明确、不具体而给实施带来的障碍。在公共关系计划实施的过程中，无论实施的动态性多么突出，但是实施的原则基本上是根据计划方案所规定的内容进行的；否则，它就不是公共关系计划的实施了。因此，公共关系计划的实施必然要受到计划方案多方面的影响。如果计划目标不正确或不明确、不具体，那么，尽管实施人员尽心尽力，也会给实施造成种种障碍。例如，如果公共关系计划目标不符合公众利益，那么在实施过程中必然受到目标公众的抵制；如果公共关系计划目标过低，那么往往不能唤起目标公众的合作热情，目标过高又会使实施人员望而却步。因此，要想有效地开展实施活动，就必须排除各种目标障碍。

排除目标障碍的根本途径是要求计划的制订者尽量使计划目标具有正确性、明确性和具体性。实施人员在开展工作之前从以下五个方面检查一项公共关系计划的目标是否具有正确性、明确性和具体性：

（1）检查计划目标是否切合实际并可以达到。
（2）检查计划目标是否可以比较和衡量。
（3）检查计划目标是否指出了所期望的结果。
（4）检查计划目标的完成是否是计划实施者职权范围内所能完成的。
（5）检查计划目标是否规定了完成的期限。

如果在这五个方面有疏漏，那么实施人员应主动与计划制订者取得联系并促其重新修订。正确、明确、具体的计划目标是实施人员行动的依据和树立信心、赢得公众支持的重要源泉，也是对计划实施进行控制、监督和评估的基础。

（二）计划实施中的沟通障碍

公共关系计划实施的过程实际上是传播沟通的过程。实施过程中的传播沟通并不是一帆风顺的，常常会因为传播沟通工具的运用不当、方式或方法的不妥以及传播渠道的不畅而使

第六章 公共关系工作程序

实施工作不能如愿以偿。难怪一些传播的实践者不得不发出感叹："我们面对着的，仍是一个难以沟通的世界。"

美国的一位生态学家奥尔多·利奥波尔德在他的早期著作中提出，如果能够把使用土地不当的恶果提前告诉人们，他们就会改变自己的方式。在暮年，他认识到这一结论是建立在三个错误假设的基础上的。这三个错误假设是：公众能够听从劝告或能使他们听从劝告；公众能够做出反应或出于对受到伤害的恐惧而能够使他们做出反应；在公众本身没有发生任何重大改变的前提下，也可以改变土地使用方式。

这位生态学家的良好愿望不能实现的主要原因来自于社会沟通的障碍，研究社会沟通的障碍并排除之，是有效地开展实施活动不可缺少的环节。在实施活动中，常见的沟通障碍大致有以下几种。

1. 语言障碍

语言是指以语音为物质外壳，以词汇为建筑材料，以语法为结构条理而构成的符号体系。语言与思维不可分离，为人类所独有，是一种特殊的社会现象。人们只有借助语言才能表达情感、交流思想、协调关系。因而，语言是人类最重要的沟通工具。但是语言是一种极复杂的工具，掌握运用语言的能力绝不是一件轻而易举的事。由于语言方面的原因而引起的沟通麻烦到处可见。不同国度、不同民族之间的沟通会遇到语言上的障碍是自不待言的，而在同一国度里的同一民族因地区的不同造成语言的不同也往往使人们饱尝语言不通之苦，如走路走错路、乘车乘过站、购物听不懂等，甚至因语言误会引起纠葛。

2. 习俗障碍

习俗即风俗习惯，是指在一定文化历史背景下形成的具有固定特点的调整人际关系的社会因素。如道德习惯、礼节、审美传统等。习俗世代相传，是经过长期重复出现而约定俗成的习惯。虽然习俗不具备法律的强制力，但通过家族、邻里、亲朋的舆论监督，往往迫使人们入乡随俗，即使圣贤也莫能例外。忽视习俗因素而导致沟通失败的事例屡见不鲜。

不同的礼节习俗往往造成沟通中的误解，以至沟通受挫。如一位德国工程师到日本磋商合作事宜，在日期间，他受到热情的接待。当他提出自己的意见时，日本合作方微笑着频频点头。他回去后满怀希望地等待了三个星期之后，却得到了完全出乎意料的回音——他所提的意见半数以上遭到否决。他实在不懂，日本人的礼貌绝不是同意的表示。

不同的审美习俗也导致彼此误解。如一位英国青年为了取悦他的中国女友，特意买了一束洁白的菊花送到女友家中，不料女友的父亲一见便大为不悦。结果他被轰了出去，却不知道原因所在。在他看来白色象征纯洁无瑕，他选择白色的菊花完全是一片好意。他根本不会想到在中国白菊花是吊唁死者用的。因此，在沟通中必须注意到沟通双方是否有不同的审美习俗。

3. 观念障碍

观念属于思想范畴，是指由一定的经验和知识积淀而成，在一定条件下人们接受、信奉并用以指导自己行动的理论和观点。观念本身是沟通的内容之一，同时对沟通又有巨大的影响作用。有的观念是促进沟通的强大动力，有的观念则是阻碍沟通的绊脚石。因此，在消除语言和习俗障碍之后，有必要认真地对待观念障碍。

封闭观念排斥沟通。例如以前，农民世世代代在一小块土地上耕种，自给自足。简单劳动只凭经验和力气，不需要分工协作，没有众多的社会联系，决定了他们必然怡然于"桃花源"式的生活方式，产生"鸡犬之声相闻，老死不相往来"的自我封闭观念。公共关系计划

公共关系学

的实施过程常常在封闭观念面前受阻。

极端观念破坏沟通。在日常生活中人们经常遇到这种情况：争论双方都只抓住对方在沟通过程中的某一环节、反面或特点各执一词，彼此否定，谁也听不进对方的意见，结果常常闹得不欢而散。

4. 心理障碍

心理障碍是指人的认识、情感、态度等心理因素对沟通过程的阻碍。如在谈判中，常常由于一方或双方误解了另一方的意图或者事实真相而浪费大量时间。曲解的原因就在于一方或双方钻进了隐蔽假设的误区不能自拔并且毫无觉察。陷入困境的谈判有时就是这样造成的。日常生活中的意见冲突也往往是隐蔽假设的不同在作怪，而调解者的有效作用，往往就在于准确无误地使双方了解事实真相，以消除偏见。在沟通过程中，时时注意检查自己各种假设的真假并对对方做出正确预测是十分必要的。

除了认识方面的障碍以外，情感的失控也会导致沟通受阻。例如，感情冲动时往往听不进不同意见；不能摆脱心情压抑状态的人大多表现出孤僻、不愿与人交往的倾向，对一些信息有厌恶感。与此同时，态度欠妥也不能取得理解的沟通效果。

5. 组织障碍

合理的组织结构能够有效地进行内外沟通；反之，不合理的组织结构则会成为束缚沟通的"绳索"。沟通过程中的组织障碍主要表现在以下四个方面：

（1）传递层次过多造成信息失真。有人做过这样的实验，拿一张图给第一个被试者看，然后让他凭记忆重新画出。接着把重画的图给第二个被试者看，也让他根据记忆再画一张。以此类推，传到第四个人时，画出的图与原图相差甚大。这表明信息在传递过程中，中间环节越多，保真率越低，甚至有时最后信息与原信息被搞得面目全非。因此，在组织机构上减少层次，减少信息传递环节，尽量做到"一竿子到底"，是保证沟通内容准确无误的有效措施。

（2）机构臃肿造成沟通缓慢。机构设置臃肿繁多，必然造成印章循环。这就好像一个过胖的人，由于心脏承受着重压，血液循环与新陈代谢必然受阻一样。肥胖导致病人患高血压、动脉硬化、冠心病等疾病，机构臃肿也必然导致组织缺少活力，信息沟通缓慢或"血栓"。

（3）条块分割造成沟通"断路"。条块分割的组织结构，使信息很难畅通无阻。有时只要有一关通不过，就不能实现沟通。条块分割，层层设卡，地方封锁，严重地堵塞了自由沟通的渠道。

（4）沟通渠道单一造成信息量不足。这种沟通中组织障碍主要是指信息的传递基本是单方向的"上情下达"。组织结构的安排不大考虑从下往上提建议、商讨问题等途径，即下情难于上达，因而到达决策层的信息量明显不足、为了加强沟通、排除这种组织障碍，各组织应建立多种沟通渠道，如通过党、政、工、团、妇等渠道反映情况；举行民意测验，广泛征求意见；召开各种类型座谈会、茶话会；进行家访和谈心；定期商讨共同关心的问题等。

沟通的障碍可能来自沟通要素的任何部分，也可能发生在沟通过程的任何环节，是由各种各样的因素分别或共同引起的。因此，沟通的障碍并非只源于以上五种。除此五种之外，还有诸如政治障碍、生理障碍、技术障碍、方法障碍等。由于障碍的类别不同，特点各异，排除的方法自然也是不同的。以下只是从原则上介绍一下排除沟通障碍时应注意的问题：

（1）注意缩小传播者与公众之间的差异。解决这一点的方法是利用与公众所处的社会位置最近的媒介。利用公众心目中信誉较高的传播媒介，但这一点是相对于具体问题而言的，

第六章 公共关系工作程序

尽量减少与公众在态度方面的冲突；用公众可以接受的语言或事例来说明所需沟通的问题；确定大多数公众的立场，表明自己的立场与他们的立场一致；发挥公众细分的作用，公众细分将会帮助沟通者得到积极的反应；根据形式需要随时调整反映组织要求的信息。

（2）沟通者必须牢记四种基本事实：①公众是由许多受到各方面影响的个体构成的，这些个体生活、工作的特点各不相同，并在社会生活结构的各个部分包括城市、郊区、农场和村镇中发挥作用。②公众受到各方面的影响，沟通者所传播的信息只是其中的一个。③公众乐于接受与他们切身利益密切相关的信息和与他们原有认识、态度相一致的信息，而回避或不接受与其原有认识、态度相矛盾的信息。④各种大众传播媒介创造了其公众社区。如那些习惯阅读《工人日报》的读者，未必喜欢阅读《光明日报》。

（三）公共关系计划实施中的突发事件

对公共关系计划的实施干扰性最大的莫过于重大的突发事件。这里所说的重大突发事件包括两大类：一类是人为的纠纷危机，如公众投诉、新闻媒介的批评、不利舆论的冲击等事件；另一类是不以人类意志为转移的灾变危机，如地震、火灾、水灾、空难等。这些重大的突发事件对公共关系计划的实施干扰极大。因为突发事件一般具有以下几个特征：突然发生，常使人始料不及；来势迅猛，常令人措手不及；后果严重，危害极大；影响范围大；易给整个社会带来恐慌和混乱。一个社会组织如果不善于风险管理，风险一旦发生，那么不但会摧毁整个公共关系计划的实施，甚至会影响到本组织的生死存亡。

面临突发事件时，公共关系人员应该保持头脑冷静，防止感情用事，认真剖析原因，正确选择对策。据一位日本的公共关系专家介绍，面临突发事件，公共关系人员在传播沟通时应注意以下六个问题：

（1）实事求是地发布消息。不清楚的地方要坦率地告诉对方，不要把主观臆测混在其中。

（2）发布的时机很重要。不能因过于慎重而贻误时机，以致使流言、谣言产生，引起混乱。

例如，1986年前苏联发生了切尔诺贝利核电站事故。1988年4月27～30日在澳大利亚墨尔本召开的第11届公共关系世界联盟大会上，一位前苏联教授做了题为《切尔诺贝利核电站事故以来的两年》的报告。报告中讲到："我们认为事故发生后消息公布过晚是一个很大的失败。事故发生在1986年4月25日夜间到星期六的黎明，而新闻界28号才对外发表正式消息。在此之前，一家欧洲新闻社报道，说这一事故造成2000人死亡，引起世界的震惊。我们曾统计过，世界上类似苏联核电站的地方有410家左右。我们应得出教训，应随时准备在事故发生后采取各种公关措施。"

（3）注意在发布消息时应尽量统一形成文字。因为，口头讲话容易被误传。

（4）为防止外界误传，宣传中要统一口径，不能随便发表言论。例如，1986年11月日本伊豆三元火山爆发，造成23800多人下落不明。这些人到底逃到了何处，由于没有统一的报道，造成了混乱。有些通讯说这些人没有离岛，而电视、广播说却逃到了岛外，不知谁是对的。

（5）对于有些社会影响大的问题，发布消息则越早越好。例如日本有一家企业由于和政界在某些事上的牵连产生了社会问题，舆论界追究责任要求社长辞职。为了平息事件，社长在深夜及时召开了记者招待会。这一举措起到了积极作用。

（6）一旦事故出现，就应有专人应对新闻界，把情报工作抓起来，尽快平息混乱。排除沟通障碍的努力带有综合治理的性质。因为排除这些沟通障碍的方法理论涉及诸如语言学、

公共关系学

传播学、逻辑学、民俗学、社会学、心理学、管理学等，公共关系人员只有广泛涉猎有关知识，通过全面的努力，尽量减少沟通障碍，才能有效地实现沟通并成功地实施所拟订的公共关系计划。

四、公共关系计划实施的原则

公共关系计划实施过程中的动态性、创造性及影响的广泛性构成了实施活动的复杂性。为了在复杂的实施活动中不偏离既定的公共关系战略目标，实施人员必须遵循实施的原则。

1. 目标导向的原则

所谓目标导向的原则，是指公共关系计划实施过程中，保证公共关系计划实施活动不偏离目标的原则。执行目标导向的原则实际上是控制的一种手段。从广义说，控制就是掌握住事物的发展及进程，不使其任意活动或越出范围。控制也被看作是管理的一个职能，而且多是与实施活动联系在一起的，如管理科学的五要素说（计划、组织、领导、协调、控制）和三种有机职能说（计划、组织和控制）。

实际上，在公共关系计划实施过程中也离不开控制，其控制过程就是实施人员通过目标手段对整个实施活动进行引导、制约和促进，以把握实施活动的进程和方向。因此，目标导向原则也叫目标控制原则。一项公共关系计划实施的环境是复杂而多变的，若要成功地运用目标导向原则实现公共关系计划，必须不断地把该项计划与在这种复杂的环境中实施的结果和目标相对照，如有偏差，则及时调整才能避免失误。

2. 控制进度的原则

控制进度的原则是指根据整个公共关系计划的目标和需要，按照一定的程序，掌握工作的进展速度，以避免出现畸轻畸重倾向的原则。在公共关系计划实施的过程中，由于分工不同的实施人员各负其责地开展工作，往往会出现多方面工作不同步的现象。如某项赞助活动在电视和报刊已经传播开了，但赞助的纪念品尚未制作完成。这样必然造成工作的脱节，以致延误赞助活动的正常进行，影响主办单位的声誉。因此，在公共关系活动的开展过程中，应经常检查各方面工作的进度，及时发现超前或滞后的情况，搞好协调，使各方工作同步进行和平衡发展。贯彻控制进度的原则必须具备两个条件：①要有明确的控制目的；②要重视反馈信息。

重视运用控制进度的原则，对成功地实现公共关系计划具有重要意义，同时它也是失控者有效地推进工作进程的一项领导艺术。

3. 整体协调的原则

所谓整体协调的原则，是指在计划实施的过程中使所涉及的方方面面达到和谐、合理、配合、互补和统一的状态的原则。协调不同于控制：控制是对一个组织的计划实施过程中与计划是否有差异或背离，进行纠正或者克服的行为；协调则强调在各个实施过程中的环节之间、部门之间及实施主体和公众之间和谐化、合理化，使之不发生矛盾或少发生矛盾，即使当矛盾产生时，也能及时加以解决。

最普遍、最常见的协调有两类：一是纵向协调，二是横向协调。纵向协调是指上下级部门之间的协调。为了保证协调的效果，须注意以下几点：第一，上级部门对下级部门要有充分的了解；第二，上级部门提出的新行动措施不可在下级部门毫无思想准备和组织准备的情况下突然付诸实施；第三，实施计划中的主要目标和措施必须告知下级部门及全体实施人员；第四，下级部门必须实事求是，如实反映情况。横向协调通常采用当面协商、文件往来等形

第六章 公共关系工作程序

式来沟通信息,从而达到协调的目的。无论纵向协调还是横向协调都要依赖信息的沟通。在信息沟通过程中,信息应具有明晰性、一致性、正确性、完整性的特点。所谓明晰性,是指沟通的信息要有清楚、明确的表达,并能在实施人员心目中形成清晰的印象。如果不能明确地表达实施计划所必要的指令和概念,目标上不能统一,那么实施人员就不能抓住整个公共关系计划的重点,协调工作也会因目标不明确而无所适从。一致性的特点在于实施人员所接到的指令往往不止一个,这种先后发布的指令必须前后一致,否则实施人员就会对指令感到困惑不解,协调只会成为空谈。正确性是指要避免信息失真,不要在沟通过程中有意无意地曲解信息的内容并加上自己的主观解释。否则,协调工作也不可避免地因信息失真而偏离既定的目标。完整性的要求是建立双向交流的信息通道。只有通过双向的信息交流,才能有效地进行协调。

总之,协调的目的是要达到全体实施人员思想观念上的共同认识和行动上的一致,保证实施活动的同步与和谐,做到整个实施部门统一意志、统一指挥、统一行动,提高工作效率,减少或杜绝人力、物力和财力方面的浪费。

4. 反馈调整的原则

反馈是控制论中的一个重要概念,也是公共关系计划实施中的一个重要概念。所谓反馈,是指把施控系统的信息作用于受控系统(对象)后产生的结果再输送回来,并对信息的再输出产生影响的过程。由于人们通常要用这种反馈后所获得的认识来调整整个公共关系计划的实施活动,所以又称之为反馈调整。它的特点是,根据过去的实施情况去调整未来的行为。

反馈调整的过程是:公共关系计划制订者确定公共关系目标,根据公共关系计划的目标制定具体的实施方案,在实施方案制定的基础上,组织有关部门和人员对方案进行评估,然后把评估结果同原定的公共关系目标进行比较,发现问题后再重新修订整个公共关系计划。以上是第一步。第一步工作完成之后,则开始将修订过的公共关系方案付诸实施,实施后再将实施结果与原定目标进行比较,以影响、调整下一步公共关系计划的制订与实施。

一项公共关系计划的制订与实施,并非只需作一次反馈调整便可解决一切问题。它需要经过多次循环往复的反馈调整,使实施不断完善,直至完成公共关系计划,实现战略目标。从这个意义上说,任何一项公共关系计划拟订后,公共关系人员不应产生一劳永逸的思想。

为了保证计划的成功,实施公共关系计划的人员还应掌握"测试工作法"开展工作。测试工作法主张首先应将计划方案在小范围内或者样本公众身上实施,待取得经验之后再进行反馈调整,最后在大范围内实行。因为一项公共关系计划的实施,特别是对那些重大的公共关系活动所涉及的政治、经济、文化、心理等社会因素的制约、作用,难以进行精确的定量分析,再加之其后果影响深远,难以预料,而类似的经验又十分缺乏,在这种情况下测试工作就成了一个必不可少的环节。有些公共关系计划虽然经过专家运用科学的方法进行了反复的研究、比较、推敲和计算,但仍没有把握。此时,工作测试便成了一个最后的有效的验证手段。测试工作法的步骤大致包括选择测试对象、设计测试方案、进行测试和总结测试结果几个阶段。

5. 选择时机的原则

在公共关系计划的实施过程中,必须考虑到一个关键因素,那就是时机问题。正确选择时机是提高公共关系计划成功率的必要条件。忽视时机这一因素,常常导致计划实施的失败,其主要原因有三点:①人们不习惯接受任何突然、剧烈的变化,而需要一个他们认为是正常的发展过程;②沟通的目的在于取得预期的反应,所以应该循序渐进地向沟通对象进行信息的传播与灌输；③广告宣传和新闻报道本身，就应该是事件发生以后的逻辑后果。正确选择时机的原则与方法是克服时机障碍的有效方法。例如，一项公共关系计划实施的时机如果恰恰与奥运会的举办发生冲突，那么无论计划的实施者采取怎样得力的宣传措施，恐怕其效果也会在奥运会这种重大的新闻事件面前黯然失色。这就是不注意排除时机障碍所带来的必然结果。相反如计划实施过程中，对于时机进行了精心的选择与安排，整个计划将会借助于恰当的时机而收到良好的效果。

如美国一家中学的公共关系部主任为唤起公众对中学生大量失学这一严重问题的认识，准备了一篇文章，题目是《失学——魔鬼的呼唤》。经过研究，该文的广播时间被确定在黄昏时间来进行。为什么要选择这个时间呢？因为据心理学家测定，黄昏是人们情绪比较放松的时间，选择这个时间是为了提升宣传效果并缓和失学者对文章的抵触情绪。

在实施公共关系计划时，应怎样选择正确的时机呢？

首先，要注意避开或利用重大节日。凡是同重大节日没有联系的活动都应避开节日，以免被节日活动冲淡公共关系活动的色彩。凡同重大节日有直接或间接联系的公共关系计划则可以考虑利用节日为自己烘托气氛、扩大活动影响的辐射范围，如龙年国际旅游年的开幕典礼选在春节前后进行则收到了良好效果。

其次，要注意避开或利用国内外重大事件。凡是需要广为告知的公共关系活动都应避开国内外的重大事件，以避免与重大事件冲突。凡是需要广为告知而又希望减少震动的活动可选择在重大活动时，如公布物价的上涨，此时公众的注意力被重大事件所吸引，这样可减少活动的影响和舆论的压力。

最后，还应注意不应在同一时间内同时进行两项不同的公共关系活动，以免其效果相互抵消。总之，正确地选择时机，是实施公共关系计划的一种技巧和方法。它并不能按一种固定的模式去进行，应具体问题具体分析，从具体的公共关系计划的目标出发，从而正确地选择时机、把握时机和运用时机以达到所预期的效果。

第四节 公共关系评估

一、公共关系评估的意义

公共关系评估是指根据公共关系认知度、美誉度、和谐度所构成的特定标准，对公共关系计划、实施及效果进行检查、评价，以判断其优劣的过程。一段时期以来，一提公共关系评估，一些人就仅仅把它看作是在公共关系计划付诸实施之后，运用可行性分析等手段对实施的效果进行比较和分析的一项工作。实际上，这种看法是不全面的。公共关系评估除了用于效果的比较分析之外，它在整个公共关系计划实施过程中都具有重要作用。可以说，在整个公共关系程序中，评估控制着公共关系实践每个活动及环节。公共关系评估的重要作用表现在以下三个方面。

1. 公共关系评估是改进公共关系工作的重要环节

公共关系评估工作的开展绝不仅仅因为它是四步工作法的一个环节，而是由于它对一个社会组织的公共关系工作具有"效果导向"的作用。公共关系评估对改进公共关系工作有着重要作用。缺乏对公共关系实践活动认真、科学的评估，没有经过对公共关系计划、实施及其效果的充分研究和分析，就盲目地调整计划及实施的方法步骤，是导致整个公共关系实践

第六章 公共关系工作程序

活动失败的一个重要原因。

公共关系实践活动是个动态过程,任何一项公共关系计划在实施后都面临着两种结局:成功与失败。而无论是成功还是失败,其经验与教训都将成为下一个公共关系活动或环节改进的基础。评估就是通常所说的总结经验,吸取教训。

2. 评估是开展后续公共关系工作的必要前提

从公共关系工作的连续性来看,任何一项新的公共关系工作的制定与实施都不是孤立存在和产生的,它总是以原来的公共关系工作及其效果为背景的:或是前一项公共关系工作所要解决的问题没有得到完全的解决,问题仍继续存在甚至更加恶化了;或是伴随着原来的公共关系工作所解决的问题又产生了新的问题。然而,要判别这两种情况、制订新的公共关系工作计划,不可能重新开始研究,只能是依靠对前一项公共关系工作,从计划的制订到实施、从效果到环境变化进行系统的评估和分析。即使是前后两项公共关系工作所要解决的问题各不相同,如前一项公共关系工作的目标是为新产品开拓市场,而后一项公共关系工作的目标是缓解不利舆论对组织的冲击、挽回组织的声誉,但这两项公共关系工作仍然不会是截然分开的。因为要缓解不利舆论对组织的冲击、挽回组织的声誉,则必须了解这种不利舆论产生的原因、辐射的范围及产生的影响,这时则不可避免地要涉及组织的产品市场、消费公众、组织形象等问题。前一项为新产品开拓市场的公共关系工作的评估将为后一项公共关系工作提供决策的依据。没有这种对原有公共关系工作的评估,就不可制订新的公共关系计划。这是公共关系工作连续性的一种表现。

3. 评估是鼓舞士气、激励内部公众的重要形式

公共关系工作实施的效果本身往往表现为一个复杂的局面,既涉及公众利益的满足,又涉及公众利益的调整。一般来说内部员工很难对它有全面而深刻的了解和认识。所以,当一项公共关系计划实施之后则需要有关人员把该项公共关系计划的目标、措施、实施过程和效果向内部员工进行分析、解释和说明,使他们能认清本组织的利益和实现途径,以便将实现本组织的战略目标与自己的本职工作紧密地联系在一起,并变为一种自觉的行动。与此同时,公共关系评估的另一重要意义还在于使组织的领导人看到开展公共关系工作的明显效果,从而使他们能更加自觉地重视公共关系工作。一些组织的公共关系工作不能受到领导人的重视,其原因就是忽略或取消了评估这一环节。正如公共关系学者切斯特 K·拉塞尔说的那样:"许多公共关系工作唯一致命弱点就是没有使最高决策者看到这一活动的明显效果。"让最高领导人看到公共关系活动的明显效果必须建立在对整个公共关系计划实施的评估的基础上。离开了实事求是的分析和科学的评估,就难以做到言之有物、言之有据,难以真正起到鼓舞士气、激励内部公众的作用。

从公共关系评估的上述作用可以看出,评估实际上是对整个公共关系过程的评估。它可以伴随着公共关系工作的进展,根据要求随时评估。它与平时所说的总结或反思有些类似,只不过公共关系评估不是一般性的总结,而是公共关系分析的重要方面,是一种有特定标准、方法和程序的专门研究活动。

评估的作用很大,然而,在实际的公共关系过程中,并不是所有的公共关系工作都能评估或需要评估。在下列情况下,进行评估的意义就不大:①公共关系计划经常变动,无明确的目标,缺乏评估的标准;②人们对公共关系工作所需达到的目的认识不一致;③无合适的评估人员和评估条件。总之,应该根据具体的公共关系工作过程的特点和不同的需要来决定是否进行和如何进行公共关系评估。

公共关系学

二、公共关系评估的目的

公共关系评估的主要作用是提供关于既定公共关系工作的各种信息。对于这些信息，计划的制订者和实施者均抱有不同的期望和要求。计划制订者一般都希望得到关于计划整体效益的信息，它们包括：计划制订得是否正确、合理？计划实现的程度、范围、效果怎样？计划实施方法、程序是否需要调整或修正？计划所需资金是否恰当？计划的实施人员希望知道：为了成功地达到战略目标，在既定的成本条件下，哪些实施、方法最为有效？计划实施的关键是什么？哪些计划与实施中的要素密切结合能得到最高效益？实施对哪些公众产生了哪些影响？哪些方法和技术可以有效地排除沟通中各种不同的障碍？等等。总之，根据不同的需要、不同的着重点，提供不同的信息，就是公共关系评估的目的。或者说，公共关系评估的目的就是取得关于公共关系工作过程、工作效益的信息，作为决定开展公共关系工作、改进公共关系工作和制订公共关系计划的依据。

正像并不是所有的公共关系工作都可以进行评估一样，由于环境的复杂性，有时，公共关系的评估也可被用来达到某种消极的目的，如利用评估来掩盖错误、失误、问题、逃避责任。一项公共关系活动从整体上来说是成功的，但在某一环节出现了失误，有关人员可能会借评估整体效益而拒绝进行单项评估，用整体掩盖部分。相反，一项公共关系活动从整体上来说是失败的，但在某一局部可能收到了一定的效果，有关人员又可能借评估突出局部的效果而否认整体的失误。另外，有时决策者想拖延某一工作的开展，也可能以"需要评估"作为借口，来达到个人目的。总之，研究评估的消极目的是为了避免这种现象的产生，同时也提醒公共关系人员不要为虚假的公共关系评估所迷惑。从长期来看，虚假的公共关系评估只会摧毁组织本身或公共关系人员自己。

三、公共关系评估的程序

1. 设立统一的评估目标

统一的评估目标是进行检验公共关系工作的参照物，有了参照物才能通过比较来检验公共关系计划与实施的结果。即使这一评估目标更多的是定性的而非定量的，也仍需订出一个统一的评估目标。这就需要评估人员将有关问题，如评估重点形成书面材料，以保证评估工作顺利进行，另外，还要详细规定调查结果的运用。如果目标不统一，则会在调查中搜集许多无用的材料，影响评估的效率与效果。

2. 取得组织最高管理者的认可并将评估过程纳入公共关系计划之中

评估不是公共关系计划的附属品或计划实施后的事后思考和补救措施，而是整个公共关系计划的重要组成部分。因此，对评估应该给予足够的重视，对评估的方法、程序等方面予以充分的考虑和周密的筹划。

3. 在公共关系部门内部取得对评估研究意见的一致

公共关系部门的负责人要认识到，即使是公共关系人员本身也不能一下子就把公共关系活动没有实物性结果的性质和它的可测量效果联系起来。要给他们足够的时间，认识效果评估的作用和现实性，并允许他们通过自己的亲身体验加深这一认识。

4. 从可观察与测量的角度将目标具体化

在项目评估过程中，首先应该将项目目标具体化，如谁是目标公众，哪些预期效果将会发生以及何时发生等。没有这样的目标分解，项目评估就无法进行。同时，目标分解还可以

第六章　公共关系工作程序

使公共关系计划的实施过程更加明确化与准确化。

5. 选择适度的评估标准

目标说明了组织的期望效果。如果一个组织将"让公众了解自己支持当地福利机构，以改善自己的形象"作为公共关系的目标，那么评估这样的公共关系的标准就不应是了解公众是否知道当地报纸上哪一个专栏报道了这一消息，占用了多大篇幅，而应该了解公众对组织的认识情况以及观点、态度和行为的变化。

6. 确定搜集证据的最佳途径

调查并非总是了解公共关系活动影响的最佳途径，有时组织活动记录也能提供这一方面的大量材料。在有些情况下，小范围的试验也是十分有利的。在搜集有关评估资料方面，没有绝对的唯一最佳途径。在这一方面，方法的选择取决于评估的目的、提问的方式以及前面已经确定的评估标准。

7. 保持完整的计划实施记录

这些资料能够充分反映公共关系人员的工作方式和工作效果，尤其重要的是反映计划的可行性程度：哪些策略是有效的，哪些策略是无力的或者无效的；哪些环节衔接比较紧密，哪些环节还有疏漏或欠缺。

8. 评估结果的使用

公共关系活动的每一个周期都要比前一个周期表现出更大的影响力，这是因为运用对前一个周期评估的结果对后一个周期进行了调整的缘故。由于评估结果的运用，问题确定及形势分析将会更加准确，公共关系目标将会更加符合组织发展方向的要求。

9. 将评估结果向组织管理者报告

这应该成为一项固定的制度。它的作用一方面可以保证组织管理者及时掌握情况，有利于进行全面的协调；另一方面也可以说明公共关系活动在持续地保持与组织目标的一致及其在实现组织目标过程中的重要作用。

10. 丰富专业知识内容

公共关系活动的科学组织与效果评估导致人们对这一活动及其效果更多的理解与认识，效果评估的成果又进一步丰富了公共关系专业知识的内容。通过具体项目效果评估所得到的资料，经过抽象化分析，可以得到对指导这一活动有普遍意义的思想、方法与原则。这些原则与知识不断丰富了公共关系行业的理论与实际内容。

四、公共关系评估的标准

评估必须有标准。如何确定标准、确定什么样的标准，决定了评估的结果是否科学、是否符合实际。一些公共关系的专家和学者在对公共关系评估工作进行研究的基础上，根据公共关系过程的不同阶段，提出了一些公共关系评估的标准。这些标准都是公共关系评估常用的。

（一）准备过程的评估标准

1. 背景材料是否充分

这个阶段的公共关系活动尚未开始，尤其是公共关系活动对环境的影响尚未产生，因此，公共关系效果很难测定。评估的主要任务实际上就是检验前几个程序中是否充分占有资料和分析、判断的准确性，重点是及时发现在环境分析中被遗漏的、对项目有影响的因素。例如：在确定公共关系活动的目标公众时是否遗漏了关键公众，哪些关于公众方面的假设被证明是错误，新闻界所需要的材料哪些没有充分准备，组织环境中的所有关键因素是否都已确定。

公共关系学

所有这些分析和研究都可看作是公共关系活动的实施者在实施前的行为投入。这种行为投入量是否充分是准备过程中评估的一个重要指标。

2. 信息内容是否正确、充实

如果说第一个问题说的是材料的充分性,那么第二个问题强调的是信息的合理性。整个评估过程,要紧紧围绕"公共关系活动是否适应形势要求"而展开。如在政治活动中,公共关系活动的计划者要研究竞选者在电视辩论中的发言以及各种新闻媒介对他的讲话及其本人的评论,并通过选举过程中选民们对这个竞选的反映看公共关系活动是否成功。在评估这一活动时则要分析:公共关系活动中准备的信息资料是否符合问题本身、目标及媒介的要求,沟通活动是否在时间、地点、方式上符合目标公众的要求;有没有对沟通信息和活动的对抗性行为,有没有制造事件或其他行动配合这次公共关系活动,这方面做得够不够;相对任务本身而言,人员与预算资金是否充分,等等。

对于信息内容的分析,可利用剪报、宣传品以及广播讲话录音和原稿。这种评估、分析的结果,可以作为进一步审定或调整计划与战略、改进方案实施过程的重要参考资料。

3. 检验信息的表现形式是否恰当

这一环节是准备过程评估的最后一个环节,其重点是信息表现形式的有效性如何。如检验有关信息传递资料及宣传品设计是否合理、新颖,是否能达到引人注目、给人以深刻印象的要求。它具体包括文字语言的运用,图表的设计,图片及展示方式的选择等。这是对公共关系活动组织者专业技能的检验。但是,这种检验还没有完全客观的标准,它要受到主观因素的影响。

准备过程的评估包括对资料的充分性、合理性、有效性的一系列客观与主观的分析,评估的下一阶段将主要解决如何有效地进行计划实施和沟通信息传播的问题。

(二) 实施过程的评估标准与方法

评估不仅仅是对公共关系工作效果的评估,更主要的是其在公共关系活动实施过程中发挥其监控、反馈的作用。如发现哪些决策是正确的、哪些是错误的,哪些决策不利于公众产生对组织的信任,以及发现决策实施过程中出现的偏差等。在这个阶段中分为四个不同层次的评估标准:

1. 发送信息的数量

这些数量作为数据直接反映组织在实施公共关系活动中所进行的电视广播讲话次数、发布信件、其他宣传材料以及新闻发布的数量,并能发现其宣传性工作如展览等进行与否同其努力程度。换句话说,这一评估过程需了解所有信息资料的制作情况和其他宣传活动的进行情况。一旦这项工作完成后,不理想的环节和计划实施过程中的一些弱点便会从这些数据中反映出来。

2. 信息被传播媒介所采用的数量

公共关系人员不能满足于发送信息的数量,还要特别注重这些信息被传播媒介所采用的数量。因为只有通过传播媒介,才能最有效地保证公众接收到这些信息,并受其影响。报刊索引和广播记录一直被用来作为查对传播媒介采用信息资料数量的依据。同样,其他宣传活动如展览、公开讲话的次数,也反映了组织为有效地利用各种可能渠道将信息传递给目标公众的努力程度。相反,如果制作的信息不能被采用,不仅达不到宣传的效果,还会造成人力、物力、财力上的浪费。尽管这些信息内容丰富、形式恰当,但如果不能被传播媒介所采用,也就意味着它不能为目标公众所接受,不能发挥其影响作用。

第六章　公共关系工作程序

3. 接收到信息的目标公众的数量

这里需要注意的是，应将收到信息的各类公众进行分类统计，从中找出"目标公众的数量"。这就是说，对于评估来说，收到信息的公众的绝对数量并不重要，而重要的是这些公众的结构。如在一份权威性的杂志上发表文章虽然能够博得上司的欢心，但是由于目标公众很少阅读这种杂志，所以这对扩大组织影响的作用并不大。

在评估时应注意到这种情况：不能仅仅了解宣传材料被多少目标公众所接受。通过评估，如发现目标公众对组织信息材料接受不足时，还可采取一些补救性措施，如公共关系人员可以将这些在传播媒介上发表的材料复制出来，亲自将它们送交到目标公众中的关键人物手中。

报刊的发行量可以作为评估组织信息传播效果潜在的参考数据，事件、会议、展览的出席人数也可作为这种评估的参考数据。但是这种数据不可误认为是组织传播信息的真正效果，真正的效果应体现在有多少人真正注意到这一信息上。

4. 注意到该信息的公众数量

在传统沟通渠道中，要知道"注意到该信息的公众"的数量，是非常困难的一件事情。比如在报纸上投放公关广告，投放组织很难知道有多少人注意到了该广告。究其原因，传统的一对多沟通主要是单方向的，极难获得反馈。在现代通信条件下，尤其是在网络环境中，这样的情况有所改善。有些新的信息技术和数据技术能帮助公关人员获得有用的信息。比如，一些软件可以用来统计用户停留在某个网页上的时间，可以将超过一定时间的停留，视作被"注意到"；也可以在网络环境下设置小互动，比如简单的调查，参与的用户可以确定是"注意到"。

（三）实施效果的评估标准

实施效果的评估是一种总结性的评估。这一阶段的评估标准有以下几点。

1. 了解信息内容的公众数量

公共关系活动的目的之一是为了增加目标公众对组织的认识、了解和理解。公众没有了解或没有完全了解所有关于组织的问题，都会影响他们对组织的观点和行为。评价公众从公共关系活动中了解到了什么，或者他们所掌握的关于组织的情况是否得到了补充，就要对开展公共关系活动前后公众对组织的认识、了解和理解等变量进行比较，即对两组可比标准进行比较。如在公共关系活动开展前后，对同一组公众进行重复测验；在一组中开展公共关系活动，在另一组中不开展这项活动，然后将两组测验结果加以比较。这种方法可以用于所有实施效果评估的项目之中。如一家煤气电气公用事业公司准备开展一项宣传活动，这项活动旨在增加用户对正确的绝缘、绝热和节约能源知识的掌握。这项活动实施效果的评估，就是首先测验一组接到宣传材料的用户的有关知识，然后对没有接到宣传材料的用户进行测验，最后将两组结果相比较而完成的。另外在沟通活动结束后，了解公众观点和态度的变化也可采用这种方法。

2. 改变观点、态度的公众数量

这是评估实施效果的一个更高层次的标准。因为"态度"所涉及的范围很广，内容丰富而复杂，而且不容易在短时间内发生变化。如煤气电气公用事业公司的节能宣传活动，可能使用户增加了"使用隔热天花板可节省空调电费"的认识，但这并不意味着他在态度上成为"自然资源保护者"。评价一个人的态度，要根据一段时期内他在所有有关问题上的立场和观点，而不能仅凭一时一事，判定一个人的态度发生变化与否。态度与观点和知识的关系大致是这样的：态度的变化可能随着知识与观点的变化而变化；在一个人知识与观点未发生变化的情况下，也可能发生态度的变化。

公共关系学

3. 发生期望行为和重复期望行为的公众数量

人们行为的改变受多种因素的影响。如同态度与知识、观点的关系一样，行为同知识和观点之间也不存在必然的因果关系。但是有一点是可以肯定的，行为发生变化的人们在行为改变之前，肯定接受了某些信息或在某些方面被说服了。在掌握了发生期望行为的公众数量之后，还应注意了解重复期望行为的公众数量。如对戒烟运动，不能单纯计算在开展这一运动的第一天内戒烟者的总数，因为这并不能充分地说明这一运动的影响效果。一天或一下午的戒烟行为并不能表明这些人将永远地根除这一恶习。对这些运动实施效果的评估要根据运动开展后几个月甚至几年的持续观察数据。评估一项公共关系活动在改变人们长期行为方面所取得的效果，需要较长时期的观察，并取得足以说明人们行为调整后不断重复与维持期望行为的有力证据。

4. 达到的目标和解决的问题

这个评估标准是公共关系活动效果评估的最高标准。公共关系计划目标的实现，可以表现为取得理想的选举结果，筹措资金的数额达到预期的指标以及立法方面的胜利，等等。应该注意的是，有时公共关系活动产生的结果并非与计划目标相一致，但是这些结果同样是积极的，可以认为是达到计划目标的其他表现方式。在这种情况下，这些结果也应该作为评估公共关系活动效果的根据。如前面提到的节约能源的举动，其目标是为了减少总的能源消耗，其结果却表现为人们增加了对节约能源的兴趣，增长了这一方面的知识，甚至改变了使用煤气与电气设备的习惯。从表面看来，这次运动的结果与既定的目标不完全吻合，但是这些结果也足以说明这次宣传活动是成功的。当然，其中也包括结果与目标部分吻合。

5. 对社会和文化的发展产生影响

这种影响同其他各种因素共同起作用，并在较长时间里以复杂、综合的形式表现出来。因此，对这种实施效果的评估并非是公共关系人员所能完成的，这是留给社会学家和心理学家的题目。在此涉及这个问题，主要是为了使公共关系活动效果评估的理论体系完整化，并引导人们在思想上认识这个问题。

对于那些通过自己的职业行为履行社会责任，并对社会及文化的发展产生积极作用的公共关系人员，后人将给他们以公正的评价。

（四）实施效果的评估方法

关于影响效果的评估方法，按照评估实施者的不同，可以把评估的方法分以下三种：

（1）自我评定法。这是由公共关系活动的对象通过亲身感受而对公共关系活动给予评定的方法。如日用化学品厂推出一项旨在宣传、普及美容知识的公共关系活动，在这次公共关系活动中，该厂特意举办了一个美容技巧培训班。为了评估这次公共关系活动的实施效果，公共关系人员可以请参加这个美容技巧培训班的学员评定其对该次公共关系活动的满足感，估量自己所学到的知识和技能，评价该次活动是否提高了他们的美容知识，等等。这种方法的缺点是，有时可能产生不真实的测量结果，尤其向调查对象提出一些比较敏感的问题时更是如此。例如，没有多少学生能够承认他们根本没有完成老师分配的阅读任务。因此，采用自我评定法时要特别注意问卷或提问的方式，对敏感的问题宜采用灵活、委婉的方式进行调查。

（2）专家评定法。这种方法是由公共关系及有关方面的专家来审定公共关系计划，观察计划实施情况的方法。专家对计划实施的对象进行调查，与实施人员交换意见，最后撰写出评估报告，鉴定公共关系活动的成效。专家评定法的价值，完全取决于专家是否具备专门的

第六章 公共关系工作程序

知识,如果他们对公共关系活动所涉及的某些领域的知识不足,那么他们也无法做出正确的评估。因此,采用专家评定法时,一定要聘请那些在该项公共关系活动所涉及的知识领域里名副其实的专家,而不是那些徒有虚名者。

(3)实施人员的评估。公共关系计划的实施人员经常自行对公共关系计划和实施的进展情况进行评估。这种评估能够及时、充分地利用实施过程中的实际情况对该项活动的影响效果进行判断。如前面所介绍的"测试工作法",实际上就是一种评估方法,只不过这种方法的侧重点在"反馈调整"方面,但反馈调整是在通过测试取得评估意见的基础上进行的。实施人员的评估也有缺陷,主要是实施人员对其实施计划可能会尽量隐恶扬善,从而无法看出公共关系活动的真实影响。另外,实施人员忙于实施任务,没有更多的时间和精力进行评估研究。

在进行实施效果的评估时,应该注意到:一项公共关系活动总是处于一定的社会环境之中的,它所产生的影响,可能是公共关系活动本身引起的,也可能是受到其他社会因素的作用。理想而科学的评估,最好能尽量排除公共关系活动本身之外的因素,显示出公共关系活动真正的影响力。公共关系活动之外的影响因素有以下几种情况:

1)即使没有公共关系活动影响,公共关系的目标公众也会产生自身的变化。这正像有些病人不用吃药也能康复一样,在测定药物的效力时,就应扣除病人本身的恢复能力。

2)大规模的社会变动的影响,其变化的作用之大,连公共关系活动本身也受其左右。如经济滑坡、市场疲软的困扰,使得公共关系促销活动无法达到正常时期所期望达到的效果;而一项旅游公共关系计划又可能因地震、火灾等自然灾害而失败。

3)公共关系计划实施中的偏差。如果实施人员的步调不一致,那么目标公众对公共关系活动的接受程度就会有差别;如果大众传播媒介信息的内容不一致,就致使目标公众得到不同的信息,从而产生不同的效果。

另外,除了上述几种情况之外,在进行公共关系评估过程中,还可能因为收集资料、运用分析工具等方面出现误差影响到公共关系活动实施效果的准确评估。

【案例 6-1】
美国佛罗里达州针对流行感冒免疫问题提出的战略构思方案

1. 任务
在 3 月 15 日~11 月 20 日为 3 岁以上的 230 万人免疫,避免发生普遍性流感。
2. 问题
(1)争取医疗界和当地卫生保健部门、农村医疗站的合作,督促公众参加这次运动。
(2)转变医学界反对疫苗防疫的态度和无所谓态度。
(3)缓和公众担心疫苗反应的紧张情绪。
3. 计划
(1)会见佛罗里达州医学界、佛罗里达医科中心大学、佛罗里达健康与环境委员会的主要代表,解释和宣传问题的重要性及行动计划。
(2)由特殊公众代表组成一个顾问团,主要包括医学界代表、教育界代表、区政府部门代表、新闻界代表等。
(3)专门召开各种传播媒介的代表会议,争取其理解与支持,包括佛罗里达州印刷界首要人物、佛罗里达广播协会主席、佛罗里达电视台公共关系部主任和佛罗里达州报纸的代表。
(4)由医疗保健部门负责撰写一份宣传提纲,回答公众有关问题并为以后备用,由新闻媒介进行传播。

4. 沟通方案

（1）公开在医学界进行宣传与沟通。

（2）用通俗讲义《佛罗里达保健——5~7月的问题》向大众保健人员、社会团体和各部门领导人物进行宣传。

（3）撰写各种有针对性的文章，向医药界、医院家庭护理人员、教育界和社会各界进行宣传。

（4）与美国公共关系协会佛罗里达州分会及佛罗里达州企业协会联系，争取他们的支持和协助宣传。

（5）利用新闻工具，从7月1日起在佛罗里达州所有报纸上刊登宣传文章。

（6）利用电子传播媒介，从7月1日起，每日在佛罗里达州电视台和广播电台安排专题节目。

（7）在人员聚集地区、文化区、居民居住区张贴标语和其他宣传资料。

（8）安排地区保健部门官员、医疗中心部门和医学界代表，在电视台和广播电台公开讲话。

（9）聘请医学院针对防疫专题，在电视台组织系列节目。

（10）在正式接种前三星期，开展闪电式活动，宣传接种地点，并在报纸上登载接种知识，供父母们剪下来在接种前后参考，照顾接种儿童。

（11）在接种后继续进行宣传，巩固人们的接受心理，消除紧张情绪，提醒应该注意的事项。

5. 效果评价

根据每年免疫人数，评估此项活动的效果。

[案例讨论] 你所在的组织会开展一些什么样的公关活动呢？尝试选择一种活动，拟出你能想到的方案，可开展小组讨论。

【思考·讨论·训练】

1. 公共关系的工作过程一般包括哪几个步骤？试举例说明它们之间的关系。
2. 公共关系调查在组织的形象管理中具有什么意义？日常公共关系调查包括哪些内容？
3. 公共关系策划的原则是什么？
4. 如何设计公共关系活动的主题？
5. 运用公共关系计划实施的某种原则和方法为一项公共关系工作拟定一个实施方案。

第七章 公共关系文书写作

本章提要 公共关系文书是公共关系的主体即社会组织在开展公共关系活动中所使用的应用文书的统称。公共关系文书是社会组织实现其公共关系职能,进行有效的信息传播所需要的多种信息传播工具中使用频率最高、最主要的一种。公共关系人员必须熟悉和掌握各类公共关系文书的性质、特点、一般格式和应用范围,熟练掌握各类公共关系文书的写作要领。

公共关系是社会组织的一种特殊的管理职能,其主要手段就是信息传播。而要实现公共关系的职能,有效地进行信息传播,需要多种信息传播工具,公共关系文书就是其中使用频率最高、最主要的一种。因此,公共关系人员必须熟悉和掌握各类公共关系文书的性质、特点、一般格式和应用范围,熟练掌握各类公共关系文书的写作技巧。

公共关系文书是公共关系的主体,即社会组织在开展公共关系活动中所使用的应用文书的统称。公共关系文书是组织公共关系活动中不可缺少的信息和情感交流的手段,对于组织加强有关各方的了解、理解、支持与合作发挥了重要作用,对于提高组织的经济效益和社会效益具有重要影响。

与口头传播相比,公共关系文书具有传播的时间长、影响力强、传播的空间范围大、制作与理解困难、表达准确而又抽象等特点;与一般的文字传播相比,公共关系文书又具有专业性强、目的性强、连贯性强、综合性强等特点。

公共关系文书的内容丰富,涉及面广,性质特点不一,应用范围各异。本书将公共关系文书分为以下几类:①常规性文书,如祝贺词、迎送词、感谢信、慰问信、请柬、公函、便函、请示、报告、批复、经济合同、协议、意向书等。②传播性文书,如新闻稿、海报、声明、公共关系广告、商品说明书、内部刊物、标语口号等。③调查咨询性文书,如公共关系调查方案、公共关系调查问卷、公共关系调查报告、公共关系咨询报告等。④公共关系策划书。

第一节 常规性文书写作

常规性文书是指各类社会组织在公共关系活动中日常采用的通用的公共关系文书。

一、祝贺词、迎送词

(一) 祝贺词

祝贺词是人对事表示祝愿的言辞或文章,是社会交往活动中经常使用的礼仪性文书。祝贺词对于沟通双方感情、密切彼此关系、增进友谊和团结,具有重要作用。祝贺词也可分别称祝词、贺词,"词"也可写做"辞"。祝词、贺词在某些情况下通用,但它们的含义并不相同。"祝"是指一件事情还没有产生结果,希望、祝愿它有美满的结果。"贺"是指

公共关系学

一件事情已经有了美满的结果,向它表示庆贺、道喜。恰当地使用祝贺词,对于沟通各组织之间的关系,建立起友好、合作、互助的组织间关系,有着十分重要的作用。根据祝贺对象的不同,祝贺词可以分为祝酒词、祝寿词、会议祝词、事业祝词等。祝贺词有时也以贺信的形式出现。

1. 祝贺词的一般结构

(1) 标题。标题一般写在祝贺词正文的上方,多以"祝词"标出,有的还用花边加以修饰,以示祝贺。如果是祝酒词,可写为"×××的祝酒词";如果是祝寿词,可写为"庆贺×××同志××大寿的祝词";如果是祝贺事业的,可写为"在××典礼上的祝词"、"给×××的祝词"或"致××公司成立100周年的贺信";如果是祝贺会议开幕的,可写为"在××会议上的祝词"。

(2) 称呼。称呼要顶格写,要视祝贺对象来确定如何称呼,同时注意礼貌和亲切。

(3) 正文。正文的内容一般包括祝贺或问候,颂扬被祝贺者的成绩或成果,说明被祝贺事件的意义或作用,并表示良好的祝愿。如祝酒词一般包括以下五项内容:①对来宾表示热烈欢迎;②说明宴会举行的缘由;③对主客之间的交往情况进行回顾或对以往的工作进行简要介绍;④对主客之间的关系和未来的发展趋势表示良好的祝愿;⑤对来宾表示祝福。事业祝词和会议祝词则要说明某件事情或某次会议的重要意义,并表示希望能够顺利取得成功的良好祝愿。祝寿词的对象一般是老年人,主要应颂扬老人的品德和已取得的成绩及做出的贡献,并祝愿老人幸福、长寿。

(4) 结束语。结束语应为热烈而庄重的祝贺语,文末署名及年、月、日。如果是祝酒词,则不必署名,而以劝酒词作结束语,如"现在我提议,为××××干杯"。

2. 祝贺词写作的基本要求

(1) 不论是哪类祝贺词,都要注意感情的热烈、真挚,语言要亲切,字里行间要充满喜悦、希望之意。

(2) 语句要准确、贴切、严谨,要考虑用词、语气的分寸。虽是祝贺,也要避免过分的客套甚至谄媚。

(3) 切忌用不伦不类、模棱两可或失礼失体的语句,以免伤害被祝贺者的感情,给双方交往带来不良后果。

(4) 对外宾致词时应注意体现民族尊严,不卑不亢。

在欢迎田中首相宴会上周恩来总理的祝酒词

尊敬的田中角荣首相阁下:
各位日本贵宾们:
朋友们、同志们:

日本首相田中角荣阁下应邀来我国访问,谈判并解决中日邦交正常化问题,我们感到高兴。我代表毛泽东主席和中国政府,对田中首相以及其他日本贵宾们表示热烈的欢迎。

田中首相来我国访问,揭开了中日关系史上新的一页,在我们两国的历史上,有着两千多年的友好来往和文化交流,两国人民结成了深厚友谊,值得我们珍视,但是,自从1894年来的半个世纪中,由于日本军国主义者侵略中国,使得中国人民遭受重大灾难,日本人民也深受其害。前事不忘,后事之师,这样的经验教训,我们应该牢牢记住。中国人民遵照毛主席的教导,严格区分极少数军国主义分子和广大的日本人民,因此,中华人民共和国成立以后,尽管两国间战争状态没有宣告结束,中日两国人民的友好往来和贸易关系不但没有中断，而且不断发展。最近几年来，每年来中国访问的日本朋友人数超过其他国家朋友，中国同日本在平等互利基础上的贸易额也高过其他国家。这就为中日关系正常化创造了有利条件。

当前，世界形势正在发生巨大变化。田中首相就任以后，毅然提出新的对华政策，声明要加紧实现同中华人民共和国的邦交正常化，表示能够充分理解中国方面提出的复交三原则，并且为此采取了实际步骤。中国政府本着一贯的立场，做出了积极的响应。实现两国邦交正常化已经有了良好的基础。促进中日友好，恢复中日邦交，是中日两国人民的共同愿望。现在是我们完成这一历史性任务的时候了。

首相阁下，你来华前说，两国会谈能够达成协议，也必须达成协议。我深信，经过我们双方的努力，充分协商，求大同存小异，中日邦交正常化一定能够实现。

中日两国的社会制度不同，但这不应该成为我们两国平等友好相处的障碍。恢复中日邦交，在和平共处五项原则的基础上建立友好睦邻关系，将为进一步发展我们两国人民的友好往来，扩大两国经济和文化交流，开辟广阔的前景。中日友好不是排他的，它将为和缓亚洲紧张局势和维护世界和平做出贡献。

中国和日本都是伟大的民族。中国人民和日本人民都是勤劳、勇敢的人民。中日两国人民应该世世代代友好下去。在这里，我谨代表中国人民向日本人民致意，并衷心祝愿日本人民在前进的道路上取得更大的成就。

今天，中日两国领导人已开始就实现两国邦交正常化问题，进行具有重要意义的会谈。我们期望，我们的会谈将取得圆满成功。

最后，我提议：

为田中首相阁下的健康，

为大平外相阁下、二阶堂官房长官阁下的健康，

为其他日本贵宾们的健康，

为在座的所有朋友们、同志们的健康，

为中日友好，

干杯！

（二）迎送词

迎送词是指在公共关系活动中，为欢迎（送）客人来参观、访问或工作而举行的酒会、茶会、宴会、晚会或其他仪式上，主人为此而发表的讲话，又分为欢迎词和欢送词。欢迎词是指在迎接宾客或会议伊始时，主人对宾客莅临表示欢迎的致词。欢送词是指在欢送宾客或会议结束时，主人对宾客的离别表示欢送的致词。

迎送词属于礼仪性的讲话稿，其内容广泛且形式多变，是公共关系活动中常用的一种文体，其主要作用是密切宾客之间的关系，增进友谊，促进双方的理解与合作，礼节性很强。

1. 迎送词的一般结构

（1）标题。标题一般可以简单地写明"欢迎词"或"欢送词"即可，位置居中。

（2）称谓。称谓在标题的下一行顶格书写，要根据宾客的身份与职务以及与会人员的情况而定。正式的外交礼仪，姓名要用全名、尊称，有的还根据主客关系的疏密程度加上"尊敬的"、"亲爱的"等修饰语，后边或加头衔，或加"女士"、"先生"等，对外国元首，还应加"阁下"、"殿下"等。非正式的外交礼仪或国内一般活动，可根据情况使用恰当的称谓，如国内来宾可称为"同志"。

公共关系学

(3) 正文。正文一般由开头部分和主体部分组成。开头部分一般写热烈欢迎或热情欢送之类的用语，表达致词的感情，给宾客一种亲切、热情的感觉。主体部分是迎送词的主要内容，通常阐述宾客来访的意义与作用，回顾历史，赞美友情，对此次来访、聚会及活动做出肯定的评价，渲染一种友好、热烈的氛围；或者介绍对方的身份、业绩，使其感到主人对他们的了解、敬重，进而缩短距离、融洽关系。

(4) 结束语。结束语一般都是表示希望、祝颂、谢意的用语，如"为我们的长期友谊与合作，干杯！""祝×××一路平安""谢谢大家！"等。

2. 迎送词写作的基本要求

(1) 措辞严谨，语言简练，委婉有节，礼貌文雅。称谓要用尊称，要尊重对方的风俗习惯，切忌语言粗俗，不尊重对方，或讲对方忌讳的事情。

(2) 热情洋溢，真挚感人。热情应出自真心，避免给人以勉强、敷衍了事之感。

(3) 篇幅简短，详略得当，内容清晰，重点突出。

欢 迎 词

尊敬的各位来宾，代表们，朋友们，同志们：

我很荣幸地宣布，第一届中国国际旅游会议开幕了，我代表中国政府和人民并以我个人的名义，向这次会议表示热烈的祝贺，衷心欢迎各位来宾和代表。

……

朋友们，同志们，会议期间，我们将欢聚一堂，交流经验。会后，你们中的一些人将去中国的其他地方参观访问。我诚恳地希望，你们将对中国的旅游事业提出宝贵的建议。

我预祝本次大会圆满成功，并祝各位身体健康，在中国生活得愉快。

谢谢各位。

二、感谢信、慰问信

(一) 感谢信

感谢信是指因受到对方的关心、支持、帮助和爱护等，为答谢对方而写的信件，属生活文书范畴。感谢信有致谢和表扬的双重效果，既可使对方受到鼓励，又可使公众受到教育。社会组织或个人为感谢对方均可采用感谢信形式；感谢信可以写给个人，也可以写给社会组织，还可用大红纸大字抄写，张贴到对方居住处或工作单位，或者送交电台、电视台或报社。

1. 感谢信的一般格式

(1) 标题。标题在第一行居中写"感谢信"或"致×××的感谢信"等字样，字体应大些。

(2) 称谓。在第二行顶格写被感谢对方的组织名称或个人姓名。个人姓名后应加上"先生"、"女士"、"同志"或职务等，称谓后加冒号。

(3) 正文。正文从第三行空两格写起，主要包括感谢的内容，有两个方面：一是感谢的缘由，简述具体事项，如人物、事件、时间、地点、原因和结果等，并扼要叙述由于对方帮助所产生的效果；二是颂扬功德，表达作者的感激之情，并加上表示敬意、感谢的话语和向对方学习的态度与决心。

(4) 致敬语。最后以"此致—敬礼"、"向您（你们）表示由衷的感谢，并致以最诚挚的敬礼"等致敬语作为结束语。

(5) 落款。在右下方写组织名称（加盖公章）或个人姓名，并注明年、月、日。

2. 感谢信写作的基本要求
（1）内容真实具体，有真情实感。
（2）语言要朴实，语句要精练。
（3）篇幅简短，简明扼要。
（4）对对方的赞扬和评价要实事求是、恰如其分。

感 谢 信

××部队全体指战员：

我市×××山今年12月5日发生了一场较大的森林火灾。在火势即将继续蔓延的危急关头，你部全体干部、战士闻讯赶来，在灭火中发扬了无私无畏的战斗精神，同我市人民并肩作战，奋战三天三夜，终于将大火扑灭。你们这种全心全意为人民服务和革命英雄主义精神是值得我们学习的。为此，特向你们表示衷心的感谢！

我们决心在省委、省政府的领导下，早日重建家园，努力搞好工农业生产，以实际行动报答你们的关怀和帮助。

此致

敬礼！

××市人民政府

××××年××月××日

（二）慰问信

慰问信是指以组织或个人的名义，向在某个方面做出特殊贡献或遇到灾难损失的有关单位或者个人表示关怀、安慰和问候的一种书信形式。它多属于公函性的文件，体现了组织的温暖、社会的关怀和人与人之间的深情厚谊，鼓舞人努力工作、继续前进。其常见类型有：①向在某个方面做出特殊贡献的单位或个人表示慰问，以资鼓励；②向由于某种原因而遭遇灾难损失的有关单位或个人表示关怀、安慰和同情；③在重大节日、纪念日，向有关单位或个人表示慰问。为了庄重和快速，慰问信也可用电报。有时为了扩大慰问信的影响，也可通过报刊或广播发表。

1. 慰问信的一般格式

（1）标题。标题在第一行居中写"慰问信"或"×××致×××的慰问信"等字样，字体应大些。

（2）称谓。在第二行顶格写被慰问的组织名称或个人姓名。个人姓名后应加上"先生"、"女士"、"同志"或职务等，称谓后加冒号。

（3）正文。正文从第三行空两格写起，主要包括慰问的内容，有三个方面：一是慰问的缘由，简述有关慰问的背景和原因。二是根据慰问信的性质、目的和对象，或颂扬其功德，褒扬其精神，或对其不幸或者辛勤劳动表示慰问、关怀和鼓励。三是结尾。如是颂扬功绩，可写"向×××学习"、"顺致敬意"或"祝愿取得更大的成绩"等；如是表示同情或鼓励的慰问信，可写"祝福健康"、"克服困难"或"继续前进"等词语；如是对有关人员的节日慰问，可写"祝×××节日愉快"。

（4）致敬语。最后以"此致—敬礼"或"向您（你们）表示由衷的感谢，并致以最诚挚的敬礼"等致敬语作为结束语。

（5）落款。在右下方写组织名称（加盖公章）或个人姓名，并注明年、月、日。

公共关系学

2. 慰问信写作的基本要求

（1）内容真实具体，文字简洁朴实，感情真挚，情深意长。

（2）语气要热情，要表现出慰问的倾向性和赞扬功绩或表达同情的激动之情，能让对方亲身感受到这种关心、安慰和温暖。

（3）对对方取得功绩的赞扬或受灾情况要实事求是、恰如其分。

中共中央、国务院给××灾区人民的慰问电

××省委、省人民政府、××军区、××省军区并转遭受水灾的各地、市、县党委、人民政府和广大干部、群众、人民解放军指战员：

你省继7月中旬××地区遭受洪水灾害后，最近20多天来，××、××以及××的一些地区又连降暴雨，引起山洪暴发，山坡滑塌，江河泛滥成灾，一些城镇村庄被淹，不少农田作物、水利设施以及公路、铁路被冲毁，国家和人民财产遭受很大损失。中共中央、国务院对此深为关切，特向你们表示亲切慰问。

水灾发生后，××省委、省人民政府、××军区、××省军区以及各级党政军领导同志，亲临重灾区领导抗洪救灾；广大干部、群众、人民解放军指战员奋不顾身，立即投入抗洪抢险，救出了大批被洪水围困的群众，抢救出大量国家和人民财产，同时，及时安排群众生活，组织生产自救，取得了很大成绩。这又一次证明，在中国共产党领导下，只要广大干部和人民群众紧密团结、同甘共苦、共同战斗，任何艰难险阻都是可以战胜的。

中共中央、国务院时刻关怀着你们，并决定尽可能从资金、物资上给以支援。希望奋战在抗灾前线的广大干部、共产党员、共青团员和人民群众、解放军指战员同志们，要在各级党和政府的领导下，继续发扬自力更生、艰苦奋斗、英勇顽强的革命精神，再接再厉，千方百计地尽快恢复生产，重建家园，争取抗灾斗争的更大胜利。

中共中央、国务院（公章）
××××年××月××日

三、请柬、公函、便函

（一）请柬

请柬又称请帖，是指邀请客人参加某项活动使用的礼仪性信件，如会议、展览、各种纪念活动等。需要对外邀请时，邀请信一般用请柬形式。请柬可用于个人之间、组织之间或组织与个人之间的相互邀请。请柬可以填写印制好的，也可以自行设计形状、大小、格式和颜色。

1. 请柬的一般格式

（1）标题。标题在封面或第一行正中写明"请柬"或"请帖"字样，要求美观、悦目，一般要做些艺术加工，用美术字、烫金或加上图案装饰等，给人以庄重、喜庆之感。

（2）称谓。称谓要写被邀请的单位全称或个人姓名，如个人一般应加上其职务、职称或适当的尊称。

（3）正文。正文要写明邀请的目的，活动的时间、地点、项目及应注意的一些问题等。

（4）结尾。结尾一般写"敬候光临"、"敬请莅临指导"之类的礼貌用语，也可写"此致——敬礼"。

（5）署名和日期。

2. 请柬撰写的基本要求

（1）字体工整、清晰、漂亮、大方，语言准确，经得起推敲。

（2）语气力求真挚诚恳、礼貌文雅、婉转得体，带有请求、祈望的口吻。

请　柬

×××：
　　兹定于2011年××月××~××日在我校体育馆举行2011届应届毕业生人才交流洽谈会，××月××日全天报到。
　　敬请光临。

××××大学
××××年××月××日

（二）公函和便函
　　函适用于不相隶属机关之间相互商洽工作、询问和答复问题，向有关主管部门请求批准等。函的使用范围较广，形式灵活，不受行文关系的限制，通常用于以下情况：平行机关或不相隶属的机关之间商洽工作，联系事宜；下级机关向上级机关询问具体事项、报送统计报表，答复上级询问的一般性问题，向有关主管部门请求批准的事项等；上级机关对下级了解一般事宜，如要求下级报送某项材料等。函分为公函和便函两种。

1. 公函
　　公函具有较完整的公文格式，用于商洽、询问、答复工作中比较重要的问题和请求主管部门批准某项事宜。公函属于正式公文，要用带有文头的正式公文用纸，并编排文号。
　　公函一般由标题、发文编号、主送单位、正文、署名和日期等部分组成。
　　（1）标题。标题一般是"关于×××问题的函"，复函的标题一般是"×××关于×××问题的复函"。
　　（2）发文编号。函一般单独编号，以区别于请示、批复等公文。发文编号一般是发文单位的代号、年号和顺序号。
　　（3）主送单位。主送单位是接受公函的单位，一般写单位全称或规范简称。
　　（4）正文。正文是阐述发函内容的主要部分，要求用简要的文字，说明发函的目的、理由或根据。如是复函，一般要以对方的来函为依据，写明对方的来函已收到，让对方知道是针对何事复函的，并将具体的意见和有关事项交代清楚。结尾可根据不同情况，使用"请予函复"、"请函复为盼"、"特此函复"、"专此函复"、"此复"等公文用语。
　　（5）署名和日期。署名要写发文单位的全称并加盖公章，最后写明发函的日期。
　　公函写作的基本要求如下：
　　① 措辞得体，语言简练，行文简短，语意明确。
　　② 宜用礼貌、商量的语气，以缩短相互之间的心理距离。对上级机关要尊重，对平行机关或不相隶属的机关要注意礼貌待人、以诚待人。
　　③ 内容要有针对性，意见要清晰、明确，切忌含糊其辞。
　　④ 内容专一，简明扼要，一事一函。

××××大学关于建职工家属楼用地问题的函
××大函〔2002〕××号

××市规划局：
　　我校现有教职员工3500人，青年教职工占40%之多。由于近几年来我校未建家属楼，很多教职工无房结婚，老职工子女渐大，住房拥挤，极不方便。为解决我校教职工的住房困难，我校根据市政府××号文件规定，拟建职工家属楼15000平方米，建设用地拟在我校家属区北

公共关系学

侧，计约 12 亩[注]。特此函请审批用地是荷。

××××大学（公章）
××××年××月××日

2. 便函

便函用于询问、答复、联系、介绍某些一般性公务事宜。便函不属于正式公文，不编文号，不列标题，用机关信笺直接书写即可发出，具有简便灵活的特点。

（1）便函的一般格式。便函使用一般书信格式，格式较公函简单，可以不拟标题，一般不编文件号，主要包括称呼、正文、结尾和署名等部分，署名可加盖公章，也可个人署名。

正文是便函的主要内容。如果是就某一问题发表意见，则应有真知灼见，言简意赅；如果是委托对方就某一事项提供帮助，则应礼貌周全，简洁、明确；如果是告诉对方某一日常生活事宜，则应情深意长，简洁、明快。

（2）便函写作的基本要求。便函与公函写作的基本要求相类似，只是便函多使用习惯用语。来函结尾常用"为盼"、"是荷"、"此致—敬礼"、"请予大力支持"等词语；复函结尾常用"此复"、"特此函复"等词语。

关于商洽委托培养公共关系人员的函

××××大学经济管理学院：

　　获悉贵院现开设有公共关系学专业，师资力量雄厚。现在我公司公共关系人员整体素质相对较低。贵院开设有公共关系学专业，对于我公司公共关系人员来说是一个宝贵的学习机会，我公司拟派 2 名同志跟班进修学习，委托贵院代培，有关进修的一切费用，我公司将如数交付。可否，切盼答复。

　　此致

敬礼

××××××公司（公章）
××××年××月××日

四、请示、报告、批复

（一）请示

请示是指下级机关向上级机关或业务指导机关请求指示意见或者批准事项时所使用的一种公文。请示属于上行公文，受文对象是上级机关。需要向上级请示的问题大致有以下几种情况：①上级明确规定必须经过请示批准后方能办理的事项，如干部调整、人员调动等；②对有关方针政策、制度规定不太了解，需请示上级给予明确答复或解释后方能办理的事项；③工作中遇到的新情况或重大问题而又无章可循，需待上级明确指示后方能办理的事项；④对有些问题的处理虽有章可循，但事关重大，为防止失误需请示上级的事项；⑤在工作中遇到本单位无法克服的困难，请求上级给予人力、物力、财力支持的问题；⑥因本地区或本部门的情况特殊而难以执行统一规定时，请求上级变通处理的问题。

1. 请示的一般格式

请示一般包括标题、主送单位、正文、发文单位和日期等部分。

（1）标题。标题一般包括发文单位、事由、请示三部分，如"××市教育局关于解决教

[注] 1 亩 = 666.7 m²。

师住房的请示",事由要写得简洁、明确。

(2) 主送单位。请示的主送单位只有一个,不能有一个以上的主送单位,以避免责任不清、相互推诿。

(3) 正文。正文是请示的主要部分,一般由开头、主体、结尾三个部分组成。开头应陈述请示的缘由,简要分析提出问题的背景和依据。主体部分写请示事项,将需要上级审批的事项,根据实际情况,提出本单位的具体、明确、切实可行的意见和建议。结尾部分可根据不同情况写"妥否,请批示"、"以上请示如无不妥请批准"、"以上请示如无不妥,请批转各地执行"等语句。

(4) 发文单位和日期,应加盖发文单位公章。

2. 请示写作的基本要求

(1) 请示要事前行文,且应一文一事,只写一个主送单位,且不得越级请示。

(2) 内容具体,简明扼要,理由充分,意见明确。

(3) 陈词恳切,语气谦恭,切忌使用要挟言辞。

××市商业局关于清理整顿酒类市场的请示

××字〔20××〕×××号

市政府:

近年来随着名酒价格的放开,进入我市市场的酒类品种增多。但是由于进货验质把关不严,市场管理制度不够健全,经销假冒酒和劣质酒的现象时有发生。为了加强市场监督管理,维护消费者利益,建立我市酒类市场新秩序,根据省政府××政发〔20××〕××号文件精神,拟对我市酒类市场进行一次清理整顿。具体实施方案如下:

一、清理整顿的范围

凡从事经销白酒、葡萄酒、啤酒的国有、私营企业以及饭店、宾馆等。

二、清理整顿的内容

1. 经销侵犯他人注册商标专用权,特别是冒充国家名优酒的。

2. 经销不符合国家理化、卫生标准和质次价高或过期变质酒的。

3. 标签不符合食品标准的。

4. 经销散装酒,违反规定擅自加浆调度的。

三、组织领导及清理整顿办法(略)

以上请示如无不妥,请批转执行。

××市商业局(公章)

20××年××月××日

(二) 报告

报告是指下级机关向上级机关汇报工作、反映情况、答复询问、报送材料时所使用的一种陈述性公文。报告也是上行公文,受文对象是上级机关。报告大致可分为工作报告、情况报告、答询报告和递送报告等四种。报告主要适用于以下几种情况:①工作完成以后或告一段落时向上级报告工作过程、成绩、经验、教训及今后打算,使上级了解下情,有针对性地指导工作;②下级机关在工作中发生了新情况、新问题或偶发事件,向上级如实反映情况;③答复上级机关询问;④向上级机关报送文件物品时随文随物所写的报告。

1. 报告的一般格式

报告一般由标题、主送单位、正文、附件、发文单位与日期等组成。

公共关系学

（1）标题。标题应能简明、扼要地概括正文的内容，格式一般为"关于××××的报告"。

（2）主送单位。报告的主送单位一般只有一个，如果报告的内容需要其他领导部门阅知，可用抄报的形式。

（3）正文。正文可分为开头、主体、结尾三部分。开头应写清报告的指导思想和政策依据，点明要汇报的问题。主体部分要写清工作的进展情况和效果，包括基本做法和主要经验、存在问题及今后打算等。结尾可以写上"以上报告敬请审阅"、"以上报告如有不妥，请指正"或"以上报告如无不妥，请批转有关单位执行"等语句。

（4）附件。附件的位置在正文之下，另起一行空两格，写上"附件"，后加冒号，然后写明附件标题及份数。

（5）发文单位与日期。

2. 报告写作的基本要求

（1）报告的内容要做到重点突出，主次分明，点面结合，详略得当。

（2）报告应一事一报，内容专一，真实、可靠。

（3）报告应文字精练，措词得当，简明、扼要，不蔓不枝。

（三）批复

批复是指上级机关对下级机关的请示给予答复时所使用的一种带有指示性、答复性的下行公文。它具有下行性、针对性、批示性、制约性等特点。

1. 批复的一般格式

批复一般由标题、正文、结尾、发文机关和日期等部分组成。

（1）标题。批复的标题结构一般为"发文机关＋事由＋批复"，如"国务院关于《中外合资经营企业合营期限暂行规定》的批复"，也可省略发文机关。

（2）正文。正文包括批复引据和批复内容两部分。批复引据是正文的开头语，要用简明的文字引述下级机关来文的标题、发文字号、发文日期或内容要点，以便让受文单位清楚上级机关是根据哪一份请示而做出的批复。如"你部××字〔2003〕××号文收悉"、"你市关于××××××的请示收悉"等，还可加过渡语，如"现批复如下"。批复内容是正文的重点，要针对请示做出明确具体的答复，要明确表示"同意"还是"不同意"。

（3）结尾。结尾一般写"此复"或"特此批复"即可；如不写，则以正文自然结尾。

（4）发文机关和日期。

2. 批复写作的基本要求

（1）批复必须依据政策、法令、规章制度或经过研究，做出明确、具体的答复。

（2）内容具体，文字简洁，措词严密，表达清晰，只直陈其事，不必加以议论。

（3）语气肯定，当行则行，当止则止，不能含糊其辞。

××市政府关于同意清理整顿酒类市场的批复

××市政〔20××〕××号

市商业局：

你局××字〔20××〕××号《关于清理整顿酒类市场的请示》收悉。经研究，同意你局确定的清理整顿的范围、内容、组织领导及清理整顿办法。希你局根据省政府××政发〔20××〕××号文件精神，认真筹备，精心组织，严格监督管理，切实维护好消费者利益，尽快建立我市酒类市场新秩序。

特此批复。

××市政府（公章）
20××年××月××日

五、经济合同、协议、意向书

（一）经济合同

经济合同是合同的一种，是指民事主体之间为实现一定的经济目的，明确相互权利义务关系的协议。凡是依法签订的各种经济合同，都会受到国家法律的保护，合同各方都必须严格遵守。经济合同按性质分，有购销合同、建设工程承包合同、加工承揽合同、货物运输合同、仓储保管合同、财产租赁合同、借款合同、保险合同、供用电合同、企业承包经营合同、补偿贸易合同、技术转让合同等。经济合同按形式分为条款合同和表格合同等。

1. 经济合同的一般格式

经济合同一般包括以下四个部分：标题、订立合同的各方、正文和结尾。

（1）标题。标题应明确标出合同的性质和名称，如"工矿产品购销合同""蔬菜供应合同"等。

（2）订立合同的各方。在合同标题的下方要写明合同各方单位的全称、法定代表人、住所、开户银行及账号等。为行文方便，一般在各方单位后面用括号分别注明"甲方"、"乙方"等字样。

（3）正文。这是合同的主体。正文开始，先写订立合同的目的或根据，然后再逐条写明各方协商定妥的条款，条款要完备、齐全，表述要准确、具体。主要条款有：①标的（指货物、劳务、工程项目、技术等）；②数量和计量单位；③质量；④价格或酬金；⑤履行的期限；⑥履行的地点；⑦履行方式；⑧结算；⑨违约责任。

（4）结尾。结尾共有四项内容：一是注明合同附件；二是注明合同的有效期限；三是注明合同一式几份，交由谁保管；四是由订立合同的各方当事人签名或盖章并注明签订合同的日期。如有担保条款，还需要由担保人（单位）签名或盖章。

2. 经济合同写作的基本要求

（1）合同的内容必须符合国家法律、法令、政策的规定。

（2）合同的条款要完备、齐全。

（3）合同的规定要具体、明确。

（4）合同的措词要准确、简练、逻辑严密。

（5）合同不得随意涂改。

（二）协议

协议是指国家、政府、政党、社会团体、地区、企事业单位或个人共同协商订立的一种具有经济或其他关系的契约。协议与合同有许多相同之处，有时也将合同称为协议。协议与合同的主要区别在于：协议中的项目往往比合同要多，但是协议中的内容却不如合同具体。协议写作的一般格式与基本要求与合同大致相同，在此不再作详细阐述。

（三）意向书

意向书也称草约，是指双方或多方就某一问题在进入实质性谈判之前而进行初步接触后所形成的带有原则性、方向性意见的文书。意向书的写作格式较为灵活，内容也远不及合同那样具体、严密，但应用非常广泛，是公共关系人员初步对外联系业务时常用的一种文书。意向书一般由标题、导语、正文和结尾四部分组成。

第二节 传播性文书写作

传播性文书是指社会组织为了提高自身的认知度、美誉度、和谐度，向社会公众开展传播活动时所使用的一种公共关系文书。

一、新闻稿

新闻稿是指通过广播、电视、报刊等大众传播媒介传播组织信息的一种公共关系文书。它传播面广、影响力大，因而是社会组织公共关系工作中经常使用的一种信息传播方法。公共关系人员必须掌握新闻稿的写作技巧，以便更好地服务于本组织。

（一）新闻的含义及特点

1. 新闻的含义

新闻是指通过广播、电视、报刊等大众传播媒介传播的各种最近发生的新鲜而又重要的事件的报道。新闻有广义和狭义两种。广义的新闻是指广播、电视、报刊等大众传播媒介中常用的新闻报道体裁，包括消息、通讯、特写、新闻综述等；狭义的新闻仅指能迅速、直接、简练地报道事实的消息。人们通常所讲的新闻，主要是指狭义的新闻即消息。

无论是广义的新闻还是狭义的新闻，它们通常都具有五个构成要素，可以概括为"5W"：What——事件，Who——人物，When——时间，Where——地点，Why——原因。

2. 新闻的特点

（1）真实性。这是新闻的生命所在。新闻来源于客观事实，没有事实就没有新闻。在公共关系工作中，要杜绝杜撰新闻的现象。

（2）新鲜性。新鲜性是新闻的本质特征之一。只有新鲜的事实，如新知识、新发明、新创造、新问题等，才能产生新闻价值。新闻价值同新闻的新鲜程度成正比。

（3）及时性。这是指新闻的时效性。新闻价值同新闻的时效性亦成正比。即使是非常重要的事件，一旦过了有效期，就不称其为新闻了。

（4）重要性。新闻价值是由新闻事件所具有的意义决定的。新闻事件应当是为多数人所关注、具有一定影响性的、具有较为广泛社会意义的事件。

（5）生动性。新闻传播的对象是社会公众，因此，新闻事件必须生动引人，具有趣味性，从而增强其可读性、可视性。

（6）易接近性。这是指要注意新闻事件与受众的接近性。因为人们通常更关心发生在自己周围、与自己关系密切的事情。这种接近性可以是心理上的、职业上的、性别上的、年龄上的或地理上的。

（二）新闻稿的一般格式

新闻稿一般由标题、导语、主体、背景和结尾五个部分组成，但在实际写作时不必一应俱全。

1. 标题

标题是一篇新闻稿最鲜明、最精练的概括，是一篇新闻稿的"眉目"。标题通常有以下三种形式：

第七章 公共关系文书写作

（1）单行标题。单行标题只有一个正题，可以起到简洁明快、易读易记的效果。

（2）两层标题。两层标题有两种：一是在正题之上加引题，二是在正题之下加副题。正题为实题，概括事实，引题、副题为虚题，可阐明意义、渲染气氛，从而达到虚实结合、互为补充的效果。

（3）多行标题。多行标题包括引题、正题和副题。引题，交代背景，烘托气氛；正题，揭示新闻的主要内容或中心思想；副题，补充正题的事实与思想。从而使受众读了标题后，就能够大概了解全文的基本内容。举例如下：

促进党风好转　推动廉政建设（引题）
××省认真查处党员干部贪污受贿（正题）
300多起案件已查清结案（副题）

2. 导语

导语是新闻稿的开头语，是新闻稿特有的一个概念和组成部分，是用一句话或一段话，以简洁、生动的语言概括出新闻稿的中心内容。导语位于整个新闻稿的第一句或第一段。导语的形式有很多，如概述式、提问式、描述式、结论式等。

3. 主体

主体是一篇新闻稿的正文，它在导语之后，用典型、充足、有说服力的材料对新闻的内容进行深入的阐述和说明。它可以按照时间顺序或逻辑顺序来书写。

4. 背景

背景是帮助读者理解所报道事实的历史、环境和原因的材料，起到了说明、解释、对比的作用。背景材料要为突出新闻主题服务，要真实、准确、简明扼要。

5. 结尾

结尾是新闻稿的结束全文的文字，是新闻稿的最后一段或最后一两句话。结尾不宜太长，应简短有力。它可以与导语相呼应，总结前文，阐明意义，启发思考，或提醒读者注意后续消息。

（三）新闻稿写作的基本要求

1. 真实准确

选取的新闻材料必须包括所有的细节，力求准确无误、客观全面，要如实地反映事件本身及其发展变化。

2. 注重时效

新闻稿要报道的是新近发生的事件，只有新鲜的事实，如新知识、新发明、新创造、新问题等，才能产生新闻价值，切忌材料陈旧，否则将失去新闻的价值。

3. 慎重选择事件

并非所有具有新闻价值的事件都可以成为公共关系新闻。公共关系人员要善于从本组织的各项工作中寻找它的积极意义和新闻价值，然后报道出去。对于一个组织而言，具有新闻价值的事件有很多，如组织成立、组织受到有关部门的嘉奖、新产品投放市场、增加新的生产线、重要领导的参观和视察活动等。

4. 简洁、明快、具体

新闻稿的内容要具体，能准确反映所报道的事实；文字应通俗易懂，少用或尽量不用专业术语；词、句、段落应力求简短，不用一个多余的字。

二、声明

声明是告启类文书的一种。它是就有关事项或问题向社会表明自己立场、态度的应用文体。政党、政府、机关单位、社会团体、企事业单位、其他组织或公民个人均可发表声明。声明可以在报刊登载，也可以通过广播、电视、网络等载体播发，还可以进行张贴。声明有很多种类，使用的场合很多，组织、个人均可采用，公共关系中所指的声明通常是指在特殊时期，针对某一特殊事件进行必要的澄清和说明、引起公众关注的文书。实际应用中，声明也表现为"说明""情况说明"等形式。

某医疗组织的一份声明书内容如下（主体匿名）：

×××××严正声明

近日网络上出现恶意造谣×××××银川互联网医院的虚假言论——《传×××"虚拟互联网医院"被国家卫计委叫停》，"别有用心者"绑架政府名义，广为散播虚假消息。针对这些无中生有、歪曲事实的行为，×××××提出严正声明，并保留通过法律途径追究相关人员法律责任的权利。

×××××于2016年4月在银川取得《医疗机构执业许可证》，在银川市政府、卫计委、人社局等相关部门的大力支持下，快速发展，完全不存在造谣文章中提出的国家卫计委叫停一事。×××××目前已经纳入银川医保，并积极配合国家医改政策，推进分级诊疗，帮助基层医疗机构实现大病不出县，促进医联体、家庭医生签约等工作。

感谢社会各界对×××××11年来的支持，×××××一直秉承"诚信、社会价值优先"，志在"提高医疗效率 跨越医患鸿沟"。

×××××银川×××有限公司
2017年×月×日

声明大多出现在组织的公关危机或者潜在危机的情况下，声明得好，往往能让形势有好的扭转，救组织于水火之间，进而树立良好的公众形象；失败的声明，则有可能令组织被公众误解甚至背弃，留下千古恨。

1. 声明与公告的区别

公告和声明都是针对某一特殊事项而对公众发布的传播性文件，但二者有明显区别。公告，是指政府、团体对重大事件当众正式公布或者公开宣告、宣布。国务院2012年4月16日发布、2012年7月1日起施行的《党政机关公文处理工作条例》，对公告的使用表述为："适用于向国内外宣布重要事项或者法定事项"。可以看出，从发布主体而言，公告的发布主体主要是政府部门，而且是级别较高的政府机构及其职能部门，如国家最高权力机关（人大及其常委会）、国家最高行政机关（国务院）及其所属部门，各省市、自治区、直辖市行政领导机关、税务局、海关、铁路局、人民银行、检察院、法院等。声明则没有明确的主体要求，任何组织或个人都可发表声明。其次，从发布内容上来说，公告发布的是"重要事项"和"法定事项"，如国家质量监督检验检疫总局的《质检总局关于批准对涉县黑枣等30个产品实施国家地理标志产品保护的公告》；声明的发布内容则形形色色，但大部分是针对一些多少有负面影响的事件而进行的澄清或说明。

2. 声明书的写作要领

声明的发布情况千差万别，声明书没有固定的格式，也没有固定的内容，需要公关人员根据具体情况来撰写。通常来讲，声明书的写作要注意以下几个方面：

第七章 公共关系文书写作

（1）简洁明了，直切要害。声明书一般都出现于非常情况下，形势往往不允许组织有很多余地来和公众沟通，公众也没有太多的精力，尤其是当前快节奏的生活和传播环境，组织必须三言两语将事情的关键点说清楚，切忌绕圈子和长篇大论。其次，声明书要直面矛盾，该解决的要解决，该负责的要负责，投机取巧、避重就轻只会丧失公众的信任。

（2）尊重事实，态度诚恳。一切公共关系活动都要以事实为基础，切忌隐瞒真相，否则只会给组织抹黑。在态度上，一定要客观、诚恳。语言除了传递客观事实，还可以传递情感，因此写作声明书时，一定要收敛不合适的情绪，尤其是和公众的敌对情绪。

（3）整体筹划，抓好时机。应该认识到，声明的发表不是单独的公共关系行为，而是组织整体公关方案中的一项，因此，声明书的写作要配合其他活动。声明书的发表时机也是一门艺术，一般来说，事情简单、容易说明的情况应尽快发表；较为复杂的情况则适宜适当发酵一段时间，让公众有个学习和自我辨别的阶段，同时也方便组织监测舆情、有的放矢，但总的来说还是不宜太晚。

三、公共关系广告文案

广告是指以偿款的、非个人接触的方式向社会公众传递有关组织和组织产品信息的信息传播方式。广告按照其目的的不同，可以分为以扩大产品销售、增加利润为目的的商业广告和以树立组织形象、提高组织认知度为目的的公共关系广告两大类。公共关系广告又称声誉性广告或社会组织性广告，是指社会组织以付费的方式取得可控制的大众传播形式，向社会公众宣传社会组织信誉，树立社会组织形象，提高社会组织在公众中的认知度的一种广告形式。

（一）公共关系广告文案的一般结构

公共关系广告文案一般由标题、正文和附文三部分组成。

1. 标题

公共关系广告文案的标题往往是整个广告的主题，起着概括和提示广告内容的作用，是一则公共关系广告的"眼睛"。公共关系广告文案的标题应醒目、简练、生动，能够抓住公众的心理，引起公众的注意，并将公众引向广告的正文，从而引起公众的兴趣或唤起公众的购买欲望。因此，标题的好坏对公共关系广告的质量和效果非常重要。

标题的写法有很多，常见的有：①报道式。它是指采用新闻报道的写法，以新鲜感吸引公众的注意。如"热烈庆祝××市××公司宏张开业""××超市××店开业三周年店庆"等。②名称式。它是指以组织名称作为标题，把公共关系广告所要宣传的情况直截了当地告诉公众。③感叹式。它是指以赞扬、祝贺等具有真情实感的语言作为标题，以突出公共关系广告的内容。如"××市××公司向全市人民拜年！""××公司向××市人民致敬！"等。

2. 正文

公共关系广告的正文是公共关系广告文案的主体部分。正文应根据广告的主题，抓住最关键的问题，有针对性地进行介绍和说明，以引起公众的注意和兴趣。正文应做到创意独特、构思新颖。

正文的表达方法有很多，常见的有：①直陈式，即开门见山、直截了当地介绍社会组织的有关情况，为提高公众对该组织的认知度提供必要的知识和信息。②荣誉式，即在广告里引证社会组织获得的荣誉证书或权威机构、权威人士的评价，说明广告宣传内容的可信赖程度，有较强的说服力。③幽默式，即运用歌曲、相声、小品、快板等文艺形式宣传组织的有

公共关系学

关情况，能收到引人入胜、经久不忘的效果。

3. 附文

附文是辅助说明正文内容的，对正文中的相关内容进行进一步的解释、说明或补充。附文应做到客观、准确、别致。

（二）公共关系广告文案写作的基本要求

1. 内容真实，实事求是

公共关系广告必须坚持实事求是的原则，以事实为依据，不夸张，更不能作假，应认真推敲对本组织的评价语言，并以相应的事实和其他依据为辅助材料。

2. 态度友善、真诚

公共关系广告应力求体现本组织对公众的友好、亲善和真诚，把公众当成朋友，要客观地分析和说明有关组织成就的社会环境因素，要真诚感谢公众的支持与合作。切忌只讲成绩不讲失误，只讲本组织自身的努力不讲社会公众的支持与帮助，当面一套、背后一套，敷衍公众等做法。

3. 主题突出，立意新颖

在撰写公共关系广告时，应善于用简明、新颖、生动的语言文字去创造意境，用醒目的标题去吸引公众，用生动的语言去打动公众。

4. 语言生动活泼，情趣高尚

公共关系广告的语言必须生动活泼，才可能在短时间内给公众留下深刻的印象，以达到宣传的目的；同时，公共关系广告文稿的内容必须健康、格调高雅，具有审美情趣。

四、商品说明书

商品说明书是指以说明为主要表达方式，概括介绍商品用途、性能、特征、使用和保管方法等知识的一种公共关系文书。它不仅可以帮助顾客了解商品、懂得商品的使用方法，还起着宣传商品、扩大销售的积极作用。商品说明书具有内容的解说性、知识的科学性、情感的客观性、形式的多样性等特点。

（一）商品说明书的结构与写作方法

商品说明书不能像文学作品那样有绚丽的文采和丰富的感情，也不能像论文那样有真知灼见的议论和深刻独到的分析，它所需要的是简明扼要的概说、质朴平实的陈述和客观实在的解说。商品说明书的结构安排一般有以下两种：一是根据人们认识事物的先后顺序安排结构，二是根据事物特征的内在联系安排结构。商品说明书写作的方法主要有概说、陈述和解说三种。

1. 概说

概说是指抓住事物的主要特征或主要情况，进行简明扼要的交代和简要概括的说明。商品说明书的开头部分常常用概说的方法简要地阐明其性质特点，有的甚至全文都用概说的方法。

2. 陈述

陈述是指根据事物需要说明的顺序，有条理地表达出来。陈述的写作必须立足于顾客一方，从方便顾客和使用安全等方面着想，尽可能考虑一些在使用过程中可能发生的问题，做比较详尽的介绍。陈述需要达到何种程度，应视商品的性质和顾客使用的具体情况而定。如果所要说明的方法比较复杂，商品的价值比较昂贵，危险性比较大，或者商品比较容易损坏等，作者就应加以详尽的陈述，甚至配合图画、照片，使顾客一目了然。这种方法既增强了顾客对该商品的信赖感和安全感，又增强了该商品的市场竞争力。

3. 解说

解说作为说明商品的主要方法，侧重于对商品的性质、特征、功用、方法等内容的讲解。

（二）商品说明书写作的基本要求

（1）语言力求通俗易懂，准确恰当，必要时可图文并茂。

（2）结构必须富有条理，顺序适当，逻辑性强。

（3）对商品的说明必须尊重科学事实，客观公正。

五、内部刊物

内部刊物是指社会组织自己创办并主要向组织内部成员发行的出版物，是社会组织内部报纸、期刊及其他出版物的统称。作为组织公共关系工作中常用的一种重要的信息传播工具，内部刊物具有沟通信息、统一思想、塑造形象、传播知识等诸多作用。

内部刊物按发行对象不同可以分为员工刊物、管理人员刊物、股东刊物、专业人员刊物、供应商刊物、经销商刊物及大众刊物等，目的在于加强与各类公众的信息交流与沟通，争取公众的理解和支持。

内部刊物按刊物形式不同可以分为报纸、杂志、通讯、宣传栏、黑板报等。报纸主要刊登内部新闻和宣传有关活动的文章，版面大小不一，发行周期通常为一周或两周，如《海尔报》《东山时报》《宝钢报》《××大学报》等；杂志是定期发行的成册印刷品，制作精细，通常为月刊、双月刊或季刊，如美国福特汽车公司的《汽车时代》、中国汽车工业总公司的《中国汽车画报》等；通讯是一种制作比较简单，定期或不定期出版的内部刊物，如《××大学通讯》《××公司通讯》等。

六、标语口号

标语口号是指醒目地张贴在公开场所，用以向公众表达一种观点或一种强烈的感情意向的文字传播形式。标语口号是所有公共关系文书中最为简要的一种，通常只有一句话，但这一句话却浓缩着极其明确的意思，往往能在公众心目中留下深刻的印象。标语口号的格式非常简单，一是意思的文字表达，二是落款。标语口号一般不标明日期。

第三节 调查咨询性文书写作

调查咨询性文书是指用以反映公共关系调查或咨询工作所获得的主要信息成果或者初步认识成果的一种公共关系文书形式。

一、公共关系调查方案

公共关系调查方案是指对公共关系调查工作的各个方面和全过程所进行的通盘考虑和安排，是公共关系调查的实施方案。公共关系调查是一项复杂、严肃、技术性较强的工作。公共关系调查方案对于社会组织有效地掌握与之有关的公共关系信息，具有十分重要的作用。

公共关系调查方案的主要内容包括以下几个方面。

公共关系学

1. 调查目的和内容

调查目的就是调查中要解决的问题,包括通过调查要取得何种资料以及取得这些资料有何用途等。公共关系调查的内容范围大致可区分为以下五大方面:组织自身状况调查、相关公众状况调查、传播媒介状况调查、社会环境状况调查以及社会组织与公众关系状况调查等。

2. 调查对象和调查单位

调查对象和调查单位是指向谁调查和由谁具体提供资料。调查对象是指根据调查目的和任务确定的调查范围以及所要调查的总体,是由某些性质上相同的许多调查单位组成的。调查单位是指所要调查的社会经济现象总体中的个体,即调查对象中的每一个具体单位,是调查中要调查登记的各个调查项目的承担者。

3. 调查项目

调查项目是指对调查单位所要调查的主要内容。确定调查项目就是要明确向调查对象所要了解的具体问题。

4. 调查的方式和具体方法

调查的方式有普查、抽样调查、重点调查、典型调查、统计报表等。调查的具体方法有文案调查法、访问调查法、观察法、实验法等。在调查时,采用何种方式、方法不是固定和统一的,而是取决于调查的目的、任务和调查对象。为了全面、准确、及时地取得有关信息,有时需综合运用多种调查方式和方法。

5. 调查的场所、时间和期限

调查的场所是指调查工作开展的地点。调查时间是指调查资料所属的时间。调查期限是指规定调查工作的开始时间和结束时间。

6. 调查的经费预算

经费预算涉及以下几个方面:①调查方案策划费与设计费;②抽样设计费;③问卷设计费(包括测试费);④问卷印刷、装订费;⑤调查实施费(包括试调查费、培训费、交通费、调查员和督导员劳务费、礼品费和其他费用等);⑥数据录入费;⑦数据统计分析费;⑧调查报告撰写费;⑨资料费、复印费等;⑩管理费、税金等。

7. 调查人员的选择、培训与组织

在调查开始前,必须对调查人员进行认真挑选和培训,包括解说问卷内容,分配调查对象,掌握访问技巧,明确工作进度及质量要求等。

8. 调查的物质手段的计划与安排

详细说明调查实施过程中需要的物质手段,以及时间进度安排、人员安排、资金安排等。

二、公共关系调查问卷

调查问卷是调查的依据,是指在调查中事先准备好的询问提纲或调查表。采用问卷进行调查是国际通行的一种调查方法,也是我国近年来推行最快、应用最广的一种调查手段。

调查问卷的设计不是一件容易的事情,它要求调查问卷设计人员除了具备统计学、社会学、经济学、心理学、公共关系学、计算机软件等多方面的知识外,还需要掌握一定的技术。

(一)调查问卷的一般结构

一份完整的调查问卷一般包括以下结构:①调查问卷的标题。它是指概括地说明调查的研究主题,使调查对象对所要回答的问题方向有一个大致的了解,如"××市居民住房状况调查"等。②调查问卷说明。它是指向调查对象说明调查的目的和意义、填表须知及其他注意事项。③调查对象的基本情况。它是指调查对象的一些主要特征，如在消费者调查中，消费者的性别、年龄、民族、家庭人口、婚姻状况、文化程度、职业、收入等。④调查的主题内容。它是指调查人员所要了解的基本内容，也是调查问卷中最重要的部分。主题内容一般包括对人们的行为、行为后果或态度、意见、感觉、偏好等进行调查。⑤编码。它是指将调查问卷中的调查项目变成代码数字的工作过程，以便于分类整理和进行计算机处理及统计分析。⑥作业证明的记载。它是指在调查表的后面，要附上调查人员的姓名、访问时间、日期等，以明确调查人员完成任务的情况。

（二）调查问卷设计的一般程序

调查问卷是由一系列相关工作过程所构成的，大体上可以分为准备阶段、初步设计、试答和修改、付印等四个阶段，具体程序如图7-1所示。

（三）调查问卷设计的技巧

1. 调查问卷开头的设计技巧

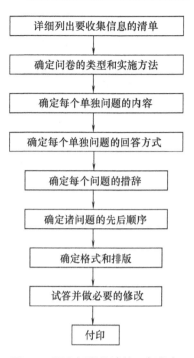

图 7-1 调查问卷设计的一般程序

调查问卷开头主要包括引言和注释，是对调查问卷的情况说明。引言包括调查的目的、意义、主要内容、组织单位以及调查结果的使用者和保密措施等。引言的作用在于引起调查对象对填写调查问卷的重视和兴趣。引言一般放在调查问卷的开头，篇幅宜小不宜大，以两三百字为好。必要时，在引言的最后，还应说明对调查结果的保密措施，以消除调查对象的顾虑。注释是调查问卷的填写说明，包括调查问卷的填写方法和填答要求及有关注意事项，也包括对调查问卷中某些概念的解释。注释放在引言之后，问题及答案之前。

2. 调查问卷问题的设计技巧

调查问卷的问题按照不同标准可以分为：直接性问题、间接性问题和假设性问题；开放性问题和封闭性问题；事实性问题、行为性问题、动机性问题和态度性问题。

问题设计的总要求是：调查问卷中的问句表达要简明、生动，注意概念的准确性，避免提似是而非的问题。具体应注意以下几点：①避免提笼统、抽象或过于专业化的问题。如"您对某商场的印象如何？"这样过于笼统的问题。②避免用不确切的词。如"经常""一些"等词，以及某些形容词，如"漂亮"等。③避免使用含糊不清的句子。④避免引导性提问。⑤避免提断定性的问题。如"你一天抽多少支烟？"即为断定性问题，调查对象如果根本不抽烟，就会造成无法回答。对此类问题可加一条"过滤"性问题："你抽烟吗？"如果回答"是"，可继续提问，否则就可终止提问。⑥避免提令调查对象难堪、禁忌和敏感的问题。⑦问句要考虑时间性。如果时间过久，则易使人遗忘，很难回答。⑧拟定问句要有明确的界限。⑨避免一问多答的问题。⑩注意提问的顺序。一般地，可以考虑以下几点：回答者容易回答且关心的问题放在最初；提问的内容从简单到复杂；重要问题放在前面；专业性强的具体、细致的问题尽量放在后面；敏感性的问题尽量放在后面；封闭性问题放在前面，开放性问题放在后面，等等。

公共关系学

3. 问题答案的设计技巧

问题答案的设计方法主要有：二项选择法、多项选择法、顺位法、回忆法、比较法等。设计答案时，主要应注意以下几点：①答案应穷尽。它是指应尽可能列出问题的所有答案，以使每个调查对象都有答案可选。②答案必须互斥。它是指各项答案之间不能出现交叉或包容的现象。③避免答案与问题的不一致现象发生。④注释和填答标记要恰当。对于封闭性问题，每一项答案都应有明显的填答标记或注释，各项答案之间要留出足够的空格，以便于研究者整理和分析。

××市××商场公共关系形象调查问卷

亲爱的朋友：

您好！

为了促使××市××商场服务质量的提高，从而使您享受到更好的服务，特请您协助完成此调查问卷。答题时请您在所选定的答案序号上打"√"，第21题则烦劳您简要地写上几句。

谢谢您的合作！

××××大学公共关系协会
××××年××月

1. 您是：A. 本地人　B. 外地人
2. 您的性别：A. 男　B. 女
3. 您的年龄：A. 22岁及以下　B. 23～35岁　C. 36～49岁　D. 50岁及以上
4. 您的文化程度：A. 小学及以下　B. 初中　C. 高中　D. 大专及以上
5. 您的家庭人均月收入：A. 2000元以下　B. 2000～3000元　C. 3000～5000元　D. 5000～8000元　E. 8000～12000元　F. 12000元以上
6. 您认为该商场的外观设计：A. 很好　B. 较好　C. 一般　D. 较差　E. 很差
7. 您认为该商场的橱窗设计：A. 很好　B. 较好　C. 一般　D. 较差　E. 很差
8. 您认为该商场的内部布局：A. 很好　B. 较好　C. 一般　D. 较差　E. 很差
9. 您认为该商场售货员的业务水平：A. 很好　B. 较好　C. 一般　D. 较差　E. 很差
10. 您认为该商场售货员的服务态度：A. 很好　B. 较好　C. 一般　D. 较差　E. 很差
11. 您认为该商场的售后服务：A. 很好　B. 较好　C. 一般　D. 较差　E. 很差
12. 您认为该商场的商品种类：A. 很齐全　B. 较齐全　C. 一般　D. 不齐全　E. 很不齐全
13. 您平均每月光顾该商场的次数大概有：A. 1次以下　B. 1～2次　C. 2～3次　D. 3～4次　E. 4次以上
14. 您每年光顾该商场购物的总金额大约是：A. 500元以下　B. 500～1000元　C. 1000～2000元　D. 2000元以上
15. 您认为该商场的商品质量：A. 很好　B. 较好　C. 一般　D. 较差　E. 很差
16. 在该商场如果您对购买的商品不满意时：A. 都能得到退换　B. 只有个别商品能得到退换　C. 一个都不能退换
17. 在该商场购物时，如果您的利益受到侵害，您通过商场的有关部门：A. 能够得到较好解决　B. 拖延较长一段时间才能解决　C. 根本不能解决
18. 在该商场购物时，如果您的利益受到侵害，您是否想到去消费者协会投诉：A. 想到

过　B. 没有想过　　C. 认为没有必要　　D. 想过，但不知消费者协会在哪里

19. 您认为该商场哪一类活动搞得最好：A. 优质服务竞赛活动　B. 有奖销售　C. 优惠展销　D. 其他_____

20. 您认为该商场急需解决的问题是：A. 提高服务质量　B. 提高业务水平　C. 改善内部布局　D. 其他_____

21. 您认为应如何解决这一（些）急需解决的问题？

三、公共关系调查报告

公共关系调查报告是指用以反映公共关系调查所获得的主要信息成果或初步认识成果的一种书面报告。公共关系调查报告的写作一般包括以下步骤：①审核、整理收集到的信息资料，经过综合分析后，确立调查报告的主题思想。②围绕主题，汇总并概括出相应事物存在与变化的一般情况。③综合研究相关信息资料，提出有关的观点。④具体说明组织公共关系工作中应注意的有关问题等。

（一）调查报告写作的一般格式

调查报告一般由标题、概要、正文、附件等几部分组成。

1. 标题

标题是调查报告的画龙点睛之笔，必须能准确揭示调查报告的主题思想，做到题文相符。标题要简单明了，高度概括，有较强的吸引力。标题的写法灵活多样，一般有两种：单行标题和双行标题。单行标题只有一行标题，一般通过标题把调查对象、调查内容明确而具体地表示出来。如《广州市公关行业2003年度行业调查报告》《××商场公共关系形象调查报告》。双行标题有两行标题，采用正、副标题的形式，一般用正标题表达调查的主题，用副标题补充说明调查对象和主要内容，如《放眼未来之路——1011名专家人士眼里的中国数据通信网络》。

2. 概要

概要是调查报告的内容摘要，主要包括：①简要说明调查目的。②简要介绍调查对象和调查内容。③简要介绍调查研究的方法。④简要说明调查执行结果，包括主要发现、结论和建议。

3. 正文

正文是调查报告的主要部分。正文部分必须准确阐明全部有关论据，包括问题的提出、引出的结论、论证的全部过程、分析和研究的方法等。

（1）引言，即调查报告的开头。可以采用的形式有：①开门见山，揭示主题；②结论先行，逐步论证；③交代情况，逐层分析；④提出问题，引入正题等。

（2）论述。论述部分是调查报告的核心，它决定着整个调查报告的质量高低和作用大小。论述着重通过调查了解到的事实，分析和说明调查对象的发生、发展和变化过程，调查的结果及存在的问题，并提出具体的意见和建议。论述部分一般分为基本情况和分析两部分内容。

（3）结尾，即调查报告的结束语。它一般有四种形式：①概括全文；②形成结论；③提出看法和建议；④展望未来，说明意义。

4. 附件

附件是指调查报告正文包含不了或没有提及，但与正文有关，必须附加说明的部分。它是对正文报告的补充或更详尽的说明，包括数据汇总表及原始资料背景材料和必要的工作技

公共关系学

术报告等。

（二）调查报告写作的基本要求

1. 内容真实，客观公正

在调查报告中，确保内容的真实、客观、公正是最起码的要求，公共关系人员必须要以信息资料为依据确定主题、概括情况、提炼观点和说明问题，切忌弄虚作假、误导读者。

2. 内容体例系统、完整

调查报告的内容体例要系统、完整，要能全面且合乎逻辑地安排和表述，形式体例应当完备，格式符合一般要求。

3. 针对性强

针对性是调查报告的灵魂，主要包括两方面内容：一是必须明确调查的目的，二是明确阅读对象。

4. 准确性高

调查报告的语言表达与一般文体的表达有所区别，行文力求把握分寸，恰到好处地将事实表达出来。

5. 观点新颖

调查报告应紧紧抓住有关问题的新动向，通过调查得到一些新发现，提出新观点，形成新结论。只有这样的调查报告，才有较高的使用价值。

6. 可读性强

调查报告的可读性强体现在：①观点要鲜明、突出；②内容的组织安排应顺序合理；③行文要流畅，通俗易懂。

广州市公关行业 2003 年度行业调查报告

联合策划：广州市公关协会　中山大学政务学院公共传播学系

执笔：王建生　刘伟贤　袁放

顾问指导：中山大学副教授　谭昆智

广州市公关协会与中山大学政务学院公共传播学系从 2003 年 11 月起，联合策划并进行了广州地区 2003 年度公关行业调查。该调查持续了三个月，采取了问卷调查与采访相结合的形式，内容包括：

（1）统计并抽样在广州市工商行政管理局登记注册的公关公司，向其中的 15 家发放问卷，并直接走访或电话采访了奥美、博诚智杰（原宣亚智杰）、博雅、蓝色光标、福莱灵克、斯达时代、爱德曼等专业公关公司，收回有效问卷共 7 份。

（2）抽样调查了广州市公关协会现有会员单位中已设立公关部门的企业，共发放问卷 30 份，收回有效问卷 8 份（其中外资企业为 3 家、合资企业为 2 家、国有、股份制企业各为 1 家）。

（3）抽样调查不同领域中尚未设立公关职能部门的企业（涉及通信、快速消费品类、酒店旅游、医疗保健、房地产、文化传播、汽车、家电等领域），共发放问卷 90 份，收回有效问卷 21 份。

从问卷的回收情况来看，公关公司和已设立公关部门的企业对本次行业调查反应比较积极，并给予了大力支持，而没有设立公关部门的企业只有 23% 对本次调查做出了反应。

（一）行业发展概况

1. 专业公关公司

各分项有：行业规模、营业情况、竞争格局、服务领域与对象、主要业务、服务优势、

第七章　公共关系文书写作

公关效果评估方式、建立政府关系的关键因素、从业人员的薪酬水平等9项内容。（内容略）

2. 企业内部公关职能部门

在接受调查的已设立内部公关职能部门的企业中，各分项有：企业设立公关部门的目的、资金投入、企业公关部门设置情况、主要工作任务、工资待遇等5项内容。（内容略）

3. 尚未设立公关部门的企业

在接受调查的这类企业中，78%为大型企业，22%为中小型企业。

（1）对设立公关职能部门的态度。85%的受调查企业将公关相关的事务交由其他职能部门（主要是行政办公室、市场部）处理，少数则由秘书兼行公关职能。有5%左右的企业表示准备筹建公关部门；10%的企业表示并没有太多公关事务，不必要专门设立该部门。

（2）对企业其他职能部门管理公关事务能力的评判。超过78%的企业认为其他职能部门对本企业公关事务的执行基本能胜任，21%的调查单位认为完全可以胜任。

（二）公关市场供需状况

各分项有：企业对专业公关服务的需求、市场需求的潜力、供需双方对公关服务的评判标准、广州公关业发展与京、沪的差距等4项内容。（内容略）

（三）展望与建议

（略）

四、公共关系咨询报告

公共关系咨询报告是指社会组织内、外部的咨询人员根据组织的意向和要求，对组织公共关系存在的问题进行咨询后所撰写的一种正式的书面报告。它一般通过文字、图表等多种形式来说明组织公共关系工作所存在的问题、成因和建议等咨询成果，具有业务性强、理论性强、经验性强等特点。

（一）咨询报告的一般格式

公共关系咨询报告一般由封面、前言、目录、正文、附件和后记等几部分组成。

1. 封面

封面的主要内容包括咨询报告的标题、咨询时间、咨询人（或单位名称）以及保密程度、咨询报告编号等。标题一般由咨询的对象、内容和文种名称组成，如《××公司公共关系咨询报告》。标题要准确、简练、新颖、独特、醒目、美观。

2. 前言

前言说明咨询任务或工作的来源和根据，咨询的方法、过程以及其他需要特别说明的问题。

3. 目录

目录的作用是方便阅读报告的人。

4. 正文

正文是咨询报告最主要和最重要的部分，是咨询报告的主体。它一般包括咨询的原则、方法、组织概况、存在问题、原因分析、改善方案及建议等内容。

5. 附件

附件是对正文内容的详细说明和补充，是正文的证明材料。

6. 后记

后记主要说明一些相关的问题，如咨询报告的传播范围、致谢参加人员及相关单位等。

公共关系学

(二) 咨询报告撰写的基本要求

1. 语言准确、简洁、明了，可读性强

咨询报告应尽量用最少的文字和篇幅来说明问题、提出建议，切忌使用太多的学术词汇，让咨询报告的阅读者难以理解。

2. 内容客观、公正、全面

咨询报告的内容中包括的选材、分析、结论等要客观、公正和全面，尊重事实，实事求是，避免片面和主观臆断。

3. 定性与定量相结合

咨询报告的分析应将定性与定量方法相结合，报告的建议也应如此。

4. 建议与策略具有可操作性

咨询报告中所提建议与策略必须是切实可行、富有可操作性，只有这样对接受咨询的组织才具有实际意义。

第四节 公共关系策划书

公共关系策划是指公共关系策划人员为实现组织的公共关系目标，对公共关系活动的性质、内容、形式和行动方案进行谋划与设计的思维过程。公共关系策划书则是指以书面文字形式确定下来的策划人员头脑里的构思和创意，又称公共关系策划方案。

一、公共关系策划书的作用

公共关系策划书的作用主要体现在以下几个方面。

1. 它是公共关系行动的说明书

公共关系策划书阐明了公共关系行动的目的、缘由、步骤及预期效果，如果策划书目的明确、理由充分、创意独特、逻辑严密、条理清晰、费用合理、效果可见且操作性强，则容易说服和打动决策者，获得决策者的支持。

2. 它是公共关系活动的实施指南

公共关系策划书是公共关系活动的参与者实施公共关系活动时的主要依据，它使得参与者有章可循、有法可依。活动的参与者对策划书的准确理解和认真落实，是公共关系活动取得成功的基础。

3. 它是评估公共关系活动效果的依据

评估公共关系活动实施的效果如何、活动的目的是否达到，还必须以公共关系策划书为依据和标准，通过对照来评价该项公共关系活动最终是否成功。

4. 它是公共关系策划人员思维水平的体现

公共关系策划书反映了策划人员的知识、能力、经验及个人修养等多方面的综合素质，是策划人员工作水平的集中体现。

5. 它是组织公共关系工作进程的记录

公共关系策划书是组织极富保存价值的备忘录，它既可以供组织日后公共关系工作参考使用，又可以为其他公共关系同行和学习公共关系学的学生借鉴和参考。

二、公共关系策划书的基本要素

一份完整的公共关系策划书一般包括以下基本要素：①策划的目的和内容；②策划的缘由；

③由谁来策划、涉及谁（哪些公众）；④策划的实施地点；⑤策划的实施时机；⑥策划实施的方法和形式；⑦策划的经费预算；⑧策划的预期效果等八个方面。这可以概括为"5W、2H、1E"：

What（什么）——策划的目的和内容；
Why（为什么）——策划的缘由；
Who（谁）——由谁来策划、涉及谁（哪些公众）；
Where（地点）——策划的实施地点；
When（时机）——策划的实施时机；
How（怎样实施）——策划实施的方法和形式；
How much（费用）——策划的经费预算；
Effect（效果）——策划的预期效果。

这八个基本要素的组合形成了公共关系策划书的基本结构，在使用过程中还应结合不同组织的特点、不同项目的特点以及策划人员的个性风格去进行丰富和完善，最终形成一份目的明确、理由充分、创意独特、逻辑严密、条理清晰、费用合理、效果可见且操作性强的公共关系策划书。

三、公共关系策划书的基本格式

公共关系策划书没有固定的格式，一般包括封面、前言、目录、正文、附件和后记等六个部分。

1. 封面

封面的主要内容包括策划书的标题、策划人（或单位名称）、保密程度、策划书的完成时间、策划书编号等。标题一般由策划的对象、内容和文种名称组成，如《××公司公共关系策划书》。标题要准确、简练、新颖、美观。

2. 前言

前言说明策划的内容或工作的来源和根据，策划的方法、过程以及其他需要特别说明的问题。

3. 目录

目录的作用是方便阅读策划书的人。

4. 正文

正文是策划书最主要的部分，是策划书的主体。它一般包括：①项目背景；②项目主题；③策划的目标；④项目实施的基本程序；⑤传播与沟通方案；⑥经费预算；⑦效果预测。

5. 附件

附件是对正文内容的详细说明和补充，是正文的证明材料。它通常包括：活动日程表、人员职责分配表、经费预算明细表、所需物品一览表、场地使用安排表等。

6. 后记

后记主要说明一些相关的问题，如报告书的传播范围，致谢参加人员及相关单位等。

伊利高钙奶公关宣传、促销策划书

一、活动主题

伊利高钙奶，健康你我他。

二、活动目标

通过在××市各大商场、超市的宣传和促销活动，提高伊利产品的认知度，增进消费者对伊利产品的认可与信任，并通过后续的公共关系活动，树立伊利集团关心百姓健康、关心失学儿童的良好形象,提高伊利的美誉度、和谐度。

三、综合分析

1. 企业概况

(略)

2. 产品概况

伊利高钙奶富含天然乳钙,安全易吸收,含钙量比普通牛奶高30%以上,而且喝完以后口中有很香、很甜的余味。每天两盒伊利高钙奶就能满足身体所需钙质,使日常饮食和营养美味合二为一。伊利高钙奶是纯正、天然的牛奶,不含抗生素和防腐剂,是绿色食品。

3. 市场分析

据统计,伊利液态奶事业部的销售量约占国内市场的10%。另据了解,目前全国液态奶每年以34.4%的速度增长,其中纯牛奶的增长达80%~200%,而纯牛奶中又以钙奶系列需求量最大,尤其在广州、上海等沿海开放城市。

4. 消费者分析

伊利的多种产品已深入人心,尤其是奶制品。伊利高钙奶价格不高,且其品牌已为广大百姓所接受,名牌效应较好,其潜在消费者应为所有阶层的消费者。

四、基本活动程序

(1) 2005年1月1~3日,在各大超市同时展开宣传、促销活动。每箱价格在原价基础上下调0.5元,并在每个超市销售专柜配1~2名导购员,宣传介绍该产品的特点。

(2) 活动结束后举办新闻发布会,并当面将本次促销活动盈利的10%款项捐赠给国家"希望工程",并宣布今后仍将举办类似的公益性活动。

五、传播与沟通方案

(1) 在活动开始前一周,在××市各大报刊上进行宣传,着重说明伊利集团将把本次促销活动盈利的10%捐赠给国家"希望工程",以激发人们踊跃参与此活动。

(2) 在各大超市、商场附近散发宣传单。

(3) 由超市导购员向消费者宣传并介绍产品。

六、经费预算

(1) 宣传单1万份,约为400元。

(2) 活动宣传的媒体广告费约为3万元。

(3) 超市导购员劳务费约为1500元。

(4) 新闻发布会礼仪、场地等费用约为6000元。

合计约3.79万元。

七、预算效果

本次活动全部费用预计在3.5万~4.5万元之间。只要活动安排得当,通过伊利为"希望工程"捐款献爱心活动,应能使伊利产品更加深入人心,在百姓中更好地塑造伊利集团的良好组织形象,达到事半功倍的较好效果。

【案例7-1】
芝麻信用的危机声明

每到年底,很多APP都推出一些有意思的年度总结报告,颇受用户欢迎。支付宝已经不是第一年做这样的事情了。2018年开年之初,支付宝按照惯例推出了个人年度账单,还别有新意地为每一位

第七章　公共关系文书写作

用户总结了年度关键词，用户纷纷开心地晒起了自己一年的花销，微信朋友圈几乎被支付宝年度账单所刷屏，引发全民热议。

然而，1月3日下午开始，网络上有文章指出，支付宝的年度账单应用中藏了一个小猫腻：用户查看账单时，系统用很小的字体列出了一个条款"我同意《芝麻服务协议》"，并且系统默认勾选。也就是说，很多用户在没有注意到这个条款的情况下，同意了这一协议！芝麻信用隶属于蚂蚁金融服务集团，与支付宝同属马云体系，是一家第三方征信机构，致力于提供信用服务。《芝麻服务协议》中有大量的关于信用服务的协议条款，牵涉到很多法律方面的责任划分问题。公众关心的重点不是这些复杂生涩的法律条文，而更多地在于：感觉被支付宝和芝麻信用"套路"了，进了他们挖的"坑"。

此事一出，迅速在网民中传播开来，不少网民表示"扎心"，已经掉进"坑"里了，甚至表示了对支付宝的失望。

不过，当事人的反应非常迅速。芝麻信用在当天晚间就发表了声明，内容如图7-2所示。

声明中非常明确地承认了自己的错误，并且告知了解除服务协议的办法，同时对信用服务的安全性进行了进一步的说明和承诺。

在芝麻信用发表该声明的微博下，支付宝也进行了简洁但态度鲜明的评论"我也不知道说什么，一起承担吧。"

关于支付宝年账单首页《芝麻服务协议》的情况说明

1、首先，用户在查阅自己的支付宝年度账单时默认勾选"我同意《芝麻服务协议》"这件事，肯定是错了。本来是希望充分尊重用户的知情权，让用户知道，只有在自己同意的情况下，支付宝年度账单才可以展示他的信用免押内容，初衷没错但用了非常傻 的方式，愚蠢至极。

2、目前，我们已经调整了页面，取消默认勾选。如果用户希望在自己的年度账单中看到信用免押的内容，可以手动勾选该选项。

3、如果你并不想在年度账单里展示自己的信用免押内容，但是又已经被默认勾选，可以在【支付宝客户端-我的-芝麻信用-信用管理-授权管理】中找到"支付宝"这个选项，然后取消这个授权。

4、此前没有开通芝麻信用的用户，这次不管是被默认勾选还是主动同意，都不会因此而成为芝麻信用的用户，所以也就不存在芝麻信用因此会收集相关信息的可能。

5、很多用户担心自己的信息安全和隐私问题，这些问题同样是芝麻信用的生命线。用户信息的获取、沉淀、使用和分享，都会在严格遵守相关法律法规的前提下，做到用户知情和同意，做到不过度采集，更绝不会滥用数据。对于这次事件给大家带来的恐慌和误解，我们向大家表示深深的歉意，也向年度账单小组表示深深的歉意，给大家添堵了。

[案例讨论] 你对芝麻信用的这份声明书如何评价？

图7-2　芝麻信用的声明

【思考·讨论·训练】

1. 什么是公共关系文书？
2. 祝贺词的一般格式是什么？
3. 迎送词的格式与写作要求是什么？
4. 请柬的格式与写作要求是什么？
5. 新闻稿的格式与写作要求是什么？
6. 公共关系广告文案的格式与要求是什么？
7. 公共关系调查报告的格式与写作要求是什么？
8. 公共关系咨询报告的格式与写作要求是什么？
9. 公共关系策划书的格式与写作要求是什么？

第八章 公共关系专题活动

公共关系是一门实践性很强的学问。为了达到预期的公共关系目标，公共关系人员为配合整个公共关系方案的实施，要进行各种各样的公共关系专题活动，以达到轰动效应、感染作用、辐射作用和连锁反响。

公共关系专题活动也称公共关系实务，是指社会组织为引起公众的兴趣，从而更为有效地协调公共关系，针对特定公众、围绕特定主题有计划进行的各种特殊的专门活动。

第一节 会 议 活 动

一、记者招待会

（一）记者招待会的含义

记者招待会是指以某一社会组织的名义邀请新闻机构的有关记者参加，由专人来宣布有关重要信息，并接受记者采访的具有传播性质的一种特殊会议。政府、企业、社会团体或个人都可以举行。

（二）记者招待会的组织和安排

1. 明确会议的主题

记者招待会的主题要视具体情况和需要来制定。一般以企业集团的成立、新技术或新产品的问世、经营管理方面的重大改革、重大的庆祝日或纪念日、特殊事件等作为贯穿于整个会议的主题。记者招待会切忌偏离主办方的主题。

2. 选择好会议召开的时间

记者招待会召开的时间应尽量避开重大的社会活动日，以免记者不能参加此次活动而去选择更重要的活动。如果时机选择不当则会降低会议的新闻价值，影响会议的效果。主办方还应在日程选定后，提前3~4天派专人将有关请柬送到应邀者手中。

3. 选择好会议召开的地点

记者招待会一般可在本单位或租用宾馆、大饭店举行；如希望造成全国性影响的，则可在首都或某大城市举行。

4. 确定应邀者的范围

记者招待会主要邀请的是记者，有时还可以邀请一些知名人士及有关方面的专家，以提高会议的规格，增加会议内容的可信度。邀请记者的范围以信息接受者的范围来确定。

5. 准备好会议所需要的资料

（1）认真准备好记者招待会所需的文字、图片资料，力求内容充实，包括主持人的演讲词、答记者问的备忘提纲、新闻统发稿、与将要发布的事件有关的背景资料、论据资料、照

第八章 公共关系专题活动

片、录音、录像、幻灯片等。所有材料都要统一反映主办方的中心议题思想。

（2）由负责与新闻界联络的人负责准备工作，落实出席记者招待会的人员，请示确定主要发言人，预先与各新闻单位联络沟通准备好会议所需要的资料。

（3）写好请柬，发出后，最好再用电话确定对方是否出席。

（4）为出席的记者预备好文件袋。

（5）要有充足的工作人员负责接待。

（6）事先检查扩音设备及录像等设备，保证不出故障。

（7）记者招待会宜守时、紧凑，遵守各项议程，不宜临时插入额外的节目。

6. 制定会议议程

（1）来宾签到及分发会议资料。

（2）主持人宣布会议正式开始。

（3）发言人讲话。

（4）接受记者采访。答记者问时，应做到简明、准确、态度友好、语言机敏，既要对问题做到妥善应答，又不能被记者"牵着走"。

（5）主持人宣布会议结束。

（6）安排其他活动。会后可以安排参观或举行茶话会、酒会等招待活动。

（7）做好会后效果检测。①记者招待会后，公共关系人员要及时、广泛收集所有到会记者在各种媒体上的报道，并逐一进行分析。②将有关媒体上的报道对照原拟主题，检查目标是否达到。③对本次活动做出评估总结报告。

二、新闻发布会

新闻发布会是指以某一社会组织的名义邀请新闻机构的有关记者参加，由专人来宣布有关重要信息的一种会议。时下，政府、企业、社会团体或个人在发生重大事件之后都可以举行新闻发布会。

新闻发布会与记者招待会不同之处在于新闻发布会也可以不安排记者采访，两者的其他组织与安排基本相同。

三、展览会

（一）展览会的内涵

展览会的存在已有相当长的历史。据史料记载，公元5世纪，波斯举办了第一个超越集市功能的展览会，当时的波斯国王以陈列财物来炫耀本国的财力和物力，以期展示自己强大实力。因此，可以看得出展览会是指在确定的时间和空间里，依照一定的宗旨，设计布置和安装实物、图片、著作品、图表及音像、影视材料等多种媒介，向广大公众开放，以期宣传社会组织的某些主张、意图、目的、观念、产品等的活动形式。它也是组织公共关系活动中经常使用的一种形式。

（二）展览会的类型

展览会的分类方法较多，分类体系也不尽相同。目前，分类的依据主要有展览会的性质、展览的内容、开放对象等。

（1）依据展览会的性质，展览会可分为商业性展览会和宣传性展览会。商业性展览会是商业性企业等参展者借助于实物、演出、文字、图片、声光电等途径办展，或参展者展示自

公共关系学

己的形象与产品,并在展会中获取市场信息和购货订单合同。如国内著名的北京、上海、长春三大国际汽车展,广交会、华交会等均属于商业性展览会。宣传性展览会是组织为了宣传某一观点、思想、信仰,或者为了让公众进一步了解自己,通过策划、设计、组织布展,在一定的空间里用各种形式把信息、物品展示出来。其最大的特点是展示和信息交流,不进行货币交易。如在中国各地举办的埃及国宝展、上海国际茶博会、上海艺术博览会、国际职业健康与安全大会、中国书法大联展等。

(2) 依据展览的内容,展览会可分为专业性展览和综合性展览。专业性展览有一个非常明确的主题,强调所有参展品及参展商均来自于同一行业。比如,服装展主要展示品牌成衣,甚至有更细分的,如中国国际内衣展览会就更加专业,强调展品均来自内衣行业。在国际上,专业性展览已成为展览会的主流,与综合性展览相比,专业性展览具有针对性强、观众质量高和参展效果好等优点。综合性展览对参展品没有严格的限制,主题也比较宽泛。我国享有盛誉的"广交会"(中国进出口商品交易会,The China Import and Export Fair)实际也是种综合展览会,它创办于1957年,2017年已举办到121届。广交会展览范围非常广泛,包括机械设备、化工产品、电子产品、建筑材料、家庭日用品、家具、服装、食品、医药及保健品,等等,包罗万象。

(3) 从开放对象的角度,展览会可分为贸易展览、消费者展览及综合展览。贸易展览是针对某一行业内的展览,开放对象主要是特定行业的特定人员,而不是面向普通公众。参观者通常是某一行业或协会的成员,从事销售采购工作。比如美国国际体育用品展(The Super Show)是美国最大的运动器械展览,主要的运动器材公司都在此设立展台并向销售商提供产品,进而转入普通大众手中。参展商包括耐克(NIKE)、锐步(REEBOK)、威尔胜(WILSON)等名牌。消费者展览是指对公众开放的展览。参观者支付入场费用,参展商直接向公众出售产品。与展览的观众相对应,此类展览的参展品基本上都是消费品,大到商品房、汽车、游艇、电器,小到珠宝、花卉、食品、CD、宠物等均可以成为展览会的展品。综合展览,顾名思义,是指向广大公众和行业内买家或批发商共同开放的展览。只有在少数展览会上,这种共同性才是没有条件的、各界人士都可以不加限制地进场参观。在多数展览会上,这种共同性是有限的。某些展览会专门为普通公众划出一块地方,设置零售摊位,在地域位置上加以区分;某些展览会有时间限制,业内人士不会和普通公众同时参观,而且往往行业内参观者先参观展览,其次才轮到普通公众。

(三)展览会的安排与组织

1. 确定展览会的主题

展览会上可以展示的内容是很多的,各种实物、图片、模型、表格、装饰器具等材料也很纷杂。只有明确了其主题,才能将各种内容、各类材料围绕着一个中心统一起来,使之有机地组合为一个有血有肉的整体,为突出主题服务。

2. 确定时间、地点

展览会时间依据展览内容和规模而确定。展览会地点可以在室内或露天。室内展览显得较为隆重,且不受天气影响,时间相对也不受限制,但布置较为复杂,所需的费用也较高。通常在露天举办展览的可以是大型机械、农产品、花卉等。

3. 准备好活动所需的各种资料

公共关系人员事先要准备好展览会上所需的展品、资料、图片及宣传用的小册子、图片说明、产品技术资料、宣传单等资料,以免临时慌乱。

第八章　公共关系专题活动

4. 公关活动安排

公共关系人员采用一些公关技巧，会使展览会办得生动活泼、别具一格。举行展览会开幕式时，应邀请有关知名人士出席，并为消费者签名。譬如书市开业时请名人、作者当场签名售书，可以吸引更多的群众前往参观，也给记者提供了好题材。展览厅最好的位置一般在一楼的入口附近，离入口位置越远，楼层越高，参观、购买的人越少。展览位置不好的组织应设法以一些新奇事物来吸引客人。

一家小厂参加了一个展览会，分到的展览室在六楼的一个偏僻角落。第一天一直门庭冷落，所以他们进行研究并想出了对策。第二天一早，参观者一进入展览大楼，就发现一些塑料圆牌子洒在地上，捡起来一看，上面写着："请到六楼右角小室去，您会有意外的收获。"好奇的参观者于是纷纷跑到六楼右角的小室，只见室前有一张红纸黑字的海报，上面写着："拾到小牌者，可打八折购买一件本厂产品。"拾到牌子的人都不肯错过八折的机会，纷纷购买自己中意的产品；没拾到牌子的人由于受到从众心理的影响，也纷纷跑去凑热闹。

5. 搞好经济预算

具体列出展览会的各项费用，进行核算，有计划地分配资金。对这些费用的预算，要根据展览会所要达到的效果来考虑花费标准，既要节约，又要留有余地。

6. 做好展览会的效果测定

展览会的效果测定是指运用各种手段来获得现场公众反馈的信息。可行的方式有现场采访、跟踪采访，这是通过口语交谈来获得反馈信息的手段；也可以通过文字手段，如置放观众留言簿、发放随机问卷、展览回忆测验等方法来获取反馈信息。

总的来看，展览会是一种非常有实效的公共关系形象传播活动。它既能从组织形象的建树上来达到公共关系的工作目标，也能通过产品的实际销售和服务项目被公众的接受来加速组织运行目标的实现，可以说是最直接体现公共关系工作意义多重性的一个窗口。

四、联谊会

联谊会是指一种旨在增进了解、发展友谊的会议。它也是体现公共关系沟通职能的重要环节。

联谊会会前准备工作包括：安排会议议题；确定会议步骤；拟定与会人员范围名单；发出会议通知；选择布置会场；排列座次；办妥后勤服务事宜，做好新闻发布工作和进行全面的各个环节的会前检查。

会议期间的工作包括：搞好签到工作，热情接待会议成员，传接电话，调派车辆等。会议的善后工作包括：送别与会人员，发放纪念物品，打印会议文件，完善会务工作等环节。

第二节　专　项　活　动

一、社会赞助

(一) 赞助的含义与类型

赞助是资助的现代形式。它是指通过提供资金、产品、设备、设施和免费服务的形式资助社会事业的活动。它同时也是一种既可以赢得社会好感又可以提高自己知名度的公共关系活动，从而成为进行大众传播和沟通的方式之一。

赞助活动已经引起了社会各界的极大重视。随着我国公共关系事业的蓬勃发展，社会组织向社会的赞助也越来越多。社会组织赞助的理由大多如下：

（1）通过赞助达到广告的目的，增强广告的说服力和影响。
（2）制造新闻效果，扩大社会组织认知度，提高在公众中的美誉度。
（3）通过赞助表明社会组织承担的社会责任，可以树立关心社会公益事业的良好形象。
（4）通过赞助建立与公众的关系，增强社会组织与外界交流的融洽。

例如，有资料显示，1988年奥运会上，可口可乐公司在促销活动中耗资约6亿美元，而在世界杯赛上的投资也超过2.5亿美元。奥运会期间，可口可乐的销量增加了18%，而世界杯赛开赛前夕销量就已增长了326%。这些是有形的收益，至于品牌形象等这些无形的收益更是无法估计的。

又如，20世纪80年代初，三星在韩国只算是个二线品牌。1986年，三星把握住汉城（现首尔）亚运会的宣传机会，收到令人满意的效果。而后，三星又把目光投向奥运赛场，并于1998年正式成为TOP全球赞助商。这是至关重要的一招，凭借一次次的奥运TOP计划，三星在全球品牌的座次上迅速提升。根据2001年世界级品牌调查机构调查结果显示，三星品牌价值为64亿美元，全球排名第42位；2002年，其品牌价值为83亿美元，排名跃居到第34位；2003年排名25位，成为亚洲第二大品牌，也是全球范围内品牌价值升幅最大的企业。

赞助活动以其广泛的内容遍及社会生活的各个方面，赞助的类型主要包括以下几个方面：①赞助体育活动；②赞助文化活动；③赞助教育事业；④赞助福利事业；⑤赞助宣传用品的制作；⑥专业奖励；⑦赞助展览会；⑧赞助当地的专项活动。

（二）社会组织赞助的步骤和管理

1. 前期研究

要想使赞助活动达到树立企业形象的目的，就必须妥善选择赞助的对象和赞助主题。社会赞助的内容可以由社会组织主动选择对象，也可以在接到请求后再做出反应。主动赞助可获得更好的信誉和投资效果，但后者较为常见。不论是主动还是被动，都要进行赞助项目的前期研究和分析。①分析赞助的活动是否具有积极的社会意义和广泛的社会影响。②要从社会组织的经营政策入手，分析公共关系的政策和目标，是否能通过社会公益活动，达到树立企业良好形象、扩大社会影响力、显示爱心、提高社会组织知名度与美誉度的目的。③制订出具体的实施计划，以保证组织受益和社会受益。特别要注意组织的各项赞助应统一，不要偏离整体赞助主题太远。

2. 制订计划

在对赞助活动作好研究的基础上，公共关系人员应据社会组织的赞助政策和方向来制订一个赞助计划，做到有的放矢。它包括：赞助对象的范围、赞助计划的预算、赞助的形式和赞助的宗旨等。通过它可以起到控制赞助范围，防止赞助规模超过社会组织的承受能力和节约开支的作用。

3. 审核评定

每进行一次具体项目的赞助，都应由赞助委员会对此项目进行详细的分析和研究，结合该年度的赞助计划进行逐项的审核评定，确定可行性、赞助的具体方式和款额，以及赞助的时机，以便制定此项赞助的具体实施方案。

第八章 公共关系专题活动

4. 具体实施

在实施赞助活动的过程中,社会组织应派专门的公共关系人员,充分应用各种公共关系手段、技巧,尽全力扩大该项活动的社会影响和组织的社会影响。

5. 效果测定

赞助活动完成后,组织要对赞助效果评估,检查各项指标的完成程度,找出存在的不足,并写出书面材料存查,为今后工作的改进提供依据。

6. 赞助中应注意的几个问题

(1) 要优先对各种慈善事业、社会福利事业和活动、公共设施、教育事业进行赞助。这样既表明组织对社会的责任和义务,又较容易获得社会各界的普遍好感。

(2) 要注意留存一部分机动款项,作为遇到临时、重大活动时的备用款。

(3) 对各种明显不能满足或不能全部满足其赞助要求的,应坦率而诚恳地解释组织的有关政策,但不能为威胁利诱所吓倒或屈服。

二、各类庆典

庆典指一些比较隆重热烈的庆贺性的典礼。作为一级组织的公共关系人员,对外是本组织的代表,对内又是最高决策者的替身,理应通晓重要庆典的规范要求和庆祝仪式。

(一) 节庆活动

节庆活动是指为节日或共同的喜事而举行的、表示快乐或纪念的庆祝活动。"百里不同风,千里不同俗"。各国甚至一个国家的不同民族和地区都有自己独特的节日和庆祝活动,要恰到好处地开展节庆活动并达到预期效果。

(1) 要区分公共关系节庆活动的重点。各国、各民族的节庆日名目繁多,大体可分为法定节日、民间传统节日两大类。法定节日可酌量安排一些电影、文艺招待等庆祝活动。

民间传统节日,除各国基本相通的元旦外,世界各国都有各自传统的民间节日和宗教节日。重要的民间传统节日和宗教节日应列为节庆活动的重点。

(2) 开展节庆活动贵在富有传统特色。例如,广州的中国大酒店等宾馆的公共关系部每逢春节或中秋节等节日,都会按我国的传统方式给宾客吃"年夜饭",组织员工向他们"拜年",或请他们中秋赏月,品尝月饼,组织他们观看一些富有我国民族特色的文艺节目等。

(3) 要不失节庆活动的时机。节庆日开展公共关系活动,并非局限于餐饮、旅馆等组织的公共关系部门。触类旁通,其他组织的公共关系部门也可视自己服务的公众,因地、因人制宜,开展相应的活动。只是要从本组织的实际出发,量力而行,讲究实效。

(二) 开业庆典

开业典礼是指组织为庆贺某项活动的开业而举办的仪式。一个热烈、隆重的开业典礼能为组织创造良好的社会形象,能给公众留下美好的第一形象。开业典礼往往也是组织的各种文化素养及各种能力的综合体现。组织的开业庆典活动应遵循"热烈、隆重和节约"的原则。作为组织的公共关系人员,应做好如下安排:

(1) 首先拟定出席典礼的宾客名单,并提前将请柬送到宾客手中,以便被邀者准时赴会。请柬的语言文字应郑重其事。邀请的宾客一般应包括政府有关部门负责人、社区负责人、知名人士、社团代表、同行业代表、新闻记者、员工代表以及公众代表等。

(2) 拟定典礼程序。典礼程序一般为:宣布典礼开始,鸣炮奏乐,宣读重要来宾名单,致贺词,致答词,剪彩等。

公共关系学

（3）事先确定好致贺人、答谢人的名单。答谢词、贺词都应言简意赅，起到烘托气氛、沟通情况、增进友谊的目的。

（4）确定剪彩人员，同时布置好开幕典礼的现场。根据典礼内容确定现场的色调、横幅、花木等。参加剪彩的除本单位的负责人外，还应在宾客中约请地位较高且有一定声望的知名人士同时剪彩。剪彩场面要热烈、欢快，剪彩的彩带用红绸制作，剪彩时事先要备好剪刀和托盘，由协助剪彩的礼仪人员拉好彩带，再由一至两名礼仪人员端住托盘。剪彩者用剪刀将彩带上的花朵剪下，放在托盘内。

（5）可安排一些助兴节目，以造成热烈、欢快的喜庆气氛，如安排仪仗队奏乐、锣鼓、鞭炮和彩花、舞狮耍龙、小型即时歌舞等。这些节目要视具体庆典的内容而定。

（6）庆典过程中，落实各项接待工作。如签到接待、摄影、录像、扩音等有关服务人员均须提前到岗，在服务过程中，均应礼貌、热情、周到，给来宾留下良好印象。

（7）典礼仪式结束后，还可以组织来宾参观本企业的生产设施、服务设施以及产品及商品陈列。这是让上级、同行和社会公众了解组织、宣传组织的好机会。

（8）通过座谈会和留言的形式广泛征求庆典意见，并尽快将意见和建议整理出来，以达到总结经验、鼓舞士气的目的。

（三）签字仪式

签字是一种常见的仪式。作为组织负责对外交往和礼宾的公共关系部门的人员，应当熟悉签字仪式的程序。

签字人要视达成协议和文件的性质，由相关方面商定。有由国家和政府领导人签的、也有由有关部门的负责人签的。但双方签字人的身份应大体相当。所不同的是，一般业务部门之间签订的专业协议等，固然也需要签字，但不一定如重大的政治、军事、经济、科技、文化等领域内达成协议、缔结协定、条约等那样，举行隆重的签字仪式。

安排签字及签字仪式是一项细致的工作。①要做好文本的定稿、翻译、校对、印制、装订等工作；②准备好签字用的文具、国旗等物品；③与对方商定签字人员，并由双方的助签人员洽谈有关签字细节。④关于参加签字仪式的原则是双方参加会谈的全体人员的人数大体相当。如一方要求让某些未参加会谈的人员出席，或为表示重视，安排较高级别的领导人出席签字仪式，另一方应予同意。

我国举行签字仪式时，一般在签字厅内设长方桌一张，作为签字桌。桌面覆盖深绿色台呢，桌后放两把椅子，为双方签字人员的座位，主左客右。桌前摆的是各自保存的文本，上端分别放置签字文具，中间摆一旗架，悬挂签字双方的国旗。大体布置如图8-1所示。

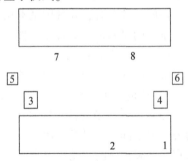

图8-1 我国的签字仪式布置说明
1—签字桌 2—双方国旗 3—客方签字人 4—主方签字人 5—客方助签人 6—主方助签人 7—客方参加签字仪式人员 8—主方参加签字仪式人员

双方参加人员进入签字厅。签字人员入座时，其他人员分主、客方按身份顺序排列于各自的签字人员座位之后。双方助签人员分别站在各自签字人员的外侧，协助翻揭文本，指出签字处。在本国保存的文本上签毕后，由助签人员互相传递文本，再在对方保存的文本上签字。然后由双方签字人交换文本，相互握手。有时签字后，备有香槟酒，主、客双方共同举杯庆贺。

各国举行的签字仪式的安排不尽相同。有的国家安排的仪式设置两张方桌为签字桌，双

第八章 公共关系专题活动

方签字人各坐一桌。双方的小国旗分别悬挂在各自的签字桌上，参加仪式的人员坐在签字桌对面，如图 8-2 所示。

有的国家安排一张长方桌为签字桌，但双方参加仪式人员只坐在签字桌前方两旁，双方国旗挂在签字桌的后面，如图 8-3 所示。

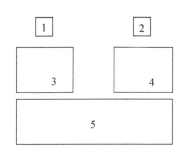
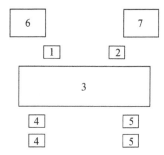

图 8-2　有的国家的签字仪式布置说明（一）
1—客方签字人席位　2—主方签字人席位
3—客方国旗　4—主方国旗　5—参加签字
仪式人员的席位

图 8-3　有的国家的签字仪式布置说明（二）
1—客方签字人席位　2—主方签字人席位
3—签字桌　4、5—参加签字仪式人员席位
6—客方国旗　7—主方国旗

如有三四个国家缔结条约，其签字仪式大体如上所述，只是相应增添签字人员席位、签字用具和国旗等物。至于签订多边公约时，通常仅设一个座位，一般由公约保存国代表先签字，然后由各国代表依一定次序轮流在公约上签字。

三、开放参观

社会组织为了让公众更好地了解自己，获得公众对其各项活动的支持，可以有计划地组织公众参观。邀请组织的员工家属、社区新闻工作者以及其他对组织感兴趣的人到组织内仔细参观，并利用这个机会向公众进行宣传，这也是塑造社会组织形象的方法之一。

对外开放参观活动是树立组织形象的很好时机，因此，公共关系人员应认真做好以下各方面的工作。

1. 确定参观日期

在确定参观日期时应注意不要和重要节日或社会组织的重要活动发生冲突。因为在重要节日，大部分公众都有自己的安排；在社会组织举办重要活动期间，参观者一方面看不到日常工作的场面，另一方面也会给接待工作造成极大麻烦。此外，还应考虑有关负责人员是否能参加。

2. 成立专门机构

组织对外开放参观活动应成立一个专门机构来统筹安排，专门机构中应至少有一名决策层的人来做总协调人，还应包括相关部门的负责人和具体的工作人员。

3. 宣传准备工作

组织应充分重视这类活动的宣传工作。首先应事先通知新闻部门，利用新闻媒介来扩大影响；同时，也应对组织内部的全体员工做宣传工作，使每个人明了对外开放参观工作的意义与目的，自觉地参与这项活动。

4. 确定对外开放参观的内容

对外开放参观的内容一般可分为现场观摩、介绍、实物展览三种。一般社会组织采用的

公共关系学

程序是事先准备好深入浅出、图文并茂、印刷精良的宣传小册子，发放给参观的公众，配合口头讲解的现场观摩，让公众参观工作现场，以实物或员工的实际行动来说明社会组织的内在面貌。最后是实物展览，以资料、模型、样品的陈列等对公众作补充说明。

5. 选择参观路线

选择参观路线的主要要求是可以引起参观者的兴趣与保证他们的安全，并且对组织的正常工作持续干扰最少。参观路线应有明确的路标，在参观活动的开始前，需要事先采取安全措施，安全人员应在必要的地方设置警告信号和障碍，以防止意外发生。

6. 做好解说和接待工作

对导游或解说人员事先要进行认真选择、培训和演练，使他们熟练掌握参观过程中每一个参观点的解说内容。参观点的员工应佩戴印有个人名字的标牌，并应有礼貌地向参观者说明工作情况，耐心、认真地回答来宾提出的各种问题。组织对参观者应热情、周到地接待，并安排合适的休息场所，休息场所应有招待人员、茶水等饮料和电话等。

7. 做好欢送工作，收集参观者意见

参观结束后，组织要做好欢送工作，并认真听取参观者对组织的看法和建议，注意收集参观者的意见，整理、分析后提交有关部门。有些意见还应在组织予以采纳并确定相应措施后给予答复。

8. 对参观者一视同仁

社会组织要以真诚的态度对待参观者，不论其地位高低，均应热情相待，接待的态度、对参观者意见的反应等不能差别对待。

第三节　新闻宣传活动

一、公关新闻稿

公关新闻稿常见的体裁有以下几种。

（1）消息（新闻）。它是用得最广泛的一种形式。它以简洁的文字，准确地将周围发生的最为公众关心的最新事实反映出来。它在报纸版面上或新闻节目中经常占据主要位置。

（2）通讯。这也是为公众所喜闻乐见的一种形式。它详细地报道一个新闻事件的来龙去脉，以弥补消息信息量不足的缺陷。

（3）特写。它是取一个人物、一个活动片段加以突出的描述，且可用适当的文学语言进行细致描写。它往往能达到一个特殊的报道效果，使公众获得一个具体的形象。

（4）述评。它是在叙述一个新闻事件时加上作者的评论。评论应包括事件的特点、起因、发展趋势、经验教训等方面的内容。它要求作者具有较强的分析判断能力，观点清晰、论证有力。

（5）调查报告。它是围绕一个事件或公众关心的某一方面的问题，通过调查材料全面、系统、准确地反映事件的真相及其发生、发展过程。

新闻稿的内容和写作要求可参见本书第七章第二节。

二、制造新闻

制造新闻也称媒介事件，是指组织为吸引新闻媒介报道并扩散自身所希望传播开去的信

第八章 公共关系专题活动

息而专门策划的活动。如国内外许多企业组织都注重利用成立周年纪念日、厂庆之类的活动来邀请或吸引新闻媒介报道其各方面情况，借机宣传自己。这种现象目前在国内外已很普遍。

2000年4月，在顺德原美的家庭电器事业部门口，几个硕大的升空气球渲染着节日般的欢乐。50多位来自全国各地的优秀经销商正在参加美的微波炉2000年度经销商的颁奖典礼及微波炉工程的二期庆典，庆典上宣布了美的微波炉进入行业短短一年半时间市场占有率即冲入行业三强的消息，并现场颁发了包括豪华奔驰、宝马轿车在内的震撼奖品。与优秀经销商一起前来的，还有来自全国各地的晚报、财经类专业报纸和营销类专业杂志的40多名记者。庆典过后，全国20多家媒体以《微波炉行业重新洗牌》《美的搅动微波炉市场》等为主题，以半版或1/4版的篇幅报道了美的微波炉的这次庆典，其他媒体也在财经类版面编发消息，许多报纸还配发了行业综述和评论。一时间，美的微波炉进入行业三甲、以名车为礼打造经销商阵线联盟等消息在专业媒体和杂志上也广泛流传，美的微波炉名声大震，庆典在全国广大电器经销商中引起了不小的震动。这次活动中，原美的家庭电器事业部在广泛咨询的基础上决定以奔驰、宝马重奖经销商，不增加总体费用，却能增强美的微波炉经销商信心，也为新闻媒体的报道找到了"由头"，使新闻报道具有价值，引人入胜。

社会组织策划的制造新闻在某种意义上说是如何与新闻媒介打交道的问题。事实上，公共关系活动与新闻媒介打交道的目的同策划制造新闻的目的是一致的，都是希望利用新闻媒介的优势来传播组织所希望传播的信息，以扩大社会影响。公共关系活动与新闻媒介打交道通常有两种情况：一种是社会组织积极地寻找扩大影响的传播途径，要求最能胜任此职的新闻媒介给予协助，这可称为主动型；另一种是社会组织中所出现或发生的一些情况引起了新闻媒介的注意或兴趣，新闻媒介要求社会组织提供事实或给予协助，以便向全社会宣传和推广或解释和澄清，这可称为被动型。制造新闻是主动型的活动，它的基础建立在社会组织与新闻媒介保持经常和密切的联系之上。从事这类活动的人员应该知道，新闻媒介有着自己的社会独立性，它不可能无条件地给予社会组织协助，它有自己的工作准则，这准则要求新闻媒介对报道对象要有所认识和比较熟悉。因此，社会组织如不同新闻媒介保持长期的密切关系，那么，新闻媒介就对它不认识也不熟悉。这样作为主动型活动的制造新闻对新闻媒介来说就显得突然而陌生，其活动效果也就可想而知。所以，策划制造新闻首先要把社会组织与新闻媒介的关系作为前提，公共关系人员要同新闻媒介进行经常性的接触，这一般可以从以下几个方面着眼。

1. 及时掌握新闻媒介的报道动向

公共关系人员要对近期新闻媒介所传播的信息和报道的新闻有所了解，有所分析，把握一个时期宣传报道的重点。在通常情况下，新闻媒介根据形势的变化，会相应变换自己报道的重点和主题，与其重点和主题较契合的信息比较容易成为报道对象。因此，公共关系人员要分析对照自己希望传播的信息与新闻媒介的重点和主题的相关程度。例如一个时期报纸、广播都在宣传"科教兴国"，而某个社会组织要隆重庆祝自己的成立周年，打算花大量资金建神龛，供财神菩萨，这类消息无论如何是不会作为正面新闻被报道的，相反倒可能作为反面典型受到批评性的报道。

把握新闻媒介报道主题的重点并不难，报纸的报道重点常反映在它的第一版上，对一个时期的报纸头版，尤其是头版头条新闻作一番分析便可以八九不离十地摸准它的报道主题；电台、电视台的新闻栏目中重复出现次数高的同类信息，通常也反映了它们的报道动向；另一个可以注意的着眼点是新闻媒介中的评论性文章的观点倾向，评论性文章包括社论、评论

公共关系学

员文章、短评、编者按等,它一般与报道性新闻、消息、特写不同,其意见、主张、看法是十分鲜明的,常常是新闻媒介基本倾向的代表。

2. 积极参加新闻媒介所组织的各类活动,充分利用新闻媒介的信息网络

随着改革的步步深入,我国的新闻媒介打破了传统的"照传照发"上级精神的工作旧框架,开始在社会经济生活中扮演了越来越活跃的信息桥梁的角色。由新闻媒介出面牵头组织的各种"企业家俱乐部""联谊会""协会"等民间性的横向联系团体已有很多。这些组织的共同旨趣便是"沟通信息联系,促进交流发展"。可见,倘若社会组织的公共关系人员能积极参与其中,不仅能与新闻媒介保持固定的经常性联系,而且还能在与其他社会组织代表交往时,获得意外收获。新闻媒介为了使自己能尽早得到散布在社会各个角落、各个层次的信息,一般都建立有一个发达的信息网络,这个网络的节点便是庞大的通讯员队伍。通讯员一般素质较好,且有与新闻媒介合作的经历和经验,更重要的是他们被新闻媒介所熟悉和了解,所以他们对公共关系实务工作来说,是一笔大可发掘、利用的现成财富,公共关系人员应当加强与他们的联系。

3. 懂得根据信息的特点选择新闻媒介的种类,有针对性地进行传播

新闻媒介的种类包括报纸、杂志、广播、电视等,它们对信息的要求各有不同。如报纸要求事例生动,可读性强,并要有一定的深度;杂志要求有可存性,并要有较系统的理论说明;广播则由于电波稍纵即逝,因而比较讲究从口语以及背景音乐的角度来选择文稿;电视主要是靠画面吸引观众,对构图、画面的美感和解说的文字等都有相当高的要求。如果公共关系人员对不同种类新闻媒介的信息传播要求具备一些基础知识,则无疑能获得较多的合作机会和便利。

此外,制造新闻这种主动型的公共关系实务活动是同被动型的情况联系在一起的。当新闻媒介专职人员(通常是记者)找上门来要求了解情况,并希望社会组织给予协助时,社会组织就处于被动的状态之中。在这种情况下,公共关系人员也必须抓住机会加深与新闻媒介的关系。记者上门,一般有两种可能:一种是这个社会组织最近发生的一些事情具有正面意义,新闻媒介希望通过发掘、整理和提高,把它进一步向全社会宣传推广,即相当于表扬;另一种是这个社会组织出现了一些反面意义的现象或事态,新闻媒介认为有责任调查并核实清楚,向社会做出交代,以正视听。在这两种情况下,社会组织都应积极配合新闻媒介的工作。

第一种情况,毋庸置疑,记者来采访的事实本身就会在相当程度上调动这一社会组织上上下下的积极性,一般不存在不合作的问题,问题倒在于由于期望过高或目的不现实,社会组织在介绍情况、提供材料、安排活动时会有意无意地人为拔高,渲染夸大。这一现象用新闻术语来说就叫"掺水分"。应当明白,记者在这方面是有专业训练基础的,对"水分"是有识别能力的。即使当时能蒙住记者,如愿实现自己的目的,但由此引起的报道失实,其责任还是要由被采访对象来承担的。作为接待工作主要角色的公共关系人员应当实事求是地介绍成绩,最好要拿出过硬的数据,数据的范围不局限于数字,像"五个W"其实也是一种特定数据。这就需要公共关系人员平时注重积累资料,并做好整理储存归档工作。

在记者上门的第二种情况下,接待人员更应当热情、周到,并尽可能说服组织主要领导出场。记者在这种情况下采访,其任务首先是核准事实,弄清真相,并非专来寻衅责难的。接待人员有责任也有义务主动配合记者把所要了解的情况和事实调查清楚,介绍事情的原委和来龙去脉,应当越周详越好。即使记者的先入之见同事实有出入,也切忌冷嘲热讽、挖苦

第八章 公共关系专题活动

设绊。必须注意,记者通常不是代表个人的,而是代表着民意和舆论。对民意和舆论持敌对性态度,其结果常常会有"冒天下之大不韪"的危险,这种做法与公共关系的宗旨相差十万八千里。总的来说,我国新闻媒介批评性报道的出发点是与人为善,并且着重于从个别事例引申出带有全局性的问题,一般并不纠缠于细枝末节。相反,如某个单位在反面事例见报后,能有所行动,迅速改正,还又可以产生一篇正面报道。在这里,"坏事可以变成好事"这句名言,应当是公共关系人员必须牢记的。

最后需要指出的是,新闻媒介所报道的信息,其作用并不等于政府的法令或上级行政主管部门的文件,它不具有强制性的指令功能。它只是一种信息、一种经过正式途径传播扩散的信息,它的作用在于使社会知晓,使社会认识和理解,最终成为民意的潜蕴,而民意的力量是无比巨大的。因此,公共关系人员必须十分注意在同新闻媒介搞好关系的基础上所进行的制造新闻的工作。

第四节 接待活动

一、接待室的布置

在对外交往中,由于礼尚往来,人们经常需要在单位或家里接待来访的外宾。一位名人说过:"房间的陈设应当展现人们美的心灵。"在接待外宾之前,有必要对单位里的接待室或家里的客厅进行精心的布置。公共关系部门经常要接待各式各样的来客,所以应考虑到如何布置得整齐、美观,让别人一走进来就感到这里的工作井井有条、充满生气。

即使没有一间独立的接待室,公共关系人员也应在办公室中腾出一个比较安静的角落来,让来访者一进门就有个坐处,可以从容不迫地提出询问或投诉。作为来访者,都希望接待人员能专心致志地听他谈话,谈话过程中最好避免他人干扰。有时来客不愿他人听到自己的谈话,所以如有条件,公共关系人员应该与来访客人一一分别对话,并为等候的人准备座位、茶水、画报。接待来访的地方应有一架电话,以便在谈及有关问题需要询问其他部门时,可以立即打电话;还应有一台复印机,来访者索求有关资料或主动提供有关资料时,都可以立即复印。公共关系部门办公室除了有一般办公室的家具、文具用品外,还要有存放各种档案资料的柜子,里面应存放各种档案资料,如员工生日、籍贯、工资、家庭情况的档案,公司股东、客户信、其他档案等,办公室里还必须备有充分的介绍本组织机构、历史、宗旨、服务项目等资料的宣传品,以便随时赠送给客人。

二、商业接待礼仪

1. 迎宾礼仪

(1) 见到宾客光临,应主动上前彬彬有礼地亲切问候,表示热忱的欢迎。

(2) 宾客乘坐的车辆抵达时,要热情相迎;车辆停妥后,应一手拉开车门,一手遮挡车门框上沿,以免客人头部碰撞到车顶门框。

(3) 凡遇老、弱、病、残、幼的客人,特别要主动搀扶,备加关心。

(4) 宾客的行李物品要轻拿轻放,对贵重的和易碎的物品,切忌毫不在乎地随地乱丢或重压。

(5) 接待团体宾客时,应连续向宾客点头致意,如遇宾客先致意,要及时还礼。

公共关系学

(6) 为了使每一位宾客都能听到问候语，应不厌其烦，连续多次重复。问候时要目视宾客，不得东张西望、注意力不集中。

(7) 天下雨时要撑伞迎接，以防宾客被雨淋湿。

(8) 帮助宾客提携行李物品时，要主动、热情，但同时应尊重宾客的意愿。凡宾客自己要提的物品，不要过分热情地去强行要求帮助提携。

2. 送宾礼仪

(1) 在问清宾客共有多少件行李物品后，小心地提携并负责运送到车上。

(2) 安放好行李后，不要立即转身离去，而应向宾客做交代，并施礼感谢光顾和致告别语："祝您旅途愉快，欢迎下次再来！"

(3) 轻轻关上车门，注意不要让宾客的衣裙被车门夹住。门要关得恰到好处，不能因太轻而关不上、因太重而惊吓客人。

(4) 车辆启动时，应面带笑容，向客人挥手告别，目送离去。

第五节　公共关系谈判

公共关系谈判是一项运用人际传播手段进行的活动，也是公共关系实务的重要内容。现代组织必须借助谈判去沟通各类公众，消除彼此间的纠纷和误解，保持与各类公众的良好关系，实现各自的利益。组织的公共关系人员需要掌握公共关系谈判的原则、程序和相应的策略技巧，运用谈判手段，协调组织与公众的关系，以实现组织的各项管理目标。所以公共关系谈判在组织的管理经营活动中的作用越来越重要。

一、谈判的原则

商务谈判是指双方或多方为了促成买卖成交、项目合作或解决双方的争议与争端，以取得各自经济利益而进行的磋商活动。为了使商务谈判取得预期效果，公共关系人员在谈判中必须遵循一定的原则。

1. 实事求是原则

事实是最客观、公正、最具有说服力的，谈判前要全面收集、分析谈判双方的有关信息资料，在谈判中充分运用。谈判中有分歧意见和对立情绪在所难免，解决这一矛盾的最好办法就是尊重事实，坚持实事求是。

2. 平等互利原则

无论谈判双方在经济上、政治上的实力与地位有多大的差别，在谈判过程中都享有平等的地位和权力，应尽相同的责任和义务。谈判所达成的协议应建立在双方自愿的基础上，决不能以强凌弱、以大压小、强人所难。谈判既是竞争，又是合作。一场成功的谈判，应是"双赢"或"多赢"。

3. 求同存异原则

公共关系谈判如果想使谈判各方面都有收获项，就要坚持求大同存小异的原则。因为谈判本身就蕴涵着谈判各方观念和利益上的"异"和"同"。所谓"异"，是指人们在基本利益、思想观点、行为方式上的不同或不一致，才有可能产生谈判。所谓"同"，是指人们有共同的需要和对需要的满足，有共同的观念和利益要求，才会通过谈判谋求一致的协议，以实现各自的利益和目标。求大同，就是谈判各方的总体上、原则上必须一致；存小异，就是谈判各方必须在原则允许的范围内做出适当的妥协和让步,能够容忍与自己利益要求不符的"小异"存在于协议之中。

4. 遵守法律原则

谈判双方在为实现自身目标而达成协议时,不能损害国家的利益或第三者的利益。达成的协议必须合法,并按照有关法律、法令对协议条款做出明确解释,使协议具有法律效力。这样做不仅对谈判双方具有约束力,而且只有这样做才能保证双方利益的实现。

5. 时效性原则

谈判要讲究时效,要保证谈判的效率和效益的统一。组织要力争在最有利的时机进行谈判,在最短的时间内使谈判获得成功。时效性原则对商务组织争取市场机会,取得良好经济效益尤为重要。目前市场信息千变万化,这就更要求谈判双方要善于在谈判中抓住时机,要尽量避免不必要的拖延,在高效率中完成谈判。

二、谈判的程序

1. 开局阶段

开局阶段也称导入阶段,这个阶段是通过介绍和被介绍使参与谈判双方相互认识的过程。开局阶段费时不多,但对谈判成功与否影响很大。在开局阶段能够制造一个互谅互让、积极、融洽的谈判气氛,是影响整个谈判过程气氛的关键。

2. 概说阶段

在这一阶段中,双方简要阐述各自的谈判目的,自己希望达成的目标和设想。此阶段是认识双方想法的第一阶段,因此必须做到:①开始发言时,要言简意赅,注意感情色彩,言辞或态度尽量不要引起对方的焦虑和愤怒。激起对方的自卫,只会丧失他原来可能协助和支持的机会。②讲完自己的意见后,要倾听对方的发言,理解其讲话的内容。③概说阶段时间短,要争取得到对方的首肯。有了最初的首肯,便是开启了通向成功的大门。

3. 交锋阶段

双方的真正对立、竞争状态在这个阶段才明显展开,双方就其观点、目标的对立进行实质性会谈,都想获得利益和占优势,有时会感到如临大敌的紧张气氛。在这种情况下,谈判人员要做到:①坚定自己的立场,朝着自己所求的方向勇往直前。为此要做好思想上、心理上的充分准备,提高应变能力,随时准备回答对方质询,做到既要尽可能地保证自己的利益,也要显示双方妥协的可能范围。②正确分析双方的分歧和差异。既要用事实说明自己的观点,找出各方面的分歧和差异所在,又要运用谈判技巧和合理的妥协来缓和气氛,使谈判心平气和地讨论下去,最终消除分歧差距,寻求一致,达成协议。

4. 明示阶段

此阶段的主要任务是及早确认双方的不同意见,确认事实。为了解决双方的不同意见,达成协议,必须以坦诚的态度对待自己的需要、对方的需要、彼此互相的需要及不易觉察的内蕴需求。追求自己的需要是谈判的目的,但同时又要适当满足对方的需要,这是谈判得以成功的关键。为此要做到:①自己的需求应合理,不要过分苛刻;②对对方的需求,不要过分谴责;③彼此互相所求,要尽力使对方满意;④对内蕴的需求,待时机成熟、条件允许时方可提出。

5. 妥协阶段

这是寻找双方可以接受的途径的阶段。双方交锋、相持一般不可能永远持续下去,其最终目的还是渴望谈判成功。正因为如此,谈判各方都会在会谈中适当地调整目标,做一些必

公共关系学

要的妥协和让步。妥协不等于失败，它是为成功谈判所做的让步，其目的还是为了寻求双方满意的结果，实现自己的目标。在妥协阶段，谈判人员需要注意：①坚持原则性和灵活性的统一。既要坚持原则立场，又不要伤害对方的感情和影响今后的合作；既要精于计算、权衡利弊得失，以求更多利益，又不要锱铢必较、胡搅蛮缠地大做文字游戏。各方应在坚持基本要求的基础上，寻找出共同点，寻求各方面所能接受的折中方案，使争议得到合理解决。②保持清醒头脑，把握妥协尺度。③圆满成功的公共关系谈判要使各方的利益得到一定程度的满足，每方都是谈判的胜利者。正因为谈判中需要打破僵局、有适当的妥协，所以善于打破僵局是谈判人员应具备的技能。谈判是一种协调各方利益的手段。谈判中常出现己方的方案对方不能接受，对方的方案己方又弃而不取，各自坚持自己的立场互不相让。这种僵局的出现是很正常的，关键是双方是否有诚意继续谈判。如果双方都抱着积极的态度来对待僵局，那么谈判人员就应该寻找最佳时机，寻找双方利益的最佳契合点，寻找双方都能接受的方案。

在一场中日索赔谈判中，由于中日关于间接经济损失赔偿费的赔偿额而出现僵局，在日方已被逼到"墙角"时，中方谈判代表不失时机地提出"如果贵公司有谈判的诚意，彼此均可适当让步"。这一句话既表示我方诚意又可打破僵局的提议，使谈判出现新的转机。所以，善于打破僵局是谈判成功的一个不可忽视的环节。

6. 协议阶段

在这一阶段，通过洽谈，双方认为已基本实现了自己的目标，便表示拍板同意，然后由双方谈判人员各代表自己一方在协议上签名、盖章、握手言和，以保持相互之间的亲切感，为下次合作创造良好的感情基础。谈判人员在这一阶段要注意做到：①拍板定案时，要将协议的主要条款陈述一遍，以防有误。②谈判协议书文字表达要准确，内容要全面，不能产生歧义和遗漏。③谈判人员应熟悉谈判协议的条文，严格履行协议。④握手言和，再创亲切、和谐、协调的情感气氛。

三、谈判的策略

在谈判中，巧妙的方法、必要的技巧和谋略是很重要的。常见策略有以下几种。

1. 联络感情

客人到来后以礼相待，赠送一些对方喜欢的小礼品，谈判空闲之时邀请对方一同游览、参观等，都可以达到联络感情的目的。

2. 树立形象

主谈人的自我形象很重要，要在客方心目中树立一定的权威形象。

3. 争取主动

如一方在初次会谈的一开始就宣布："今天只是初步接触，只谈判一个小时就行了。"其目的是取得居高临下的心理优势。这时，另一方公共关系人员就可以提出异议，避免己方处于心理劣势，让对方牵着鼻子走。

4. 求上取中

谈判的方案一般分上、中、下三策，公共关系人员最好提出上策，争取获得最佳成果。如果对方的反对态度相当强烈，无法达到上策，就可以退一步提出中策。采取这一策略的关键是掌握对方的心理，看对方是否急于求成。

5. 声东击西

在交锋阶段，公共关系人员最好将对方的注意力引导至对己方不太重要的问题上，以保

第八章　公共关系专题活动

证重要问题的解决。

6. 暂停谈判

当交锋阶段出现僵持时，如观点尖锐对立，一方内部产生分歧等，可以建议采取休会暂停的策略，商定对策，协调内部意见，以利再谈。但注意暂停的要求要委婉地提出。

7. 假设条件

谈判的妥协阶段，双方都在窥测对方的意图，寻求妥协的方法。这时可使用假设条件的策略，以达到谈判目的。

8. 坦诚相见

这是指用坦诚的态度向对方陈述自己的意见，营造一种相互信任的气氛，以利于双方达成协议。这种策略一般在妥协阶段将结束时运用。

9. 巧妙催促

这是指针对对方迟疑不决的态度，公共关系人员采用适当技巧催促其下决心。

四、谈判的技巧

1. 叙述技巧

叙述是指介绍己方的情况，阐述己方对某一个问题的具体看法，从而使对方了解自己的观点、方案和立场。谈判过程中的叙述大体包括"入题""阐述"两个部分。谈判双方刚进入谈判场所时，难免会感到拘谨，尤其是谈判新手，在重要谈判中，往往会产生忐忑不安的心理，为此，必须讲求入题技巧，采用恰当的入题方法。以下是几种有效的入题技巧：

（1）迂回入题。为避免谈判时单刀直入，过于直露，影响谈判的融洽气氛，谈判时可以采用迂回入题的方法。如先从题外话入题，从介绍己方谈判人员入题，从"自谦"入题，从介绍本企业的生产、经营、财务状况入题等。

（2）先谈细节，后谈原则性问题。围绕谈判的主题，先从洽谈细节问题入题，条分缕析，丝丝入扣，待各项细节问题谈妥之后，也便自然而然地达成了原则性的协议。

（3）先谈一般原则，后谈细节问题。一些大型的经贸谈判，由于需要洽谈的问题千头万绪，双方高级谈判人员不应该也不可能介入全部谈判，往往要分成若干等级，进行多次谈判，这就需要采取先谈原则问题，再谈细节问题的方法入题。一旦双方就原则问题达成一致，那么，洽谈细节问题也就有了依据。

（4）从具体议题入手。大型商务谈判都是由具体的一次次谈判组成的，在具体的每一次谈判会议上，双方都可以首先确定本次会议的商谈议题，然后从这个具体议题入手进行洽谈。

2. 提问技巧

（1）提问的时机

1）在对方发言完毕之后提问。在对方发言的时候，一般不要急于提问。因为打断别人的发言是不礼貌的，容易引起别人的反感。当对方发言时，要注意认真倾听。

2）在对方发言停顿、间歇时提问。如果谈判中，对方发言冗长，或不得要领，或纠缠细节，或离题太远，从而影响谈判进程，那么可以借他停顿、间歇时提问。这是掌握谈判进程、争取主动的必然要求。如当对方停顿时，可以借机提问："您刚才说的意思是……""第一个问题我们听明白了，那么第二个问题呢？"

3）在自己发言前后提问。在谈判中，当轮到自己发言时，可以在谈自己的观点之前，对对方的发言进行提问。这时的提问不必要求对方回答，而是自问自答。这样可以争取主动，

公共关系学

防止对方接过话茬，影响自己发言。例如："您刚才的发言要说明什么问题呢？我的理解是……。对这个问题，我谈几点看法。"

4）在议程规定的辩论时间提问。大型谈判一般要事先商定谈判议程，设定辩论的时间。在双方各自介绍情况、作阐述的时间里，一般不进行辩论，也不向对方提问。只有在辩论时间里，双方才可自由地提问，进行辩论。

（2）提问的注意事项

1）注意提问的速度。提问时说话速度太快，容易使对方感到提问者不耐烦，甚至有时会令对方感到提问者是在用审问的口气对待他，容易引起反感。反之，如果说话速度太慢，则容易使对方感到沉闷、不耐烦，从而也降低了提问的力量。

2）注意对方的心境。谈判者受情绪的影响在所难免，谈判中要随时留心对方的心境，在适当的时候，提出相应的问题。例如，对方心境好时，常常会轻易地满足你所提出的要求，而且还会变得粗心大意，很容易吐露一些相关的信息。此时，抓住机会，提出问题，通常会有所收获。

3）提问后，给对方以足够的答复时间。提问的目的是让对方答复，并最终收到令己方满意的效果。因此，谈判者在提问后应给对方留下一段时间。同时，自己也可利用这段时间问，进行必要的思考。

4）提问时应尽量保持问题的连续性。在谈判中，双方都有各种各样的问题，同时，不同的问题之间存在着内在联系。所以如果提问的问题都围绕着某一事实，则提问者应考虑到前后几个问题的内在逻辑关系。不要正在谈这个问题时，忽然又提出一个与此无关的问题，使对方无所适从。

3. 回答的技巧

在回答问题时，应注意以下回答技巧：

（1）不要彻底答复对方的提问。答复者应将提问者的范围缩小，或者不作正面答复，而对答复的前提加以修饰和说明。如对方询问我方产品质量如何时，我方不必详细介绍产品所有的质量指标，只需回答其中主要的几个指标，从而造成质量很好的印象即可。

（2）针对提问者的真实心理答复。有时，提问者为获取某些特殊的效果，有意识地含糊其辞，使所提问题模棱两可。此时，如果答复者没有摸清提问者的真实意图，就可能在答复中出现漏洞，使对方有机可乘。因此，答复者在遇到这种情况时，一定要先认真分析其真实心理，然后针对对方的心理作答。

（3）不要确切答复对方的提问。在谈判中，有时会遇到一些很难答复或者不便确切答复的问题，答复者可以采取含糊其辞、模棱两可的方法作答，也可利用反问把重点推移。这样，既避开了提问者的锋芒，又给自己留下了一定的余地，实为一箭双雕之举。如当对方询问我方是否将产品价格再压低一些时，我方可以答复："价格确是大家非常关心的问题，不过，我方产品的质量和我们的售后服务是第一流的。"

（4）降低提问者的追问兴致。提问者如果发现了答复者的漏洞，往往会刨根问底地追问下去。所以，答复问题时要特别注意不让对方抓住某一点继续发问，假如答复者在答复问题时真出现了漏洞，也要设法降低对方追问的兴趣。

（5）让自己获得充分的思考时间。在一般情况下，谈判者对问题答复得好坏，与思考的时间成正比。正因为如此，有些提问者会不断地催问，迫使答复者在对问题没有进行充分思考的情况下仓促作答。在这种情况下，作为答复者一定要保持清醒的头脑，沉着稳健，谨慎

第八章 公共关系专题活动

从事，不慕所谓"对答如流"的虚荣，也不必顾忌谈判对方的催问，而是转告对方你必须进行认真思考，因而需要充分的时间。

（6）礼貌地拒绝不值得答复的问题。谈判者有回答问题的义务，但并不等于说谈判者必须回答对方所提的每一个问题。特别是对某些不值得回答的问题，可以礼貌地加以拒绝。

（7）找借口拖延答复。在谈判中，当对方提出的问题你尚未思考出满意答案，并且对方又追问不舍的时候，也可以用资料不全或需要请示等借口来拖延答复。如："对您所提的问题，我没有第一手资料来做答案。我想您是希望我为您做详尽且圆满的答复的，但这需要时间，您说对吗？"

4. 说服的技巧

常见的说服技巧有以下几种：

（1）谈判开始时，要先讨论容易解决的问题，然后再讨论容易引起争论的问题，这样容易收到预期的效果。

（2）多向对方提出要求，多向对方传递信息，影响对方的意见，进而影响谈判的结果。

（3）强调与对方立场、观点、期望的一致，淡化与对方立场、观点、期望的差异，从而提高对方的认识程度与接纳程度。

（4）先谈好的信息、好的情况，再谈坏的信息、坏的情况。但要注意避免只报喜不报忧。要把问题的好坏两面都和盘托出，这比只提供其中的一面更具有影响力。

（5）强调合同中有利于对方的条件。

（6）待讨论过赞成和反对意见后，再提出你的意见。

（7）说服对方时，要注意精心设计开头和结尾，以便给对方留下深刻印象。

（8）结论要由你明确地提出，不要让对方去揣摩或自行下结论，否则可能背离说服的目标。

（9）多次重复某些信息、观点，可增进对方对这些信息和观点的了解和接纳。

（10）充分了解对方，以对方习惯的能够接受的方式、逻辑，去展开说服工作。

（11）不要奢望对方一下子接受你提出的突如其来的要求，要先做必要的铺垫，"下下毛毛雨"，最后再自然而然地讲出你在一开始就已经想好的要求，这样对方比较容易接受。

（12）强调互相合作、互惠互利的可能性与现实性，激发对方在自身利益认同的基础上来接纳你的意见和建议。

赞美你的谈判对象

美国华克公司承包了一项建筑，要在一个特定的日子之前，在费城建一座庞大的办公大厦。开始计划进行得很顺利，不料在接近完工阶段，负责供应内部装饰用的铜器承包商突然宣布，他无法如期交货了。糟糕，这样一来，整个工程都要耽搁了！要付巨额罚金！要遭受重大损失！

于是，长途电话不断，双方争论不休。一次次交涉都没有结果。华克公司只好派高先生前往纽约。

高先生一走进那位承包商办公室，就微笑着说："你知道吗？哈！我一下火车就查阅电话簿想找到你的地址，结果巧极了，在布洛克林巴，有你这个姓氏的人的只有你一个。"

"我一向不知道。"承包商兴致勃勃地查阅起电话簿来。"嗯，不错，这是一个很不平常的姓。"他很有些骄傲地说："我这个家庭从荷兰移居纽约，几乎有200年了。"

他继续谈论他的家族及祖先。当他说完之后高先生就称赞他居然拥有一家这么大的工厂，承包商说:"这是我花了一生的心血建立起来的一项事业,我为它感到骄傲,你愿不愿到车间里去参观一下?"

高先生欣然而往。在参观时,高先生一再称赞他的组织制度健全,机器设备新颖。这位承包商高兴极了,声称这里有一些机器还是他亲自发明的呢!高先生马上又向他请教那些机器如何操作,工作效率如何。到了中午,承包商坚持要请高先生吃饭,他说:"到处都需要铜器,但是很少有人对这一行像你这样感兴趣的。"

到此为止,你一定注意到高先生一次也没有提起此次访问的真正目的。

吃完午餐,承包商说:"现在,我们谈谈正事吧。自然,我知道你这次来的目的,但我没有想到我们的相会竟是如此愉快。你可以带着我的保证回到费城去,我保证你们要的材料如期运到。我这样做虽然会给另一笔生意带来损失,不过我认了。"

高先生轻而易举地获得了他所急需的东西。那些器材及时运到,使大厦在契约期限届满的那一天完工了。

出自肺腑的赞美,总是能产生意想不到的奇效。人一旦被认可其价值时,总是喜不自胜。因此,在公共关系工作中,必须经常以找出对方的价值为首要任务,时刻不忘向对方的价值诉述,还要设法使对方觉得那价值实在值得珍惜。对方会因此而对自己向来忽略的价值有了新的认识,从中创造出崭新的自己,你就等于扮演了鼓励他、帮助他、创造出自己的角色。对方对你的好感就会越来越强烈。

第六节 公共关系广告

有人将广告与公共关系比喻为"一对姐妹花",说明广告与公共关系的关系非常密切,两者相互依存、相互渗透,公共关系中有广告,广告中有公共关系。有的公共关系活动的实施需要广告手段来完成,有的广告的制作又需要融入公共关系手法。

一、公关广告的概念

公关广告是公共关系广告的简称,又称组织性广告或声誉性广告。公关广告是指确定的广告主通过付费,取得可控制的非个体传播形式,向大众宣传社会组织信誉,树立社会组织形象,提高社会组织在公众中的认知度的一种广告形式。公关广告既然是一种广告形式,当然亦具有广告活动的一般规律,但公关广告的性质又与其他广告有所不同。公关广告虽然仍以推销为核心,但其推销的对象不仅仅是商品,而更重要的是形象与声誉。这种推销虽然有硬性的目标内涵,但更多的是追求"软性"目标。公关广告面对的是社会公众,因此,公关广告更钟情于企业组织与公众之间和谐关系的建构,而不仅是将商品转移到消费者手中。

公共关系广告的目的是在公众心目中建立良好的组织形象,它注重社会效益,文化气息浓厚,感情色彩强烈,强调和谐,比较超脱和"软性",并以为公众所喜闻乐见的各种活动和传播方式体现。

公关广告的功能目标是在公众的心目中重塑组织形象,围绕这一既定目标,公关广告将体现出以下功能:树立形象、提高声誉的功能,调动企业与公众亲情关系的功能,实现企业未来目标的功能。

二、公关广告与商品广告的区别

1. 两者的目的不同

商品广告是以促销为目的的广告，让人们买它；而公共关系广告则通过广告的形式，来塑造良好的组织形象，增进公众对组织的整体了解，提高知名度，从而赢得公众对组织的喜爱和支持，即让人们爱它。如：

"要想头发好，去找章光101。"（毛发再生广告语）

"开开衬衫，领袖风采。"（开开牌衬衫广告语）

这是不加掩饰地直接诱导消费者的购买动机。

在申办1996年第26届奥运会的公关大战中，雅典的宣传口号是："奥运会1996属于雅典！"墨尔本的口号是："奥运会理应回到南半球！"诸如此类宣传口气均是铿锵有声的，无不显示申办者志在必得的勃勃雄心，相反，美国亚特兰大却以"君子风度"推出了软性广告词："亚特兰大尊重国际奥委会的选择"，是采取了以守为攻的公关策略，貌似公允、平和而又不失自信的形象，实质上攻击力更强。

"商品广告让公众买我，公关广告让公众爱我。"——这是商品广告与公关广告质的差异。

2. 两者的内容不同

商品广告以宣传商品的名称、商标、质量、功能和价值来介绍商品和服务；而公关广告在宣传内容上就比较注重长期性和系统性，通过宣传组织的发展目标和经营计划、经营方针和政策、职工的素质和水平，先进技术在组织内的渗透推广度等方面的内容来间接地介绍组织的产品。

商品广告直指商品，注重短期行为，以"兵临城下"之势，打开市场大门；公关广告则先作"感情投入"再有"春华秋实"。通俗地说，前者是单刀直入地让公众扑向商品，然后再认识企业组织，是"推销型"的先发制人；而后者则相反，是让公众心目中先有企业组织形象，再联想到商品。中国有句名言："后发制人，技高一筹。"这正是公关广告的后劲所在。

试看下列两则优秀广告，虽同出于日本丰田汽车公司，但两者采用的宣传策略却有所不同。

"车到山前必有路，有路必有丰田车。"

"请您别错过欣赏世界一流水平的'丰田杯'足球大战！"

前者系商品广告，后者则属公关广告。

3. 两者的效果不同

商品广告侧重于它的营业效果，即广告对于产品销售额、利润额或服务收入增加的促进作用，商业味较浓；公关广告侧重于提高组织的知名度、美誉度，公关广告往往具有很强的人情味。

商品广告常以推销的面孔"广告"于众，商业味较浓，常有"王婆卖瓜"之嫌。公关广告在表达方式上则一扫商业味而超凡脱俗，注重与公众情感对话而更具人情味，容易引发公众的共鸣从而达到"偏爱"之目的。

日本东芝在电视台上做的广告，前期一直是由美女介绍其画面如何清晰、功能如何齐全的"推销式"广告。后期东芝采用了公关性的广告创意，用纪实式的镜头和语言，讲述了一个"真实的故事"：一台在火灾中劫后余生的电视机，尽管外壳因高温而变形，但其功能却依然如故，富丽的屏幕画面给观众一个惊喜……质量的承诺胜过了美女的推销，从此，"东芝

公共关系学

奇迹"给人们留下烙印。商品畅销的后果，也是情理之中的了。

三、制作公关广告的基本原则

1. 实事求是

公关广告要以事实为依据，既不能夸张，也不能掺假，要始终按照客观事实的本来面目进行宣传。若内容不真实或言过其实，就会损害公众的利益，给组织的声誉带来不利影响，必须谨慎使用"领导世界新潮流"等一类词语。

2. 独具风格、富于创新

公关广告的效果在于新颖性、启发性，有艺术感染力。为此，创意要时时更新，不能囿于格式化，忌讳人云亦云。创作人员要发挥艺术想象力，使构思独特，内容简洁、完整，令公众产生新奇、惊喜之感，这样广告所传达的信息就会深深刻在人们的心目中。

立邦漆广告的背景音乐采用爵士大师路易·阿姆斯特朗的《多么美好的世界（What a wonderful world）》，给人以听觉上的亲切感和华丽感。诉求采取直接的感性诉求方式，广告画面色彩感受特别强，与产品个性结合得十分到位。音乐烘托出生活绚丽、美好的景象。广告结尾让小男孩跃入到画面，颇有新意——生活原来也可以如艺术般美好。

3. 避免商业痕迹过重

公关广告要坚持公共关系工作的特点，应与商品广告有所区别，要突出体现组织对社会的关注，避免商业化的痕迹过重。以企业的身份向公众提出选择良好生活习惯的建议，在节日期间向公众表示节日的问候和祝贺等方面的广告，就能充分体现公关广告的宗旨。

四、公关广告类型

现代公关广告的类型有很多，据有关材料统计，在世界范围内较为流行的分类方法把公关广告细分化为百余种。凡是以树立组织形象与品牌声誉为出发点的非促销性广告，均在公关广告类型之内。

1. 理念型公关广告

这种广告以传播组织观念与组织精神为冲击点，以摆脱商业的狭隘性为特征，首先在公众心目中树立良好的组织形象。

1987年6月6日上海《文汇报》登载了德国拜尔公司在新中国的第一则公关广告。广告的标题是："从孩提时代起，人们就认识'拜尔'"。大幅的画面是一个小女孩在沙滩上用石块构筑成的拜尔商标。正文是：

拜尔是世界上最大的化工企业之一。他们划时代的创造发明与产品不但维护了今天人类的生存，并且也提高了生活的质量。100年来，我们在从事与人类生活有关的各项化工和塑料领域的工作，我们将为人类将来更美好的生活而奋斗。

这是一则典型的理念型公关广告。当中国人对拜尔还十分陌生时，公司总裁采取先推销企业再把商品推出来的决策是很明智的。先在公众心目中树立一个有生命力的组织形象，将来拜尔的产品（药品系列）自然会引起人们的注意和信赖。

2. 承诺型公关广告

公关广告的基本特征是变推销为承诺。承诺能体现现代平等、契约的观念，一扫"王婆式"的自夸，却给人一个放心。

上海大众汽车的平面广告十分简洁和醒目。三个突出的用汽车轮胎、配件和工具等组成的数字：100%、365、7500，代表文案中的"买上海桑塔纳新车，一年内不限里程免费质量担保""7500公里内保养费分文不取"两项承诺。

圣象地板的广告词："我保证，永远不让你受一点点伤，全绿色植物制品，率先获得环保E1证书、RAL超级论证，健康有保障。"

3. 公益型公关广告

此类广告以社会公益性为特征，采用适当媒介表现组织"关心社会、关心公众"的一片爱心。优秀的公关广告应当具备一种内在的力量，是一种持久的张力，能让人心动，给人鼓舞或激励，并以此博得社会公众的信赖和支持。中央电视台常常出现告诫公众吸烟有害、注意交通安全、保护生态、爱惜时间之类的广告片，均属公益型公关广告。

一则主题为"爱心助学"的公益广告，以一本摊开的《百家姓》为主要画面：在"赵钱孙李……"等中国姓氏中间，两个大字"中国"格外醒目，书页缝隙处滑出一张心型书签，书签上是一群渴望求学的山村小孩。文案为"百姓本自一姓，百心同系一心"，像对联一样"挂"在书的两边，书页的底部是一行小字："请拨打'爱心助学'捐助电话：（0510）-××××××。"

4. 新闻型公关广告

用新闻媒体的轰动效应来提高企业组织的知名度，是现代广告活动中的一大特色，它借助于新闻价值的显著性，常常"一鸣惊人"而赢得竞争机会。

"港湾公寓"开发商在美国国旗制定200周年纪念日之际，举行了一个有声有色的"升旗仪式"，还邀请了海军军校学员作仪仗队助兴，并别出心裁地在草坪上用三角彩旗拼出"港湾公寓"的醒目字母，为摄影记者创造了拍摄好镜头的氛围。当电视新闻报道之后，"港湾公寓"名声大噪，公寓也由"滞销货"变成了"抢手货"。

不过有时，太牵强的新闻型广告会引起公众反感，应注意掌握分寸。

5. 坦诚型公关广告

商事以"诚"为本。用坦诚的平常心敢于给自己"揭短"，表面看来平凡，但实际上却延伸了广告的攻心内涵，因为这恰恰满足了消费者真切、实用、坦诚的心理需求。

天才广告家彭巴克曾以"丑——在外表"为广告标题，承认福特汽车外形不漂亮，但同时实实在在地列举出本车的种种内在优点。广告正文毫无花哨辞藻。坦诚的广告策略使福特汽车销量在激烈的竞争市场中急剧上升。有人称，这位广告天才简直把广告表现技巧带入了一个新纪元。

6. 礼仪型公关广告

中华民族系礼仪之邦，更有"礼尚往来"的古训。礼仪型公关广告在中国更能显示其价值。各种庆典活动、纪念日或取得重大成就时，组织以礼仪的形式开展公关广告活动，会给公众留下"在商不言商"的君子印象。

7. 赞助型公关广告

敢于用巨额赞助的集团首脑肯定是有魄力的决策人，中国有句俗语："没有春风，焉得秋雨？"瞄准时机，慷慨解囊，是明智的广告策略。

第24届奥运会由韩国主办，韩国现代汽车公司投入奥运会的赞助费与广告费高达1000万美元，并提出极富有挑战性的广告口号："举办奥运会的国家是一等国家、奥运会使用的汽车是一等汽车、生产一等汽车的公司是一等公司、一等公司的员工创造的好成绩是一等成绩。"韩国现代汽车公司的胆识，为世人瞩目。

8. 实力型公关广告

实力型公关广告以自身的实力（精良的设备、超凡的能力、宏大的规模、优雅的环境等有利条件）向社会挑战，让社会公众刮目相看。如美国通用电气公司的广告口号是"我们的主要产品是进步"，威斯汀豪斯公司的广告口号是"只要认准是威斯汀字号，那你就尽管放心"。

9. 情结型公关广告

情结型公关广告充满"人情味"，与消费者结成难分难解的"欲试情结"，把温馨的真情引入广告之中，产生独特的魅力。

中华豆腐的公关广告"慈母心，豆腐心"，这句话一下子就赢得了很多母亲的好感，也升华了"中华豆腐"品牌的形象。更可贵的是这句人情味十足的广告语引人孝思，或许有人想到这句话，就会记起母亲的慈爱……一句情深义重的广告词不知牵动了多少人的心。

10. 人文型公关广告

人文型公关广告以对社会责任感和公众利益为基点的传播方式造福于人类，它突破商业性的狭隘，而更具公众性和社会性。

恩巴克的"采花姑娘"广告是这样的：开始时，一位天真、可爱的小姑娘哼着歌谣在郊外采野花。蓝天碧草，令人神往。小姑娘一边采花，一边嘴里数着"一个，两个，三个……"然而与此同时，同样节奏的粗重男声画外音响起："10，9，8，7，6……"令人想起导弹发射的情景。小姑娘一点儿也没有感觉到这些变化，仍然专心地数着她手中采到的野花。蓝天、碧草，顿时灰飞烟灭。这个广告片震动了全美国。人们对核战争有了非常具体的认识，为核战争摧毁人类的恐怖景象而战栗，从而对核战争深恶痛绝。

11. 致歉广告

致歉广告分为两种：

（1）向公众赔礼道歉的致歉广告。刊登这类广告往往是由于刊登者本身出现了差错，并殃及某些公众的利益。如1993年5月11日兴达应用技术研究所在《北京青年报》上刊登的一个致歉广告中这样写道：

我所于5月4日在本报刊登的达克眼罩广告因我方工作失误，侵犯了发明人崔建军医生的利益和损伤了该产品的名誉和形象，特声明更正以下失误内容，向崔建军公开承认错误，并向广大青年报读者表示歉意。

广告中"……联合研制开发的……"这句广告词未经发明人同意，我方愿承担因此产生的后果责任。

广告中荣获"日内瓦和美国匹兹堡博览会银奖"应是"日内瓦银奖"和"匹兹堡铜奖"，特此更正。

达克眼罩疗效仍与广告内容相同，请读者和用户放心。

兴达应用技术研究所　金兰

这类广告的制作并无多大窍门，关键在于是否有勇气。不少企业明知做了错事，损害了部分公众的利益，但怕事态扩大、败坏形象，因而想方设法保全面子、遮盖真相，不敢主动认错。这种做法常常适得其反。明智的做法是，除采取补救措施，如停产整顿、查办失职人员、向客户退赔损失等外，还应公开刊登广告赔礼道歉，这样才能挽回损失，重新树立良好形象。

（2）向公众排除误解的致歉广告。这类广告是以致歉的形式向公众更正事实、排除误解。如消费者手持劣质产品上门责难，经检查责任又不在生产厂家或发现是假冒产品，这时应该

第八章　公共关系专题活动

怎么办？登报《严正声明》未尝不可，但从公关角度看，用硬碰硬的《严正声明》不如改用语气谦和的致歉广告为好。

12. 响应广告

对政府的某项政策措施或者当前社会生活中的某个重大主题，以组织的名义表示响应，以此扩大组织的影响。如1984年，我国的大熊猫因箭竹开花导致的食物短缺，生命受到威胁，全社会掀起了"拯救熊猫热"。南京无线电厂等6家产品以"熊猫"为商标的厂家联合刊登广告参加救助活动，最后发展成全国38家"熊猫"企业的联合大捐款，有效地塑造了"熊猫"的品牌形象和企业形象。

当某企业新开张或举行庆典时，以同行的身份刊登广告或赞助署名祝贺，表示愿意携手合作，也可收广结良缘之效。

总之，公关广告的类型多姿多彩，除上述类型外，还有诸如纪念型、维权型等。

【案例8-1】
哈尔滨啤酒节专题活动策划

哈尔滨是中国啤酒的故乡，作为中国最早的啤酒酿造地，哈尔滨已具有一百一十多年的啤酒文化历史底蕴。哈尔滨拥有自己的啤酒节，这是城市发展历史上重要的一笔财富。

"2010中国·哈尔滨之夏国际啤酒节"由中国轻工业联合会和哈尔滨市人民政府联合主办，于2010年7月1～12日在哈尔滨松北区（冰雪大世界原址）举行。太阳岛东区的啤酒城为啤酒节分会场。本届啤酒节继续秉承以传统啤酒文化为中心的节庆内容，并突破历届啤酒节的固有模式，办成集经贸合作、文化博览、商业展示、群众娱乐等要素，四位一体的大型节庆活动。

哈尔滨及其友好城市丹麦奥胡斯市的多名高层都参加了啤酒节的开幕式。

一、本届啤酒节突出其五大优势、三大亮点

优势一——品牌积淀。"哈尔滨之夏国际啤酒节"已经成功举办了八届，如今"哈尔滨之夏国际啤酒节"已经成为中国三大啤酒节之一，得到了广大酒商及消费者的充分认可。

优势二——历史传承。哈尔滨——中国啤酒的发源地、中国啤酒销量最大的城市，有着深厚的啤酒文化底蕴。一百一十多年的传承，数百万市民的参与，成就了"哈尔滨之夏国际啤酒节"的城市盛典地位。

优势三——政府支持。中国轻工业联合会作为"哈尔滨之夏国际啤酒节"的特别支持单位，与哈尔滨市人民政府及哈尔滨市相关举办单位共同打造"2010中国·哈尔滨之夏国际啤酒节"这一盛会。

优势四——媒体宣传。本届啤酒节将继续以龙广作为合作宣传伙伴，同时全方位整合电视、报纸、电台、户外、互联网、DM等媒体，实现宏观覆盖与精确传递的结合，在有效锁定目标客户群（具相当消费能力的人群）的同时，增加企业及品牌的曝光率。

优势五——品牌互益。为广大市民所熟知的哈尔滨冰雪大世界园区将成为本届啤酒节的场地，十一届冰雪大世界的品牌积累，结合上届及本届啤酒节的宣传推广，冰雪大世界园区已经成为哈尔滨市冬夏皆宜的旅游休闲属地。

亮点一——规模更大。继2009年啤酒节的成功举办，2010年场地规划在上一届的基础上扩大50%的面积。

亮点二——气氛更火。除了中心舞台和各个啤酒大棚的精彩文艺演出外，2010年将成立专门的演绎服务中心，为啤酒节园区内的各个啤酒大棚献上的欢歌热舞。

亮点三——品牌更多。上届啤酒节的成功举办，在行业内引起轰动，更多的啤酒企业及非啤酒企业纷纷表示参与2010年的"哈尔滨之夏国际啤酒节"。

公共关系学

二、本届啤酒节通过媒体的大幅度宣传造势扩大影响
(1) 报纸:《中国旅游报》《新京报》《哈尔滨日报》《国际商报》等。
(2) 电视:黑龙江省卫视频道"新闻联播"、哈尔滨电视台"都市零距离"等强档节目。
(3) 广播:黑龙江广播电台新闻、交通、音乐等七大频率,哈尔滨广播电视台。
(4) 网络:新浪网、百度网、中国轻工业网、人民网、中国酒水在线、携程旅行网等。
哈尔滨新闻网报道了以《焰火映红冰城夜,美酒香飘醉松江》为标题的关于开幕式的新闻,《哈尔滨日报》及中国日报网也报道了开幕式及活动的概况。

三、娱乐活动丰富且参与性强
本届啤酒节共设置十多项可参与、可欣赏的活动,让人们尽情享受啤酒节的欢乐。具体活动有:
(1) 招待酒会及开幕式。开幕式举行了招待酒会、三十多分钟的文艺演出、燃放了礼花。
(2) 主题日。哈啤、雪花、青岛等12个酒商组织了活动日。在活动日期间,厂商举办丰富多彩活动,如让利打折。
(3) 开展"玩转啤酒节"活动。与《新晚报》举办"玩转啤酒节"活动,市民可以凭《新晚报》的报花,当日到啤酒大棚进行抽奖。
(4) "啤酒达人"和"啤酒丽人"的评选。龙广电台7个频道联合开展"啤酒达人"的评选,奖品是两辆价值10多万元的汽车。《新晚报》邀请摄影师在啤酒节期间到各个啤酒大棚抓拍一些女士喝啤酒的优雅形象,每天在《新晚报》上公布4人,由大家投票评选,最后大奖在啤酒节现场开出,奖品丰厚。
(5) 文化长廊展区。为了打造有文化的啤酒节,主办方在啤酒节设立文化展区,展示品牌啤酒,介绍啤酒知识、啤酒历史等。
(6) 房展、车展和旅游商品展。啤酒节期间举办房展、车展和旅游商品一条街,滨才城和恒祥城等地产商参与了房展,大众系列和比亚迪系列汽车参与车展。房展和车展活动作为目前最大的消费热点参与到啤酒节中,丰富了啤酒节的内容和看点。
(7) 马车和白雪公主卡通巡游。啤酒节期间,由旅游企业组成的卡通巡游队与哈尔滨市刚刚评选出来的"白雪公主",每天在啤酒节会场举行巡游活动。
(8) 一百多场的文艺演出。16个酒商大棚和主舞台的演出包括舞蹈、歌曲和乐器等,内容精彩,形式多样。
(9) 慕尼黑之旅门票大抽奖。
(10) 地方名小吃展。
(11) 超感网游及游艺休闲等。
这些活动形式多样,互动性强,富有时代性,时尚而具有娱乐性。

四、提供免费直通车服务
组委会开通了通往啤酒节场地的免费直通车,为每天下午4~6点,由博物馆家乐福和公路大桥阳关望江大酒店两个地址,多次发车到冰雪大世界园区啤酒节主会场。晚8~10点从冰雪大世界啤酒节主会场发车,到博物馆家乐福和公路的大桥阳光望江大酒店;冰雪大世界园区通往江南的跨江浮桥,关闭时间延长到21点。与此同时,啤酒节组委会还设置了多项便民措施,如提供代驾汽车服务、延长公交车运营时间等,让市民和游客可以度过一个安全、快乐、激情四射的啤酒节。

五、增加场地规模
为了让更多的市民能参与啤酒节,各啤酒商都增加了场地规模,每座大棚占地面积均超过千余平方米,最大的近2500m^2。它们构成了本届啤酒节的核心展示区。同时为了让孩子们在啤酒节会场也能感受愉快,组委会特意建设了3000m^2气模游艺世界,供孩子们游乐。

第八章 公共关系专题活动

六、文明、环保、安全、时尚理念注入啤酒节

（1）组委会为本届啤酒节加入了环保、绿色、和谐的概念。在建设上统一形象、统一颜色、统一标志，铺设了地砖和草坪，摆放了花盆，装饰了欧式栅栏，整个会场布置美观，赏心悦目。

（2）突出人性化。啤酒节在卫生上加大了对食品防疫，规定食品使用和检查监督办法，保障市民饮食安全。统一安排充足的水冲卫生间，方便了会场人员。同时加强垃圾清运和管理，保证垃圾随时清理。

（3）配套服务好。主办方通过招商引进裕昌烧鸡、对青烤鹅、正阳楼食品等多家知名品牌进驻啤酒节；从300名在校大学生中挑选30多名素质高的大学生做服务员为啤酒节服务；为了保障安全，市公安局抽调400多名警察，举办方雇佣20名保安每天与公安干警轮流上岗值班，每个啤酒大棚都建有治安岗，配有专业保安不间断巡逻。现场水管、电缆、电线、照明、供电系统等电力设施，围挡、桌椅等设施都全部做好了检测安装，并标有明显的安全警示；增加了广场照明设施，防止出现人身安全事故；为保证会场畅通，方便市民和游人参与，主办方设置了4个出入口、4个售票厅。

哈尔滨国际啤酒节从2002年至今，成功经验告诉我们，以开放性鼓励广大市民的参与，以经贸、旅游、文化活动相结合为形式，政府做好各项工作服务啤酒节，以扩大哈尔滨作为国际化大都市的地位为宗旨的哈尔滨国际啤酒节，为扩大城市影响创造发展机遇和空间发挥了巨大的推动作用。

【案例8-2】
苹果发布会

2017苹果秋季新品发布会于美国当地时间9月12日上午10点（北京时间9月13日凌晨1点）在Apple Park新总部的史蒂夫·乔布斯剧院举行。此次发布会产品有iPhone X、iPhone 8、iPhone 8 Plus、Apple Watch Series 3、Apple TV。

与往届发布会不同的是，本届发布会苹果还与优酷、爱奇艺和腾讯视频合作，进行现场直播。库克用"Thank you"结束发布会时，离北京时间凌晨3点还有几分钟。一小时后，陌陌CEO唐岩在微博上表示，"从来都理解不了双十一抢购的人以及熬夜看苹果发布会的人。"

苹果发布会一直被称为"科技圈春晚"。这种说法的现实基础是：工作日期间，凌晨1点到3点，仅腾讯视频在线人数便超过500万人。据不完全统计，中国区全网在线人数约1000万人，虽然与2016年NBA总决赛第七场（1587万人）还有差距，但两者已经在同一数量级。

2007年1月10日，在MacWorld大会上，苹果正式发布了首款苹果智能手机iPhone。从那以后，每年苹果的发布会都成为各大媒体、厂商乃至数以千万计的普通电子产品爱好者的关注，不仅达到了宣传产品的目的，更是树立品牌形象、锻造客户忠诚的大型公关活动。

不仅如此，也有不少厂商模仿苹果发布会，发布会的形式深入人心。

那么为什么苹果的发布会如此惹眼呢？

首先从网民开始说起。苹果在手机中的地位自乔布斯时代就已经奠定，虽然近几年国产手机和三星、索尼之辈发布了不少新品，人们对苹果的追捧不像以前那么火热，可对于不少年轻人来说，苹果的魅力依旧势不可挡。对于"土豪"来说，他们关注苹果的新产品，好琢磨买几款去送人。对于"果粉"来说，新产品意味着更多的功能和更新奇的体验，然后开始为购买新产品省吃俭用。而对于其他旁观者来说，关注苹果的新产品可以在朋友面前吹嘘一把自己对新科技的实时掌握，然后调侃下"卖几个肾"才能买得起。

接下来是其他硬件厂商。许多国内外品牌纷纷把苹果作为业界标准。他们对苹果的关注程度要比网友更加强烈。苹果大屏产品的发布如果有更好的用户体验，可以为其他厂商提供很好的借鉴。

最后是媒体。一直以来凡是和苹果有关的话题总能引来不少的关注，一些网站经常曝出苹果的新品谍照，也往往被顶上头条。既然用户有需求，媒体当然要去主动迎合读者的胃口。

公共关系学

> 　　对媒体来说有了流量，广告才值钱，自己才能有收益，苹果作为大众最为关心的一个科技话题，当然不能错过。
> 　　产品发布会是一种传统的公共关系活动，由来已久，然而，把这项活动的效果发挥到这种程度，不得不佩服苹果公司的公关能力。一场产品发布会，最兴奋的是网友，受益的是其他硬件厂商，得利的是媒体，当然最大的赢家还是苹果公司。苹果的发布会从官方的角度说是全球的科技盛宴，实际上它以全社会的自娱自乐的形式，不知不觉宣传了产品、巩固了公司形象，不断加强客户忠诚。
> 　　（部分内容选自：http://www.yixieshi.com/18796.html）
> [**案例讨论**] 你了解其他厂商的发布会吗？试比较不同品牌之间发布会的异同。如果由你来组织一场苹果发布会，你需做哪些工作呢？

【思考·讨论·训练】

1. 怎样组织好新闻发布会？
2. 怎样办好展览会？
3. 怎样进行赞助？
4. 举例说明制造新闻。
5. 谈判的过程是怎样的？
6. 举例说明如何运用谈判的策略与技巧。

第九章　公共关系危机管理

本章提要　危机事件的处理与预防是公共关系活动的重要价值体现。本章从公共关系危机时间的发生、预防、处理几个方面较全面地分析了危机事件处理的程序。

　　社会组织在日常的工作中会遇到许多问题需要处理。处理得当，问题迎刃而解；处理不当，则有可能使组织遭受巨大的损失，使组织陷入危机。面对危机，公共关系人员将如何应对，这既是关系到组织发展的大局，又是对公共关系人员工作能力的考验。我国过去的诸多案例表明，许多组织在处理危机事件时存在着许多问题，如过分强调孰是孰非，而忽略了公众的内心感受，导致虽然赢得了一场"战争"，但却输掉了整个"战役"。而成功的危机事件的处理，虽然会让组织丧失一些眼前利益，但给组织赢得的却是千金难买的好形象。

第一节　公共关系危机概述

一、危机的含义

　　日常生活中，危机这一概念并不陌生。回首 21 世纪的最初几年，给人印象最深的事件中包括"9·11 事件""非典""禽流感""印度洋海啸"等，经济领域还有"安然丑闻"等一系列的公司危机事件。
　　简单地讲，危机（Crisis）从中文的字面意义上可以解释为危险加机会。危险，是在面对危机事件时多数人都能看到的；而机会，是指可以减少危机爆发的可能性和不利后果，有时甚至可以变不幸为万幸。目前关于危机尚没有统一的定义，但归纳起来，有以下几个共同内涵：
　　（1）危机是不正常的突发事件。
　　（2）危机会威胁到组织的生存和发展以及组织形象。
　　（3）危机对组织以及员工有较大的心理震撼。
　　（4）危机必须在时间紧迫，人力、财力、物力资源缺乏和信息不充分的情况下尽快处理。
　　结合这些含义，可以认为危机是指任何可能危及社会及组织的最高目标和基本利益，管理者无法预料但又必须在极短时间内紧急回应和处理的突发性事件。
　　危机事件的产生有可能是由于问题处理不当造成的，也有可能产生于组织总结工作或展望未来的过程中。这些事件一般都能引起媒体的广泛报道和公众广泛的关注，对组织正常的工作造成重大的破坏，而且可能会严重损害组织的形象，使组织陷入舆论压力和困境之中。危机是对社会组织公共关系最具挑战性的考验，组织对危机事件的处理，集中地反映了组织的公共关系工作水平。

二、危机的特征

危机有许多特征，主要表现在以下几方面：

（1）严重性和破坏性。危机一旦发生，会对社会或组织的生存和发展构成威胁。组织若不能妥善处置，轻者会导致组织损失财产、丧失信誉，重者可以导致组织倒闭，并且可能给社会带来一定程度的不安或恐慌。如"9·11事件"，给美国航空业带来的是50亿美元的亏损，原因是旅客不敢乘坐航班。

（2）突发性、不确定性。危机的发生往往出乎决策者意料之外。危机到来时，人们猝不及防。而且危机具有很大的不确定性，事前人们很难准确判断危机发生的时间和破坏性，甚至连危机发生的概率有时也很难预测。危机发生过程中和可能产生的影响同样难以推断。所以，若没有良好的危机预警机制，危机到来时人们难免不能承受。

（3）紧迫性。危机发生后，一切都是瞬息万变的，危机应对和处理行为具有很强的时间限制。赢得时间就意味着减少损失，因此果断处理、积极面对对于组织来说很重要。

（4）公众性、舆论的关注性。组织的危机事件会影响到公众的利益，公众会对整个事件高度关注，包括新闻媒体，这也有可能成为竞争对手进攻的机会。这时组织公关危机小组的一举一动都在众目睽睽之下，因此事件的处理过程会有一定的放大作用。

（5）危机的双重性。危机的双重性是指危机兼有破坏性和建设性的特征。古人云："祸兮福之所依，福兮祸之所伏。"这一辩证关系恰好反映了危机的双重性特征。危机能使组织看到自己的缺点，使隐藏的问题浮出水面，这样组织可以对症下药、解决问题，所谓"吃一堑，长一智"。另外，危机发生之后，社会普遍关注，这种关注未必是坏事。危机处理得当，会使公众恢复信心，甚至加强对组织的支持，而且通过利用这种免费的传播工具，组织可以达到重塑形象的目的。因此成功地化解危机也能给组织带来意想不到的公关效果。

三、危机的类型

危机事件按照不同的标准可分为多种类型。

1. 按照危机形成的诱因可以将危机分为内部危机和外部危机

内部危机是指由于组织自身经营不善造成的危机事件。它包括内部人为危机和内部非人为危机。人为危机主要是由于组织内部人为原因造成的，如人力资源危机、财务危机、信用危机等，这些危机可以通过加强有效的危机管理来避免。非人为危机是由组织内部工业意外灾害事故所引发的危机，如环境污染、厂房起火、意外伤亡等，对这类危机的基本策略是定期进行安全检查，防患于未然。

外部危机是指由于难以预料的外部自然环境的突然变化和外部需求环境的突然变化造成的不利于组织经营的危机事件。外部自然环境的突然变化会直接影响组织的正常工作、生产和经营，这种危机不是人力所能抗拒的，所以危害性极大。如2011年暴雨引发的泰国洪灾，给当地的旅游行业造成巨大危机。解决此类问题的最好办法是灾难过后尽快恢复生产经营。

2. 按照危机的表现形态可以将危机分为有形危机和无形危机

有形危机是指直接给组织带来人员伤亡或重大财产损失的危机。这种危机的发生与损失是同步造成的，危机的损失可以估计，损失是物质性的，因此无法挽回。

无形危机是指危机的发生严重地损害了组织的形象，并可能进一步引发有形损失。这种

第九章 公共关系危机管理

危机在形成之初往往不易察觉因而被忽视，但如果任其发展下去，损失将是巨大的，并且很难在短时间内弥补。

3. 按照危机的严重程度可以将危机分为一般危机和严重危机

一般危机仅对组织或其公众产生局部影响或轻度影响。因为造成的危害程度小，一般危机往往容易被忽视。对这种危机组织应该保持一定的警惕，否则可能导致大的危机出现。

严重危机是指对组织或其公众产生严重影响，使组织形象和利益受到严重损害，可能对组织生存造成影响的危机。

4. 其他危机类型

按照危机发生的状态可以将危机分为已经出现的危机、即将形成的危机、未来的危机。按照危机影响范围的不同可以将危机分为局部危机、全局危机。按照危机的性质不同可以将危机分为组织危机、社会危机。

第二节 危机处理

一、分析危机产生的原因

在进行危机处理之前，应该首先分析危机产生的原因。由于组织所面对的社会环境千差万别，组织与公众之间的关系多种多样，因此造成组织危机事件的原因也不尽相同。

美国《危机管理》一书的作者菲克，曾对《财富》杂志排名前500名的大公司董事长和总经理进行过一项关于企业危机的调查。被调查者几乎百分之百同意，他们的公司容易发生危机的原因不外乎以下11种：生产性意外、环境问题、劳资争议及罢工、产品质量、股东丧失信心、具有敌意的兼并、股票市场上大股东的购买、谣言或向大众传媒泄露组织秘密、政府方面的限制、恐怖破坏活动、组织内人员的贪污腐化。

具体来说，造成公共关系危机的一般原因有以下几种。

1. 组织自身问题造成的危机

它是指由于组织自身存在的一些问题可能导致公共关系危机。其主要原因包括以下几点：

（1）组织人员素质低下。一方面可能是领导者素质不高，知识结构不完善，缺乏公共关系意识，对员工缺乏感召力，进而使组织缺乏凝聚力；另一方面，员工素质低下，也可导致公共关系危机事件。

（2）产品、服务质量有问题。组织与公众联系的纽带是组织所提供的产品，公众因使用产品与组织发生联系。产品质量是组织形象的基础。劣质的产品不仅会给公众造成物质上的损害，还会造成身心的伤害。如2000年年底发生的三菱—帕杰罗V31、V33型越野车刹车失灵导致交通事故的事件。当中国的消费者知道他们正在使用的汽车是存在着重大安全隐患的汽车时，他们认为企业将人命视同儿戏，于是他们在质疑该汽车质量的同时要求企业对该类事件负责，并进一步质疑企业的信誉。

（3）组织管理决策活动失误。组织在决策的过程中没有意识到公众的利益、社会环境的要求，造成组织的活动损害公众的利益以及违反社会环境的要求，导致危机出现。

（4）公共关系活动本身的失策。组织开展公共关系活动的目的是为了维系良好的社会关系。而活动开展过程中如果策划不当，或缺乏公共关系前期准备，或忽视了市场调研，都会导致危机事件的发生。

公共关系学

2. 组织外部原因造成的危机

除组织自身的原因外，组织外部环境的变化也会引发公共关系危机。这些危机可能来自多个方面：

（1）竞争对手的不正当竞争行为。如竞争对手散布谣言来损坏组织形象，生产假冒伪劣的冒牌产品以欺骗消费者等。

（2）不利报道引起的危机。它包括报道以偏概全；报道用词不当，导致公众误解；权威机构对组织的误解导致报道失实等。

（3）意外事故造成的危机。意外事故大多属于不可抗力因素。虽然对于这些事故公众普遍都易谅解，但对于组织形象的损坏也不容忽视。如火山喷发导致当地的旅游业萧条的危机事件。

（4）其他事件。它包括法律纠纷引起的危机事件、社会抵制活动导致的危机事件、恐怖主义活动引起的危机事件等。

二、危机的识别

美国公共关系专家弗雷泽·P. 塞特尔（Fraser P. Seitel）指出，当组织的危机即将爆发时，有七种典型的警告信号出现：

（1）震惊。危机爆发时，总是突如其来的。公共关系人员得知危机到来的标志常常是：不断有媒介打电话来要求了解事情的真相以及组织将立刻采取什么行动。

（2）信息不充足。许多事情顷刻发生在眼前，谣言漫天飞，股东纷纷询问公司股票为何下跌……一时很难掌握正在发生的所有事情。

（3）事件在逐步升级。谣言到处流传，不明真相的公众对组织猜测纷纷，形势难以驾驭。

（4）失去控制。致使危机升级的事件接二连三地出现，谣言丛生，难以控制。

（5）来自外部的质询增多。政府官员和观察家们纷纷评论正在发生的一切，媒介要求做出反应，投资者要求回答，顾客要求知道事情真相和进展。

（6）不知所措。组织感觉陷入包围之中。律师告诫："我们所说的一切都将会成为反击我们的武器，最简单的办法是什么都不说。"

（7）恐慌。"墙"在塌陷，"水"漏得太多所以无法堵住，恐慌的情绪在蔓延。在这种情况下，管理层却很难确定应该立刻采取什么行动并如何向外界传播组织正在发生的一切。

这时候，危机就明明白白地出现了——不"期"而至。

三、危机处理 5S 原则

由著名危机公关专家游昌乔先生根据多年的实战经验创导出的危机处理 5S 原则，可以说为组织进行危机处理提供了一套标准流程，已经成功地帮助众多组织从容应对危机，化"危"为"机"。

1. 承担责任原则

危机发生后，公众会关心两方面的问题：一方面是利益的问题，利益是公众关注的焦点，因此无论谁是谁非，组织应该承担责任。即使受害者在事故发生中有一定责任，组织也不应首先追究其责任，否则会各执己见，加深矛盾，引起公众的反感，不利于问题的解决；另一方面是感情问题，公众很在意组织是否在意自己的感受，因此组织应该站在公众的立场上表示同情和安慰，并通过新闻媒介向公众致歉，解决深层次的心理、情感关系问题，从而赢得

第九章 公共关系危机管理

公众的理解和信任。

实际上，公众和媒体往往在心目中已经有了"一杆秤"，对组织有了心理上的预期，即"组织应该怎样处理，我才会感到满意"。因此组织绝对不能选择对抗，态度至关重要。

2. 真诚沟通原则

组织处于危机漩涡中时，是公众和媒介的焦点，一举一动都将接受质疑，因此千万不要有侥幸心理，企图蒙混过关，而应该主动与新闻媒介联系，尽快与公众沟通，说明事实真相，促使双方互相理解，消除疑虑与不安。

这里的真诚包括"三诚"，即诚意、诚恳、诚实。如果做到了这"三诚"，那么一切问题都可迎刃而解。

（1）诚意。在事件发生后的第一时间，组织的高层应向公众说明情况，并致以歉意，从而体现组织勇于承担责任、对消费者负责的组织文化，赢得消费者的同情和理解。

（2）诚恳。组织要一切以消费者的利益为重，不回避问题和错误，及时与媒体和公众沟通，向消费者说明事情的进展情况，重拾消费者的信任和尊重。

（3）诚实。诚实是危机处理最关键也最有效的解决办法。人们会原谅一个人的错误，但不会原谅一个人说谎。

3. 速度第一原则

"好事不出门，坏事行千里。"在危机出现的最初 12～24 小时内，消息会像病毒一样，以裂变方式高速传播。而这时候，可靠的消息往往不多，社会上充斥着谣言和猜测。组织的一举一动将是外界评判组织如何处理这次危机的主要根据。媒体、公众及政府都密切注视组织发出的第一份声明。对于组织在处理危机方面的做法和立场，舆论赞成与否往往都会立刻见于传媒报道。

因此组织必须当机立断、快速反应、果决行动，与媒体和公众进行沟通，从而迅速控制事态，否则会扩大突发危机的范围，甚至可能失去对全局的控制。危机发生后，能否首先控制住事态，使其不扩大、不升级、不蔓延，是处理危机的关键。

4. 系统运行原则

在逃避一种危险时，不要忽视另一种危险。在进行危机管理时必须系统运作，绝不可顾此失彼。只有这样才能透过表面现象看本质，创造性地解决问题，化害为利。

危机的系统运作主要是做好以下几点：

（1）以冷对热、以静制动：危机会使人处于焦躁或恐惧之中。所以组织高层应以冷对热、以静制动，镇定自若，以减轻组织员工的心理压力。

（2）统一观点，稳住阵脚：在组织内部迅速统一观点，对危机有清醒认识，从而稳住阵脚，万众一心，同仇敌忾。

（3）组建班子，专项负责：在一般情况下，危机处理小组由组织的公关部成员和涉及危机的高层领导直接组成。这样，一方面是高效率的保证，另一方面是对外口径一致的保证，使公众对组织处理危机的诚意感到可以信赖。

（4）果断决策，迅速实施：由于危机瞬息万变，在危机决策的时效性要求和信息匮乏的条件下，任何模糊的决策都会产生严重的后果。所以组织必须最大限度地集中决策使用资源，迅速做出决策，系统部署，付诸实施。

（5）合纵连横，借助外力：当危机来临时，组织应和政府部门、行业协会、同行企业及新闻媒体充分配合，联手对付危机。在众人拾柴火焰高的同时，增强公信力、影响力。

公共关系学

(6) 循序渐进，标本兼治：组织要真正彻底地消除危机，需要在控制事态后，及时、准确地找到危机的症结，对症下药，谋求治本；如果仅仅停留在治标阶段，就会前功尽弃，甚至引发新的危机。

5. 权威证实原则

自己称赞自己是没用的，没有权威的认可只会徒留笑柄。在危机发生后，组织不要自己整天拿着"高音喇叭"叫冤，而要"曲线救国"，请重量级的第三者在前台说话，使消费者解除对自己的警戒心理，重获他们的信任。

四、危机处理的基本程序

危机事件发生后，公共关系人员要按照公关危机应对计划进行处理，会同有关职能部门，及时调查分析，迅速了解事件的全部情况，明确危机事件的性质与发展态势，认真听取公众的意见和要求，及时采取措施消除危机。其基本程序如下：

(1) 成立危机处理小组。危机处理小组的成员除了包括公共关系人员之外，还应该包括组织领导、人事经理、后勤部门领导以及相关责任人。之后召开小组会议，制订应急预案和处理方法。在小组内部要进行详细的工作分工，成员各自承担相应责任，分工协作。

(2) 深入事件现场，了解事情全面、真实的情况。危机处理小组要在第一时间到达现场，考察现场，了解危机的发展程度和具体情况，掌握细节问题；在了解情况的前提下，迅速开展实施应急方案，并找到控制事态的最有效方法；同事故的见证人交换意见，并与之保持联系；同受害者见面，真诚沟通，并表示同情，表示要尽快查明事故的原因。通过有效的信息沟通机制，形成通畅的信息沟通渠道。另外，无论是产品不合格引起的事故还是其他原因造成的事故都应及时收集物证，组织专家检验、测定。在结果没有出来之前要通知销售部门暂停出售。在整个处理过程中，信息的发布要注意依照公众掌握信息的程度来把握，千万不能弄巧成拙。

(3) 控制损失。危机的发生往往让人猝不及防，而危机事件在社会上的影响又是爆炸性的，因此应立即采取有力措施，妥善处理，及时控制，缩小危机影响的范围。①对导致危机的事件本身应弄清原因，采取措施控制事态的发展；②迅速利用传播媒介等有效手段及时公布组织所采取的处理事故的一切措施，防止事件对社会造成更大范围的影响。

(4) 召开新闻发布会，发布正式的信息。①选择合适的新闻发言人，新闻发言人要了解事件的整体情况，并应该是组织的高层领导者。②选择合适的机会，在掌握正确信息和资料的基础上，召开新闻发布会，以消除社会公众的各种猜测和流言，为进一步处理公关危机创造良好的舆论氛围。③在新闻发布会上，要毫无保留地公开事件真相，若涉及机密则应妥善解释。信息的内容要准确，有关数据要仔细核对，重要的事项要以书面形式提供，防止报道失实，并应该涵盖组织的态度和处理原则。

(5) 全面展开工作，有效采取行动。危机处理小组按照危机处理方针、对策和有关安排，积极组织各个有关方面的力量和资源，采取有效行动措施，将危机事件尽快处理好。认真了解受害者的情况，首先进行诚恳的道歉，冷静地听取被害者的意见和赔偿要求，以同情的心理提供其所需的服务，尽最大努力做好善后处理工作。工作过程中要谨慎、冷静、细致，并将工作进展情况及时通知受害者和媒体。

(6) 认真处理善后工作，总结经验，吸取教训。危机事件处理完毕后，必须进行危机恢复和善后工作。①开展公众的心理、精神恢复工作，要派之前与其联系的工作人员上门回访，

第九章 公共关系危机管理

了解他们对事件的看法与建议，争取继续得到他们的支持，使其不要成为组织的逆意公众。②将事件的全部情况以翔实的报告形式向领导者汇报，并提出今后如何预防类似事件发生的办法。③利用新闻媒体消除公关危机造成的影响，向公众公开道歉，发表受害者或其家属对组织表示谅解的文章或者讲话。④认真总结经验教训，认真调查事故起因，对组织内部加强管理，对整个事件的处理情况进行评估，并形成文字作为组织公共关系工作的经验积累。

五、危机处理的具体公众对策

危机发生后，会影响组织各类公众的利益。对待不同的利益要求，组织要进行权衡，妥善处理。

1. 对内部公众

（1）应将事故的整体情况及组织的具体对策告诉全体员工，发挥组织的凝聚力，使员工与组织同心协力共渡难关，而不能对员工隐瞒实情。

2001年9月3日，中央电视台"新闻30分"以"南京冠生园：年年出炉新月饼，周而复始陈馅料"为题将冠生园的恶行公之于世。面对突如其来的危机，南京冠生园惊慌失措，在应对外界质疑的情况下，在对外界采取回避措施的同时，对其员工也采取了不闻不问的态度，没有人出来向员工说明公司目前的处境、将来的打算，以及面对危机时他们应该做些什么。员工等来的只是放假到10月底的停工通知，以及不知是否属实的公司即将解散的消息。公司的这种做法在每位员工心中都投下了不祥的阴影。正是这种对未来的恐慌，使得员工们丧失了要与公司共渡难关的决心，以至于报纸上不断出现一些冠生园职工自报家丑的新闻。这使得冠生园危机一波未平，一波又起，导致情况进一步恶化。

（2）如果有人员伤亡，应立即通知其家属，派专人负责，对员工进行精神和物质方面的补偿，提供周全的医疗与抚恤工作，充分体现组织"以人为本"的理念，强化组织的良好形象。

（3）通过召开会议或其他方式，多方面听取员工的意见，因为员工可能对事件更了解。

2. 对危机事故受害者

（1）向受害者及其家属表示诚恳的道歉，冷静地听取受害者的意见和赔偿要求。此时，即使他们提出的要求并不完全合理，也不能马上辩驳，更不能有过激的语言或行为。即使受害者对事件负有一定的责任，也不能立即追究或以此来推脱责任，为组织的形象进行辩护。

（2）事故处理的过程中，若没有特殊情况，不要随便更换事故处理人员，以便保持处理意见的一致性和连续性，另外，也有利于人性化的沟通。

（3）了解、确认和制定有关赔偿损失的文件规定和处理原则。

（4）本着积极、灵活的态度保证受害者权益。

3. 对新闻传播媒介

（1）及时向新闻界公布事故的真相，对于记者的追问不能避而不答，特殊问题应进行解释。通报时应先选好发言人，并统一对外的口径和措辞。一定要谨慎传播，稍有不慎，就会伤及组织的整体形象。

（2）回答问题要言简意赅、通俗易懂，避免使用专业性较强的词汇。

（3）为了避免报道失真，向记者提供的资料应尽量采用书面形式，以消除人为的信息传播失误。

（4）注重信息的连续性。除了召开新闻发布会之外，还要不间断地将信息向媒体传送，

公共关系学

以保证信息量的充分。

4. 对上级领导部门

危机发生后,应及时向组织的直属上级领导汇报情况,不能文过饰非、企图蒙混过关。在事件的处理过程中,应定期将事态的发展、处理、控制的情况,以及善后的情况陆续向领导汇报。事故处理结束后,应尽快将详细的情况以及解决的方法、各界的反馈、今后的防范措施等问题形成报告,送交上级部门。

5. 对组织所在社区

社区的公众对整个事件过程应有所传闻,组织除了通过正式的媒介向其传播信息外,还应与之进行良好的接触。尤其在侵害了社区居民利益的情况下,如企业发生毒气泄露、发生火灾殃及周围居民等问题,组织应派人登门道歉,并根据情况进行赔偿。

6. 对消费者

以真诚的态度面对消费者。如索尼彩电事件发生时,索尼公司在致消费者的通知函中虽含蓄却完整地表达了对消费者的"4R"公关原则:遗憾(Regret)、改革(Reform)、赔偿(Restitution)、恢复(Recovery),即一个组织要表达遗憾、保证解决措施到位、防止未来相同事件再次发生并且提供合理和适当的赔偿,直到安全摆脱这次危机。索尼公司所表达的包括对产品出现的问题表示遗憾和歉意,对未来的产品进行革新的决心,对出现问题的产品免费维修等,体现了一家跨国公司的管理风范和所应当承担的社会责任,说明是抱着解决问题的态度来处理这场危机的。诸多行为表明了该公司对消费者的真诚,让消费者不致因为此次事件而成为该公司的逆意公众。

第三节 危机管理

一、危机管理的本质

有效的策略能减少危机的影响,"不能改变事件,但可以改变大众对此事件的看法"。危机管理从一般意义上讲,就是对危机事前、事中、事后全过程的管理。与上一节"危机处理"相比,危机管理更侧重于事前和事后。

1. 危机管理的定义

目前,关于危机管理的定义还没有权威的观点。

米特罗夫和皮尔森认为收集、分析和传播信息是危机管理者的直接任务。危机发生的最初几个小时或最初几天,管理者应同步采取一系列关键的行动,这些行动是:甄别事实,深度分析,控制损失,加强沟通。

罗伯特·希斯认为危机管理包含对危机事前、事中和事后所有方面的管理。他认为,有效的危机管理需要做到:转移或缩减危机来源、范围和影响,提高危机管理的地位,完善恢复管理以能迅速、有效地减轻危机造成的损害。他认为通过寻找危机根源、本质以及表现形式,并分析它们所造成的冲击,人们就能通过降低风险和缓冲管理来更好地进行危机管理。

格林认为,危机管理的一个重要特征是"事态已发展到无法控制的程度"。一旦危机发生,时间因素非常关键,减少损失将是主要任务。危机管理的任务是尽可能控制事态,在危机事件中把损失控制在最小范围内,在事态失控后要争取重新控制。

第九章 公共关系危机管理

日本学者龙泽正雄将危机发现与危机确认作为危机管理的出发点,他认为危机管理是发现、确认、分析、评估和处理危机,这些是危机管理流程,同时在这一过程中,始终要保持"如何以最少的费用取得最大的效果"为目标。

综合以上的观点,本书将危机管理定义为:为了最大限度地减少危机对社会和组织的伤害,帮助组织控制危机的局面,尽最大能力保护组织的声誉而对组织危机进行预防和处理的过程。

2. 危机管理的本质

(1) 危机管理活动与组织的一般管理活动、公共关系活动以及企业战略管理活动存在一定的关系。三者都涉及组织整体与长远的发展,对组织的生命周期都有相同或相似的理论研究交叉内容和实践手段,核心目的都是组织整体健康、长久的发展。

(2) 危机管理重点在预防。虽然可以将危机概括为"危险"+"机会",但其中机会的形成是在很好地避免了危机或成功地解除危机的前提之下。对于已经发生的危机,正如前面所言,要抓紧时间,尽快科学处理,将损失降到最低。即便如此,损失仍会产生。所以对于危机,应力争将其控制或消除在萌芽状态,即以预防为主,这是最主动、最积极的危机管理态度。

(3) 危机管理的核心与关键,在于平衡各个利益相关者的权益。这些利益相关者包括组织的员工、顾客、股东、合作伙伴、政府部门、社区公众等,危机的发生或多或少会对他们造成一定程度的损害,如何协调、平衡他们合理的权益要求是危机管理者的决策核心。

二、公共关系危机的预防

危机发生时必须要应付的事务中,有一半都可以事先做好准备。正所谓"生于忧患而死于安乐",对于危机事件,组织在有一种忧患意识的同时,还要采取必要的措施来有效预防危机的发生。这些工作中就包括了组织日常公共关系活动中培养员工危机意识、加强危机的预测、制定危机应急方案。危机管理的核心是危机公关,既涉及对外各利益相关方,也必须重视对内员工的危机教育。

1. 强化公共关系危机意识

公共关系意识是一种自觉的公共关系观念。公共关系意识支配公共关系行为,公共关系行为只有在正确的公共关系意识的指导下,才会取得成功。作为组织,如果一切活动能依从公共关系意识的指导来行动,就能在社会公众心目中树立良好的形象,帮助组织实现公共关系的目标。公共关系意识是组织公共关系活动成功的基石,公共关系意识的缺乏也是公共关系危机的根源之一。

(1) 以公众为中心的意识。强调作为组织公共关系工作的对象,公众是组织一切公共关系工作的基础。组织一方面要确认组织的各类公众以及他们与组织的关系,学会从各类公众利益的满足中寻找到组织发展的空间和组织形象新的生长点;另一方面深入研究公众对于组织的认识、态度和要求,不断检讨自身,以谋求公众的合作、信任与支持。

(2) 组织信誉意识。组织的信誉是组织的无形资产,是指在与社会公众长期交往的过程中形成的,具体表现为公众对组织态度上的友好和支持、行为上的长期合作。信誉是公众对组织的一种认同,这种认同可以概括为两方面:一是质量意识。它包含产品的质量和服务的质量。良好的产品质量可以增进公众的消费信念,良好的产品质量加上优良的服务可以换取顾客100%的满意,因此这两者均是组织发展的基础。二是组织的道德意识。道德意识可以理

公共关系学

解为组织在发展的过程中,除了要实现经济效益,还要切实关心消费者利益、社会整体效益和环境效益,力求达到与社会的整体和谐。

(3) 协调公关意识。协调公关意识是指组织善于调节、平衡和统一各种不同的关系、不同的利益、不同的要素,懂得兼顾、统筹、缓冲、必要的调和以及折中的意义和价值,努力在矛盾中寻求平衡、和谐。这些关系大体可以分为两种:组织内部成员、内部职能部门之间的团结协作,靠的是有效的内部沟通机制和全员公共关系意识的培养;组织与外部公众的广泛合作,靠的是信息沟通和互利互惠。

(4) 社会责任意识。社会责任意识是指组织要树立奉献社会、主动承担社会责任的意识。该意识表现了组织经营发展的社会意义,是高层次的道德表现。它主要体现在三个方面:一是为社会提供更多、更好的商品;二是保护生态环境,节约能源;三是促进社会文化的发展与进步,主动参加社会公益活动,倡导精神文明建设。如今,即便是知名的跨国公司也越来越注重支持所在国的社会公益活动了,通过关注区域发展、资助慈善事业、支持教育事业等公益举措,来彰显企业的社会责任感和诚信度。如柯达公司曾经向无锡市政府捐款66万元建设"柯达园",以配合当地的城市美化、绿化和现代化建设工作;2002年12月,柯达还设立"柯达科学家"奖励基金,以奖励中国优秀的中学生。

2. 危机的预测

危机的预测主要是指对危机信息的侦测。它包括危机的来源、危机的征兆、危机的性质与规模、危机的影响等。

一般来讲,组织在下列情况下容易发生危机:

(1) 对公众的安全和广泛利益具有重要影响的事件。如有关食品卫生的问题;1999年夏天的比利时"二噁英"事件中,有报道称"二噁英"是一种高含量致癌物,伤害免疫系统,蔬菜、水果、牛奶中均含有该物质。一时间世人哗然,国内的商场货架上一下子没有了进口奶粉的影子,该事件伤及来自美国、澳大利亚和新西兰等国的进口奶粉。

(2) 影响组织最高目标和利益的重大事件实施之前。因为事关重大,又会涉及全局,情况错综复杂,稍有不慎,就可能引发危机。如有些企业在发展过程中追求迅速扩张,大量并购本行业或外行业的企业,实施多元化经营战略。但在并购过程中,各方利益不能得到统一,有可能导致不同文化、不同制度、不同组织的管理方法产生冲突,进而造成危机事件的产生。如著名的日本"八佰伴"破产事件,即是盲目扩张导致危机的典型案例。

(3) 最常发生的意外事件、突发事件、敏感事件。如在销售领域,销售人员的离职尤其是销售经理人员的率众离职,在给组织造成巨大的人力资源流失的同时也会引发经营危机。

(4) 组织的脆弱环节、薄弱环节和易受攻击的环节。这些环节组织领导、公共关系人员要心中有数,要尽快弥补,并应该重点保护,防止竞争对手的攻击。

(5) 其他。如一次性的机会、不可替代资源的投入等,若缺乏足够的考证而上马,极有可能给组织带来灭顶之灾。如在20世纪90年代初成立的珠海高科技企业巨人集团,在创下50%的高增长速度之后,计划盖一幢18层高的自用办公楼,后将18层改为38层,后又改为70层,计划耗资12亿元,而集团当时的资产规模仅有1亿元;接着,巨人集团又进军生物工程领域,但因为生物工程全面亏损,导致集团亏损5000万元。1996年年底,巨人集团由于投资房地产和生物工程领域的失误导致集团资金周转不灵,在一夜之间负债2.5亿元,集团陷入深深的财务危机之中,并最终导致了破产。(不过,后来巨人集团的掌门人史玉柱又东山再起,再次创业成为一个保健巨鳄、网游新锐、身家数百亿元的企业家。)

第九章　公共关系危机管理

3. 制定危机应急方案

在危机发生之前，组织应做好足够的准备，包括思想上、组织上和策略上的，防患于未然，这样可以在危机发生的一刹那及时做出反应，这是减少危机危害的有效措施。应急方案中应该包括以下内容：

（1）在组织内进行危机教育，树立危机意识，对危机保持正确、积极的态度。

（2）在组织内部长期灌输公众意识，促使组织的行为尽量与公众的期望保持一致。

（3）平时要注意通过一系列对社会体现负责和善意的行为来建立组织的信誉。

（4）建立有效的社会信息反馈机制，监测社会环境的变化，对潜在的危机做出分析和预测，并随时准备把握危机中的机遇。

（5）组建一个跨部门的危机管理小组，该小组必须有权调动组织的人、财、物资源来应付危机和处理危机，同时具有发布信息的权威性。

（6）分析、研究各种与组织有关的潜在的危机形态，界定有关的危机类型。

（7）制定预防危机的方针、对策，并落实到组织的制度和运行机制中，尽可能避免危机的发生。

（8）为处理每一种潜在的危机制定具体的战略和战术。

（9）确定可能受到危机影响的公众。

（10）为最大限度地减少危机对组织声誉的破坏性影响，建立有效的传播沟通渠道。

（11）组建危机评估和危机控制的专家小组。

（12）由专家和行政人员共同制订危机应急计划。

（13）写出具体的危机处理书面方案。

（14）根据方案反复进行试验性演习。

（15）事先培训处理危机的专业人员。

三、制订公共关系危机管理计划

制订公共关系危机管理计划有利于组织在冷静的时候能够明智地做出决定，在危机到来之前预先考虑如何应对危机，这样有足够的时间从容地进行相关问题的论证，吸取各方面的建议，使处理方案更严密。预先计划能使各方面都有心理准备，从容面对，在危机来临时目标集中、决策迅速、反应快捷、掌握主动，这样可以在保障紧急状态下的资源供应的同时，降低成本、减少损失。公共关系危机管理计划的内容包括以下几点：

（1）导言或组织高层函件。它在显示组织高层对危机预防的注重的同时，也可以起到引导的作用。

（2）部门主管对危机管理方案的确认。

（3）危机管理小组成员。危机管理小组是顺利处理危机的组织保证。人员的涵盖范围要广，这样有利于在关键时刻获取足够多的内部信息。当然，小组成员不是专职的，他们只有在发生危机事件时才投入运转。

（4）建立处理危机关系网。根据危机预测，组织要与处理危机的有关单位和人员联系，建立合作网络。组织可以外聘一些公共关系专家或公共关系公司作为顾问，帮助组织制订计划和实施方案，并将涉及的单位和个人备案，列明联系方式和有关资料。在平时组织要注重与之沟通。

（5）印制危机管理手册。将危机的可能情况和相应的措施以通俗易懂的语言编印成小册子，并分发给组织的全体员工。其形式可以多样，可以是印刷品，可以是录像片，也可以是卡通片等。目的是让员工有危机意识，并懂得在危机到来的时候该做些什么。

（6）关于信息所有权的提示。

（7）危机风险及潜在损害的评估。

（8）行动步骤。

（9）媒介关系。组织应事先与媒介建立良好的联系。

（10）财务及法律事宜。

（11）危机中心。

（12）危机事件记录簿。记录下以前所发生的危机事件，以便从中总结经验，指导今后的工作。

四、危机管理应注意的问题

1. 忌缺乏预见性，没有危机意识

危机意识的存在能够使组织具有先见之明。在发展的过程中，组织会面临很多的风险，作为决策者，更是要看到风险的潜在性，即便在组织发展好的时候，也不要忘了警惕危机隐患。

2. 忌分不清是危机还是机遇

危机管理的一个基本原则是当突发事件来临时，首先要辨清是危机还是机遇。有时两者是相伴而生的，危机处理得当，可以变成机遇，这样的成功案例有很多。而有时，机遇会不期而至，这时组织不要将其纳入危机公关中来。

3. 忌信息渠道不畅，报喜不报忧

在平时，无论机构大小、官位高低、都会不同程度地存在报喜不报忧的自然倾向。但是突发事件来临时，最重要的是要保持信息渠道的通畅和信息的及时传递。通常，在信息传递中要做到"5W1H"六要素俱全，而且要表述清楚。但在面对突发事件时，则要求信息传递越早越好，一时不能完全说清楚的，也要首先告诉上级领导，之后再进一步确认信息、完善情报。

4. 忌惯性思维，缺乏应变能力

面对突发事件时，人们常常会用平时的思维方式来思考问题，处理问题时力求稳重。而危机事件时的重大决策却不能按平时的思维解决，必须灵活多变，力求尽快解决问题。

5. 忌三心二意，不分轻重缓急

在大难临头时，要处理的问题会很多，此时一定要先抓主要问题，分清轻重缓急。首先要以公众的利益为中心处理相关问题，只有这样才能将损失降到最低限度。在进行危机事件处理时，必须集中精力抓好当务之急，因为只要危机没有解决，它给组织带来的负面影响就不会根除。

6. 忌决策不果断，举棋不定

维系一个组织靠的是共同利益。然而，当危机来临之时，命运胜于利益。因此，决策目标必须从维护"利益共同体"转变为"命运共同体"。通常解决问题需要反复论证，并且力求以理服人，然而突发事件发生时给予领导决策的时间往往很短，任何犹豫不决都可能给组织带来更多的损失或致命的伤害。因此，公共关系危机事件处理的决策方式要采取"权威决策"的方法，在信息共享、专家咨询的基础上由最高决策者做出决定，并且要谁决策谁负责。

7. 忌措施不坚决，拖泥带水

在危机事件中，措施要坚决，必要时采取高压政策，集中优势兵力将事态迅速控制住。

第九章 公共关系危机管理

8. 忌做表面文章，措施不到位

在危机事件中，做表面文章无异于自欺欺人，而措施不到位就会贻误时机。因此，措施一旦出台，领导者就必须亲赴前线，监督、指导工作，对措施中存在的问题及时进行弥补。

9. 忌言而无信，不能以诚相待

危机事件中，面对公众必须以诚相待，取信于民，始终如一。

10. 忌盲目乐观，好了伤疤忘了疼

危机管理中有句名言：最危险、最容易犯错误的时候，往往是危机看似过去，而实际上尚未过去的时候。因为危机初期，人们会高度关注，而危机一旦爆发，其结束过程往往会有反复或波动。作为领导者，一般是危机高峰一过，工作就会恢复常态，放松警惕看不到风险隐患，从而可能导致危机死灰复燃。

【案例9-1】
成功危机公关案例

生命之水被断绝之后①

（新华社哈尔滨2005年11月23日电：为了300万市民的生命安全——哈尔滨迎战"水危机"纪实）

1. 这是一个危机来临的时刻，更是一个众志成城的时刻！

2005年11月21日和22日，哈尔滨市政府连续发布停水公告。公告称，中石油吉化公司双苯厂爆炸后可能造成松花江水体污染，市政府决定关闭松花江哈尔滨段取水口，将于23日晚开始停止向市区供水，具体恢复供水时间另行公告。哈尔滨市遭遇了新中国成立以来的首次全城停水。

面对这一突发的公共事件，黑龙江省和哈尔滨市各级政府全力以赴，尽一切可能为全市百万市民争取储水时间，营造平稳的社会秩序。哈尔滨市在经历了短暂的抢购之后，社会秩序重新恢复了平静。

2. 把人民生命安全放在第一位

黑龙江省政府和哈尔滨市政府在接到水利部松辽委关于松花江水污染的情况后，立即启动应急预案和松花江水体监测系统，采取紧急措施调运饮用水供应市场。调集人员、物资和设备，从松花江哈尔滨段上游18km处，沿岸设置了若干水质监测站，对水质进行高密度检测，并将检测结果随时上报。同时，面向全社会发布停水公告，提醒广大市民储备水源。

从21日开始，停水的消息引发了市民的恐慌。一度出现抢购桶装水、瓶装水和部分食品局面。为保证市民的身体健康和正常的社会秩序，黑龙江省政府迅速成立了应对松花江水污染工作领导小组。省长张左己提出，要把人民生命安全放在第一位。省政府组织省直部门迅速行动起来，落实水源、运力和分配等事宜。1933家洗浴场所、570家洗车行和1800多家美容院等用水大户暂停营业；充分利用现有918眼地下水井，开辟补充水源；重点保证居民基本生活用水和供热用水，保证机关、学校、医院、部队等重点单位用水；市政府拨款100万元，保证弱势群体，尤其是城市低保对象、鳏寡孤独和残疾人用水。同时，各级物价、工商部门加强市场监管力度，严厉打击不法行为。

3. 为方便群众将供水延至最后一刻

拥有300多万城区人口的哈尔滨市，从未经历过全城停水。为了让市民尽可能地多储水、储足水，市政府连续发布了4则公告，在确保供水质量的前提下，将停水时间一延再延，累计延长达20余小时。

---

① 此案例为编者根据相关网络资料整理。

这段时间对有关工作人员显得艰辛而漫长。22日晚，记者在距离哈尔滨市约88km的松花江取水监测点见到，江边已经结冰，现场4名取水样的监测员穿着救生衣、水靴，腰部绑着绳索下河堤取水，每走一步腿都会深深地陷进泥泞中，岸上的同事拉着绳索保障安全。在寒冷和黑暗中，监测员把水样装进采集瓶、装车运走。22日晚，市政府还通过电视、手机短信等形式向市民发出通报，提醒市民城市供水符合国家饮用标准，请抓紧存储。据哈尔滨市有关部门抽样调查显示，目前全市居民储水达30万t，85%的居民户均储水量可满足3天的基本生活需要。

4. "4天之后，第一口水我先喝"

面对全城停水，黑龙江省和哈尔滨市政府进行了一系列部署。针对市民对再度供水是否能保证安全的疑问，省长张左己说，这一点请大家相信，政府一定会对百姓负责的，"4天之后，第一口水我先喝"。

5. 适度的财政支持

省政府决定拿出1000万元省长预备金，相关市、县也紧急安排资金，用于应对这次突发事件。哈尔滨市也及时成立了指挥中心，并拨款500万元用于在全市各区设置供水点。

6. 一方有难八方支援

从21日晚开始，全省各地纷纷全力支援哈尔滨市保证供水；大庆油田钻井队奉调进入哈尔滨打深水井，开辟补充水源；纯净水生产企业开足马力生产，动员流通企业广泛组织货源，以满足居民生活用水和部分企业生产用水。22日晚，从沈阳、大连等地运来的首批省外援助物资抵达。

【案例9-2】
不完全成功危机公关案例

比利时和法国可口可乐中毒事件⊖

1999年6月9日，比利时120人（其中有40人是学生）在饮用可口可乐之后发生中毒，呕吐、头昏眼花及头痛，法国也有80人出现同样症状。已经拥有113年历史的可口可乐公司遭遇了历史上罕见的重大危机。在现代传媒十分发达的今天，企业发生的危机可以在很短的时间内迅速而广泛地传播，其负面作用可想而知。

可口可乐公司立即着手调查中毒原因、中毒人数，同时部分收回某些品牌的可口可乐产品，包括可口可乐、芬达和雪碧。一周后中毒原因基本查清，比利时的中毒事件是在安特卫普的工厂发现包装瓶内有二氧化碳，法国的中毒事件是因为敦刻尔克工厂的杀真菌剂洒在了储藏室的木托盘上而造成的污染。

但问题是，从一开始，这一事件就由美国亚特兰大的公司总部来负责对外沟通。起初，亚特兰大公司总部得到的消息都是因为气味不好而引起的呕吐及其他不良反应，公司总部认为这对公众健康没有任何危险，因而并没有启动危机管理方案，只是在公司网站上粘贴了一份相关报道，报道中充斥着没人看得懂的专业词汇，也没有任何一位公司高层管理人员出面表示对此事及中毒者的关切。此举触怒了公众，结果，消费者认为可口可乐公司没有人情味。

很快消费者不再购买可口可乐软饮料，而且比利时政府和法国政府还坚持要求可口可乐公司收回所有产品。可口可乐公司这才意识到问题的严重性，事发之后10天，当时的可口可乐公司董事会主席和首席执行官道格拉斯·伊维斯特从美国赶到比利时首都布鲁塞尔举行记者招待会，并随后展开了强大的宣传攻势。

⊖ 资料来源：http://wenku.baidu.com/view/63c5c9d5195f312b3169a5d9.html。

第九章 公共关系危机管理

然而遗憾的是，可口可乐公司只同意收回部分产品，拒绝收回全部产品。最大的失误是没有使比利时和法国的分公司管理层充分参与该事件的沟通并及时做出反应。可口可乐公司总部的负责人员根本不知道就在事发前几天，比利时发生了一系列肉类、蛋类及其他日常生活产品中发现了致癌物质的事件，比利时政府因此受到公众批评，正在诚惶诚恐地急于向全体选民表明政府对食品安全问题非常重视，可口可乐事件正好撞在枪口上，迫使其收回全部产品正是政府表现的好机会。而在法国，政府同样急于表明对食品安全问题的关心，并紧跟比利时政府采取了相应措施。在这起事件中，政府扮演了白脸，而可口可乐公司无疑是黑脸。

可口可乐公司因为这一错误措施，使企业形象和品牌信誉受到打击，其无形资产遭贬值，企业的生存和发展一度受到冲击：

（1）1999年年底可口可乐公司宣布利润减少31%。

（2）危机发生时没能借助媒体取得大众的信任，可口可乐公司不得不花巨资做危机后的广告宣传和行销活动。

（3）竞争对手抓住这一机会填补了可口可乐此时货架的空白，并向可口可乐公司49%的市场份额挑战。

（4）可口可乐公司遭受巨大经济损失，几乎是最初预计的两倍。

（5）全球共裁员5200人。

（6）董事会主席兼首席执行官道格拉斯·伊维斯特被迫辞职（新CEO对公司进行重组时不再延用总公司负责制，而将"全球思维，本地执行"的座右铭纳入企业管理理念）。

（7）危机后可口可乐公司主要的宣传活动目的都是要"重振公司声誉"。

所谓的"总公司更知道"综合征使可口可乐采取了完全不恰当的反应。因为一个庞大的国际公司就像章鱼一样，所有的运作都分布在各地的"触角"顶端。要使这样一个庞大而错综复杂的机制发挥效力，"章鱼"的中心必须训练并使"触角"顶端的管理层有效发挥作用，采取适当措施，做出正确的应对，因为他们最了解当地的情况。

随着可口可乐公司公关宣传的深入和扩展，可口可乐的形象开始逐步地恢复。比利时的一家报纸评价说，可口可乐虽然为此付出了代价，却终于赢得了消费者的信任。

【案例9-3】
完全不成功危机公关案例

埃克森公司瓦尔迪兹号油轮漏油事件

事件发生在1989年3月24日，埃克森公司瓦尔迪兹号（The Exxon Valdez）油轮搁浅并泄出267000桶共1100万加仑（1加仑=3.785L）油，油污进入阿拉斯加威廉王子海峡。此次意外是美国有史以来最严重的漏油事件之一。

当时，人们的第一反应是震惊，因为这种灾难性事故在技术如此发达、人们如此关注环保的情况下发生，对所有人来讲都是难以接受的。但是，人们也知道没有哪个行业不存在风险。如果该公司能够采取合适的行动并及时向公众沟通事故处理情况，就会赢得人们的理解。当时公众急于知道以下事情：

（1）该公司是否尝试并阻止事故蔓延？

（2）该公司早该预料到可能会发生这种事故，现在是否尽可能快地采取了可能的补救措施？

（3）该公司对发生的事故是否很在意？

资料来源：http://www.hhmba.com/article/article_1729.html。

埃克森公司既没有做好上述三点，也没有采取合适的措施来表示对事态的关注，如派高层人员亲临现场、指定负责善后的人员，并向公众沟通事件的原委、公司的解决办法，以及表示遗憾、进行情感沟通等。人们的期待随即转化为愤怒，进而引发了对其产品的联合抵制、股份被迫出售以及很多苛刻的限制和惩罚。

很多批评家指出，埃克森公司主席劳伦斯·洛尔听到大批原油泄漏事故后没有乘坐最早的航班前往阿拉斯加，而面对公众时他也没有说明危机的严重性。此外埃克森公司的危机管理还有其他本来应该做却没有做到的：在知晓危机的本质之后，应在24小时内在纽约建立危机管理指挥中心，作为收集信息并进行甄选的中央智囊团；建立政府联络办公室，以简要传达公司所做的努力，并要求政府支持；尽快在纽约建立新闻中心作为公司权威报告、简报及动态报告的交换中心，这样做将保证公司对外口径一致，避免自相矛盾。

[**案例讨论**] 比较本章三个案例，分别总结它们的成功和失败之处。

【思考·讨论·训练】
1. 处理危机事件时，为什么要将公众的利益放到首位？
2. 公共关系危机有哪些特征？
3. 公共关系危机管理的本质是什么？
4. 选择一家你熟悉的企业，分析它在面对危机事件时是如何对公众采取对策的。

第十章 社会组织形象的塑造

本章提要 本章主要介绍了组织形象塑造中的 CIS 战略、CS 战略和名牌战略，以及 CIS 战略与 CS 战略的关系，并涉及了组织形象评价的三大指标。

第一节 组织形象概述

一、组织形象的内涵和构成

1. 组织形象的含义

组织形象是指社会公众对一个组织综合认识后形成的印象和评价。组织的形象对于组织而言十分重要。在现代社会中，一个组织的形象如何，会直接影响到组织的生存和发展。因此，树立良好的组织形象，是组织至关重要的任务，也是公共关系工作的重要目的。

2. 组织形象的特征

组织形象具有以下几个特征：

（1）组织形象的客观性。公众心目中的组织形象不是凭空出现的，也不是公众头脑中自动形成的。它是公众在对组织各方面有了具体感知和认识后才逐渐形成的印象，是组织各方面活动及其外在表现在公众心目中的反映。这一形象一旦形成，就可能在公众心目中形成一定的影响，并且很难在短时间内改变。

（2）组织形象表现的主观性。组织形象的表现即公众对组织的认知。这种认知是一种综合性的认识，一种综合性的总印象。而由于公众认知会受本人的价值观、人生观、年龄、收入、受教育情况、道德标准等诸多个体因素的影响，因此客观的组织形象在不同的公众心目中会产生不一样的认知，也即组织形象表现的主观差异性。基于此，组织要想得到最大限度的好评，必须要力求赢得最大多数公众的好感，必须尽量全面地了解公众的价值取向，让自己每项活动都做到最好，以防止因一时的细小疏忽而使组织的形象受损。

（3）组织形象的相对性。任何事物的好与坏都是相对而言的，组织形象也是如此。公众在做出自己的价值判断之前会无形中选定参照物并做比较。所以组织形象的存在和变化过程会随着参照物的变化而发生变化。另外，组织形象的形成也是主体和客体共同作用的结果，任何一方的变化都可能导致形象的改变。如组织决策的变更，公众消费行为的改变等。

（4）组织形象的稳定性。作为一种总体的评价，组织形象不是在短时间内形成的，它是一个漫长的文化积淀过程，而且一旦形成，不管是内在理念还是外在形象，就会具有一定的稳定性，从而在一定的公众心目中形成一种心理定势。如中国的红塔山集团、美国的可口可乐公司等一些知名企业的形象，它们不会因为组织某些行为的细微变化而马上改变。当然，组织形象并不是一经形成就永远不变，这种稳定性是相对而言的。组织的管理活动势必会随着社会的发展而做出适当的调整,不是以不变应万变,而是稳中求发展。

（5）组织形象的无形性。组织形象是一种看不见、摸不着的东西,是一个抽象概念。它是组织的行为和政策在公众心目中的投影,是无法用精确的数据和图形来表现的,而只能用一些概括的指标,通过社会调查来获得相应的信息,对组织形象做出总体的评价。

3. 组织形象的构成

组织形象的建立是受众多具体要素影响的。这些具体的要素包括以下几方面：

（1）外在形象。外在形象是公众可以实实在在感受到的形象。它具体又包括以下几种：

1）组织的名称。这是形象建立的先决条件。组织名称应该统一,并且容易识别。如2004年,日本松下公司就对其公司的名称作了调整,统一为Panasonic。

2）组织的经济实力。它是形象存在的物质基础。它包括总资产、固定资产、流动资金、产品销售情况等。如果是上市公司,股民可以通过看公司的会计报表来观察公司的经济情况；如果是非上市公司,则应通过种种方式让公众了解到组织的经济实力。

3）其他能够表现组织形象的要素。如商标、广告、建筑物外观、员工的服装等。

（2）内在形象。内在形象是构成组织形象的核心要素,是形成公众对组织形象总体评价的主要依据。它具体包括以下内容：

1）文化形象。它是组织形象的精髓所在。它以组织的经营理念、价值观为基础,包括组织的使命、组织精神、组织的价值观和组织的目标。

2）人才形象。在众多的组织奉行以人为本的经营管理信条的时代,人才战略是许多组织所关注的重点问题。人才形象是组织现有人才的状况对组织形象的影响。它主要包括人才的整体结构、科技水平、管理水平、不难想象,一个人才济济的组织,它的前途一定是辉煌的。这也难怪有些企业在花大价钱打广告时,说的不是自己的产品,而是自己引以为豪的人才。

3）品牌形象。品牌形象是组织形象的生命线,即组织的产品、服务质量,组织的标志给公众留下的总体印象。品牌形象的好坏直接影响组织的生存。

二、塑造组织形象的意义

市场经济的基本特征是竞争。随着市场营销观念由传统的生产观念、产品观念、推销观念向现代顾客导向、社会性营销观念的转变,企业竞争的焦点也由以往的产品、推销、利润为主,向满足顾客需要、塑造企业整体形象转变。在现代社会中,公众在选择商品时,有了充分的选择余地,他们不仅注重产品功能、价格因素,还对企业的精神、经营准则、服务水平进行全面的比较,选择他们认为形象好的企业的产品。

组织形象是组织无形资产的重要组成部分。无形资产是以不具有实物形态而以知识形态存在的重要经济资源,其中重要的组成部分为文化理念,而组织形象的核心即为文化,所以无形资产主要是靠组织形象来作为表现形式的。组织的整体形象越好,无形资产的价值就越大,增值率就越高。许多知名国际公司就是依靠组织形象的不断完善来维系、保护它们的无形资产的。如日本丰田公司,当丰田汽车维修中心接到顾客的报修电话后,公司会派人开辆好车到顾客家中,在开走报修车辆的同时将好车留下,以备顾客使用。汽车修好后,维修中心会将汽车加满油后再开回顾客家中。这种细致入微的服务为丰田公司的形象大大加分。因此,一个组织要不断地发展,维系组织的无形资产,就必须充分重视组织形象的塑造。

第十章 社会组织形象的塑造

三、组织形象的功能

组织形象塑造成功之后，会以其独特的辐射功能作用于组织和公众，具体体现在以下几个方面。

1. 规范和导向功能

组织形象是把组织的价值观念和行为规范加以确立，为组织自身的生存和发展树立一座"灯塔"，告诉企业及其员工应该做什么，应该怎么做，企业应该向哪里去。这座"灯塔"一经广大员工的认可、接受和拥护，就会产生巨大的规范和导向功能。如我国的同仁堂提出的"炮制虽繁必不敢省人工，品味虽贵必不敢减物力"，日本松下公司的创始人松下幸之助提出的松下精神"产业报国，光明正大，友善一致，奋斗向上，礼节谦让，顺应同化，感激报恩"，美国的IBM公司提出的"IBM，意味着最佳服务"等。这些都是在引导、规范着员工的言行、态度，让他们在工作中将自己的行为与组织的形象无形中联系起来。

2. 凝聚与整合功能

组织要发展，必须要有凝聚力，将组织各方面的力量紧紧联系在一起，发挥整体功能，而不能像一盘散沙。组织形象确立的共同价值观和信念，就像一种高强度的黏合剂，将组织全体员工凝聚在一起，形成"命运共同体"，使组织上下能够齐心协力，成为一个高效率的集体。

3. 激励功能

完美的组织形象在社会上会产生一定的影响力，会受到许多公众的赞许和尊重。组织的员工也会因此产生自豪感和归属感，从而增强组织对员工的吸引力，让员工更加热爱自己的组织，这种热爱会产生强烈的激励作用，诱导并刺激着员工的工作热情，时刻因此保持一种积极向上的精神状态。

4. 辐射功能

组织形象的建立，不仅对组织内部有着极大的凝聚、规范、号召、激励作用，而且能对外产生辐射作用，在一定的范围内对其他组织和社会产生重大的影响。如我国20世纪90年代的"邯钢精神"等，都是组织形象对外辐射的典型案例。

四、组织形象的定位

组织形象定位是指组织根据环境变化的要求、本组织的实力和竞争对手的实力，选择自己的经营目标及领域、经营理念，为自己设计出一个理想、独具个性的形象位置。

组织形象是公共关系的核心概念，是公共关系活动的终极目的。现代组织的竞争已不再是产品的竞争，而主要是形象的竞争、品牌的竞争。20世纪80年代，美国著名营销专家菲利普·科特勒指出：定位就是树立企业形象，设计有价值的产品和行为，以便使细分市场的顾客了解和理解企业与竞争者的差异。要想组织在公众心目中留下清晰、深刻的印象，就必须有准确的形象定位。

公众的偏好都有每个个体的个性，处于不同地区、不同行业的公众对一个组织的形象会有不同的看法和评价。因此，组织要在哪些方面独树一帜，要公众有良好的认同，便成为塑造组织形象的关键。

1. 组织形象定位的三要素

影响组织形象定位的因素概括起来大体有三个，是组织在形象定位的时候必须要考虑的。

公共关系学

（1）主体个性。主体是指组织本身。个性包括品质个性、价值个性两个方面。主体个性是指组织在其品质和价值方面的独特风格。

当前，组织主体间的竞争有许多共性，比如良好的质量、优良的服务、产品的适销对路等。这些共性使组织间的竞争难度加大，从而使许多组织考虑到了个性特点，如组织目标定位、组织精神定位、组织风格定位等。

索尼公司以冒险、创新的精神作为其形象定位。松下公司以生产像自来水一样廉价的家电用品作为形象定位的。格兰仕则是在低价格上让竞争对手望而却步。佳能则认为"忘记了科技开发，就不配称为佳能"，将形象定位在不断的技术进步上。

组织形象定位必须是组织所具有的个性，不能夸张，不能随意捏造，更不能随意更改，否则就会被公众遗弃。如派克钢笔，是以象征使用者身份地位尊贵而闻名的，有一段时间，该公司曾计划制造普通公众都能用得上的钢笔，但遭到了公众的反对。

（2）传达方式。传达方式是指把主体个性信息有效、准确地传递到公众方面的渠道和措施。主体个性信息如果不能有效传达，公众就根本无法了解到组织，更谈不上形象的识别了，酒香也怕巷子深。

如IBM公司的形象定位是"IBM，意味着最佳服务"，这是众所周知的。IBM如此定位，是因为它不是计算机的发明人，其在计算机方面的主体个性不是优势，但鉴于该公司的主要业务是计算机，于是在运用有效的传达方式使人们将计算机与IBM联系起来的同时，又以优良的服务，建立了"IBM，意味着最佳服务"的形象定位。IBM公司如此定位并不是空穴来风，从营销角度来讲，该公司在售前、售中和售后服务上有一套快捷、便利的服务体系，这样使该公司有了让公众信服的组织形象。另外，在广告和公共关系宣传上，IBM的广告和公共关系也无时无刻不在宣传着服务的理念，使IBM成功地成为公认的"蓝色巨人"。

（3）公众认知。主体个性确定以后，有效的传达方式使用之后，真正要达到定位完成，还应该确立公众的认知。毕竟，组织形象的建立，不是一厢情愿的事情，公众的态度不容忽视。

应该说，现在企业之间的竞争已经达到了同质化的时代，许多产品在科技含量上几乎是相同的，如彩电的质量并没有特别大的差距，但公众的认知差距却相当大。这样的问题，同样也在其他许多行业存在，如烟草业。

公众对组织形象的认知是在获得组织提供的物质、服务的同时，也获得了精神上、感受上的满足，这样可以使组织形象更容易、更深刻地被公众认识、接受。

上述三要素，分别从主体、媒介、客体三个方面构成了完整的组织形象定位，使得组织形象的功能和效应能够得以充分发挥。

2. 组织形象定位的方法

组织形象定位的方法有很多，主要有以下几种：

（1）个性张扬的定位方法。个性张扬的定位方法主要是指充分表现组织独特的信仰、精神、目标与价值观等的定位方法。它不易被模仿，是自我个性的具体表现。这既是组织形象区别于其他组织的根本点，又是公众认知的辨识点。因此，组织形象定位时一定要注意把这种具有个性特征的组织哲学思想表现出来。这种个性形象可以是整体性的、也可以是局部性的，如组织的人员个性、产品个性、外观个性、规范个性等。当然，局部个性也应该是组织整体个性的代表性、集中性的表现。如海尔集团的"海尔，真诚到永远"，是以整体个性出现的形象定位；而丰田汽车的"车到山前必有路，有路必有丰田车"，则是以局部的产品个性表

第十章 社会组织形象的塑造

现组织形象的。

（2）优势表现的定位方法。组织在定位之前，一定要了解本组织的优势，而且这种优势又是公众所认同的，以此达到扬长避短的目的。公众对组织形象的认识实质上是对其具有优势的个性形象的认识。一方面，组织给予公众这种优势性形象的定位，才能赢得公众的好感与信赖；另一方面，公众的认知又会受到组织宣传的影响。不同特色的组织会有不同特色的优势，只要抓住其优势特色进行定位，就可以很好地发挥作用。

（3）引导公众的定位方法。引导公众的定位方法是指组织通过对公众从感性上、理性上、感性与理性相结合上的引导来树立组织形象的定位方法。

感性引导定位法主要是指组织对其公众采取情感性的引导方法。组织向公众诉之以情，进而使双方在情感上产生共鸣，获得理性上的共识。比如"百事可乐，新一代的选择"，就是针对年轻一代而定的。

理性引导定位法主要是指对公众采取理性的说服方式的引导方法。组织用客观、真实的优势，让公众做出自我判断，进而获得理性上的共识，这样更容易获得公众的信任。

感性与理性相结合的引导定位综合了感性与理性的双重优势，可以做到"情"与"理"的有机结合，在对公众"晓之以理""动之以情"的过程中完成形象定位。如麦当劳以其"开心无价，麦当劳"为其组织形象定位，在表现出组织价值观的同时，又带有人情味，能适应不同公众心理的多方面需求，更能赢得公众的青睐。

（4）形象层次的定位方法。形象层次的定位方法是指根据组织形象的表层形象与深层形象来进行定位的方法。

表层形象定位是指构成组织形象外部直观部分的定位，比如厂房、厂名、厂服，运输车辆等的直接定位。

深层形象定位主要是指根据组织内部的信仰、精神、价值观等组织哲学的本质来进行定位。

（5）对象分类的定位方法。对象分类的定位方法主要针对内部形象定位和外部形象定位而言。

内部形象定位主要是指企业家、管理人员、科技人员以及全体员工的管理水平、管理风格的定位。如喜来登酒店的"在喜来登，小事不小"，是其管理风格的写照。

外部形象定位是指组织外部的经营决策、经营战略策略、经营方式与方法等方面的特点和风格的定位。

组织因其形象定位的不同，采取的方法也是不一样的。但各种方法归纳起来目的都只有一个：在公众心目中留下深刻、清晰的组织形象。

第二节　CIS 战略

CIS 即企业识别系统。企业之间的竞争已进入了整体竞争阶段，CIS 战略作为一种新型管理手段和发展战略，在国内得到了广泛的应用，并给许多企业带来了勃勃生机和巨大效益。

一、CIS 的含义

CIS 是"Corporate Identity System"的英文缩写，其中 corporate 泛指企业、团体、机构等，identity 指证明、身份、同一性，system 是系统。所以 CIS 就可以译为企业识别系统。

公共关系学

CIS 是指组织将其理念、行为、视觉、听觉形象以及一切可感受形象实行的统一化、标准化与规范化的科学管理体系。它是公众辨别与评价企业的依据，是企业在经营与竞争中赢得公众认同的有效手段。

CIS 的产生最早源于第一次世界大战前的德国 AEG 电器公司，它在系列性的电器产品上首次采用彼德·贝汉斯所设计的商标，成为 CIS 的雏形。随着商品经济高度发展，企业间的产品、服务缺乏显著的差异，要想获得较明显的竞争优势，建立企业形象个性化的外貌与维护良好企业形象逐步被众多企业所重视。20 世纪 60 年代初期，美国一些大型企业在制定经营战略时，开始将企业形象作为一种崭新而又具体的经营要素，并希望使其成为企业传播的有力手段。在研究公共关系有效问题上，对企业形象如何形成的具体方法，确立了一个新的研究领域，即所谓的产品规划（Industrial Design）、企业设计（Corporate Design）、企业形貌（Corporate Look）、特殊规划（Specific Design）、设计政策（Design Policy）等各种不同的称谓，直到 60 年代末期开始形成了统一的名称——企业识别（Corporate Identity），而由该研究领域规划出来的设计系统，即称为企业识别系统（Corporate Identity System），简称 CIS。

日本第一个开发 CIS 的是东洋工业公司。该公司在 1970 年为马自达汽车进行了 CIS 设计，为日本工商业树立了典范。日本的 CIS 设计逐渐转入人性管理，注重以人为主的企业文化。

20 世纪 70 年代中期 CIS 开始升温，80 年代中期 CIS 开始加速发展，90 年代 CIS 专家开始到我国大陆传播 CIS 设计。鉴于欧美企业导入 CIS 战略的成功，国内一些具有战略眼光的企业先行导入，如广东太阳神公司、联想集团、海尔集团等企业都进行了 CIS 策划，并获得了巨大的成功，于是 CIS 设计迅速风靡全国。

二、CIS 的特性

CIS 战略与以往的企业形象战略有很大的差异，其特性如下：

（1）它将市场营销与企业形象设计提高到经营哲学的水准，并使其付诸具体行动，变成可观、可闻、可感知的系统，而不是空洞的经营理论与策略。

（2）它不单作用于广告、宣传部门，而且作用于企业所有部门和全体领导与员工。

（3）企业信息传达对象不单是消费者，而且包括内部员工、社会大众、机构团体等。

（4）企业信息传达并非专门注重大众传播媒介，而是动员与企业有关的所有媒介。

（5）它不是短期的即兴之举，而是长远规划，并定期监测，具有管理控制的组织性、操作实施的系统性。

三、CIS 的构成要素及其设计

社会上普遍认为的 CIS 构成要素为三个，即理念识别系统（Mind Identity System，MIS）、行为识别系统（Behavior Identity System，BIS）、视觉识别系统（Visual Identity System，VIS）。后来，根据实践需要与科学研究又扩展为五个，除了包括前三个要素之外，再加上听觉识别系统（Audio Identity System，AIS）、环境识别系统（Environment Identity System，EIS），使 CIS 系统更加完善和科学。

五个要素相辅相成，相互支持。五个要素从不同的角度来界定组织的形象，体现的内容有不同的侧重点，但基于组织形象是一个整体，五个要素不是各自为政的，相互之间的关系是交织在一起的，五个要素所共同体现的内容即为 CIS。

五个要素的职责分工明确。MIS 是整个系统的核心与原动力，是向公众描述组织的经营理

第十章 社会组织形象的塑造

念、发展策略，描绘组织的远景，力图让公众能从抽象的概念中更多地了解组织的核心意识。BIS 是通过组织及其员工的具体行动，通过对员工的教育培训，将组织的经营理念灌输到所有员工的内心，并通过行动表现给公众看，再通过广告宣传、公共关系活动、市场营销活动等形式将更加直接的信息传达出去。VIS 是可见的视觉符号，接触面最广，通过视觉信息的传递，将公众可以接触到的组织所有的可视信息形成一个个系统，让公众快速、明确地达到识别目的，并充分发挥联想，能够举一反三，加深总体印象，如商标标志的统一。AIS 是通过公众的听觉将有关组织的信息传递给公众，侧重于企业歌曲、广告曲等音乐或特殊音响的形式，充分调动公众的听觉神经，在倾听中加深印象，达到深入人心的效果。EIS 是最外围、最能体现氛围的综合识别系统，侧重于整体环境的识别，如组织的内部环境、外部环境和生态环境，达到整体的协调与统一，让公众置身其中，充分理解组织的形象内涵，轻易地体会出组织的良苦用心。CIS 五要素形象树如图 10-1 所示。

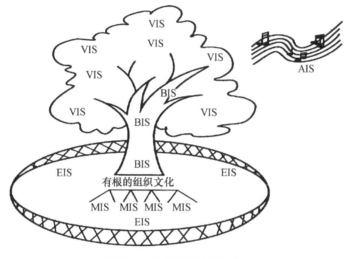

图 10-1　CIS 五要素形象树

1. 理念识别系统

（1）理念识别系统的含义。理念识别系统也称为理念统一化，是"组织的心"。所谓组织理念，是一种组织整体的价值观和经营思想，指经营观念和经营战略的统一，其目的就是告诉员工和社会：我们是谁，我们为什么而存在，我们要做什么，我们将怎么做。通常组织理念主要包括四个基本内容：组织使命、组织精神、组织价值观和组织目标。其具体的表现形式为：口号、标语、守则、歌曲、警语、座右铭以及组织高层人员的精神讲话。IBM 公司的创始人在谈到组织理念时，曾说："任何一个组织要想生存、成功，首先就必须拥有一套完整的信念，作为一切政策和行动的最高准则，其次必须遵循那些信念。处于千变万化的世界里，要迎接挑战，就必须自我改变，而唯一不能变的就是组织信念。换句话说，组织的成功主要是跟它的基本哲学、精神和驱策动机有关。信念的重要性远远超过技术经济资源、组织结构、创新和时效。"由此可见，组织理念是组织生命力和创造力的综合的整体反映，是一切组织形象的出发点和归宿点。发达的企业往往能够自觉地认识到这一点，从而能自觉地明确、统一、完善、更新自己的理念系统。

（2）设计企业理念的意义。从理论上来讲，按照 CIS 理论，理念是管理总系统中精神层

公共关系学

面的系统，是一种无形资产。用理念来协调人的行为，既能充分发挥每个员工的自主性和创造性，又能使他们的行为自觉趋向一致，构成团结、和谐的整体。它是一种无形而有效的管理方式，是组织的精神支柱。

从实践上看，理念在指引人的行为和形成组织凝聚力方面都有其独特的、不可替代的作用。从功能上来看，理念具有导向功能，它告诉组织与员工目标在哪里，我们要向哪里去；理念具有规范作用，许多企业通过理念告诉员工该做些什么，不该做什么；理念具有激励作用，就像发动机一样，是动力的来源。如松下公司告诉员工"进步和发展只能通过公司每个人的共同努力和协作才能实现"。理念又具有其他一些功能，如凝聚功能、辐射功能、保证质量和标志功能等。

总之，好的组织理念将组织的价值观念、最高追求连为一体，为组织的发展指明方向。它把模糊、抽象的意念统一起来，概括成精练、具有感染力的语言文字，对员工起到教育、增强凝聚力的作用。理念只有以具体的形式渗透到员工之间，渗透到整个组织之中，才能树立起有个性的组织形象。

(3) 组织理念类型。不同层次的 CIS 与不同的专家在为组织设计 MIS 时往往采取不同的思路，主要有以下几种：

1) 将组织精神凝聚成一句口号，以此代表组织的理念体系。如"厂荣我荣，厂衰我衰"等。

2) 在原有理念的基础上，加上组织品牌，增加一些组织的个性。如"海尔，真诚到永远"、"宝洁公司，优质产品"等。

3) 将组织理念分解为角度不同的一组口号，或以散文、诗歌的形式表述出来，其内容完全由需要来定。

4) 针对组织的特点系统设计，设计为主题理念、精神、价值观等。根据组织需要，设计为一系列的组织理念，各自交相辉映，成为一个整体。如丰田汽车公司的组织理念如下：

目标：世界性的丰田。

精神：合理化的精神；
　　　独立自主精神。

标语：再把干毛巾挤出一把水。
　　　自己的城池，自己防守。

口号：车到山前必有路，有路必有丰田车。

2. 行为识别系统

(1) 行为识别系统的含义。行为识别系统也称行为统一化，是指组织在实际经营过程中，对所有组织行为、员工操作行为实行系统化、标准化、规范化的统一管理，以便形成统一的组织形象，便于统一的经营管理。

很多企业之所以能够在现代竞争中取胜，就因为它们不仅对企业最重要的因素——员工进行了精神上、文化上的培训，而且对他们的行为进行了科学、规范化的培训。好的形象不是说出来的，而是做出来的，它是靠员工规范的一致性行为来实现的。

(2) 行为识别系统的内容。组织的行为主要包括五个方面的规范化管理：

1) 指挥系统的规范化管理。它是指通过章程等形式建立和完善领导制度，合理设置机构和人员，明确组织各部门的责任和权力，保证组织机制正常运行。

2) 组织决策的规范化管理。它是指根据问题的大小，分类指定决策原则、决策标准、决

第十章 社会组织形象的塑造

策程序，明确决策层次、决策机构、决策人，力求每一个问题都能得到正确、及时的解决。

3）产品流转的规范化管理。它是指通过一系列规章制度，明确各环节的任务、标准、程序，使各环节运转自如，环节之间配合默契。

4）专业工作的规范化管理。它是指对计划、财务、业务、信息等专业工作进行规范，并以此作为日常活动的依据和准则，使组织各项工作有章可循，顺利开展。

5）部门职责与岗位职责规范化管理。它是指通过责任制等形式，让各部门明确自己的基本职能、工作范围、工作标准、权力和责任，以及与其他部门的关系等，使组织紧张、有序地运转。通过规范化管理，规范组织的一切活动和全体员工的行为，使本组织从意识到行为达成完全统一，从而有效地塑造和提升组织形象。

麦当劳公司为了保证组织行为达到高度的统一，针对全体员工专门制定了一本行为规程，主要包括以下几种：

营业的训练手册（Operation Training Manual, OTM）：它详细说明麦当劳的各项规定，餐厅各项程序、步骤和方法，是指导麦当劳运转的"圣经"。

岗位检查表（Station Operation Checklist, SOC）：麦当劳把餐厅服务工作分为20多个工作段，每个工作段都有SOC，上面详细说明了工作段事先检查的项目、步骤和岗位职责。

品质导正手册（Quality Guide, QG）：管理人员人手一册QG，详细说明各种半成品的接货温度、储存温度等各种与质量有关的数据。

管理人员训练（Management Development Training, MDT）：麦当劳的训练系统很完善，所有的经理人员都从员工做起，一方面学习经理发展手册，共四级四本，另一方面有一整套课程，循序渐进。学完第四册，升到第一副经理后，就要送到芝加哥汉堡包大学学习高级课程。麦当劳对经理实行的是一带一的训练，即一个经理训练下一个经理，其训练的下一个经理合格后，自己才有晋升的机会。

3. 视觉识别系统

（1）视觉识别系统的含义。视觉识别系统也称视觉统一化，是指视觉信息传递的各种形式的统一。

心理学显示，人所感觉接受的外界信息中，83%来自眼睛，11%来自听觉，3.5%来自嗅觉，1.5%来自触觉，另有1%来自味觉。由此可见，视觉是人类获取外界信息的主渠道。VIS是CIS中一个外在的直观的系统，也是CIS最独特的要素。VIS所包含的内容清晰可见，非常明确，具有极强的感染力和传播力。识别系统的设计必须遵循以组织理念为核心的原则，美学原则、动情原则、习惯原则、法律原则，民族个性设计原则，化繁为简、化具体为抽象、化静为动的设计原则，才能使视觉识别系统具有很强的冲击力、识别性。

（2）视觉识别系统的内容。一个完整的视觉识别系统包括以下内容：

1）基本要素。基本要素包括组织标志、产品商标、组织名称、标准字、应用标准字、标准色、组织造型或吉祥图案、组织辅助图案等，它要求达到使人过目不忘的效果。

2）应用要素。应用要素包括办公事务用品、产品包装、广告传播、建筑环境、车辆标志、服装制式、展示规划、接待用品、环境标志、规范手册等。这些是将基本要素应用到具体的表现物上，要求所有的标志要规范、统一，不能出现变形。

3）基本要素组合规范。基本要素组合规范包括基本要素组合规定、基本要素组合系统的变体设计、禁止组合规范等。

（3）视觉识别系统的设计

公共关系学

1）企业标志及其特点。标志又称标识，是视觉设计的核心，是创造组织形象最重要的手段。标志作为组织的形象系统之一，具有良好的宣传力，能够将组织形象在恰当的场合、恰当的时间迅速传达给相应的公众，这已经被中外企业界视为一种最经济、最直接和最有效的促销手段。它把整个组织的形象、产品的形象转化在其中，诱发公众的兴趣，是组织形象的无形推销员。好的标志能够使公众在看到标志的同时立刻联想到它所代表的组织、所代表的产品形象以及所代表的组织理念和精神、经营风格。一个成功的组织标志，应该具备以下几个特点：

设计独特——与其他组织的标志存在着很明显的差别。

容易识别——使公众能一眼认出来，并且不费力气就能理解其中的含义。

适合性——标志设计应能用于小至名片，大至楼房、绿地等各类应用要素上。如日本三菱公司的标志，是三个菱形相对，直观简洁，并且对称。这个标志即便缩小到毫米仍能辨认，放大之后，远视效果更佳。

美观大方——标志在设计上应该给人以美的感受，独具特色的同时，让人觉得好看，有较强的视觉感染力。

力求单纯——标志在经过高度概括的基础上提炼，将审美和实用融为一体。

2）企业标志的设计方法。企业标志的设计多以图形符号表达信息，其基本的设计方法大体有以下几种：

连字类——将字母按次序连接成词语，一般意思明确，不易产生歧异。如中央电视台的"CCTV"，美国可口可乐公司的"COCA-COLA"等。

组字类——将字母组合起来代表词语。通常是用组织机构名称的前两个字母，再加上图案，如健力宝集团的标志。

字形类——将字母与图形结合起来，构成一个完整的图形，如华远集团的标志、永久自行车的标志。

抽象类——以抽象的图形符号来表达标志的含义，如纯羊毛制品的统一标志、奥林匹克的五环标志。

象形类——将实物图案化，以其特征来表达标志的含义，如内蒙古兴发集团的标志、中国民航的红凤凰标志。

图画类——直接刻画实物，有时还直接用完整的美术作品作为标志，如肯德基及海尔集团的人像标志。

综合类——将前六种方法综合起来使用，充分发挥联想功能，创造和设计出更加完美的标志。

3）标准色、标准字及造型、徽章图案。标准色是指组织在宣传中统一确定的一种规范的颜色。确立标准色时应该考虑颜色的色彩功能。色彩在视觉上易发挥影响作用，使形象增强感染力；色彩有明显的刺激感和影响情绪的作用，借助新颖的色彩可以使公众得到全新的感受和满足；色彩还可以传达意念，可以使抽象的内容变得易于理解。

综合起来，考虑色彩的功能选用标准色时要想到以下三项：①色彩的视觉功能。不同的色彩对人的视觉神经的刺激有快有慢，从快到慢依次为红、绿、黄、白。麦当劳在选择标准色时，考虑到在任何天气状况下和时间里，黄色的视觉效果最佳，于是定为黄色，并区别"红色"的肯德基。②色彩的联想功能。如看到红色，会想到热烈；看到黄色，会想到灿烂；橙色表示成熟；蓝色代表清凉；白色代表纯洁等。不同的颜色所传达的意念是有区别的。

第十章 社会组织形象的塑造

③色彩的渲染功能。大面积、同一的色彩能强烈地营造一种氛围和渲染整个环境，所以，无论是企业产品的内、外包装，还是员工的服装、运输车辆的颜色，都应统一成"组织色"。

在确定标准色时还应该注意三方面的问题：①标准色的选择不要太多，一两种颜色足矣；②标准色的选择要有自己的特色，要体现组织独特的形象；③不要有悖于公认的色彩寓意。

标准字是指组织在宣传中所确定的一些规范化的字体。这些标准字可以使用中文，也可以采用其他文字。标准字通常要与标志配合使用，在填上标准色后，构成一个综合标志，达到一个完整效果，并起到相得益彰的效果。

组织造型是指组织为了提高自己的形象特色，使形象更为生动、容易识别、容易记忆，选用的一些代表人物形象。如蓝猫、海尔兄弟、阿童木等。这些造型往往更能深入人心，使人过目不忘。尤其像米老鼠、唐老鸭这样的迪士尼乐园的卡通形象，连不识字的小孩子都能叫得出名字来。

组织的徽章图案是展示组织视觉形象的另一方面，往往与组织标志相同，有的再附加上一些花纹或装饰。

4. 听觉识别系统

（1）听觉识别系统的含义。听觉识别系统也称听觉统一化，它主要作用于公众的听觉。

从理论上讲，听觉占人类获取信息的11%，是一个非常重要的传播渠道；而且从功能上来看，从古至今，音乐一直是教化人类的有力工具，其识别功能也历来被人重视。有关专家做过调查，同样的广告片，加上特定的音乐与不加音乐，其记忆效果大不一样，而且随着时间的推移，效果的差距会拉大。

（2）听觉识别系统的内容及其策划。

1）歌曲。它包括组织歌曲（如校歌）、活动歌曲等。这些歌曲不仅可以起到帮助识别的作用，还可以教育成员、凝聚成员，并达到陶冶情操的作用。在策划歌曲时，要结合组织的理念、组织文化、组织特色来设计歌词，并配以与所处行业风格有关联的乐曲，作为教育内容让成员经常传唱。

2）广告音乐。广告音乐包括广告歌曲和没有歌词只有旋律的乐曲。广告音乐一方面可以起到帮助记忆的作用，一方面还可以与流行歌曲媲美，有些甚至会被广为传唱。广告音乐在制作时要短小，而且有特色，能够在极短的时间内抓住听众的心。

3）组织注册的特殊声音。这些声音也可以达到帮助识别的作用。如丰田公司为自己生产的摩托车发动机的声音加以注册。已经注册的声音要通过各种形式加以宣传。

4）特殊发言人的声音。这些声音往往与固定的形象代表统一起来，如使用一些著名配音演员的声音为组织的广告配音，使公众一听声音就能识别出组织，甚至产生联想，听到配音演员的声音就想到该组织。但在使用的时候，一定要通过某种形式将该声音保护起来，防止其他组织也使用相同配音演员的声音，否则会丧失识别功能。

5. 环境识别系统

（1）环境识别系统的含义。环境识别系统又称组织环境识别或环境统一化，是指要对人所能感受到的组织环境系统实行规范化的管理。随着市场经济的发展和社会文明程度的提高，组织环境识别系统在组织竞争中显得日益重要。这里的环境不仅是指组织内部的环境，还包括组织外部的环境，以及两者所共同构成的整体环境的和谐。如今，许多公众在购买商品的同时，环境意识也在逐渐增强。如北京燕莎购物中心，就以其舒适的购物环境赢得了一批消费者的喜欢，他们宁肯花较高的价钱到燕莎购物，而不是选择到其他商场购买较低价格的同

公共关系学

样商品。

环境识别系统的竞争不仅反映在商业企业中，而且反映在工业企业之中，花园式企业就是其中的一种。

（2）环境识别的内容。

1）内部环境。它具体包括以下几方面：

① 门面是否表明单位的名称、标志展示。

② 通道是否美观、实用，是否有文化宣传设施。

③ 楼道、室内的指示系统管理。有些新设施指示系统不明确，使人如进迷宫。如有些医院由于指示系统不明确，导致患者跑来跑去。而有些大型超市为了方便顾客购物，除了将指示系统明确之外，还设置与总服务台相连的询问电话，若有疑问，顾客打电话询问就可以了。

④ 厕所的设置和清洁程度。

⑤ 配套家具与设施的风格、质量和价格。如一家工艺品店布置得让顾客以为进了一个小花园，顾客置身其中，可以获得更高的满足感。

⑥ 智能化通信设备，如触摸指示屏。

⑦ 空气清新度。

⑧ 安全设施，如安全出口的指示。

2）外部环境。它具体包括以下几方面：

① 环境艺术设计。

② 生态植物、绿地。

③ 雕塑、吉祥物，如长安大剧院外的脸谱标志。

④ 建筑外饰。

⑤ 组织环境风格与社区风格的融合程度。

（3）环境识别系统的策划。进行环境识别系统策划时需注意以下几点：

1）根据组织理念策划，这是环境设计的出发点。

2）根据组织的特征、文化、行业特色策划。

3）根据公众需求、公众的方便性、习俗文化策划。

4）要注意环境建设应以文化为主，不要攀比高档装饰，有文化才能有特色、有品位。

CIS 五要素系统图如图 10-2 所示。

四、CIS 的导入

CIS 的导入是一项系统工程。组织在发展的不同时期都存在着导入 CIS 的可能时机。但是 CIS 是一种差异化战略，先期导入者，因为其捷足先登、先入为主，因此会占据明显的优势。所以，CIS 的导入越早越好，而且一开始就达到一定的水准是最好的。一些失败企业的教训是企业只有在山穷水尽的时候才想到 CIS，于是重新改名称、改标志，重新定位，这样做可能会将企业以前积累下来的无形资产丢失掉。

导入 CIS 是一项大型的系统工程，可将其作为提高组织竞争力的新起点，一定要选择好时机。

1. 导入 CIS 的时机

（1）在组织创建时期导入。组织在新建立时就实施 CIS，通过设计理想的经营理念、鲜明的组织标志和名称，有特色的组织乐曲等内容，以系列化、独特化的统一形式传达给社会公众，塑造良好形象。通常，这也是导入 CIS 最佳、最经济的时期。

第十章 社会组织形象的塑造

		对　内	对　外
行为识别系统（BIS）		(1) 干部教育 (2) 员工教育：服务态度、电话礼貌、应接技巧、服务水准、作业精神 (3) 生产福利 (4) 工作环境 (5) 内部管理 (6) 生产设备 (7) 废弃物处理、公害对策 (8) 研究发展	(1) 市场调查 (2) 产品开发 (3) 公共关系 (4) 促销活动 (5) 流通对策 (6) 代理商、金融业、股市对策 (7) 公益性、文化性活动
		基本要素	应用要素
视觉识别系统（VIS）		(1) 组织名称 (2) 组织品牌标志 (3) 组织品牌标准字体 (4) 组织专用印刷字体 (5) 组织标准色 (6) 组织象征图案 (7) 组织宣传标语、口号 (8) 市场营销报告书	(1) 事务用品 (2) 办公器具、设备 (3) 招牌、旗帜、标志牌 (4) 建筑外观、橱窗 (5) 衣着制服 (6) 交通工具 (7) 产品 (8) 包装用品 (9) 广告传播 (10) 展示、陈列规划
		基本要素	应用要素
听觉识别系统（AIS）	理念识别系统（MIS） (1) 经营信条 (2) 精神标语 (3) 座右铭 (4) 经营策略 (5) 组织性格	(1) 组织歌曲 (2) 活动歌曲 (3) 广告曲 (4) 组织的特殊声音 (5) 发言人的声音 (6) 作为企业的无形资产加以保护	(1) 组织活动仪式 (2) 载入员工手册作为宣传和教育内容 (3) 广播、电视播出 (4) 组织活动、公关活动时传播 (5) 组织对外活动时使用
		内　部	外　部
环境识别系统（EIS）		(1) 大门 (2) 通道、宣传设施 (3) 室内、楼道 (4) 厕所 (5) 配套家具、设施 (6) 智能化通信设施 (7) 空气清新程度 (8) 安全设施	(1) 环艺设计 (2) 生态植物、绿地 (3) 雕塑、吉祥物 (4) 建筑外饰 (5) 广告、路牌、灯箱 (6) 环境建设风格

图 10-2　CIS 五要素系统图

公共关系学

（2）组织在合并时也可以导入 CIS，是为了让社会公众对企业有新的认识和识别，从而继续赢得合作。

（3）组织在实行多元化经营时导入 CIS，让公众能够从不同的经营领域找到相同的成分，进而使公众产生认同。

（4）组织在新产品上市时导入 CIS 也是一个良好的机会，统一的形象可以让公众看到组织经营的不断创新，感受到组织的勃勃生机，从而让公众接受新产品、服务、观念等。此时导入，通过一系列的公关活动，还可以起到广告促销的作用。

（5）组织实行股份制，股票上市时，也是导入 CIS 的时机。此时，组织会迎来许多新公众，他们也许是第一次接触组织，这样可以给他们一个统一的认识，也让原有的公众产生耳目一新的感觉。

（6）组织走向国际市场时导入 CIS，重新整合企业形象，显示出国际化的气息，如名称的中、外文对照，产品标志的更新。

（7）在发生危机时也可考虑导入 GIS。危机事件对于许多组织来说都是防不胜防的。当发生危机事件时，组织不仅要积极解决，此时为了消除不利影响，化"危"为"机"，可以借助公众的广泛关注，开展公关活动，起到强化或重塑形象的目的。

（8）其他时机。比如组织在产品定位模糊、品牌差异化不明显时，信息系统改革、重整经营观念、创新视觉形象、更换经营策略等时，都可以作为导入 CIS 的时机。

2. 导入 CIS 的程序

导入 CIS 时，企业要对整体情况有全面的了解，如经营环境、员工意识、经营目标等，在做了全面、系统的思想准备之后开始。它可以分为六个步骤：

（1）动机目标确立阶段。主要是针对导入的动机确立明确的目标，以便进行整体规划，如明确 CIS 规划的目的、预测规划的效益、导入的重点，以及对 CIS 的执行进行评估等。

（2）调查阶段。主要是调查组织现状，了解组织的经营状况、组织的优势和竞争的态势，组织还有哪些可以开发的资源。调查内容具体包括同行的信息、组织内部的信息、竞争对手的信息、市场信息等。

（3）形象策略确立阶段。形象策略确立阶段也称组织形象定位阶段。组织根据 CIS 的构成要素以及它们之间的相互关系，确立组织理念，推出反映理念的口号，提出形象策略的概念，作为以后设计规划的原则。

（4）设计作业开始阶段。依据上述理念概念，CIS 包括五个方面的内容，设计作业应该从五个思路展开：第一，组织名称；第二，组织特性，即组织身份的独特之处；第三，调查结果分析；第四，组织发展的思路；第五，组织目标，即塑造成什么样的形象。

（5）完成与导入阶段。组织将设计思想和凝结在 CIS 手册中的全部内容变为现实后：①进行注册与信息发布。②对组织的员工进行教育培训，灌输统一的理念和规范。③先将 BIS 行为统一化做好，再将 VIS、AIS 识别统一化的形象运用到组织的相应领域，并布置好整体的环境。

（6）监督与评估阶段。它的主要任务是通过日常监督评估，确保设计方案确定的组织形象得以推广，促进组织内外公众的认同，发现问题时及时核对、修正。

表 10-1 是我国台湾林磐耸先生提出的 CIS 整体设计规划内容。

第十章　社会组织形象的塑造

表 10-1　CIS 整体设计规划内容

内容\目的\程序	作业内容	作业方式	关键	确认事项
CIS 概念确立阶段	●CIS 规划目的 ●CIS 规划效益 ●CIS 导入重点 ●CIS 执行评估 ●成立 CIS 委员会	●确定规划名称、意义、目的 ●双向沟通 ●制定进行内容和程序	明确化	●确认方向 ●规划作业 ●规划内容
企业实态调查阶段	●经营者访谈 ●高阶主管沟通 ●全体员工调查 ●外界认知调查 ●视觉设计现况调查	●人员访谈 ●问卷调查 ●情报资料搜集 ●统计分析 ●培养教育	具体化	●问卷统计整理报告 ●情报资料分析报告
形象策略确立阶段	●营运市场策略 ●营运理念 ●精神标语 ●形象策略概念 ●沟通策略	●营运概念总构筑 ●视、听觉设计之方向 ●行为环境规范之准则 ●活动推广之方向	视觉化 听觉化 环境化	●经营理念 ●选定精神标语 ●明确企业定位
设计作业展开阶段	●识别概念 ●VIS 视觉设计 ●BIS、AIS 教育训练 ●EIS 环境识别 ●大型活动规划	●设计模拟、测试及调查作业 ●完成设计规定，制定标准	系统化	●完成 VIS 基本应用系统，完成 AIS，完成 EIS 环境规划 ●大型活动的做法
完成与执行导入阶段	●宣导程序 ●信息发布 ●执行者教育 ●全面执行推广	●教育训练 ●针对不同单位采取一致性宣传 ●制作对内外文宣资料与规范	行动化	●定期 CIS 教育训练 ●确定 CIS 发表时间 ●进行整体活动，实现串联效益
监督评估阶段	●成立 CIS 管理委员会 ●制作监督 ●定期评估 ●效益统计	●定期评估，检讨提出改进方案并执行 ●年度效益报表统计	标准化	●制定 CIS 权限 ●VIS 手册标准化 ●EIS 手册规格化 ●监督评估方式
规划时间	360 工作日（不含导入执行与监督评估阶段）		规划费用	（不含导入执行与监督评估阶段）

第三节　名牌战略

组织导入形象识别系统，打的是组织形象的牌，当然也离不开产品的品牌，因此，形象塑造中，品牌是关键。顾客青睐名牌产品，企业创造名牌产品，政府也积极帮助企业实行名牌战略、扶持名牌企业。

关于名牌的含义和意义，在《名牌宣言》中艺术地做了展示：名牌象征着财富，名牌标志着身价，名牌证明着品质，名牌积淀着文化；名牌引导时尚，名牌激励着创造，名牌装点生活，名牌超越国界；名牌产生神奇效应，名牌刺激时代神经；名牌是挡不住的诱惑，名牌是写不完的史诗。

名牌战略的主要目标是使普通品牌变成名牌，使区域名牌变成全国乃至国际名牌。执行名牌战略，以下先了解几个概念：

品牌：品牌是指用于识别产品或服务的名称、术语、符号、象征或设计，或是它们的组合。其目的是区别产品。品牌俗称牌子、厂牌或货牌。它包括品牌名称、品牌标志和商标。

品牌名称：品牌名称是品牌中能用语言称呼的部分，如"海尔""TCL""柯达"等。它主要产生听觉效果。

品牌标志：品牌标志是品牌中能被识别，但不能用语言直接称呼的部分，包括专门设计的符号、图案、文字等。它主要产生视觉效果。

商标：商标是指按法定程序向商标注册机构提出申请，经商标注册机构审查，予以核准，并授予商标专用权的品牌或品牌中的一部分。商标受法律保护，任何人未经许可不能模仿或使用。

一、名牌的含义

所谓名牌，是指社会公众通过对组织及其产品的品质和价值认知而确定的著名品牌。名牌的构成有五个要素：

（1）名牌的评定主体是社会公众。它包括消费者、新闻媒体、专家、权力机构、同行人士以及其他相关人士。

（2）名牌的评定客体是组织与组织的产品。两者是名牌的承载者，是公众的名牌认知对象。

（3）名牌的评定内容是品质和价值。其中品质包括质量、品种、性能、款式、价格、服务等。价值包括组织的组织文化、品位象征、时尚因素等，具体可表现为对组织形象的整体评价。

（4）名牌的评定方式是认知和确定。认知是公众对于对象的感觉和知觉，表现为高的知名度。确定是认知的升华，是权威机构根据各种意见，依据一定的程序、规范和标准来明示某一意图，如世界名牌排名发布。确定源于认知，确定又必然影响着认知。当确定的结果公布之后，大量的消费者会根据确定的结果调整他们的认知。

（5）名牌的最终归属是著名品牌。组织建立品牌之初要积极进行注册，使自己的品牌受到法律的保护，之后发展成为驰名商标。

二、名牌的特性

名牌的特性包括以下几方面：

第十章 社会组织形象的塑造

（1）有形资产与无形资产的对立统一。组织的有形资产是指产品等，无形资产是指组织形象等。

（2）简单与复杂的对立统一。产品的标志要简单，易于识别，而内涵要丰富，能包容组织形象的全部，包括组织的理念、形象的表达以及其他。

（3）有限与无限的对立统一。品牌形式有限，而其扩展的能力无限。

（4）结实与脆弱的对立统一。结实是指品牌形象要经得住考验，在组织发展受挫时，品牌形象依然不会改变。脆弱是指品牌形象一旦受挫，将给组织造成直接的巨大损失，而且短时间内品牌形象难以恢复到以前的状况。

（5）物质文明与精神文明的统一。品牌的多少与强弱是一个国家物质生产水平和科技文化艺术水平的反映。

（6）满足物质享受与精神享受的统一。名牌代表的是产品能给消费者带来的物质享受，以及与之相对应的服务或消费品位给消费者带来的精神享受。

三、名牌的价值

名牌产品的总体特征是：品牌知名度高，市场需求度高，品质优异，生产规模大，组织的实力强，产品和组织在全国或区域市场的竞争中处于优势地位，其本质特征是经济效益好。它主要表现在以下几个方面：

（1）获利功能。名牌产品的价格一般比其他产品高出许多，拥有名牌的组织因此可获得大量的超额利润。

（2）促销功能。名牌是消费者追逐的对象，名牌的力量比起其他任何促销手段来，能更有效、持久、大幅度地增加促销量。

（3）竞争功能。利用名牌与非名牌竞争，可以有一种居高临下的竞争优势，在争夺消费者、强占市场份额上，有着其他竞争手段不能比拟的优势。

（4）扩张功能。名牌组织可以以名牌商标为条件，进行兼并、收购、联营，以扩大自己的规模，占有更大的市场份额，避开市场壁垒，顺利进入市场。

（5）导购功能。名牌可以帮助消费者在购买时克服选择困难，摆脱困扰。

（6）提高生活质量。名牌是质量良好的象征，购买优质、可靠的名牌产品，可以提高消费者的生活质量。

（7）身份、地位的象征。使用名牌产品，可让消费者感受到身份、地位、气派和荣誉。

（8）文化功能。名牌可以给予消费者一种文化附加值。

（9）名牌可以带动区域经济的发展，增强国民经济的实力。

四、名牌战略策划

（1）组织为了让品牌在形象竞争中起到应有的作用，就应采取适当的品牌策略。品牌策略一般包括如下内容：

1）个别品牌战略。它是指组织为其各种不同的产品分别使用不同品牌的策略。如美国宝洁公司同时推出"飘柔""潘婷""海飞丝"等一系列品牌。

这一策略的优点是组织经营有很大的灵活性和可塑性。采用该策略使生产优质、高档产品的组织也能生产低档产品，为组织综合利用资源创造了条件；采用这一策略，各品牌之间联系松散，不会因为个别产品出现问题、声誉不佳而影响组织的其他产品。个别品牌策略的缺点是组织分散了精力和投资，较难创立名牌，组织形象传播不经济，组织形象识别性差，组织内部凝聚力弱。因此，该策略适用于已有实力的大企业，而不适用于初入行业的组织。

2）统一品牌策略。它是指组织所有产品都统一使用同一品牌的策略。例如美国通用电气公司的产品都使用"GE"这个品牌。

这一策略的优点是结构简单，职工忠诚度高，组织形象识别性强；可以减少品牌设计费用；降低促销费用；同时，如果品牌声誉好，还有助于新产品推出，并充分显示组织经营品种齐全。统一品牌策略的缺点是某一产品出问题时，会影响整个品牌形象，危及组织的信誉；此外，如果组织同时经营在性能、品质、价格、档次上相差甚远的产品时，使用同一品牌会模糊产品形象。

3）分类品牌策略。它是指组织依据一定的标准将其产品分类，并分别使用不同品牌的策略。如雅戈尔集团内的制衣公司叫"雅戈尔"，房地产公司叫"南光房地产公司"。

这一策略的优点是同一类别的产品使用同一品牌策略，不同类别的产品之间使用个别品牌策略，以兼收统一品牌和个别品牌策略的益处。其缺点是组织情报、形象传播不经济，组织形象识别性差，新产品推进市场困难。

4）企业名称加个别品牌策略。它是指不同的产品分别使用不同的品牌，但每个品牌之前冠以组织名称的策略。如美国通用公司生产的轿车，又有各自的个别品牌，像"凯迪拉克""雪佛莱"等，前面另加上"GE"。

这一策略的优点是可以使新产品系统化，借助组织信誉扩大品牌影响；组织识别性强。其缺点是容易一个品牌出问题时，同样会影响组织的声誉。

（2）"三名五度"战略

1）"三名"战略。"三名"包括名人、名品、名门。

① 名人策划，即利用名人效应托起名牌。在名人的选择上，可以采取三种方法：

第一，利用组织内部的名人。它包括组织自己的创始人、组织出色的管理人员等。如松下公司的松下幸之助、海尔的张瑞敏、微软的比尔·盖茨等。

第二，利用组织的情势英雄。这些英雄往往是组织中的普通一员，却在平凡的岗位上做出了不平凡的业绩。如北京公交业的劳模李素丽。

第三，利用社会名流。利用社会名流的影响力，使组织的形象深入人心。

② 名品策划，即用组织的核心产品推进组织品牌，以一个产品作为突破口，集中攻关，提高质量，提高知名度，然后带动整个组织的品牌形象。如海尔以冰箱打天下，进而拓展产业，不断推出新产品。

③ 名门策划，即以企业的整体成功带动品牌的成功。如索尼公司以前不生产DVD机，但当它一开始生产时就受到了消费者的欢迎。

2）"五度"战略。"五度"是指知名度、美誉度、定位度、指名度、忠诚度。

① 知名度是指组织及其产品被公众了解、知晓的程度。知名度是名牌的必要条件，是需要依靠大量的广告和巧妙的公关活动来提高的。

② 美誉度是名牌的基础。组织要经过质量、品位、服务等一系列的系统运作，让顾客满意，才能得到消费者的好评。

③ 定位度是确定品牌成长的突破口。它是指要选择名牌生长点，确定组织以什么扬名，从什么角度扬名。

第十章　社会组织形象的塑造

④ 指名度是名牌追求的目标。它是指在市场上有多少人指名要购买组织的产品、服务。提高指名度需要组织能够主动投公众之所好，创出公众喜欢又是自己所独有的产品。

⑤ 忠诚度是公众持久地选择、支持的概率。品牌忠诚是组织追求的最高目标，反映的是消费者转向另一品牌的可能性，是品牌资产的核心。

这"五度"是相辅相成的，需要配合公共关系活动来实现。

组织名牌的创立，并非一朝一夕之事，必须经过周密的策划和有步骤地实施相应战略，才能达到目的。一般来说，组织应该做到以下几点：

（1）创立名牌以质量为基础。产品成为名牌，首先要具备卓越的品质。

（2）注重产品品牌的创立工作。实施品牌战略要从品牌创立工作开始，也就是给产品起个好名字。

（3）抓住时机，为名牌扬名。组织需要在适当的场合、适当的渠道以适当的方式为名牌扬名。

（4）注意名牌产品的保护措施。组织要加强商标法律意识，珍惜名牌，通过商标注册保护名牌，防止他人在市场上抢先注册。

名牌是组织最有价值的资产，它不仅属于组织，也属于社会，属于国家，属于整个民族。

第四节　组织形象的评价

组织形象的塑造涉及评价组织形象的三大目标，即社会组织的认知度、美誉度、和谐度。这三大目标在本书第一章和第六章都曾作过详细介绍，在此不再赘述。

一、确定三大目标的意义

公共关系三大目标的提出，对社会组织的运行与发展有着重要的意义，具体表现在以下几方面。

1. 三大目标是"公共关系"独立存在的个性化标志

公共关系自诞生以来，始终是围绕着组织形象的塑造、组织与公众的关系开展工作的，但工作的效果却只能间接地体现在组织的管理指标之中，公共关系工作没有一套科学、系统的目标体系，这必然影响公共关系学科地位的提升。不仅如此，由于公共关系学具有学科交叉的特点，其涉及管理学、传播学、心理学、社会学、交际学、策划学等多个学科，若没有自身的核心概念，没有完整、严谨的体系，就容易丧失自我、失去本体。

在汲取既有概念的基础之上所提出来的"认知度""美誉度""和谐度"三个概念，既科学地描述了公共关系的目标，又显示出鲜明的个性色彩，也就自然地成为公共关系独立存在的个性化标志。而且，这三大目标提出的同时，还可进行量化操作与执行，然后可相对精确地对组织形象状态进行判定，这就为一切公共关系工作的开展确立了一个核心点、一套参照系，使得公共关系工作本身、公共关系的价值效能、公共关系理论的发展，都有了独立存在的个性色彩。

2. 使组织的公共关系工作具有了可比照性

工作目标越具体，其实施操作就越有章可循，工作的结果就越容易接近目标。公共关系三大目标的提出，由于它的可分解、可量化，同时在分解、量化后又可合理地概括、综合，从而做出组织公共关系状态的科学判断，如此就显得具体可行，使整个公共关系的操作过程

公共关系学

都具有可比照性。

3. 使公共关系工作更好地服务于组织目标

一个组织开展公共关系工作，努力实现较理想的认知度、美誉度和和谐度，其实并不是终极目的，而是为组织的生存、发展的总体目标服务的。

组织的总体目标体现在经济效益与社会效益上，这两个效益都是可以量化的；而任何组织都只能根据实际，制定出切实可行的量化目标。相应的，组织也就要求公共关系目标与之接轨、为其服务。而可分解、量化的公共关系三大目标，就能有效地与组织目标接轨，并促使公共关系工作更好地服务于组织的目标。

二、三大目标的分解与量化确定

认知度、美誉度、和谐度这三大目标，可以进行分解和量化。

1. "认知度"的内容分解与量化确定

认知度有着两个衡量角度，即区域的广度、认知的深度，并分别分为五级、十档。而一个组织最后确定为哪个等级，还需要进行如下分解和量化确定：

（1）区域的广度。区域的广度共有 A—国际、B—全国、C—大区、D—省区、E—当地等五个级别。而这五个级别如何确定，则应将组织影响力分解成如下几个主要的要素进行衡量：

1）该组织的规模、档级。企业按其规模大小可分为大型企业、中型企业、小型企业。一般，大型企业认知广度的级别为 B 级（全国级）、C 级（大区级），少数为 A 级（国际级）；中型企业为 C 级、D 级（省区级）；小型企业为 E 级（当地级）。

2）与组织发生关系的公众分布。生产性企业主要看其产品消费公众的分布范围。若产品销往全国，就可将企业定为 B 级；若企业的产品只在省内当地销售，就可将企业定为 D 级。

3）媒介传播所涉及的范围与频率。一个社会组织在运作过程中，总会得到传播媒介的报道；而传播媒介所及的范围往往是组织形象的传播区域，但还要考虑组织被传播的次数和频率。只有当一个组织被某一级媒介频频报道且被媒介所涉范围内的公众所认知时，才能确定相应等级的认知度。如珠海市因为举办大型航空航天展览而经常被国际传媒报道，因此可以将其定为 A 级。

（2）认知的深度。组织最基本的信息要素按照由浅到深、由表及里的顺序可以包括十个。而这十个信息要素还可以再次进行分解，以便于在量化的基础上确定组织的认知度：

1）组织名称，包括组织名称的全称、简称。
2）地理位置，包括组织所在的省、市或地区。
3）行业归属，包括企业、事业单位或政府机关。
4）规模档次。
5）发展历史，包括组织的成立时间、发展阶段等。
6）组织业绩，包括组织最近的经济效益、社会荣誉等。
7）交换物，包括交换物的品牌、品种、技术含量、服务质量等。
8）组织领导，包括领导者的名字、年龄、经历、业绩、领导作风等。
9）个性概念，包括个性化的管理经验、个性化的交换物、个性化的广告词、个性化的公共关系活动等。
10）深层文化，包括组织理念、组织制度、组织文化生活等。

以上信息要素的内容，经过问卷调查和统计后，再运用坐标图综合标出，就可以在量化

第十章 社会组织形象的塑造

的基础上对组织的认知度做出准确的判断。

2. "美誉度"的内容分解和量化确定

由于不同类型组织的道德价值的体现不同,对其美誉度的确定也就应分别衡量。以下,将对生产性企业、服务性企业、事业单位和政府的美誉度从不同的角度进行分解:

(1) 生产性企业美誉度内容的分解。它包括:①产品评价,如产品性能、技术含量、产品美观度和舒适度等方面的评价。②服务评价,如意见征询、售后服务、信息服务等。③贡献评价,如纳税数量、产品覆盖、环境保护、公益赞助等。④文化评价,如企业名称、品牌名称、管理风格、企业理念、员工行为素质、企业家形象等。

(2) 服务性企业与事业单位美誉度内容分解。它包括:①硬件评价,包含建筑设施、技术装备、服务环境等方面。②服务评价,包含服务项目、服务态度、服务艺术、服务价格、投诉处理、制度措施等。③贡献评价,包含就业提供、经济效益、公益赞助等。④文化评价,包含环境设计、陈设布置、服务理念、管理风格、员工行为素质、领导者形象等。

(3) 政府机关美誉度内容分解。它包括:①政绩评价,包含政策制定、政府投资综合收益、政府外交、社会稳定、民众生活质量、可持续发展等。②服务评价,包含服务项目、服务能力、服务方法、服务效率、服务态度等。③民主建设评价,包含民主制度制定与执行、沟通民众的渠道与畅通程度、政府工作的透明度、决策的民主化、民众监督力度等。④廉政建设评价,包含官员财产公开、干部任命公开、政府财政公开、廉政监督保证等。

3. "和谐度"的内容分解与量化确定

组织和谐度的分解首先是对目标公众的分类,其次是对目标公众与组织的和谐度进行程度的划分。而和谐度的程度,主要是就目标公众与组织的实际关系而言的,一般可分为从"态度赞成"到"情感亲和",再到"言语宣传",最后到"行为合作"这四个档级。

这样就可以将每一个"目标公众"与"和谐程度"相交叉做成图表,然后用正负各五个等级来进行衡量确定,就可以得出和谐度的总体评价。

在极少数的情况下,组织的美誉度与和谐度可能呈负数,那就意味着组织已经相当危险了,"危机公关"就成了必然的选择。

【案例 10-1】
如家酒店的 CIS 导入

> 如家连锁酒店(以下简称如家)作为中国酒店业海外上市第一股,始终以顾客满意为基础,以成为"大众住宿业的卓越领导者"为愿景,致力于向全世界展示宾至如归的"家"文化服务理念和民族品牌形象。
>
> 作为中国经济型酒店行业的领袖品牌,如家在全国 30 个省和直辖市覆盖超过 100 座主要城市,以直营和特许并存的模式经营连锁酒店 500 多家,形成了业内领先的连锁酒店网络体系。凭借标准化、干净、温馨、舒适、贴心的酒店住宿产品,如家为海内外八方来客提供安心、便捷的旅行住宿服务,传递着"适度生活,自然自在"的简约生活理念。这些成就很大程度上得益于如家鲜明的企业形象。
>
> 1. 如家的 MIS——理念识别系统
>
> 如家从建立开始就着力塑造良好的形象、鲜明的特点,强调与同行业竞争者的差异,突出独特的精神,打造适合自己的理念——"把我们快乐的微笑、亲切的问候、热情的服务、真心的关爱,献给每一位宾客和同事"。

区别于通常严肃刻板的企业理念,如家的理念显得异常的温暖。如家所制定的使命也与此契合:为宾客营造干净温馨的"家"、为员工提供和谐向上的环境、为伙伴搭建互惠共赢的平台、为股东创造持续稳定的回报、为社会承担企业公民的责任。从企业核心理念到宣传语——"不同的酒店,一样的家",处处都有着宾至如归的"家"文化的影响。

如家的理念识别系统,不仅体现在顾客方面,还兼顾到了员工、伙伴、股东以及对于社会的责任。面面俱到的周密考虑,有利于企业树立良好的社会形象,扩大其知名度与美誉度。

值得一提的是,如家制定这样的企业理念,事先经过了长期严谨的市场调查研究。国内不乏星级酒店,但入住率都不高。究其原因,如家认为很大程度上是因为,对于经常出差辗转于各地的普通商务型旅客,或是旅途劳顿的旅游者而言,他们需要的是家一样的温暖,并且追求一种便捷的体验。星级酒店往往无法给他们这种感觉。调查显示,大多数客人在住店期间并没有使用酒店康乐中心等设施,于是如家也取消了这一系列使用率不高的设施,力图达到便捷、温馨。正是这些调查促成了如家现今的企业理念。

2. 如家的 BIS——行为识别系统

如家内部建立了一套完整而详细的管理制度,约束并规范组织和员工的行为。对于服务行业,产品提供本身是一项比较难以约束的事。对此,其管理团队提出了"像制造业一样生产服务",主要就是强调服务质量的标准化。"我们对待服务的质量,要像制造业的企业一样。在制造业,次品率往往低于千分之一或者万分之一才合格;而服务性行业,能够达到90%以上的客户满意度就非常不错了。其实说起来90%的客户满意度还是说明有10%的次品率;即使是99%的满意度还有1%的不合格产品,这是不可以的。我们现在提倡零缺陷,虽然整个与客户接触的服务流程环节非常多,我们仍然要求全过程的次品率要在1%以下。要做到这一点是非常不容易的,因为服务并不是容易做到标准化的东西。需要对每个过程、每一道工序,完全能够进行控制和测量,服务的过程中,服务人员每次与客户接触,说的每一句话、客户每个不同的要求,服务人员会遇到不同的情况;达到这些要求,是很困难的一件事情。但困难并不是不可克服。换个角度,可以把服务像制造产品一样分解成一个个环节。能够保证按照恒定的质量标准永远重复下去,才是最为成功之处。"

扩展到企业外部,如家也致力于各种社会公益活动、公共关系、营销等。比如迎接世博,推出多项绿色环保活动;赞助东方卫视,全程参与"加油!好男儿!"活动;举办员工运动会、技能比拼大赛等活动;制定反舞弊政策;制定商业行为和道德规范等。如家一直以来都在通过各种行为准则的制定及实践、持续的媒体活动策划,打造充满活力、管理高效、热心公益、注重人文关怀的形象,使品牌在大众中的知名度、美誉度和特色度不断得到提升,树立了良好的动态形象。

3. 如家的 VIS——视觉识别系统

VIS 是指企业精神与行为的外在化视觉形象设计,如标志形象、标准字体、标准色彩和中心广告词等。它广泛应用于销售系统、办公室系统和环境系统,人们能直观感受到,是企业之"脸"。

如家原来的标志,由红、黄、蓝三色构成,颜色鲜艳、对比强烈,可识别性高。小房子样式的设计,HOME INN 的标志,"I"做成弯月的样子,"如家"两字嵌在房门中,整体标志巧妙而简洁,给人温馨的家的感觉,见图10-3。

图 10-3　如家的标志(2014年以前)

第十章　社会组织形象的塑造

如家店面的设计主要采用黄、蓝两色，这样鲜艳的色调在城市中很少看到，故而识别性很高，仅这一点就为其特色度加了不少分。很多新闻报道直接用"黄房子"来代替如家，其高识别度由此可见一斑。

酒店内部的设施也高度标准化，棕黄色的地板、粉红色的床单、白色的窗纱、蓝色的窗帘，都意在区别于其他酒店难以接近的一片白色，营造家庭般的感觉。

总体而言，如家的 VIS 设计与其理念高度契合，充分体现了"不同的城市，一样的家"。在如家的 CIS 设计中，自始至终贯穿着宾至如归的"家"文化，MIS、BIS、VIS 三者相互融合，打造出全方位立体的企业形象。这些都是基于前期详尽的市场调研，分析出企业真正想要树立的形象。对于市场的充分了解及准确把握，是打造企业形象识别系统的前提。

2014 年，如家集团启用了新标志，如图 10-4 所示。

新版如家酒店集团标志升级了此前黄蓝小屋的设计形象，采用了色调为中国红的印章设计方案，更加简洁流畅，充满现代感。印章在中国传统文化中是权利与责任的象征，更是对诚信的一份郑重承诺。此次集团标志升级用深红线条和阴刻纹路组成汉字"如家"印，体现了如家集团在未来的发展中，始终以为消费者提供回家般的服务为首任的责任与承诺；同时，将中国传统的印章和书法艺术形式结合起来，经过艺术的再创作，优雅地写出了如家一直倡导的人人相互支撑的"家"文化。

图 10-4　2014 年启用的如家新标志

[案例讨论] 查找资料，说明如家更换标志的时机。你所在组织有什么样的组织文化和形象系统呢？

【思考·讨论·训练】

1. CIS 战略与 CS 战略的内容与联系是什么？
2. 怎样设计 CIS？
3. 怎样导入 CIS？
4. 请简述 CS 战略的内涵及其在现代企业中的运用。
5. 怎样理解名牌战略？
6. "三名五度"战略包括哪些内容？

第十一章 网 络 公 关

本章提要
随着互联网的发展，人类迅速进入数字化社会，网络时代为网络传播带来了新的活力和发展空间，也为以传播沟通、塑造形象、软性化管理为己任的公共关系行业提供了新的平台。美国著名的营销和广告公司 Sicoh Uartin 的公关总监大卫·坎普对此做了生动的描述："网络是公司新的名片、新的文件夹，是第一个也许是唯一的塑造第一印象的机会。"互联网使组织的公共关系环境发生了深刻的变化，网络公关应运而生。

公关界敏感人士看到，互联网的普及宣告了公共关系传播方式的革命，这正是网络公关的生长点。网络传播与传统传播相比，非常突出的特征在于：个性化、互动性、信息共享化和资源无限性。由此可见，网络信息传播的方式是全新的，它已集个人传播（如电子邮件）、组织传播（如网上论坛）和大众传播于一体，网络公关也正是对这些传播方式重新进行整合的公关方式。

第一节 网络传播与网络公关

一、什么是网络公关

世界日新月异，互联网从一个单纯的信息传输、交流沟通的平台，演变成一个组织间贸易、营销、开拓市场的平台，越发彰显其商业价值。

组织在网上与公众互动、宣传塑造自身的形象，就是网络公关。组织借助各种网络平台将组织精神、服务理念、产品信息告知公众，以此获得公众的反馈，及收获潜在的客户与合作伙伴。网络公关是一个朝阳行业，其价值已被大部分组织所认同，世界五百强企业如 IBM、英特尔、微软、可口可乐、戴尔、三星、通用、大众、联想、海尔等，都借势网络公关在网络上传播企业形象，建立客户沟通渠道，提升品牌知名度。大企业做网络公关的效果明显，便吸引了越来越多的中小企业愿意上网来尝试网络公关。大企业有大企业的优势，小企业也有小企业的优势，尽管在成本投入上不能等同，但是企业所要求的结果却是殊途同归，最终都是为了宣传企业品牌、提高企业收益。

网络公关（Public Relation on Net）又叫线上公关或 e 公关，它利用互联网的高科技表达手段营造企业形象，为现代公共关系提供了新的思维方式、策划思路和传播媒介。

网络公关的兴起缘于互联网和电子商务的发展、网络传播方式较之传统传播方式的创新，以及公关业发展的需要。互联网的兴起，改变了媒介与受众之间的传播关系，同时也改变了整个传播的话语环境，网络公关应运而生。

二、网络传播的优势和特点

对于公关传播来说，网络之所以有如此大的威力，其主要原因之一是网络媒介在与公众

第十一章 网络公关

间的信息传播沟通方面与传统媒介相比有其自身的特殊性。主要表现在以下几方面。

1. 超越时空限制

网络是完全自由和开放的世界，人们可以超越现实中人为划定的地理范围和心理中认同和归属的群体概念在网络中享受到开放的空间，今天互联网的触角已经延伸到了世界的几乎每一个角落，信息在网上的流通已经不再受到时间和空间的限制。世界上任何地方发生的任何事情，任何国家的任何用户的观点，只要上了网，就可以在瞬间传遍全球，而只要这一信息具有足够的价值或吸引力，就可能引起全世界的关注。

1999年5月8日，中国驻南斯拉夫联盟共和国大使馆遭北约导弹袭击事件使互联网在中国被更多的人所认识。导弹袭击发生在北京时间当天凌晨5点45分，新浪网于6点24分率先发布了一条简讯，以后又在6点40分发布了较为详细的内容。而官方的权威报道则来自《人民日报》网络版。《人民日报》于9点25分在网络版发布了我使馆被炸的报道，11点55分发布了电话采访驻南斯拉夫记者吕岩松的现场目击记。当天，《人民日报》还开通了BBS，发表读者的抗议。纵观整个事件，网络媒体的报道无论是数量还是深度，都远远超过了传统媒体。

2. 海量信息

互联网将全世界的计算机和计算机网络连接起来，从而形成一个巨大无比的数据库。网上的信息可以说是无所不包，与传统媒体有限的信息量相比，网络媒体的优势是显而易见的。以上海东方网为例，2000年5月28日开通后受到广泛关注，100天后进行了改版。新版东方网开设新闻、财经、体育、娱乐、军事、少年、旅游、生活、文苑等15个频道，1200个栏目，平均每天发稿约1500条。其信息量不但超过上海的任何一家传统媒体，而且还超过了其发起单位《解放日报》、文汇新民联合报业集团、上海人民广播电台、东方广播电台、上海电视台、东方电视台、上海教育电视台等10家上海市主要新闻媒体的信息量的总和。一些传统媒体上网后信息量大增，以至于其母体的内容只占很小一部分。如美国的《华盛顿邮报》网络版包括上万个页面，除了提供印刷版全文外，还提供重要新闻、商业、科技、市场、都市、评论、体育、时尚、图片集锦、天气预报、黄页信息、背景资料以及分类广告等内容，并正在形成一个综合性的信息平台。

3. 多种媒体同时起作用

多媒体技术能够同时采集、处理、存储和传递两个以上不同类型的信息，把以自然形式存在的各种媒体数字化，并利用计算机对这些数字化的信息进行处理，以最容易被用户接受，从而也是利用率最高的形式提供给用户。网络媒体正是应用了多媒体技术而集所有传统媒体的长处于一身。对于用户来说，信息最终以何种媒体形式出现，是文字、图片、声音还是图像，完全由用户根据信息的内容、自己的喜好以及接收条件自行决定。

通过公共关系工作的经验可达，要达到某种传播目标，通常不能只依赖一种策略或者单一的媒体。在确定了传播目标之后，就开始制订公共关系计划。这样的公共关系计划可能包括若干步骤，动用多种媒介进行整合传播。现在，互联网一方面在整合传播的过程中可以成为一个重要的组成部分，跟其他媒体共同起作用；另一方面，因其"多媒体"的性质，所以它本身就是整合传播、协同作战的"联合舰队"。

整合传播是为了建立一个协调的形象，一个让人容易接受和辨识的品牌。在利用互联网进行的整个宣传活动里，不同的组成部分在一起相得益彰：网站主要给所有感兴趣的公众提供了一个档案库，包括所有在新闻稿及其他印刷宣传资料里不能详述的内容，感兴趣的读者

公共关系学

可以根据自己的需要"拉取"相关信息资料；在网页上进行的问卷调查可以作为有力的证据表明公众对组织的态度，它还能用来集思广益，讨论如何改善关系，矫正形象；参与讨论组则使得组织及时得到反馈意见，有利于进一步的思考和改进。组织还可以试验一下讨论中提出的一些建议，看一看其有效性，然后再付诸实施。

为了充分发挥网络传播在整合公关传播中的特殊作用，就必须将互联网融入公共关系计划。很多时候，负责制作网页的人员并非参与计划全盘公关策略的人，因此要将互联网的各种特点融入公共关系计划，然后寻求网页制作人的帮助。

将互联网融入公关活动，比只进行一些孤立的网上活动要有效得多。

4. 多种形式的互动交流

网络的链接功能使信息的传播范围广泛，其影响面也广，且是共时性的。一方面，网络的检索功能使读者可以便捷、快速地得到所需信息，在网上，公众可以实现"我想我要"，这是网络的魅力之所在；另一方面，在传统媒介上公众发表意见、文章等要经过编辑审核把关，在网络这个开放性的虚拟空间中，公众发表意见的自主性加大，网民既是编者又是读者，可以自制网页、粘贴信息、发表文章、意见，并可以相互交流信息。如克林顿绯闻案、大韩航空公司飞机在上海坠毁的消息，都是网民首先发布的。正如尼葛洛庞帝所说："在网络上，每个人都可以是一个没有执照的电视台。"

在公共关系传播中，十分强调信息的反馈，而在网络信息沟通中，双向互动性非常强。而实际上，"在大众传播的循环链中，反馈是一个非常薄弱的环节"。传统媒介严格来说，还只是一种单向的传播，接收者的反应很难有一个通畅的渠道及时反馈给发布者，其双向沟通的实现还需经过其他方式。传统媒介与公众的互动实际上是一种"延时互动"。而在网上，信息的发布者与接收者之间的双向交流沟通便捷、及时，信息接收者可以用网络手段阐述自己的观点看法，信息传播者能马上知道公众的观点并能迅速反应。两者的互动是一种"共时互动"。"一旦进入网络空间，个人和组织便能够凭借计算机化的大规模信息交流系统建立多向的相互联系；这时候同一个人或组织既可以是新闻和信息的接受者，也可以成为新闻和信息的传递者。在这张分散型的传播巨网里，任何一个网络节点都能够生产和发布信息，所有网络节点生产和发布的信息都能够以断续相间的非线性方式流入网络的经纬之中。"网络的这些特性使其成为公关专家们"最难控制和驾驭的一种中介"，网络为企业公关带来新的契机的同时，也带来了挑战。

网上的互动性有多种形式。人们可以在网站提供的数据库里选择对自己最有帮助的资料，还可以通过使用一些软件来进行数据计算。许多网站采用电子问卷等形式给组织提供访问者的反馈意见。几乎所有的网站都有清晰的指示来引导访问者选择下一步的方向。

论坛的互动性更强。论坛和公告牌的"原理"就在于每个小组的成员都能围绕一个自己感兴趣的题目展开讨论，交流思想和信息。甚至电子邮件也有互动性。你可以鼓励对方回信，或者将你的电子邮件做成网页的样子，以此来激发收信的公众群体的讨论兴趣。

5. 小众化与窄播

大众传播媒介作为工业革命的产物，其产品也和汽车、彩电、汉堡包一样是大批量生产出来的。今天，人们对各种信息的需求越来越广泛，造成了报纸、杂志的种类越来越多，每份报纸、杂志的版面也越来越多；广播、电视的频道越来越多，节目（栏目）的名目也越来越多。这种批量生产带来的必然结果是多而不精、广而不专。但是随着社会的多元化发展，现代人越来越注重个性发展，因而对个性化信息的需求也越来越高。他们在忍受自己并不十

第十一章 网络公关

分需要的信息的"狂轰滥炸"的同时,又苦于很难找到自己所需要的特殊信息,苦于那些专业信息达不到自己所需要的深度。网络媒体为用户解决了这个矛盾。网络媒体的海量信息解决了信息的广度问题,而它的个性化服务功能则解决了信息的深度和专业化问题。用户可以从网络媒体"拉出(Pull)"自己所需要的信息,剔除自己不需要的信息,并通过"超链接"获得更多的相关信息;媒体也可以使用"推送(Push)"技术,将用户需要的信息直接送到用户的计算机上。这种为用户"度身定制"的服务,是传统媒体无法提供的。

"窄播"是根据公众细分理论而提出来的有针对性的传播概念,相对于面向所有公众进行大范围传播的"广播"概念,更好地体现了网络时代的公众需求。近几年来万维网上的许多公司都犯了同一致命的错误,认为既然是万维网,在建立网站时就必须把全世界的每个人都考虑进去。事实并非如此,因为在互联网上,人们可以根据自己的需求,有选择地主动"拉取"信息。所以,有了互联网,媒体就能够在向公众传送信息时做到有的放矢,而无须费神去考虑将公众按年龄、收入等分门别类。

使用"窄播"的手段进行公关传播,需要知道传播的对象主要是些什么人。比如,如果你的产品或服务针对的主要是年龄在24~32岁之间的女性白领,你就要弄清楚她们的消费习惯,有什么特点,经常登录哪些类型的网站,喜欢接收什么样的信息。

如果了解了互联网"窄播"的潜力,组织就会建立很多独立的网站,每个网站都针对特定的公众群体,为满足他们具体的需要服务。

6. 虚拟社区

公共关系的成功在于深入了解自己的公众群体,知道哪个群体会直接影响组织实现目标,以及什么样的对话交流活动可以缩短组织和公众之间的距离。公共关系活动的主要目的是维护和促进两者之间的良好关系以避免组织和公众的利益发生冲突。

通常,公众的背景不尽相同。与组织同在一个地区的人们因为地理位置的缘故而容易识别。而对公司感兴趣的记者相对来说则比较难区分归类:有人可能关心的是你公司所从事的行业;有人是为了抢发一则跟你公司的产品有点联系的新闻;另外一些记者想了解你公司,可能是要报道某一特定经济现象,而你公司恰好有相关的经验(比如兼并活动、竞争代理权或者回撤产品)。此外,某些社会团体也会成为组织潜在的威胁,特别是当它们不属于一个规范组织的时候,如善待动物组织(People for the Ethical Treatment of Animals)等。在网上,找到这些公众群体就容易多了,因为他们常常聚集到专门为有共同兴趣爱好的人们所建的网上虚拟社区。懂得如何利用这些网上社区对于公共关系活动的开展无疑是一个非常有效的工具。

以前网上社区只是以讨论组的形式出现。讨论组里,来自五湖四海的网民怀着共同的兴趣在一起交换意见、互提问题、寻求答案和展开讨论。讨论组最初的目的是为了让学者、专家们自如地进行学术交流,充分利用整个学术界的智慧。很快,讨论组上的题目超出了科研领域,内容变得五花八门,有林林总总的讨论主题。例如,百度贴吧就是非常典型的讨论组。

随着讨论组人数的增加,成员们逐渐相互了解并相互传递信息。有些成员还因为他们的突出贡献而建立起自己在小组里的威望。这种原来非正式的小组活动渐渐形成一应俱全的网上社区,具有真正社区结构的所有特性。比如说,这个社区有风俗习惯、行为规范、内部争议、权力斗争以及彼此合作,在危机期间,成员们还团结一致维护共同利益。随着社区结构不断完善,这些社区的影响力也逐渐增加。

这种多对多的传播交流模式使得公司、组织和机构除了观察网民的讨论外,还有更多的

公共关系学

机会去提前发现潜伏的危机。

公共关系的准则同样适用这些网络社区。应该具体分析每个社区对组织可能造成的影响，并且制订相应的计划和策略来指导组织与该社区之间的关系发展。当组织在该社区的活动和讨论中的角色确定下来之后，组织内部负责这个社区的管理人员应该学会处理讨论组中各种微妙的关系，而且要遵循网络礼仪。

三、网络传播的弱势

网络传播相对于传统的纸介质传播，也不是只有优势而没有劣势，以下是网络传播的几个次要，但也是不能忽视的特点。

1. 非线性传播

印在纸上的内容是线性的。当你手拿一份备忘录时，你很自然地从左上角开始一字不漏地看好几页的备忘录。但是储存在互联网服务器上的信息是非线性的，是通过链接"跳"到某一特定信息上的。浏览者从哪里开始的，或者他已经看了些什么，这些都不知道。"链接"这一概念意味着原来设计的网页展示顺序可能被打乱，而且，精心安排的其他相关网页有可能根本没有机会跟读者见面了。

因此，为网上的读者写材料的时候，必须保证读者会从你的网页上"带走"他们想要的信息。要考虑读者是出于什么动机而光临你的网页，并且要确保展现在他们面前的信息总有一个完整、丰富的背景，还要有得力的导航设施引导他们找到其他相关的信息。最终的目的是为了让他们满意而归。

2. 二维的扁平世界

在计算机屏幕上看到的物体景象并不是三维的。当然，软件可以将物体转换成三维立体的，但那只是一种错觉。而打印出来的材料却是三维的。你可以拎起一本书，把它抓在手里，举起它。你还可以翻翻一本书看它有多少页，字体的大小，有无图片，书是如何装订的。你做完这一切只需要几秒钟的时间。而在网上，人们却陷入迷茫之中，不能快速知道网站的总体结构。当一个访问者来到你的网站时，他需要了解自己所处的位置以及下一步可到的地方。所以在设计网页时，就应该让他清楚都有些什么选择，而且需要些什么工具去实现这些选择。

3. 公众的异常身体反应

在计算机屏幕上阅读和阅读纸印材料对人体有着不同的影响。最明显的一个区别是在计算机屏幕阅读时眨眼的次数要少些，眨眼次数少会引起眼睛的疲劳和头疼。

这还不算，在屏幕上上下移动文稿还容易引起头晕恶心，这跟晕车的道理是一样的。长期与计算机屏幕相伴，还可能引起心理异常，严重的能导致人格缺陷。

4. 网络安全风险

这也是网络公关一个非常重要的课题。网络具有高度开放性、虚拟性和交互性等特点，特别是匿名性，它是网络使用者的网络行为的一大特征，人的真实行为和真实身份不再具有明显的对应关系，这种模糊性加大了网络公关的难度，使网络的信息安全出现先天性不足和脆弱性。韩国一家向移动电话用户提供信息服务的网站就曾遭到过黑客的袭击。黑客通过电子邮件威胁说，如果不拿出1亿韩元就破坏其网页，在要求没有被答应的情况下，黑客通过瞬间发送数万封电子邮件使该网站的服务系统陷入瘫痪。这样的攻击持续了三天，使这个很有前途的公司差点倒闭。

第十一章 网络公关

四、网络公关的基本内涵及其发展历程

公共关系是一种特殊的经营管理实践活动和传播活动，从 20 世纪早期开始在西方普及并得到了充分的发展，而它进入中国并系统地在我国企业经营管理实践中被运用则只是近几十年的事情，相对来说我国企业在这方面的理论和经验仍嫌不够充分。近年，随着互联网的飞速发展，公共关系也从现实世界步入了网络空间，公关的网络化成为国际公关学界研究的一个重要课题。许多国际知名企业、跨国公司对网络公关已经进行了不少的探索和实践。在加入 WTO 之后，为了应对由国际大市场上汹涌而来的竞争大潮，网络公关业已成为我国企业更好地生存和发展所必须面对的挑战。

网络公关（Public Relation on Net）是指社会组织为了塑造组织形象，借助互联网络，为组织收集和传递信息，在电子空间中实现组织和公众之间双向互动式的全球沟通来实现公关目标，影响公众的科学与艺术。

网络公关是随着现代电子技术和传播技术的发展和应用而诞生的。据专家分析，广播由商业开发到拥有 5000 万听众，共花了 38 年时间；电视机从商业开发到拥有 5000 万用户，共花了 13 年时间；1995 年，互联网开始商业运用，到 1999 年仅 4 年时间就扩展到了 240 个国家，1.2 亿个用户，目前，互联网已遍布全球。伴随着计算机的普及应用和通信技术的高速发展，网络在人类生产、生活中扮演着越来越重要的作用，已经迅速成长为现今世界上规模最大、覆盖面最广、资源最丰富与使用最便捷的一种新型大众传播媒介。它在传播范围、传播时间、空间、互动性和成本等诸因素上，都大大胜出传统传播媒体一筹。

当今世界是一个充满竞争和机遇的时代，组织为了达到其经营目标并应对市场的种种挑战，不得不使出浑身解数。当注意到网络的低成本、高效率时，组织又进一步看到借助网络可以直接触动数以亿计的网络用户、随时和遍及世界各地的公众进行交流沟通、更加灵活地开展宣传和公共关系活动，于是，网络进入组织公关领域，组织公关的网络化也就成为一股不可抵挡的趋势并成为组织竞争的重要战略环节之一。

五、网络公关的主导要素分析与市场前景

1. 主导要素分析

（1）公众评价。网络时代给群体型公众赋予了新的意义。传统时代的群体型公众是利益相关、地域相连的个体公众的集合；网络时代的群体型公众可以是利益不相关、地域不相连的个体公众的集合，松散性更强了，地域更宽了，影响更快了。奔放的思想造就了奔放型公众。

（2）网络媒体。新浪、网易、搜狐、腾讯、百度、凤凰、优酷、土豆等网络媒体发展迅速，它们在影响着人们的思维、影响着这个时代。应当如何选择网络媒体呢？网络媒体介入是根据网络公关升级的需要进行选择的，选择什么网络媒体才能速度更快、效果更好而且符合网络公关升级的阶段性需要，这就需要对网络媒体进行精细的观察、分析。

（3）公关文案。公关文案是依附于不同的网络媒体而设计的，不同的网络媒体所适应的文案环境是不一样的。把最需要的文案安排在最合适的媒体上，才会发生效应。公关文案的书写要有连贯性和一致性，不能找到什么就谈什么。

网络公关应该是一个连续过程，而且必须是一个不断准备、不断完善的过程，每个过程都必须有监控的指导和纠正。网络公关能否成功可用一句话表达：预则立不预则废，成也监

控败也监控。

2. 市场前景

近几年，由于组织对网络公关的需求量增长飞快，因此网络公关的市场被越做越大，从业者越来越多，呈现一片欣欣向荣的景象。不少传统公关公司、广告公司、咨询机构都向网络公关行业转型，或是在原来的业务中加上网络公关的服务。正因为这个行业的迅猛发展，饱含着巨大的商机，所以同行之间也不可避免地出现哄抬价格、恶性竞争、诋毁攻击的现象，各种网络推手、网络拍客制造的负面服务满天飞，大大降低了网络公关市场的服务质量与公众认可度，影响了网络公关行业整体的发展与形象。

然而，就像人们在日常生活中需要衣、食、住、行等服务一样，组织一旦连上互联网，就必须使用各种网络服务来维持自己在网络上的"生存"，这些服务包括网络活动、网络软文、网络广告、网络商铺等，网络公关则是集大成者。可以说，进入互联网时代，无组织不公关。

尽管目前网络公关行业存在诸多的弊端，但是由于组织上网营销的旺盛需求不断推动着行业的发展，所以网络公关行业现在还处于"摸着石头过河"的状态。行业内尽管存在着一些不规范甚至于所谓的"潜规则"现象，但是照目前来看，还是保持着市场经济的良好发展格局。公共关系公司能够居安思危，应对行业内的挑战与困难，不断创新一些网络公关的服务产品，帮助组织在网络上更好地树立形象，开拓网销市场，从本质上来说，这也在一定程度上促进了网络公关行业的变革。

第二节　网络公关三要素的变化

今天，网络经济在人们不经意间悄然而至，带给人类巨大的影响，不管人们愿意与否、接受与否，它已经使人类社会生活的各个方面发生了很大的变化。公共关系也不例外，在网络时代它面临了新的历史条件，这使得它在很多方面也发生了重大变化。这些变化将会或已经改变了公共关系的内容与运作方式，并可能使它脱胎换骨，就像互联网带给人类社会生活其他方面的影响一样，使人们不得不加以注意并研究，以适应发展了的网络时代的生产力要求。

在网络公关中，网络公关的主体仍然是社会组织；客体是经常上网的、与社会组织有实际或潜在利害关系或相互影响的个体或群体的总和；媒介是网络，在三网合一的环境下包括电信网、广播电视网和互联网。

一、互联网使公关对象——公众发生了变化

1. 互联网使传统的群体性公众向个体性公众转变

公共关系传统意义上的公众是存在于社会上、市场上的，是由个体组成的或大或小的群体，不同的社会组织、不同的公共关系活动有着各自不同的公众群体。这些公众还可以细分为非公众、潜在公众（未来公众）知晓公众（将在公众）行为公众（现在公众）；顺意公众、逆意公众、边缘公众、稳定性公众、周期性公众、临时性公众等。所以传统的公共关系研究的是组织与社会各类公众群体的协调沟通，公共关系活动也是面对一类人或一群人利用大众化的媒体发起强大的传播活动。而互联网时代，与传统媒体大众性不同的是，网络具有小众性甚至是个体性的特点，由此而产生的是，互联网培育出一批组织可以通过网络单个面对的

第十一章 网络公关

小众性的甚至是个体的公众，这使公众由未知的、模糊的群体对象就变成了已知的、明确的个体对象。这促使网络时代的组织必须要研究公众的这一新现象，研究日益增多的这类公众的特点、喜好、接受信息的心理与方式，并做相应的调整，才能不失去这一批公众。特别是这批公众是各类组织梦寐以求的年轻化、教育程度高、收入高的公众资源，他们往往是组织形象、品牌塑造的理想的主力公众，所以这一问题就显得更为重要了。而且，公众的这一变化，使公共关系活动的重点由市场行为的前段、前方，即那些未知的、潜在的消费者，向后段、后方即那些已知的、明确的消费者转移，也促使了"不惜任何代价来推销商品"的经营理念，向"与每位消费者发展长期的关系，并以为消费者提供终生服务为目标"的经营理念转变成为可能。

网络时代组织所面临的公众颇为复杂，既有传统意义的大众公众，又有网络文化下的小众公众乃至个体公众。在以顾客为本位、一切以顾客为出发点的今天，组织要想站稳市场、保持不败，就必须要研究对策。

1939年成立的惠普公司进行了一次前所未有的改革。长期以来惠普公司的组织模式是按产品划分为17大类，每个产品部门再以客户为中心进行部门划分，如市场、销售、服务、研究开发等。现在面对互联网带来的公众变化，惠普公司决心把条块打散，把众多的部门重新整合在一起，然后按照客户种类和需求进行划分，把销售部分按不同客户重新划分成全球客户、大客户、中小客户等部门，把后面从事技术开发和生产的部门也重组成三个大的部门。这一改革，特别是小客户概念的确立，就是根据网络时代公众的新变化而进行的。改革之后惠普公司的每一位销售人员所代表的都是公司全线的产品和服务，而在客户从选购到安装、调试、培训、使用，再到升级、发展的整个过程中，惠普公司都有相应的团队一直与客户保持互动的联系，对客户的协调、沟通做到了真正的有针对性。

2. 互联网使公众价值重新定位

传统意义上的公关观念，公众对组织的价值更多地集中在既成价值上，也就是公众带给组织的经济效益，如对企业、公司而言，客户的价值更多地体现在其购买所带来的销售额上。当然传统意义的公关观念并不排除公众带给组织的潜在价值，即公众在购买商品或服务时提出的一些特殊要求，甚至是苛刻要求所带来的价值，公众的潜在价值可以使组织获得更为准确的市场信息，以便更准确地进行市场定位与转向。在传统公关时代，因为组织获得公众潜在价值的途径有限，难以形成规模且难以统计，所以组织的目光更多地集中在公众既成价值上。但是在现代竞争十分激烈的市场上，组织必须及时获得准确的市场信息，才能在竞争中占有一席之地，而客户提出的要求是市场第一手的资料，是组织确定市场信息、进行市场调整与定位的首要数据，所以组织对公众潜在价值的期待与依赖增强了，但传统的公共关系却难以满足这种需要。

在网络时代，互联网具有范围广泛、快捷、高度开放、双向互动、个性化的特点，这给公众潜在价值的发挥提供了广阔的空间。不一定是购买者才会留下对企业、对产品的要求，广大的网民只要愿意都可以通过网络给组织提供第一手资料，如：我喜欢什么、我需要什么、我希望怎样获得这种商品或服务等。对这些来源更加广泛、个性化更为鲜明的资料的收集与统计，会成为宝贵的市场信息，使组织的市场行为有了目标。这是客户生存的衣食父母，而且是组织发展的导师，这种变化提升了公共关系中的公众价值。

另外，社会组织的建设和公共关系的主攻方向，已由有形资产的竞争转变为无形资产的竞争，也就是品牌、形象、商誉的竞争，而无形资产，特别是商誉是掌握在客户手中的。传

公共关系学

统的大众传媒在无形资产的塑造上已显示了强大的力量,而互联网技术使公众的威力又无限扩大,正如亚马逊网站的创始人杰夫·贝佐斯所说:"以前,如果我们的服务让一位客户不满意,他可能告诉他的五个朋友,而现在通过互联网,他可能会告诉五千个人。"

在日本就发生过这样的事件:一位顾客购买东芝录像机时,因销售人员对他说话时的言辞欠妥,结果被顾客录下音来并贴到网上,引得 500 万人次去听,最后东芝社长不得不亲自出面道歉。

由此可见,网络传播比口头传播的影响力要强大得多。在无形资产竞争的今天,组织如果做到了"以客户为中心",则会留住客户,增加客户的品牌忠诚度,而客户发自内心的传播有利于组织的信息,会使更多的人感受组织的诚意、服务与温暖,从而很好地树立组织的形象;反之,也会出现由失去一个顾客而导致失去一群顾客的后果。所以网络时代对公共关系工作提出了更高的要求,使组织对公众的价值有了更进一步的理解和认识,使公众价值获得了重新定位。这一切对网络时代的公共关系都是有指导意义的。

二、互联网使组织与公众的关系发生了变化

(1) 互联网使组织与公众建立起"一对一"互动的新型关系,实现了组织对公众的个性化服务。

在传统的公共关系活动中,组织面对的是公众的群体,虽然也有同单个公众"一对一"接触的情形,但同组织所面对的群体公众比起来,可以说是沧海一粟,所以组织的公共关系活动基本上是针对目标公众群体而设计的,是对一类人的设计与调整。当然,从市场业绩和信息准确性的角度出发,企业也是十分愿意与客户建立长期的"一对一"的互动关系的,可以在"一对一"的接触中,了解公众在使用产品或接受服务时遇到的问题和对产品或服务的意见和建议,也就是"一对一"的个性化服务,以此进行有效的市场运作,甚至拓展新的市场需求。但在传统的公共关系活动中,传统的大众传媒以及沟通技术、手段使之很难实现。无论利用报纸、杂志、产品目录等印刷媒介,还是电视、广播等电子媒介,都只能提供单向的信息输送,要想了解公众的反应,必须进行专门的市场调查。而专门的市场调查耗资大、周期长,所以其高成本使相当多的企业难以承受,而不得不将其束之高阁。

而网络时代,在互联网技术的帮助下,组织与公众建立起长期的"一对一"互动的新型关系成为可能。网络调研成本低廉,可以迅速地确定公众的数量,还可以查阅出时间、分布地域等。因此,通过现代通信手段如电话、传真、互联网、电子邮件等各种方式,组织与公众进行着"触发"式沟通,搜集、追踪和分析每一位客户的信息,从而知道他们是谁、通信地址、个人喜好以及购买习惯,他们现在需要什么,他们还可能需要什么,并实现把客户需要的送到他们手中,及时与客户进行联络,得到他们潜在需求的反馈,从而实现真正的、组织一直追求的"一对一"个性化服务,使组织的外部资源得以循环优化。在"一对一"互动的新型关系下,一方面可以使企业了解更多极具市场价值、富于个性的消费者信息,使企业提供更好的产品和服务;另一方面,也使得消费者得到了来自企业的更大需求满足。两者相互促进,形成组织与公众良好的动态循环。在这方面一些企业已开始做了有益的尝试,如戴尔公司的直线销售,直接按照顾客订单制造具有最新技术的定制计算机。海尔集团提出的"您来设计我来实现",由消费者提出自己对家电的需求模式,包括性能、款式、色彩等。

(2) 互联网使组织和公众建立了人情化的接触交往模式,实现了组织与公众的真情沟通。

公共关系作为现代经营管理战略,其首要目标就是促进组织与相关公众之间的双向沟通,

第十一章 网络公关

与公众进行真情的沟通是公共关系工作的一个重要内容。一般而言，传播的目标是"知我"，广告的目标是"买我"，而公共关系的目标则是"爱我"。因为公共关系活动是以公众为导向的，把实现公众利益作为前提和基础，以谋求组织目标的实现，所以公共关系活动自诞生之日起就特别注重与公众进行心理上、情感上的沟通，因而具有人情味的特点。如在公共关系活动中加入组织对公众、对社会的人文关怀，组织对社会福利事业的关注与投入，通过从小事做起确立组织真情为公众服务的形象，这一切都是为了同公众建立起真情的沟通，使公众发自内心地"爱"组织，提高品牌的忠诚度，自发地宣传组织及产品，使组织在与公众的真情沟通中逐步树立起较高的知名度、美誉度，以在激烈的竞争中保持不败。但传统的公共关系中，这种真情的沟通严重依赖于大众传媒，受到时空、传播范围的限制，使其效果大打折扣且费用昂贵。

而网络时代，人们的接触交往在人际交往之外又多了一个网上交流，人们可以不用面对面，而是通过网络就可以交谈。特别是互联网具有隐蔽性、流动性，因而给每一位网民提供一个机会空间，人们似乎可以不用顾忌传统意义上的交往方式带来的规范、限制、禁忌。因而在网上，沟通者或互动者可以畅所欲言、无所顾忌，人们的情感和心灵是呈现完全开放状态的。作为沟通交流一方的组织，在网上的公共关系活动，特别是那些从情感、情趣或人道主义方面内容入手的公关策划宣传，就会带有浓厚的人情味儿，极具传情色彩，可以轻而易举地进入沟通交流的另一方公众的心里，从而使组织与公众较易进入情感和心灵的互动层面。这样，组织和公众就在网络上建立起人情化的接触交往模式，并在这种模式下实现真情沟通。

（3）互联网使组织与公众在公共关系活动中具有了平等性，实现了真正的双向对称型的公共关系。

在传统的公共关系活动中，组织利用各种大众传播媒介进行公共关系传播，组织处于信息中心的位置，是公共关系活动的主导者和发起者，是公共关系信息的发布者，而公众则是公共关系活动的对象，是公共关系信息的接受者，公众对组织的了解只能是被动地从传统媒体中获得，这使组织与公众处于信息不对称的状态。而网络时代则打破了这一状态，网络具有互动性、时效性的特点，作为网民，公众可以随时随地从网上获取组织的信息，包括组织的生产信息、管理信息、产品和服务信息等。他们不但可以主动地阅读，而且可以发布自己的观点，通过网上论坛、电子邮件、网上民意调查和每篇新闻报道之后的评论区，自由发表观点，随时评论，甚至参与组织的公关创意并对外发布。这时公众就从传统的被动的信息接受者转变为主动的信息参与者，公众不仅是公共关系对象，而且还可能是公共关系人员。这种平等性，无论在信息层面上、情感层面上，还是在心灵层面上，都将使组织和公众之间的关系得到进一步的加强。

同时，网络带来的这种公共关系活动中组织和公众的平等性，还使信息的沟通交流、使组织与公众的对话，跨越了传统的管理层级的逐级沟通方式，组织所处的公关环境从没有像今天这样透明，而公众对组织的了解和监督也从来没有如此充分、彻底。有人形象地把这比喻为是由互联网缔造的"玻璃屋"，这将实现真正意义上的双向对称型公关，使公关先驱者卡特李普所倡导的"双向均等"原则，得到最大限度的张扬和发挥，必将对公共关系产生深远的影响。

三、网络时代的组织与公关

组织的主要特征是为了达成某一特定的目标，在分工协作的基础上，各自分担明确的任务，在不同的权力配合下，扮演不同的角色。处于网络社会中，无论什么组织都要与网络打交道，不可回避，不仅如此，还要依靠网络求得生存和发展。因此，网络时代的组织视公共关系为其战略决策的重要组成部分。

1. 网络时代的政府公关

政府公关是指政府机构为争取公众对政府工作的了解和支持而进行的信息交流活动，其本质是对信息的收集、加工、处理等活动。政府公关的目的是塑造政府的良好形象，反映公众的利益，为人民服务。

过去，公众与政府之间的信息交流是一种不对称的交流方式，信息资源被政府掌握，很多时候，由政府对公众进行单向的宣传。公众的反馈意见很难有效地上传到政府，更不可能对政府作决策施加有力的影响。网络时代，技术打破了信息的垄断，实现了信息资源的分享，使社会公众接近信息，政府和公众之间的信息传播成为一种双向互动的交流方式。公众可以及时了解政府在做什么、如何做，甚至还可以通过反馈意见去影响政府的决策。网络成为政府与公众之间便利的联系渠道，成为公众参政议政的平台。推行"电子政府"或"电子政务"，西方发达国家已有成效。1992～1996年，美国政府员工减少了24万人，关闭了近2 000个办公室，减少开支1 180亿美元；在对居民和企业的服务方面，政府的200个局确立了3 000条服务标准，作废了1.6万多页过时的行政法规，简化了3.1万多页规定。欧盟由于建立了竞标网站，电子政务的实施至少使欧盟国家的国家预算每年减少20%。

1999年，我国政府把这一年定为政府上网年，相继建立了中国人民银行的网上支付系统、海关总署的报关系统、教育部网上教育及全国高校毕业生就业信息网、外贸部的进出口配额证网上发放系统等。2004年，我国开展了电子政务推广活动，推行务实电子政务，推动地方各级政府网站、数据库和业务应用系统建设，增加地方各级政府网站的便民服务应用项目，丰富服务内容，增强服务功能，以促进地方政务资源整合、信息共享和业务协同。

网络化，使政府职能得以精简，服务职能得到强化。网络成为信息的中转站，为社会公众发布各种政策信息和提供各种政策咨询服务。政府的网络化减少了机构、办事环节，简化手续，减少了滋生贪污行贿的机会。政府网上采购就是通过购物途径的网络化，让采购程序透明化，有利于公众监督，有效防止腐败。

微博上有一个"江宁公安在线"，是南京市公安局江宁分局的微博认证账号，拥有几百万"粉丝"，因为亲切地提醒大家注意安全等，所以被大家称为"婆婆"。

从主题内容来说，该微博转发的新闻信息均关系到群众日常生活，或是关注度非常高的热点法制事件，擅长辟谣和防诈骗，还提供简单法律咨询。这些内容贴近网友生活，并且有很强的教育意义，同时语言风趣幽默，因此得到了广大民众的信任和认可。"江宁公安在线"虽然只是一个地方性政府部门的网上对外窗口，但其影响力是全国性的，通过网络这个新平台，政府部门在公众中树立了亲和又不失权威的新形象。

2. 网络时代的企业公关

网络技术的发展推动了企业的网络化进程，越来越多的企业利用网络技术来改变其生存方式和提高竞争力，获得更广阔的市场空间和更高的工作效率。罗莎白·默丝·顿特在《e变》一书的"引言"中写道，世界上很快就会只有三种类型的企业："网站型"、"支持网站型"以及"网站支持型"。

为此，企业的各个管理部门和职能部门都围绕着互联网在进行着变革，公共关系部门也不例外。公共关系作为企业现代经营管理的战略之一，首要职能是促进企业与内外公众之间

第十一章　网络公关

的双向沟通。对传统企业而言，企业网络化在利用公共关系全面塑造企业形象、提升企业的市场竞争方面发挥了积极的作用。

由于传统的媒介在传播速度、范围、传输成本、实时互动、即时反馈等方面无法与互联网相提并论，因此，企业公共关系部门必须对沟通的媒介进行结构性调整，大力发展电子网络传播，借助网络及时公布企业信息，与公众保持密切的互动关系，使企业所处的公众环境透明，接受公众对企业的了解和监督。

企业网络公关策划的创意要求

企业公关策划的创意决定了其公共关系活动的整体成功。在互联网的影响下，公共关系的业务出现了新的变化，大胆创新的网络公共关系活动可以吸引公众，争取他们的参与和合作，以增强组织的竞争能力。要想通过网络影响公众，就应使策划的公共关系活动符合公众的心理需求，有标新立异的创意，以新颖奇特的活动方式、主题、内容，唤起公众的注意，引起他们的兴趣，调动他们参与和合作的热情。具体来说企业网络公关策划要求做到以下几点。

- 方式新颖

网络公关策划要勇于突破旧的传统、习惯或已有的沟通方式，利用网络的互动性，糅合人际传播、组织传播和大众传播的优势。传统媒介一般是"点对面"的大众传播方式，而网络媒介可以实现文字、图片、声音、图像等传播符号达到"点对点"、"点对面"、"面对点"及"面对面"，利用这些传播方式创造虚拟社区，策划公共关系活动，让公众根据自己的需要来了解企业。如有的企业在自己的主页上制作一些生动活泼、有强烈视觉冲击的动画以加深公众对网上企业的印象，从而达到企业形象传播的最佳效果。

- 主题独特

网络公关策划要善于策划出与众不同的公共关系活动。这就要求策划者匠心独运，设计出有明显个性特征的题材，突出企业理念、行为规范和视觉标志，展现企业的经营特色，塑造个性鲜明的企业形象。主题的设计将直接影响能否吸引网上公众进入他们所需要的部分，一个设计独特的主题可以清楚地引导公众的需求。因此，主题设计应避免盲目地跟随流行趋势，而要选择那些公众正在关心的问题以及感到疑惑的问题，以利制造轰动效应。

- 内容求异

网络公关策划要敢于对人们"司空见惯"的方式提出怀疑，善于策划出与众不同的公共关系活动，敢于打破常规。策划内容既可以涉及企业形象的有关内容，如企业简介、企业文化、组织精神、社会效益、生产规模、技术及人才优势、产品品牌甚至企业的有关招聘信息等，也可以对发生的新闻事件如意外事故等进行讨论。企业要根据目标市场消费者的特点，对所传播的信息内容加以精心设计，并根据不同地域、不同民族以及不同消费习惯、消费心理设计出符合他们消费需求心理与文化理念的内容，以满足不同消费群体的需求，提高网络公关的效果。

3. 网络时代非营利性组织的公共关系

在我国，非营利性组织包括学校、医院、军队、慈善机构、福利院、养老院、基金会等。由于这种组织不以营利为目标，通常在人们的传统意识里，它们用不着做什么公关策划、进行什么公关活动。其实不然，任何组织要想维持下去，必须要有公众的认可和支持以及经费作保障。因此，非营利性组织要想继续维持并获得发展，就必须要营造自身良好的形象，使服务流程透明化，接受公众的监督，才能获得公众的认同和捐赠。

在网络时代，信息技术不仅推动经济的全球化，而且也逐步推动人们的思想观念和生活方式的转变。社会公众日益要求非营利性组织把提高服务效率和管理水平作为重心，公开组织的运营情况、财务状况，做到服务流程公开透明化，把组织纳入社会监督体系之下。

第三节 网络公关的应用

一、网络公关的具体应用

（一）建立网站

1996年8月新加坡《联合早报》创办电子版（Zaobao Online），又在此基础上，于2000年1月推出联合早报网（Zaobao.com），目标是要争夺世界华文网站的领先地位。在短短的三四年中，《联合早报》从以往仅为在东南亚地区有影响的中文报纸一举成为有影响的国际性媒体，吸引了大批中国的读者，许多华人都成为浏览早报的常客，也成为其BBS论坛的主力。

任何一个网站都是一个公共关系的窗口，都是一个与网民进行交互的舞台。在网络中，网站就是一个组织、一个机构的虚拟地址。建立网站是组织开展网络公关的基本条件，对于网络受众来说，一个组织没有网站，就如同在现实生活中没有固定地址，他们就不可能了解这个组织。

网站的公关功能，需要通过它所提供的内容去实现。网站的内容都是用栏目组织起来的，一个组织的网站通常应该包括以下内容。

1. 组织形象展示

网民访问一个网站有各种各样的原因，组织在网民眼中的形象就是通过网站体现出来的。一个内容丰富、设计精美的网站可以让人联想到有实力、有水平的组织，而设计粗糙的网站往往会让人怀疑这个组织的实力。与传统的公共关系手段相比，利用网站开展公共关系的方式既廉价，又有绝对的自主权。网站完全可以决定拿出多少篇幅、花多长时间来介绍自己。因此，在网站的栏目中，一个最重要的栏目是"关于自己"。在这个栏目下，还可以包括"概况""历史沿革""领导介绍""新闻发布""媒体报道"等子栏目。国外很多公司网站都特别注意突出自己在公益事业方面所做的贡献，这是提升网站形象的一种重要方式。

2. 服务

任何一个组织的网站都有自己的主要服务目标。对于企业网站来说，这个核心是它的产品和服务；对于政府机构来说，这个核心是政策信息和政府服务；对于媒体网站来说，这个核心服务就是新闻内容。因此，网站的主要内容应该围绕这些核心展开。为了更好地实现核心服务，可以加入"FAQ（常见问题回答）"一类栏目，解决用户的常见问题。

3. 互动资源

互动是网络的主要特点之一。在网站设计中，应该尽可能体现互动性，如可开设调查性栏目，可以为访问者提供BBS论坛、聊天室、免费邮件服务等，并在此基础上形成稳定的社区。为了更好地体现为用户服务的思想，网站可以为来访者提供组织领导的联络邮件地址等信息。

4. 相关信息

对于专业性较强的组织来讲，属于本组织领域范围内的新闻和信息是吸引专业人士的重要途径，这一部分人不仅是这些信息的关注者，更可能对其产生强烈兴趣，并进而与组织产生商业往来以致合作。

第十一章 网络公关

(二) 通过电子邮件进行公关

据统计,目前在网络上大概每天都有超过 2500 万人次通过电子邮件相互传递信息、提供资料、交流思想,进行涉及教育、科研、新闻、出版、生产、经营、商务和文化等方面的广泛合作,电子邮件自然就成了开展公共关系活动最强大的互联网工具之一。电子邮件交流主要有两种交流方式。

1. 一对一交流

利用电子邮件进行一对一交流的方法有很多。人们既可以用它来跟记者建立并发展良好的关系,也可以通过它与某个组织的指定代表进行谈判。事实上,电子邮件是一种极为有效的交流方式,它正在取代电话成为许多公关咨询业人士的主要交流工具。在下面提到的这些情况下,使用电子邮件作为交流工具是最佳的选择:当交流的对方更喜欢用电子邮件时;当需要保留一份长期、详细的交流记录时;当你需要在邮件里附加文件(如报告或者图像)时;当需要尽可能地进行实时交流,而打电话并不能保证实时交流时。

2. 群发

通常的邮件平台都提供三种方式让用户将同一邮件送至多个接收者:①把所有人的地址输入到"收信人"的那一行,地址之间通常用逗号或分号隔开。②将地址输入到有"抄送"字样的那一行,这说明收信人收到的是一份拷贝文件,因为他们并不是主要对象。③将地址输入到"暗送"那一行,这样你可以把邮件传给第三方,而主要收信人并不知道。

群发有以下一些功能:保证某个商谈涉及的所有人员都有机会参与讨论,进行焦点小组的调查,确定讨论对象,与主要公众成员分享研究成果,向特定的公众成员定时传送他们特别关注的事件动向。

(三) 通过聊天开展公关

与中远投资总裁季海生的网上交流

(2004 年 3 月 23 日)

问:过去几年,中远投资已经完成重组。接下来,公司会着重往哪方面发展?

答:母公司中远集团为我们设下几方面的核心业务,而我们接下来将专注发展这些核心业务,包括航运代理、修船业务和扩大散货船队。

问:过去一年,公司的股价节节上升,而公司的股票最近也被列入海峡指数成分股。你有什么感想?

答:当我接手管理中远投资的时候,我曾设下目标,希望 2~5 年内,公司股票能列入"海峡指数",成为"蓝筹股"。今年,这个目标实现了。不过,我认为,这只是一个新里程碑的开始,我们将在这个基础上做得更好。

问:可否谈谈中远投资的业务展望。

答:公司今年的散货船队盈利可望再度增长,今年的公司业绩肯定会比去年更上一层楼。

这是联合早报网上的一段网络聊天记录(有删节)。在这样短短一段聊天记录里,人们可以了解到中远投资这家公司正在快速发展,公司的业务蒸蒸日上。人们即使以前对这家公司一无所知,通过这段聊天也会认为这是一家有实力的公司。在聊天室里,人际传播的网络十分复杂,并且具有不确定性。在一个多人参加的聊天室中,加入聊天的人数是可以动态变化的,人们之间的相互关系也可能随时发生变化。对于公共聊天室的聊天来说,大多数聊天对象是随机的,双方在此之前没有任何交流,对方的身份也是未知的,因此,传播的目的不明确,传播的效果也不好。作为公关途径的网上聊天应该能使组织与公众之间增进了解,因此,

公共关系学

网上聊天公关一般在专用的网络聊天室进行，聊天是以一对多的方式进行的，参与聊天的主角的身份也是确定的。

网上聊天公关主要是指组织领导与关心组织或与组织有关的网民之间的对话聊天。组织领导网上聊天主要有两种途径：一种方式是在知名门户网站的网络聊天室与网民面对面聊天，如新浪、网易等网站都开辟有公众与知名人士的聊天室，经常邀请名人参与公众的聊天；另一种方式是在组织网站的聊天室与来访本网站的网民聊天。相对于电视、广播等单向传播的传统媒体来讲，网络聊天有互动性、及时性等特点，网民的意见、建议等可以实时地传送给组织领导，组织领导可以实时地解答公众的疑问，与公众展开对话，进行交流，在交流中建立组织的公共形象。

（四）利用网上社区开展公关

BBS是互联网最初的网络社区形态，现在，BBS已经逐渐被遗忘了，但网络社区依然在网络传播中扮演着重要角色。网络社区是指网络上聚集了同一类人的地方。网络社区最突出的特点就是"聚众"，它将一些特殊的人群聚集起来，这些人可能有共同爱好、可能来自同一个地方，总之具有某些共同的特征。比如，百度贴吧就是由无数个这样的社区组成的，天涯网站也是由很多聚焦不同的论坛版块组成，豆瓣网则将社群区分得更细。

利用网络社区开展公关的最大优势是针对性强。一篇关于新款单反相机的产品测评软文，放到普通门户网站上，可能根本没什么人看，但放到像"蜂鸟论坛""橡树网"这样的地方，则会引起强烈反响和讨论。

公关人员要对行业、市场非常清楚，了解公关活动对象聚集的社区，才能做好公关工作。

（五）新闻媒体传播

公关对象受论坛社区大规模推广宣传的软文影响时，有一部分用户会对软文当中提及的"产品"持怀疑态度，然后会通过搜索引擎来查询相关情况是否如文章当中所说，此时新闻稿的力量和影响力就会体现出来了。在大型门户网站这种权威的第三方媒体平台上发布关于"产品"的相关信息，可借助门户网站的知名度和强大的流量来提升品牌和产品的曝光程度。新闻稿被搜索引擎收录，对于"产品"的品牌知名度会有极大的提升。比如：撰写新闻稿发布在四大门户网站（新浪、搜狐、网易、新华）的相关频道。

（六）通过网上调查开展公关

网上调查是指通过各种网络技术与手段，用科学的方法，系统地、有目的地收集、整理、分析和研究与市场和政策等有关的信息，如有关消费者的需求、购买动机和购买行为等方面的市场信息，以及政策执行的反馈信息等，从而提出解决问题的建议，以作为决策的基础。

下面是来自上海热线的一项网络调查。

调查主题：您最喜欢用的银行卡。

投票起止时间：20××年4月8日~20××年5月31日。

参加投票人数：2298人。

调查结果：

各类银行卡	百分比（人数）
工商银行牡丹卡	19.58%（450）
建设银行龙卡	14.06%（323）
中国银行长城卡	10.36%（238）
农业银行金穗卡	4.44%（102）

第十一章 网络公关

交通银行太平洋卡	7.83% (180)
浦发银行东方卡	5.09% (117)
招商银行一卡通	31.59% (726)
兴业银行兴业卡	0.26% (6)

通过这个调查结果,既可以了解各银行卡在网民中的支持度,为发卡银行提供参考,同时也为个人选择银行卡提供参考。

网上调查一方面实现了组织对所关心的问题的了解,另一方面也使得网民有机会为组织的决策提供参考,同时也体现了组织对网民意见的关注,有助于提升组织的形象。网上调查的手段,可以是电子邮件、网上投票、用户登记表等,其渠道既可以借助一些知名网站,也可以利用自己的网站。

一方面,传统的市场调研要投入大量的人力、物力,如果调研面较小,则不足以全面掌握市场信息,而调研面较大,则时间周期长,调研费用大;另一方面,在传统的市场调研中,调查对象始终处于被动地位,组织不可能针对不同的消费者提供不同的调查问卷。

与传统的市场调研相比,网上调查虽然也存在这样那样的问题,但其优点是非常突出的。其优点主要表现在以下几个方面:一是它的互动性,这种互动不仅表现在消费者对现有产品的发表意见和建议,更表现在消费者对尚处于概念阶段产品的参与,这种参与将能够使组织更好地了解市场的需求,而且可以洞察市场的潜在需求;二是网上调查的及时性,网络的传输速度快,一方面调查的信息传递到调查对象的速度加快,另一方面调查对象向调查人员的信息传递速度也加快了,这就保证了调查的及时性;三是网上调查的便捷性和经济性,无论是对调查人员还是调查对象,网上调查的便捷性都是非常明显的。对于反馈的数据,调查人员也可以快速、便捷地进行整理和分析。

(七) 网络公关广告

网络公关广告以网络广告活动为形式融汇网络公关的策略,通过提高企业组织和品牌的声誉,建立良好的公众形象,并以此唤起社会的注意、信赖和支持。

和传统公关广告一样,网络公关广告也一样要以"人情味"为核心,以"软性"为形式。但是与传统环境不同,网络环境下的广告方式与手段更加多样化,发布广告的媒体也更加多元化,因此社会组织应详细研究,选择最适合自己公关目标的媒体、手段和方式。

作为网络广告家族的一员,网络公关广告的种类主要有四大类,即形象网络广告、公益网络广告、观念网络广告、响应网络广告。

(1) 形象网络广告是指以组织机构整体形象的推出为内容的网络广告。例如,上海第一百货商店在建店四十周年纪念之时,提出了"不惑之年,赤诚之心"的网络广告口号,同时设计了以"40"字样组成的店庆标志,包含了由红绸带象征的喜庆、心形图案表达的"赤诚心"和店标显示的企业个性识别三个信息特征,其后又将这一网络广告口号和店庆标志贯穿于一系列网络公关活动中,立时加强了受众对"上一百"的印象和信心,取得了良好的社会效益。形象网络广告的推出要与企业的整体营销相结合,在营销定位战略的指导下制作,以求达最佳功效。

(2) 公益网络广告是指以举办社会公益事业或参与公益活动为主要特征的网络广告。近年来,我国企业和政府发掘和提炼了不少公益广告主题:有尊老爱幼、关心残疾和下岗就业的社会公德类;有社会助学、尊重人才的提倡教育类;有清除污染、美化环境、保护珍奇的环境保护类等。

公共关系学

（3）观念网络广告是指以倡导某种观念为主题的网络广告。其又可划分三种类型，分别是倡议型、影响型和激励型。①倡议型网络广告是指由组织率先提出社会新风尚、新观念为宣传内容的网络广告。其所倡议内容可与组织相关，也可毫不相关，一般可以国家政策、科学习惯等为内容。②影响型网络广告是指以取得政府或社会公众的支持为主要目的的网络广告。加拿大西格拉姆酿酒公司在美国各大门户网站上同时刊登一条广告："劝君切勿饮酒过量。"一个月后，该公司收到赞扬信15万封，推崇该公司这种对消费者负责的诚实态度。③激励型网络广告多用于对组织内部员工。组织机构要营造良好的环境，不仅包括企业外部环境，同样也包括内部环境，既要取得社会公众的支持，也要取得本机构内部员工的支持。

（4）响应网络广告主要目的在于表达组织不仅仅只考虑组织自身的利益和发展，而且还善于从社会全局的角度来考虑问题，愿意为社会的发展作出努力，体现组织与社会各个方面的联系，求得社会各界公众的理解和支持，是树立组织形象的一个重要手段。

二、网络公关禁忌

组织利用网络开展公共关系活动时，应注意以下禁忌。

一忌滥发邮件。

二忌邮件没有主题或主题不明确。

三忌隐藏发件人姓名。

四忌邮件内容繁杂，采用附件形式。

五忌邮件格式混乱。

六忌不及时回复邮件。

七忌在论坛上制造虚假消息，误导舆论、愚弄公众。

八忌网页花哨，华而不实。

九忌网站长时间不做更新。

强生含毒门

2009年3月10日，朱女士在网上发表了一篇《强生差点把我一岁半的女儿毁容》的帖子，并附上了女儿使用强生产品前后的照片：使用润肤霜前女儿皮肤白净光滑，而使用后的照片上，却满脸红疱，差点把一岁半的女儿毁容。这份帖子迅速得到广泛关注，达到了近25万的点击量，留言中有网友反映有类似经历，以"抵制强生，保护家人"为主题的QQ群也在不断膨胀。

3月14日，强生在美国被一家名为"安全化妆品运动"的非营利性组织检测出含有有毒物质。

3月24日，强生在全国多家媒体上刊出广告宣布，强生婴儿产品经国家食品药品监督管理局和国家质检总局检验，符合中国相关的质量和安全标准。强生还采取了相应措施，在销售产品的各大超市张贴"声明"，称自己的产品没有问题，并感谢广大母亲的信赖。

案例分析：

应该说，强生的危机公关反应非常迅速，危机爆发之后，强生立即从可能导致危机升级、市场崩溃两大主要渠道入手——一方面向全国各大媒体发出产品澄清说明的传真，防止媒体继续跟踪报道；另一方面，向各大卖场发去质检部门的无毒证明，为挽救消费信心做尽可能的努力。在防止危机扩散方面，强生做了很多。但在消费沟通方面，强生却是乏善可陈的——在产品被爆出有毒、真相未明之时，强生产品的市场销售依然进行着；在消费者对产品质量疑惑之时，强生一纸公告让所有希望退货的消费者愿望破灭。这或多或少影响了其在公众中的形象。

第十一章 网络公关

第四节 网络公关新应用

一、即时通信公关

在互联网飞速发展的今天,互联网这个平台不受时间、空间、地域的限制,将各种有相同爱好的人聚集在了一起,人们可以对自己感兴趣的话题和问题进行讨论。其中网络即时通信工具(Instant Messaging,IM),把此类用户进行了非常精准的细分。现在,已经不止是青年人爱用即时通信工具,有大量的中老年人也加入了用户行列。国内常用的即时通信工具有QQ和微信等。根据腾讯公布的业绩报告,2016年第四季度,QQ月活跃账户达到8.68亿,比上年同期增长2%;作为对比,微信和WeChat的合并月活跃账户数达到8.89亿,比上年同期增长28%。

即时通信公关(也称IM公关)主要有两个特点:一是是传播速度非常快,而且是网状传播,有一传十、十传百的效果,尤其是在危机公关中,IM公关有奇效;二是可信度高,这是因为即时通信的联系人之间往往都存在某种信任,公关信息通过这样的渠道传递,自然可信度也比较高。

二、自媒体公关

公关是一门艺术,在自媒体时代之前,企业公众传播的方式无非是将企业想要传达的信息告诉媒体,通过媒体传达给大众,因为企业并不承担"媒体"的身份和职责。因此在多年以前,如果企业遇到了危机想要澄清,大体有两种办法:一是把澄清全文发给媒体,由媒体公布;二是开发布会,面向媒体做出自己的澄清,再由媒体公布。虽然理论上讲企业可以开直接面对公众的发布会,但这并不容易实现,因此发布会的形式与把稿子发给媒体的形式异曲同工。

自媒体时代的到来,让任何一个企业和机构都可以几乎无成本地成为媒体,且他们在面对危机时的声明不必经过媒体,可以直接面向公众。现今,你可以发现不少企业在需要发布声明的时候,会在发布新闻稿的同时直接发布在自己的官方微博、微信公众号上,甚至不少企业的这些声明只发布于微博、微信等渠道。

自媒体运营的关键是要有"个性",讲"艺术",将一个组织进行拟人化运作,激起公关对象的兴趣和共鸣。自媒体语言网络化的性质决定企业在发声的时候并不一定需要义正言辞的"声明",有时候"另类"声明可能取得更好的效果。

2013年"双11"的时候,天猫在公布数据的时候称:"内裤销售200万条,连起来有3000km长。"这一失误往轻了看是算错了数,往重了看可就是数据造假了。这个数据在当天遭到了不少网友的吐槽,但随后天猫并没有用惯用的"官方声明"来解释,而是放出了据说是马云与编辑的对话的截图。截图中,两个人互相调侃,自黑"数字盲"。这个不那么严肃的"声明"成功转移了网友的注意力,迅速化解了危机,可以说是剑走偏锋,成功解围。

三、舆情监测

不管是传统公关还是网络公关,舆情都是公关活动中的重要因素。随着互联网的快速发展,网络媒体作为一种新的信息传播形式,已深入人们的日常生活。网友言论活跃已达到前所未有的程度,不论是国内还是国际重大事件,都能马上形成网上舆论。公众通过网络来表达观点、传播思想,进而产生巨大的舆论压力,达到任何部门、机构都无法忽视的地步。可

公共关系学

以说，互联网已成为思想文化信息的集散地和社会舆论的放大器。舆情监测可以帮助我们发现大众讨论热点、舆情风向，组织开展网络公关，舆情监测是基本前提，只有掌握风向，才能顺势而为、成功公关。

网络舆情监测是指整合互联网信息采集技术及信息智能处理技术，通过对互联网海量信息进行自动抓取、自动分类聚类、主题检测、专题聚焦，形成简报、报告、图表等分析结果，为组织全面掌握群众思想动态、做出正确舆论引导提供依据的活动。

网络舆情监测是以现代数据管理技术为基础的，其一般工作流程为：

（1）网络信息采集系统从互联网上采集新闻、论坛、博客、评论等舆情信息，存储到采集信息数据库中。

（2）舆情分析引擎负责对采集到的信息进行清洗、智能研判和加工，分析结果，保存在舆情成果库中。舆情分析引擎依赖于智能分析技术和舆情知识库。

（3）舆情服务平台把舆情成果库中经过加工处理的舆情数据以组织需要的形式展示出来，供决策者使用。

目前，市场上有很多成熟的商业舆情监测系统产品，也有不少专业的舆情监测和研究机构，这都为组织公关、掌握舆情提供了便利。

【案例 11-1】
"顺丰小哥被打"与"如家酒店女生遇袭"中的网络公关

案例一　顺丰小哥被打事件

2016 年，4 月 17 日上午，一位快递小哥驾驶电动三轮车运送快递，与一辆黑色现代车发生刮蹭。黑色轿车驾驶员下车后连抽快递员耳光，并破口大骂。视频中，中年男子至少 5 次击打快递员面部，并伴有辱骂，甚是猖狂。这个视频引起了社会对快递"小哥"尊严的广泛讨论。网民纷纷谴责打人者，并且十分同情视频中的快递小哥。顺丰官方微博首先站出来为员工发声，见图 11-1。

图 11-1　顺丰官方微博截图

第十一章 网络公关

4月17日当晚，朋友圈和微博风传一张据说为王卫个人朋友圈的截图，上面写道："我王卫向着所有的朋友声明！如果我这事不追究到底！我不再配做顺丰总裁！"

随后，顺丰集团也表示：对于此次暴力事件非常震惊，并已指派集团高层跟进处理后续事宜。公司已向警方报案，并安排小哥进行伤情鉴定。

网友认为：一场快递小哥被打事件不仅牵出了背后的"霸道总裁"，也反映了顺丰处理事件时的暖暖情意，不得不说这场公关事件真的很暖！

案例二　如家酒店女生遇袭事件

2016年4月5日，一位微博名字为"弯弯-2016"的女子在如家旗下的和颐酒店遭遇一名不明男子拖拽。事件曝光后，迅速在社交媒体上传播。全国网友都在讨论女子被拽的原因、男子的身份、男子与酒店的关系，以及酒店保安看到却只是劝说没有采取更进一步措施的缘由。社会舆论反应之激烈让如家始料不及，也成为如家巨大的危机公关事件。4月6日，如家首次发出官方致歉声明，后又陆续发布致歉声明，并与"弯弯"进行沟通。直到4月8日确认犯罪嫌疑人已被抓获后，事件才在一片争议中渐渐平息。

而4月5日，正好巧合，也是如家从美国退市宣布完成私有化，并入首旅酒店集团的大日子。在这个至关重要的关口，如家却遇此危机。

如家酒店集团CEO孙坚在《中国企业家》的专访中表示，在这次事件带来的品牌影响下，他更多的思考是回归国内市场后，如家未来的整合与发展。

孙坚说："不要试图对抗一个还在'风口'上的事件，因为每一句话，你是善意的，都有可能被别人曲解甚至利用，所以没有意义。公关就是两个反应：当这件事情发生后，马上行动，彻底来查清这件事情。如果是一个诽谤，就要用法律武器保护企业。如果不是诽谤，确实有问题，那么就承认错误、道歉、整改。这两个讲完以后你就不用再讲了，因为任何的话都是无利的，特别是像我们这样一个多网点的服务型企业。"

[案例讨论]　"网络时代，无处不公关。"结合以上两个案例谈谈对这句话的看法。如家酒店集团CEO的话对你有什么启发？

【思考·讨论·训练】

1. 网络传播的优势和特点有哪些？
2. 网络时代企业如何搞好其公共关系活动？
3. 如何应用网络公关？
4. 网络公关的禁忌有哪些？

第十二章 公共语言与礼节

本章提要 公共关系语言的运用非常广泛,不仅包括有声的语言,还包括无声语言。本章主要介绍了界域语言、体态语言、服饰语言、公关礼节和跨文化公关语言。这些内容从不同的方面指出了在公关交际活动中,综合运用声语言和其他副语言,能更容易达到公共关系活动的效果。

公共关系语言即公共关系活动中的语言,是指社会组织的公共关系人员为了塑造组织形象,在传播沟通中向公众传播信息的符号。除口头语言外,还包括界域语言、体态语言、服饰语言和书面语言等内容。

关于公共关系语言艺术对于个人发展的重要性,卡耐基说:"尽量培养出一种能力,让别人能够看到你的脑海和心灵。一个人在别人面前,在大众面前,应当清晰地传达出自己的思想和意念,在你这样努力去做而不断进步时,你便会发现,你——真正的自我——正在人们心目中塑造前所未有的形象,产生前所未有的震击。如果你真的这样做,你就会一箭双雕:你的自信心也随之增强,你整个人的性格也会越来越美好。"

第一节 公共关系语言的一般要求

一、公共关系语言的特点

公共关系语言是在公共关系语言交际中产生的言语现象,它具有一般言语的特点,但作为一种专门用于公共关系实务领域的特殊的言语现象,由于自身性质与功用的特征,又使它具有若干不同于非公共关系语言的基本特点。这些特点主要有以下几种。

1. 功利性

公共关系因为具有明确的目的性,所以公共关系语言具有明确的功利性。公共关系工作的最终目的是树立组织美好形象,建立组织与公众之间的良好关系,因此,一切公共关系语言的运用都为实现这一目的而服务,为特定的功效和利益服务。如企业所提出的经营理念、经营口号等。因此,公共关系语言艺术技巧和策略的讲究、语言体式的选择、话语风格的创造都必须以解决实际问题,讲究实效,有利于实现特定的公关目的为准则。这一特征也决定了公共关系语言在运用时要简洁、明确,以保证高效、准确地传递信息。

2. 文明礼貌性

在公共关系活动中,公共关系人员与公众开展交际活动时,言行举止要显示出文明礼貌性。公共关系意识中的首要意识是尊重公众意识。一个组织的任何言行都必须考虑到公众的愿望和利益,都必须考虑社会影响。为此,公共关系主体首先应从自身做起,依照法律、道德、习俗等社会通行的准则来行事。另外,公共关系语言的文明礼貌性也与公众的自我需要有关。公众有社交需要、尊重需要和自我实现的需要,为了争取公众的支持、理解和信任,

第十二章 公共关系语言艺术

与公众进行积极、有效的合作,公共关系人员必须尊重公众、善待公众,与公众交往时在言语行为、言语内容和言语形式三个方面做到举止文雅,谈吐谦和得体。

3. 情感性

融情动心、以情取胜是公共关系实务活动的重要语言策略。公众是理智和富有情感的,公共关系主体在与公众协调关系时,要看到情感影响公众行为的重要性,用良好的自身行为、诚信的形象和情深意笃的言语向公众晓之以理、动之以情,引发公众的理解和支持行为。公共关系语言的情感性体现在各类社会组织的各种公共关系活动的话语中,通过自然语言和非自然体态语言的种种表情手段,运用具有感情色彩的词汇、亲切热情的语气,打动公众的心灵。

二、语言禁忌

语言可以修饰一个人的外表,好的语言使人形貌增光,差的语言则会让人黯然失色。因此,在运用语言的过程中,为了更好地让语言修饰公共关系人员、帮助其达成目标,一定要注意一些语言运用的忌讳。

(1) 人多时主张少说话,坚持"沉默是金"。而"沉默是金",不是不要说话,而是不要不知节制地任意发表意见。在大家共同讨论问题时,出言要慎重,不要随意地发表未经考虑成熟的观点。

(2) 不要为自己说过的话、承诺的事没有做到而辩白。"人而无信,不知其可也。"公共关系人员要以真诚的态度对待公众,对公众承诺的事就一定要做到,防止因自己言行的不一致导致公众对组织形象的误解。

(3) 要注意相关词汇的使用。尤其是在年长者、身份或地位高的人面前,说话一定要有分寸,最好不要说让自己后悔的词句。要防止因一时不慎,伤害公众的感情,破坏尊重公众的沟通氛围。

(4) 在讨论问题时,不要不懂装懂,随意附和别人。不懂的问题可以向公众虚心讨教,这样往往更容易与对方沟通。与人谈话时,要先学会听别人说,然后很高明地赞同对方的意见。

三、公共关系语言表达原则

公共关系语言表达原则是指公共关系语言表达主体向社会公众传递公共关系信息,以求公众理解和领会的原则。它包括以下几项原则。

1. 诚信原则

诚信是中华民族的传统美德,是做人的一条基本原则。诚信的公共关系用语原则是实现公共关系目标的要求。公共关系人员在公共关系实务活动中的言行举止一定要态度真诚、情感真挚,传达的公共关系信息要真实可信,不能用虚假的语言对待公众。如《国际公共关系道德准则》中规定,公共关系人员应该保证做到,在任何时候、任何场合,自己的行为都应赢得有关方面的信赖。

2. 适切原则

语言运用讲究适切性,即语言运用要依据环境场合、交际对象做合乎情景的表达。适切原则要求语言表达与语言交际的五要素,即表达主体、接受主体、表达对象、表达手段和交际环境,互相适应、互相切合。①表达主体即交际中构建话语的人,语言表达必须切合表达主体的身份特征,并注意表达主体角色的转变。②语言表达必须为确切地传达组织信息、实现公共关系实务目的服务。③语言表达必须适应不同公众的不同特点。公众作为公共关系语言的接受者,虽然不能决定传播什么信息,但能够决定接受什么信息,而且,接受信息的程度取决于公众本身的特性。所以,面对不同的公众,由于年龄、知识水平、接受能力、接受特点、心理特点和语言喜好不同,要合理地组织语言。④语言表达要适应特定语言环境。语言环境主要是指语言活动赖以进行的时间和场合地点等因素,也包括前言后语和上下文。

3. 规范原则

公共关系实务语言的运用要遵守公认的语言规范,即国际、国内公认或法定的语言及其具体语音、文字、词汇、语法标准。首先,在国内应当使用标准的普通话,以求得良好的公关效果;其次,应严格遵守现代汉语本身的语音、文字、词汇、语法标准,不应出现错误。

以上三方面构成了公共关系语言的表达原则。三者之间有密切的关系,诚信是基础,没有诚信谈不上适切和规范,但要发挥诚信的功效,则必须适切和规范。因此,在诚信的基础上,必须追求话语与表达主体、接受主体和语言环境特点的适切吻合,讲求语言规范、正确,这样才能使公共关系语言表达收到理想的表达效果。

四、公共关系语言运用的技巧

(1) 内容要富有新意。语言的内容要新鲜、新奇,要新还要变,即不断地推陈出新。根据公众需要和兴趣的变化,不断地调整公共关系语言的内容,用不同的语言表达同一内容。如可口可乐在近一个世纪的营销活动中,广告语言能根据青年人的兴趣而变化。

(2) 内容要真实。公共关系人员可以运用语言夸张地表达其对某事物的感受,但绝不能胡编乱造、无中生有。

(3) 信息准确。表达的公共关系信息要准确,不能模棱两可。另外,公共关系语言的准确不仅表现在口头语言里,还表现在其他非口头语言中,如服饰语言。

(4) 语言简洁。公共关系人员将自己的思想观点简单、明了地传递出去,让公众在尽可能短的时间内接受尽可能多的信息。

(5) 生动形象。将复杂的信息具体化,将枯燥的东西变成有趣的内容传递出去,适当地采用轻松、愉快的语言将严肃、庄重的信息传达给公众,以便于公众的接受。

(6) 语速适度。在表达时,要讲究语速,当快则快,当慢则慢,快慢结合,主要根据公众的构成、讲话时的气氛、内容的多少来调节语速。并且适当的语速要配合语音的韵律,即注意声音的轻重、语调的高低和节奏的变换等。

(7) 富于情感。这是要达到晓之以理、动之以情的效果。尤其是公共关系人员,他们的语言情感不仅是自己的情感,还是组织的情感,而且要符合社会公众的某种需要。

(8) 善用体态语言。在公共关系交流中,体态语言至关重要,它对于表达思想感情、塑造良好形象具有不可忽视的作用。体态语言从部位或表现力着眼,可分为三类,即表情语、手势语、体姿语。体态语言既有配合有声语言传递信息的辅助作用,又有代替有声语言传情达意的替代功能,因此,善用体态语言是实现有效交际的重要一环。

第二节 公关界域语言

公关界域语言是指公共关系的人际交往活动中,人与人之间的空间距离。

第十二章 公共关系语言艺术

空间距离是人们在社会生活中凭心灵、感觉、智慧、经验去把握的"小世界"。它具有内隐性、直觉性和敏感性，对人的行为、心理、感情等会产生潜在的制约和影响作用。在实际的人际交往中，人们普遍应遵循一个简单的距离意识法则：为了增进了解，请缩短距离；为了维持友谊，请保持距离。但具体在把握时，还要进一步细化距离意识。

一、空间距离

关于空间距离的把握，美国的爱德华·霍尔博士把人际交往的个体空间分为四种距离，每种距离还进行了具体划分，以便于人们在人际交往中把握和使用。

1. 亲密距离

亲密距离可划分为两段：

（1）0~15cm之间。这是人际交往中的最小距离。交往双方有明确的对象意识，表现为交往双方亲密无间的亲密接触关系，属于完全的私人领地。此种距离内交往，除了有固定的交往对象外，还有严格的场合限制。它一般只能在夫妻、密友、父母与子女之间运用，一般不宜在社交场合出现。用不自然或强行的方式进入该交往区域，会被视为对他人的侵犯。

（2）15~45cm之间。在这个区域交往的双方相互传达的是双方互不设防的信息，在局外人看来，交往双方关系密切。它一般运用于兄弟姐妹、密友、同志之间，该区域通常也受极其严格的对象与场合限制，不宜出现在正式、公众的场合。

2. 个人距离

个人距离的分寸感较强，交往双方虽然关系良好，但有一定的距离。它也划分为两段：

（1）45~75cm之间。这个距离是较熟悉的人之间可以握手、交谈的距离，但交谈的内容具有一定的隐私性，是不便对其他人公开的。如果是不熟悉的人或陌生的人在这一范围内出现，往往会被对方认为是一种挑衅。

（2）75~120cm之间。这一距离是人们双手伸直、可以互触手指的距离，或者是一个人伸直双臂，转动划一个圆圈的范围，是个人可以支配的势力圈。它具有较强的开放性，适用于各类社交场合。

3. 社交距离

社交距离是用于社交性、礼节性的正式交往距离。它可以分为两段：

（1）120~210cm。这一交往距离是在社交场合使用最广泛的距离，在工作场合和公共场所均可以使用。如公司领导对下属布置任务，接见因公来访的客人时，一般在此范围内进行交流。另外，在该距离内，交往双方距离适度，便于开展深入的洽谈。

（2）210~360cm。在该范围内交往的双方是一种非常正式的交往关系，如国家元首接见外宾，集团的大老板接见下属等。足够的距离是为了表示对交往对方的尊重。而在此距离内，也不会妨碍双方交谈一些内容公开的话题。

4. 公众距离

公众距离是在与公众交往中所使用的距离。在该距离内，交往双方往往是一对多的关系，因此不便于直接的个体交流。它分为两个距离段：

（1）360~750cm。不难想象，3m开外的距离是不便于深入交谈的，而且这一距离要求说话者要保持足够大的音量。在正常的交往场合是不会出现大嚷大叫的情况。此距离只适用于教师与学生在上课的时候用，或演讲者与听众之间。

（2）750cm以上。大于750cm的距离是人类确保自身安全所必需的距离。比如若在750cm

范围之内发现一只狼，人们潜意识中就会出现一个信号——快跑，否则就来不及了。

以上四种社交距离反映在人们的日常交往中，人们会不自觉地调整与交往对象的距离，如果对方不配合作出调整，则往往很难将交往继续下去。因此，作为公共关系人员，一定要熟谙人际交往的空间距离，以更好地与公众沟通交往。另外，霍尔所做的空间距离的划分，并不一定适用于任何一个人，因为不同的人在交往中空间距离感不同，所以要根据交往对象适时调整。

二、影响人际交往空间距离的因素

1. 性别差异因素

实际生活中，男性与女性在许多方面存在着差异。男性出于一种自尊和较强的防卫心理，在与人交往中，会不自觉地拉大空间距离，尤其男性与男性之间交往。而女性在这方面恰恰相反，她们会不自觉地缩小交往的空间距离，而且女性之间可以自由地进入对方的亲密区域。生活中的表现就是如果看到两位男性手挽手在一起，会让旁观者感觉不舒服，而两个女士若如此，人们会认为司空见惯、无可厚非。

不仅如此，两者在确定空间交往位置上也有不同。男性因为对象意识很强，在与较熟悉的人交往时，往往愿意出现在交往对象的对面。另外，男性反感陌生人占据自己对面的空间距离，对靠近身边的陌生人极为排斥，反应可能是有意坚持不动，直到对方做出调整。

2. 性格差异因素

不同性格的人在与他人交往时，空间距离大小不同。一般来说，性格开朗的人与他人交往空间距离较小，而性格内向或孤僻的人与他人交往空间距离较大。而且，这一特性还表现在不同国家的人交往距离大小有差异。如法兰西民族的人们性格浪漫，喜欢保持较近的距离；而英国人讲求绅士风度，不习惯近距离接触。曾有人介绍过这样一个案例，在一次鸡尾酒会上，一位英国人与一位法国人在交谈，令旁观者奇怪的是，双方一边交谈一边挪动脚步，而且看上去两者并没有察觉自己的举动。后来，人们发现，原来是双方在不自觉地调整空间距离。

3. 交往场合与心理状态差异因素

研究表明，在条件允许的情况下，人们会恪守原有的距离；但在条件不允许的情况下，如一些较为拥挤的交往场合，由于特定的客观环境条件的制约，人们只能消极地容忍他人接近。比如人们在拥挤的公交车上时，为了让自己能够容忍陌生人的靠近，往往把脸朝向窗外，或装作目中无人的样子，而脸上的表情大多是不快的。在消极容忍的情况下，人们心情很糟糕，一不小心就会引发争吵。

人在心理平衡、心情愉悦时，空间距离会缩小，容易表现出一种随和可亲的交往态度；反之，在心理失衡、心情烦躁时，交往空间距离会自觉拉大。

4. 社会地位因素

人们因为社会地位不同，所以期望受他人尊重的程度不同。身份、地位高的人，交往时习惯与他人保持较大的距离，以示区别。他们往往为了此目的，人为地设定一些范围，如较宽大的办公桌等。此时作为下级，也要看到这一点，不要轻易与上级近距离接触，最好在设定的距离之外与之交流。

公共关系人员在与公众交往时，要根据交往对象的特点、交往程度与特定环境、交往内容与目的等因素测定出较准确的交往空间距离，以便让双方在舒适的氛围中更好地交谈。

第十二章　公共关系语言艺术

第三节　体态语言

一、体态语言的概念

体态语言又叫人体语言、动作语言，它是指用表情、动作或体态来交流思想的辅助工具，是一种伴随语言。体态语言是表露人内心、寄予人感情的语言，具有表意性和交际性，它不同于人们的一般动作。

体态语言运用广泛，而且具有直观性、依附性、民族性、时代性的特点。

从体态语言的部位和表现力着眼，可以把体态语言区分为表情语、手势语和体姿语三类。表情语是通过面部表情来交流情感、传递信息的体态语言，表现力较强而又与公共关系实务关系密切的是目光语和微笑语。手势语是通过人体上肢的动作来传递交际信息的体态语言，尤以手指语、握手语、鼓掌语和挥手语的交际功能最强。体姿语是以人的各种身姿来传情达意的体态语言，如坐姿语、立姿语和步姿语等。

二、公共关系体态语言的运用

1. 表情语的运用

人们脸上有几个器官，眉、目、鼻、嘴，这几个器官在面部构成了一个"三角区"，这个三角区是表情语最集中、最丰富的地区，而且人与人之间在交流时都会注视着这一区域，人们可以从这里看出各种心态，体会出更多的复杂情感。

（1）目光语。目光语是指运用眼神、目光来传递信息、表达情感、参与交际的语言。心理学家认为眼睛是心灵的窗户，人们心灵深处的东西可以通过这个窗口折射出来。人的眼睛与舌头说的话一样多，不需字典，却能够从眼睛的语言中了解整个世界。因而目光语较之其他体态语言，是一种更复杂、更深刻、更富有表现力的语言。

运用不同的目光，传递的信息就不同。一般来说，明澈、坦荡、执著的目光，是为人正直、心胸广阔、奋发向上的表现，用这种目光或眼神与人交谈或者谈判，易获得对方的信任或促进谈判的成功；相反，目光麻木呆滞，眼神灰暗无神，是无能为力或不求上进的表现；目光漂浮游移、眼神狡诈是为人轻浮浅薄或不诚实的表现，用这种眼神与人交流会使人觉得你心神不安，从而拉大双方心理距离。

在公共关系实务中，恰当运用目光语，能增添话语的表达效果；反之，目光语运用不当，就会伤害公众，收到相反的效果。这其中，最重要的是注视区间的运用。注视区间在使用中，一般有三种：

1）公务注视区间。它又称严肃注视区间，是指以两眼为底，与前额上部顶点所连成的三角区域。注视这一区域，能造成严肃、认真、居高临下的效果。所以，一般一些自信的商人、外交人员、领导者常注视这一区域，或长辈注视晚辈时，以此方式作为对对方的一种威慑。所以，公共关系人员在与公众尤其是长者、身份或地位高的人交往时，不能使用该注视区间。

2）社交注视区间。它是指以两眼为上线，以下颌为顶点的倒三角形区域。在与人交流时，目光注视这一区域，表达的情感是交往双方是平等的，可以开诚布公地展开交流。公共关系人员在参加酒会、舞会、茶话会时要注意使用此注视区间，以使双方在交流时感觉心情舒畅。有时，在听对方讲话时，将目光放在该区域，则表示"你接着说，我在听"的意思。

公共关系学

3）亲密注视区间。它是指以胸部为底线，以两眼为上线所构成的梯形区域。交流时视线主要停留在双眼、嘴部或胸部。这种目光是"表达爱意的一种眼光"，常在恋人、至爱亲朋之间采用。在与平常的异性相视时，一般不宜使用，否则会让人觉得心存不良。

除了注视区间之外，在运用目光时还要注意两个方面：

第一，注意目光注视的时间长短。在与人交谈时，视线接触对方面部的时间应占全部谈话时间的20%~60%，超过这一平均值，可认为"对谈话本人比谈话内容更感兴趣"，如果更长时间地盯着对方，还可以被视为一种失礼或挑衅行为；低于这一平均值，则表示"对谈话内容及谈话本人不太感兴趣"。如果长时间地不看对方，做出回避视线的行为，则是不愿被对方看见的意思，即意味着可能隐藏着不愿让对方知道的事情。如果眼神游移不定，则可能被认为是"心里有鬼"。

第二，注意目光注视的方式。目光注视的方式有多种，如斜视、扫视、窥视、正视和环视等。斜视表示轻蔑，扫视显得不尊重，窥视表示鄙夷。公共关系活动中的目光注视方式以正视和环视为宜。当个别交谈时，用正视表示尊重和庄重；当与广大公众交谈时，既要正视，又要结合环视，这样，可以使坐在每个位置上的公众不至于产生冷落之感，有利于造就和谐友好的气氛，促进公共关系目标的实现。

（2）微笑语。微笑语是指通过略带笑容，不出声的笑来传递信息的体态语言。微笑语是一种通用语，它除了表示友好、愉悦、欢迎之外，还可表示歉意、拒绝、否定。笑在人际交往中，甚至在调节个人心理状态方面都很重要。

实际生活中的笑有许多种。轻笑：是与他人打招呼或拒绝他人的表示；抿嘴而笑：是矜持、含蓄的表示，也是回避过激行为或不便于答复的意思；微笑是嘴、眼均动的真诚的笑，在公共关系活动中运用得最多；大笑：一般不宜在社交场合出现，尤其女性，不宜当众大笑。

公共关系人员在任何场合都应该始终保持一张亲切的笑脸，尤其对于初次见面的公众，微笑能大大缩短双方的心理距离，使彼此获得好感与信任。对于企业而言，微笑服务是获得、维持和改善企业与公众关系的诀窍。在日本，售货员是否笑脸待客，是能否保住工作的关键一环。希尔顿旅馆的生意之好，财产增产之快，其成功的秘诀之一，就在于服务人员"微笑的影响力"。凡此等等，足以能看出微笑的魅力。

微笑还可以美化形象。微笑不仅可以美化人们的外形，而且可以陶冶人们的心灵，发自内心的微笑是人们美好心灵的外现。公共关系人员的微笑既塑造自己的个人形象，也塑造自己所代表的组织形象。

总之，微笑的魅力是多方面的。微笑是一种心理的放松和坦然，它来源于心地的善良、宽容和无私，表现的是一种坦荡和大度；微笑是成功者的一种自尊、自爱和自信；微笑是对别人的尊重，也是对爱心和诚心的礼赞。因此，在运用微笑传情达意时，要亲切、和蔼、自然、得体。笑要发自内心，笑要甜美，笑要有技巧，不能无笑装笑。不能讥笑，让人恐慌；不能傻笑，让人尴尬；不能皮笑肉不笑，让人无所适从。

2. 手势语的运用

手势语也是一种表现力很强的体态语言。它常用来弥补有声语言之不足。

在社交中，不同的手势具有不同的表情达意作用；即使同一个手势动作，如果完成的幅度、速度和力度不同，那么其中的含意也不同。因此，作为公共关系人员，首先要掌握规范的手势语，其次才是运用手势语表情达意。

手势语运用的原则是：要规范，尊重约定俗成的模式；与人交谈时，手势不宜过多，动

第十二章 公共关系语言艺术

作不宜过大,要与表情、口语相配合。同时,运用手势语还应考虑到不同地区、民族、国家的文化差异和风俗习惯,以免贻笑大方。手势语种类繁多,以下仅列出几种做分析:

(1) 手指语。手指语是指通过手指的各种动作传递信息的体态语言。无论是交谈、谈判还是演讲,公共关系人员都会有意无意地使用手指的各种动作来辅助或代替有声语言。如双手指尖相对,支于胸前或下巴,意即冷静、闲适、自信;而将手指或指甲放于嘴前或口中,往往是心理不成熟的表现;双手抱于胸前,表明自我保护或拒绝。

手指语的运用要有语境。如在庄重的场合,直伸食指指向对方是对别人不尊重的表现。在不同的国家,一定要注意手指语的运用。如在很多国家,竖大拇指表示称赞,而英国人竖起大拇指表示拦车;在美国,食指向上伸直是在呼唤服务员,而此举在亚洲的一些国家则是唤狗或其他小动物的意思。此外,手指语使用的频率、摆动的幅度以及手指的姿态等都要讲究,应使其优美、和谐地配合有声语言传递信息,过多、过杂而不注意姿势的手指动作,会给人以张牙舞爪之感。

(2) 握手语。握手语是指交际双方互伸右手彼此相握以传递信息的体态语言。握手除了主要表示见面时的礼节之外,还有其他用法和含义。如与成功者握手表示祝贺,与失败者握手表示理解,与欢送者握手表示告别,与对立者握手表示和解,与同盟者握手表示期待等。总之,握手是一种承载着较丰富的交际信息的体态语言。在各种公关场合,握手是常用的手势语,有经验的公共关系人员往往在握手的一刹那,就能揣摩出对方的性格特点以及对方对自己的态度。一般而言,习惯用双手握着别人手的人,大多是热情开朗的人;击掌式的握手,大多是表示自己是干净利落的人;完全伸开手掌握手的人,表示自己是乐于交往、注重感情的人。另外,在握手的力度上也有区别:力量适度表示善意,力度均匀表示情绪稳定;手握得很紧表示彼此熟悉,感情很深,如果是陌生人就可能是有求于你;如果随便拉一拉就放开,或表现得心不在焉,则表示不欢迎你或冷淡你的意思。

在公共关系活动中,能否握手、如何握手也是大有讲究的。一般是女士、年长者、身份或地位高的人、主人、先到者先伸手,男士、年轻者、身份或地位低的人、客人、后到者才能伸出右手与之相握。但其中要注意一个问题,主人与客人之间,迎来客人时主人先伸手以示欢迎;当客人要告辞时,客人先伸手以示告别。男士握手时要脱下手套;而女士如果是穿着晚礼服,戴着长臂的手套,则可以不用脱下。在公共关系实务中,公共关系人员应视公众的具体情况和自己的身份决定是否主动相握以及先与谁握手等问题。

在使用握手语时,还应注意以下一些问题:

1) 握手时,一般要掌心向左伸出,表示自信与平等。如果掌心向下或向左下,表示自己的优势和傲慢;若掌心向上或向左上方,表示自己的被动、软弱。

2) 握手时要讲究用力。用力太轻,会被认为冷淡、不热情;用力太重,又会被认为粗鲁无礼;力度均匀适中,是礼貌、热情、诚恳的表示。男士与女士握手,不要太用力。

3) 握手的时间长短要注意。握手之后,不要立即松开,而应在对方手掌上轻轻滑落,一般,握手时间应保持 1~3s 为宜。

4) 握手时要注意握手部位。相握时只轻轻地抓住对方的几个手指尖,会给人一种冷淡或不愿意合作的感觉;如果用拇指和食指紧紧地攥住对方的四指关节,会让人厌恶。正确的握手方式是手指微微内屈,掌心凹陷,这种握手的方式是友好、亲切的表示。如果握手时对方伸出左手握住胳膊肘、小臂或肩膀,往往是真挚、热情的体现。

5) 握手时,还应该配合其他体态语言。如头微低,眼睛注视对方,面带微笑,身份低者

公共关系学

还应稍稍欠身。注意在握手时不要看第三者或与第三者讲话，或者四处张望。

6) 不能同时与两个人握手或四个人交叉握手。

1972年，尼克松偕夫人访华。当他们迈步走下舷梯，离地面还有三四级台阶时，尼克松已经微笑着伸出了他的手。周恩来总理的手也伸了出来，两人紧紧地握着手，轻轻地摇晃着，足足有一分钟。在一般情况下，应该是作为主人身份的周总理先伸手，而尼克松之所以这么做是当时的美国政府办公厅主任霍尔曼精心安排好的，这样做的目的是纠正1954年在日内瓦杜勒斯拒绝与周总理握手的失礼行为，并表示他与中国建立友好关系的意向。

3. 体姿语的运用

体姿语是指通过身体在某一情景中的姿势来传递信息的体态语言。身体的各种不同的姿势都能表达一定的信息，无论是坐姿、立姿、步姿还是其他体姿都能表达人的内心情感与体现人的文化修养。俗话说，"站有站相，坐有坐相"、"坐如钟，站如松，行如风"。与公共关系活动密切相关的是坐姿、立姿和步姿。公共关系人员基本的坐、立、行的体姿动作都应走向规范。

(1) 坐姿语。坐姿语是指通过各种坐姿传达信息的语言。不同的坐姿传递的信息不同。如男性微微张开双腿而坐，是稳重豁达的表示，而跷起二郎腿的坐姿，是轻松、自信的表示；女性并拢双膝而坐，是庄重、矜持的表示，双腿交叉而又配合抱胸的坐姿，是一种自卫、防范的表示。坐的姿势的变更也体现语意的变化。如面对对方挺腰直坐，是对对方谈话感兴趣的表现，也是一种对对方尊敬的表示；侧身坐则不仅表示不感兴趣，而且表示对对方不尊敬；本来是面对面端坐，后改为斜坐，表示对对方话语内容前重后轻，如果相反，则意味着原先不感兴趣后来又引起了兴趣。

坐姿有三种类型：第一种是正襟危坐，表现为身体挺直，双脚并拢或略微分开，如果是女性则是并拢双膝或脚踝交叉并略斜向一侧的坐姿。第二种是随意坐姿，即随便性的坐姿，表现为坐得较深，上肢随意放，下肢可跷二郎腿，上半身完全靠在椅背上。第三种是半随意坐姿，即介于前两者之间的一种坐姿，表现为头部微微后仰，身子斜靠在椅背上，一只脚架在另一只脚上。

在公共关系活动中，选用什么样的坐姿是受语境制约的。如在演讲、外事谈判、正式的会议上，一般应采用正襟危坐的严肃坐姿，这样显得庄重和尊重公众。如在一般的交谈、接待、庆典或联谊会上，可以采取半随意坐姿，这样易于造就和谐、融洽的气氛，缩短交际双方的心理距离。随意坐姿一般只使用于非公众场合。

在选择正确的坐姿之前，要注意如何落座。一般是走到座位之前，然后轻稳坐下，通常要坐在中间，即椅面的大约2/3处，不宜太深。女士着裙装时，应首先用手将后裙摆捋平之后落座。女士不宜跷二郎腿，应两腿并拢，两脚交叉。落座之后，如与左右方客人谈话，应该只扭头，而不转动上身和腿，以免冷落另一方。

一个人的坐姿是其气质、素养和个性的显现。在公共关系活动中，坐姿是不可忽视的。优美得体的坐姿可塑造公共关系人员的形象。如在宴会时的坐姿，应该保持端坐，但不可以显得僵硬；在进食时，要端起食物送到嘴边，不可将手肘放到桌面上，而只要将手搭在桌面边即可。在与人交谈时，不要摇来摇去，更不能跷起二郎腿并不停地抖动。

(2) 立姿语。立姿语是指通过站立的姿态传递信息的语言。不同的立姿，传递不同的信息。在站立时，身体要挺直，挺胸抬头，下颌微收，双目平视。两腿合拢或自然分开一些，两脚要平行，且脚跟并拢。女士一般是两脚脚跟并拢，脚尖略向外分，两手于腹前交叉。

第十二章 公共关系语言艺术

在公共关系交际中，优美的立姿配合有声语言能收到良好的表达效果。如某些著名的演讲家在演讲时，挺身直立的姿势，给人们留下了潇洒自如、气宇轩昂的深刻印象。在外事活动中，公共关系人员迎送宾客的立姿，再辅之以欠身、手势等动作，也给人彬彬有礼、谦恭可亲的印象。这种立姿应该是：站正，身体重心放在两脚中间，胸微挺，腰直肩平，两眼平视，嘴微闭，面带笑容，双肩舒展，双臂自然下垂，两腿膝关节和髋关节展直。这种立姿应该在平时注重训练，而不是在关键时刻依靠及时调整。

（3）步姿语。步姿语是指通过行走的步态来传递信息的语言。心理学家曾做过实验，发觉人们的步姿不仅与其性格有关，而且也与其心情和职业有密切的关系。根据人们的步姿，步姿语可以分为五种类型：

1）自然型。行走时，步伐稳健，步幅不大不小，步速不快不慢，上身直立，两眼平视，手呈自然摆动。这种步姿的语义是轻松、平静。

2）礼仪型。行走时，步伐矫健，双膝弯曲度小，步幅、步率都适中，步伐和手的摆动有强烈的节奏感，眼睛正视前方或斜前方。这种步姿所传达的信息是庄重、礼貌。

3）高昂型。行走时，步态轻盈，昂首挺胸，高视阔步。这种步姿的语义是愉悦、自信、傲慢。

4）思索型。行走时，步速有快有慢。快时，踱来踱去；慢时，低视地面，步伐迟缓。这种步姿的语义是沉重、焦急、一筹莫展。

5）沉郁型。行走时，步伐沉重，步幅较小且慢，眼睛低垂。这种步姿表示沮丧、痛苦。

公共关系活动中，公共关系人员应根据不同的语境选用不同的步姿。如在接待、讲话、访问或会见等场合，应用自然型步姿，显得轻松、自然、和谐。在隆重的场合，应用礼仪型步姿，显得威武、庄重、彬彬有礼。

在步姿语中，要注意不要跑，有急事时，可以走快一些，但不能跑，尤其女士穿套装和高跟鞋时。跑一方面是慌张的表现，一方面有摔倒的危险。不能边走边吃东西，以免弄得狼狈不堪；不能几个人并排走，更不能边走边打打闹闹、拉拉扯扯；不能手舞足蹈或指手画脚，对行人品头论足。

第四节 服饰语言

服饰可以理解为服装与妆饰，是在人际交往中最能引起对方注意的，即人们所说的"第一印象"。服饰作为一种无声的语言，除了可以修饰一个人的外表外，还可以传达其他一些信息。

一、服饰语言的五应原则

1. 应时原则

"时"是"时代"的意思。公共关系人员的服饰应该与时代进步的主流风格保持一致，不复古，也不前卫，保持一种自然得体的风格，让绝大多数人均可以接受。而且，俗话说："爱赶时髦的人不一定懂美，懂美的人并不一味赶时髦。"公共关系人员的服饰应保持中性，不能标新立异。

2. 应景原则

公共关系人员的服饰应充分考虑到自己即将出现或主要活动的地点，服饰应与环境保持一致。如要参加一个重要的会议，就应该穿正式的西装或套装；如果要到工地上会见一个重要的客户，则应该穿工装，以免与环境格格不入，或与被访问者在服饰方面存在较大的差距。曾出现过这样一个笑话，一位销售人员要与他的一个重要客户要见面，客户说到保龄球馆去

公共关系学

谈。销售人员很高兴，着实修饰了一番，穿上笔挺的西装，然后欣然前往。等到达之后，经过一番攀谈，客户逐渐对其产品表现出了兴趣，并邀请销售人员一块儿来玩。不料就在销售人员将球抛出的同时，他的西装在肩部被撕开了一个大口子，他一时感觉很尴尬，就匆忙告辞了，客户也认为对方缺乏基本的交际常识，而放弃了与之签订单的决定。

3. 应事原则

根据自己所处理公事的不同，服饰也应有所变化。在工作中，应着装整洁、大方、得体；在出席会议时，要穿着正式的服装，男士是西装领带，女士是套装；在参加庆典或出席晚宴时，要穿礼服或晚礼服，化妆也可以适度浓重一些。

4. 应己原则

它是指服饰要与性别、年龄、容貌、肤色和身体体态相适宜。合乎性别：男士着装一般要体现刚毅有力、优美有力的男子汉气概；女士则要展示温柔妩媚、典雅端庄的女子风韵。合乎年龄：在不同年龄要体现不同的风格，如青年人要着力展示青春风采，活泼、充满活力的气质；中年人则要显示稳重、扎实的风范；老年人要在着装上讲求素洁，讲求闲适。合乎肤色：服饰的颜色选择要与自己的皮肤颜色相搭配，力图突出优点、掩盖缺陷。合乎形体：服装的样式应与体形相配，一般而言，胖人不宜穿瘦衣，瘦人不宜穿太肥的服装。还要注意的是服饰要与个性气质和职业身份相适宜，通过服饰烘托个性、展示个性，体现自己职业身份的特点以及表现内在的素养，与所从事的职业和身份的角色形象相协调。

5. 应制原则

应制原则是指服饰要制度化：公共关系人员执行公务时的着装应按规定协调搭配，相得益彰，颜色搭配要一致，如单色配单色；服饰要标准化：不可随意穿着，自成一派，标新立异；服饰要系列化：包括衣、裙、裤、帽、鞋、袜、包等服饰均在一个主题范围内。

二、着装

1. 男士的着装

总体来讲，男士的穿着不求华丽、鲜艳，要按规定着装，在重大、正规的场合，应该穿着上下同色的中山装、西装或民族服装，衣着不宜有过多的色彩变化。

（1）男士着装讲求三色原则。它是指全身上下不能超过三种颜色，包括上衣、裤子、衬衣、袜子、鞋等的颜色，在色系上不能超过三种颜色；否则，会给人一种没有男子气概的感觉，在视觉上也没有整体感。除此之外，在色彩的搭配上，男士出席正式场合时，使用的公文包、腰带和皮鞋的色泽应该相同。

（2）男士西装的穿着规范。男士可以准备两套西装：一套是平时日常穿的，颜色不要太鲜艳，可以选用小方格的或者条纹的西装；一套是在正式场合用的，颜色以深灰、藏青或黑色为主，这种颜色显得庄重，有风度。如日本的男士在正式场合一般喜欢穿黑色西服。

在穿西装时要注意与之配套的衬衫须挺括、整洁，且无褶皱，尤其是领子和袖口，一般领子和袖口要超出西服的领子和袖口约1cm左右，衬衫的下摆要塞进西裤，袖口须扣上不得翻起。如果不系领带，则衬衫的领口不应系上。在正式的场合穿西装要系领带，要注意领带的长度，不能太长，领带尖抵达腰带即可。一般不宜使用领带夹。领带的系法颇有讲究，常见的有平角结系法、小三角结系法、大三角结系法。

还要注意扣子的系法。西服上装有单排扣与双排扣之分，一般单排扣较常见，单排扣又有单粒扣、双粒扣、三粒扣之别。在正式的社交场合，只有一颗纽扣的西服，一般要系上；

第十二章 公共关系语言艺术

两颗纽扣的西服,一般只系上面的一颗;三颗纽扣的西服,只系中间的一颗。如果是双排扣或中山装,则所有的纽扣应该全系上。

西裤的长度要适宜。裤长从后面看,裤脚在鞋帮的1/2处即可,不宜太长,否则会显得拖拉,太短则让人觉得寒碜。在穿西裤时,要注意调整腰带的长度,一般腰带的长度比裤长长1cm,不能太长,到第一个裤袢处即可。腰带的宽度也要适宜,应该为3cm。另外在非正式的场合,有些男士会不系纽扣,此时要注意腰带扣的选用,而且腰带扣要与裤子的拉链对齐。

(3) 男士西装颜色的搭配。

1) 正式场合:可以穿着深色的西装、白色的衬衣、黑袜子、黑皮鞋,可以选用真丝或人造丝的有细碎花纹的领带。

2) 非正式社交场合:可以穿西服套装。如带方格的灰色裤子和黑色西装,配白色的衬衣、灰领带、黑色或棕色的皮鞋、深色袜子。此时要注意,不管如何搭配,袜子的颜色都要比西服的颜色深。

3) 衬衣与西装在色调上要形成对比,西装颜色越深,衬衣的颜色越明快。花衬衫不能配男士西装,带条纹的西装不能配方格衬衣等。

4) 领带的选择要根据西装面料的色泽、花纹、款式来决定,一般带图案的领带配素色无花纹的衬衫。

5) 几种常见的色彩搭配。灰色色系:可由外向内逐渐变浅,如深灰西装,系浅灰有花纹的领带,配浅灰色的衬衣;暗蓝色西装,配白色或浅蓝色衬衣,系蓝色或褐色、橙黄色领带;墨绿色西装,配白色或银灰色衬衫,系银灰色或灰黄色领带;乳白色西装,配红色或略带黑色、砖红色的衬衣,系黄褐色的领带。

2. 女士的着装

俗话说:"男穿牌子,女穿样子。"其意思是女士比男士在着装方面有更多的选择性,但也要注意规范。如在正式的场合,无论室内、室外,女士均可戴帽,但帽檐不要太宽;参加正式的社交场合,女士着装要典雅大方,以上衣、下裙为好;在一般的社交场合,也可以穿旗袍或其他民族服饰。

女士着装的基本准则是简洁大方,自然得体。

在较正规的工作场合,适宜穿西服套裙,裙长至少及膝,一般的长裙适合于一切场合,无袖或背带式的连衣裙只适合在度假或在家中穿着。

在正式的或比较正式的场合,不能穿凉鞋或靴子,只能穿皮鞋,即前不露脚趾、后不露脚跟的皮鞋。

在颜色的搭配上,应该注意以下一些问题:

(1) 一般上身衣服的颜色要比下身衣服的颜色浅一些,否则会给人一种头重脚轻的感觉;但如果自身气质、身材、风度均佳,则下身衣服的颜色可以浅一些,这样可以给人留下比较轻盈、别致的印象。年轻人避免穿一身黑色的衣服,会给人一种死气沉沉的感觉。

(2) 上班的女士如果穿长裤,一定要保证质地良好,一般不适宜穿牛仔裤出席正式的会议。

(3) 穿衣要考虑自己的体型。体型胖的人可以穿过膝长裙或西服裙,不适宜穿瘦身衣,否则会给人一种浑身是肉的感觉;体型瘦的人则可以穿膝盖以上的短裙,以显得轻盈。脖子短的人可以选择V型领,这样可以使颈部显得长;而宽大的圆形领则会让人显得更胖。

(4) 在色泽的选择上,一般暖色调更适合体型正常、皮肤白皙的人,而深色由于有收缩感适合体型稍胖的人。皮肤黑的人适合选择深暗颜色,如深藏青或黑色。

三、妆饰

1. 化妆

人不可能十全十美，也不可能每个人天生丽质，甚至有些人天生有些缺陷，这些都可能妨碍社交活动的效果。但通过适当的妆饰，可以很好地修饰一个人的外表。而且，绝大多数人都会认为，在正式的社交场合适度的妆饰是对对方的一种尊重。

面部的美化，由于性别的不同有不同的标准和要求。在正式的场合男子稍事化妆是必要的。但应注意男女有别，男士在使用化妆品时不宜过多，色彩接近肤色为好；眉毛的描画、修整不宜过浓，而且不能使用女士的化妆品。化妆要讲求整体效果，如头发的整理、眉毛的修整、胡子的整理等。

女士的化妆应随着时间和场合的改变而变化。白天，略施粉黛即可，职业女性以淡雅、清新、自然为宜，忌浓妆艳抹；参加晚会时女士可以适度化浓妆，但也不宜招摇。

总之，化妆要注意以下一些礼节：

（1）正式场合要化妆，男士也不例外。
（2）不要在男士面前化妆。
（3）不要在公共场合化妆。
（4）不要非议他人的化妆。
（5）不要借用他人的化妆品。
（6）在化妆时，可以适度使用香水。职业女性应该选用清新、淡雅的香型，抹于耳后或颈部、手腕处，讲求的使用原则是"宁缺毋滥"。不要使用劣质香水，更不能使用过浓的香水。

2. 配饰

随着人们生活水平的提高，佩戴首饰已经是很常见的了。配饰主要包括头饰，如发卡、发插等；项饰，如项链、项圈等；手饰，如手镯、手链、戒指等；胸饰，如胸针、别针等；腰饰，如腰带等；脚饰，如脚镯等。首饰的材料可以分为两大类：第一类是贵重宝石和金属，第二类是廉价天然或合成材料。首饰在佩戴时要讲求一定规范，否则宁可不戴。

配饰的使用规则有：

1）数量规则：配饰的选用以少为佳，即下限为零，上限为三，总量上不要超过三种。戒指最多可戴两枚，戴在一只手上或两只手上对应的手指上。

2）色彩规则：佩戴的首饰要力求同色，色彩一致，同时应与服装的色彩协调。

3）质地规则：所有的首饰要争取同质，即质地相同。而且，高档的首饰不宜在工作或休闲时佩戴。

4）身份规则：首饰的选用要符合本职业的特点。有些行业是不宜佩戴首饰的，如医生、宾馆服务人员、厨师等。

5）体型规则：首饰的选用要考虑本人的体型。如脖子长的人适合戴短、粗的项链；脖子短、粗的人，适合戴细长的项链。

6）季节规则：不同的季节首饰的选用要注意色彩的更替。金色、深色的首饰适于在冷季佩戴，银色、艳色的首饰适合于在暖季佩戴。

第五节 公关礼节

公关礼节是社交礼节的重要组成部分。它既有社交礼节的基本特征，也有区别于一般日

第十二章 公共关系语言艺术

常交际礼节的特性。

一、公关礼节的基本特征

1. 庄重文雅

礼仪、礼貌是庄重文雅的，其语言也应是庄重文雅的。在公共关系活动中的礼貌语言都明显表现出庄重文雅性。如会晤时的称呼语、问候语、介绍语和握手、致意、接待时迎来送往和赠礼受礼的礼貌用语，宴会和晚会、舞会上的礼貌用语，外事谈判、签字时的礼貌用语，商品销售中的微笑服务和文明用语等，都是端庄、稳重、文明和雅致的规范用语。

2. 模式化

礼貌的言行举止方式是约定俗成的。它是人们在社会交往中必须遵循的，对交往对象表示尊敬与友好的规范惯例，一般都有规范的模式或惯用的套路与固定套语或者格式语言。

模式化特征在各种公共关系活动中都有体现。例如，公关礼貌中的自然语言，哪些是敬语，哪些是谦语，在什么场合对谁用敬语，又对谁用谦语；什么时候对什么人用什么问候语或祝福语；哪些是吉祥话可以说，哪些是禁忌语不能讲等，都是长期习用、约定俗成的。又如，公共关系非自然语言中的体态语言的运用大都能体现出文明礼貌，而且一般都有规范的模式。正所谓"站有站相""坐有坐相"，对于站、立、行都有规范模式，任意逾越，就会显得不礼貌。再如，怎样握手，握手的力度、时间的长短、面部的表情等都有习用性。

3. 可操作性

礼貌用语的可操作性与模式化密切相关，礼貌语言既有规范模式与惯用套路，又有可操作性的表意手段。例如将礼貌语可以划分为问候语、称谓语、寒暄语等。

具有公关意识和高文化品位的公共关系人员都应具有浓厚的礼貌意识，努力学习和把握公关礼貌语言并控制使用，严格按礼貌规则规范自己的言行举止，既尊敬公众又自尊自爱。表达的感情适度，谈吐举止得体，有利于公共关系实务目的的实现。

二、公关礼貌语言的运用

现代社会中公共关系活动异常复杂，各种公共关系实务活动都要运用礼貌语言。公关礼貌语言丰富多彩，各种公关礼貌语言都有一定的社会约定俗成的行为规范与模式。

1. 公关人际交往中的礼貌语言运用

人际交往是指人们在社会生活中为满足某种需要而进行的信息传递、思想交流，以求彼此了解、相互合作的一种社会活动。它是社会生活的重要内容，也是维持人们正常生活的基本条件。任何人都不能缺少人际交往，公共关系人员进行人际交往活动是其经常性的工作，它直接关系到组织的生存和发展。公共关系人员进行人际交往时除了与人为善、讲究信誉外，讲究礼貌语言的运用也是其成功的重要条件。公关人际交往礼貌语言最常见的是称谓、问候、握手、介绍、致意和交换名片中的语言。

（1）称谓。称谓是指人们在交往应酬中用来表示彼此之间相互关系的称呼。它反映出交际双方的角色关系和个人的社会价值，同时表示一方对另一方的敬意与礼貌。称谓分为亲属称谓和社交称谓，与公共关系实务有关的是社交称谓。

公共关系人员在正式场合使用称谓，必须体现出文明礼貌性，为此，要注意以下一些问题：

1）采用正规的称谓。正规称谓主要体现在工作岗位中，与工作岗位相结合，可以称呼行政职务、称呼技术职称、称呼职业名称、称呼通行尊称或直呼对方姓名等。

公共关系学

2）准确、得体。对社交称谓的选择要依据交际对象、身份、双方关系和场合而定，做到准确、得体，合乎礼貌。

3）体现对他人的尊重。对人的合乎礼貌的称呼，正是表示称呼者对被称呼者尊重的一种方式。为了体现尊重，除了称谓准确、得体之外，还要用尊称。

4）入乡随俗。不同民族、不同地区的称谓，具有一定的民族、地区性特征。尤其中国地域广阔，少数民族众多，称呼也是多种多样的。

(2) 问候。问候是指人们与他人相见时以语言或动作向对方进行致意的一种方式。问候的用语是问候语。在公共关系实务活动中，公共关系人员更要主动向人问候，表示关切、有礼貌，以便进一步接触和交谈。但要注意以下几个问题：

1）因人而异。不同民族的人们由于社会文化背景不同，问候的方式和问候语都大不一样；同一民族的人们由于亚文化或职业、文化教养不同，也常常使用不同的问候语。如普通话中的"您早"，广东人的"早晨"，知识分子之间的"久仰久仰"等；中国人见面时的握手或点头，日本人的鞠躬，泰国人的合掌礼等。

2）积极主动，热情友好，自然大方。问候他人一定要积极主动，而且要表现得热情大方。

3）内容得当。问候他人时除了要根据需要，选择适当的问候语之外，还须避免涉及个人隐私和不合礼貌的内容。

(3) 介绍。介绍是指人际交往中为接近对方而常用的一种最基本的沟通方式。人际交往中，介绍分为自我介绍和介绍别人两种。

1）自我介绍。这是公关活动中最常见的口语形式。当公共关系人员、组织员工处于比较正规的场合，面对陌生的公众时，首先要做自我介绍。自我介绍一般视对象而选择介绍语。把自己介绍给领导、长辈时，语言要谦恭有礼。

2）介绍别人。社交活动中，公共关系人员如果处于主持人地位或充当中介人时，要帮助他们介绍对方。介绍别人时要注意以下几点：

① 介绍要注意先后顺序。为双方做介绍时要确立"把谁介绍给谁"的观念。得体的做法是"尊者居后"，即把职位低的先介绍给职位高的人，把年轻的先介绍给年长者，把男士先介绍给女士，把主人介绍给客人，把家人介绍给外人。如果双方年龄、身份相差不大，则应把自己熟悉的先介绍给对方。

② 介绍信息量要适中。信息量太少，双方只能了解一个姓，而无法从介绍中找到继续交谈的共同话题；而信息量太大，时间太长是一方面，还会使被介绍者尴尬。合适的是介绍的内容包括姓名、工作单位、职务和特长，这样有利于双方找到交谈的共同话题。如："我来介绍一下，这位是××先生，目前就职于××公司，美学爱好者。"这是最常见的介绍语。

③ 介绍要热情、文雅。介绍语中不要使用太粗俗或不文雅的称呼，也不能介绍别人的绰号。

(4) 交换名片。名片是社会交往中用来自我介绍的沟通媒介，它是交际生活中的一种文化现象，在现代社会交往中的使用越来越普遍。公共关系人员交换名片，除了起到交际沟通的作用外，还能产生公关效应，能辅助组织形象或产品的良好形象，增加社会效益和经济效益。因此，在递送名片时要注意以下一些内容：

1）递送名片。递送时要表现谦恭，郑重其事，不仅要起身站立，主动走向对方，目光要和蔼可亲，面带笑容，而且应当恭敬地用双手的拇指和食指轻轻夹住名片正面的两角，送到

第十二章 公共关系语言艺术

对方的前胸,并配合礼貌用语。如与外宾交换名片,则要依从对方递交名片的习惯,如日本人喜欢用右手送名片,左手接名片;欧美人、印度人习惯于单手与人交换名片。

2) 接受名片。接受他人名片,应起身或欠身,面带笑容,用双手的拇指和食指捏住名片的下方两角,并伴以语言"谢谢!"。接过名片之后要看一遍,并把它慎重地放入上衣口袋,之后,一般应立即回送自己的名片给对方。若没有名片时应向对方道歉或略加解释。

3) 索取名片。如果别人不主动送名片,一般不要向他人索要名片。万一需要,应首先递上自己的名片,等候对方回复自己,或在递上名片的同时,明言:"能否有幸与您交换一下名片。"也可婉言暗示索要名片。

2. 公关拜访与迎访中的礼节

(1) 拜访。拜访是一种双向的聚会活动,又称拜会或拜见。它一般是指亲自或派代表到某人家里或者工作单位去拜见、访问、会晤、探望某人。这是人际交往和公关交往中不可缺少的一种礼仪活动,这种礼仪活动对建立联系、交流信息、联络感情、发展友谊起着其他礼仪活动难以替代的作用。拜访也有相应的礼貌语言规范和模式,最主要的有以下几点:

1) 选好时机,事先约定,准时赴约。无论拜访对象是谁,都必须事先打电话或写信或者托人联系约定合适的时间、地点,并把拜访的意图告诉对方。预约的语言必须恳切、有礼,必须用请求、商量的口气。双方约定了会面时间,作为访问者就要按时赴约,时间的把握要适时:不要过早,让对方措手不及;也不应迟到,让对方久等。如果因故迟到,则要向主人道歉。这是拜访的第一礼仪,既体现个人的修养,更是对被访者的尊重。

2) 恭敬有礼,举止文雅,语言得体。如到受访者寓所拜访,到门口时,应用食指轻叩两三下或按门铃,有人应声,然后退后一两步等待隐身于门框一侧,待门打开时再向前迈半步,与主人问好,有礼物可随手交与主人,或放在不碍事的地方,临走时再送。进门后,主人不让座,不能随便坐下;若主人是长者、上级,主人不坐,自己也不能先坐。如果要抽烟,要先问主人是否允许,若主人不吸,自己最好也不吸。做客时,除了一些书籍外,室内其他摆设最好不要动。

3) 适时告别。拜访的时间不宜过长,如果是初次拜访,一般要少于 25min。强求别人硬耗时间是不礼貌的。决定告别时,要向主人示意,并主动与主人握手告别,出门后,要请主人留步,并举手或挥手致意,以表达再三感谢之情。

(2) 迎访。迎访就是迎接来访的客人,这也是社交和公共关系交往活动中不可缺少的一部分。客人来访,不管是事务性的,还是礼节性的,作为迎访的主人都应遵守特定礼貌语言规范。它主要包括以下几点:

1) 热情迎接。一般来说,对前来参加公共关系活动或地位较尊贵的外地客人,主人应亲自或派代表按事先约定的时间到机场、车站或码头迎接。对近处初次来访的客人,也应到寓所或单位门口迎接。迎接时,一见到客人就应招手示意欢迎,并主动上前握手表示欢迎。如客人手提重物,应帮助接提,并走在前面带客人乘车或步行至寓所或者组织单位的接待厅。

2) 礼节周全。客人进入客厅后,应尽快让客人落座,并及时地拿上茶水或饮料。如果未经预约客人突然来访,不管多忙,也要放下手中的工作热情接待,并陪伴客人。与客人谈话时,态度要热情,精神要饱满,不要有不耐烦的神态。如客人有事要帮忙,应尽可能地满足要求;如有困难,应委婉地说明表示拒绝。

3) 礼貌送客。客人告别要走,应起身道别,送别客人时客人在前,主人在后,一般送到门外,待客人伸出手来,主人方可伸手相握。目送客人远走,可挥手致意。

公共关系学

3. 电话接待中的礼节

电话接待是公共关系日常工作中的一部分，并且，在普通电话中，对方接触到的只有你的声音，因此，最基本的礼貌是要让对方听到你的声音时，会感到心情舒畅。在接听电话的过程中，一般是电话铃响三遍后接，应先说："抱歉，让您久等了！"如果是重要的电话，一定要站起来接电话。在自报家门，询问对方的意图，叙述清楚之后，再轻放电话。如果自己是接电话的一方，则要让对方先挂电话。

4. 宴请中的公关礼节

宴请是公共关系活动较常见的一种活动形式，常见的形式有正式宴会和便宴。便宴又有家宴、冷餐宴、鸡尾酒会、工作餐和茶会等。在宴请就餐的过程中，要注意一些礼仪问题，主要包括以下一些内容：

（1）席位安排。正式宴请一般均安排桌次和席位，也可只安排主桌席位，其他只排桌次或自由入座。桌次安排的原则是以离主桌位置远近来决定桌次的高低，右高左低。席位安排时，我国习惯按职务高低排列，如夫人及女士出席，通常将女方排在一起。就座时，一般离门最远的位置为上，向门一面为主宾席，主人背门而坐。

（2）就餐时的礼貌语言

1）使用餐巾：餐巾的使用主要是为了避免进食时弄脏衣服以及餐毕擦拭时使用。宴会开始时，主人拿起餐巾，就是进餐的信号，客人随即拿起餐巾。不可用餐巾擦拭杯盘，就餐结束后，将餐巾置于左手边即可。

2）中餐礼节：吃中餐时，要等主人招呼大家用餐再动手，用菜要就近使用，掉在桌上的菜肴不可再用，上菜间隙不要东张西望。吃东西时要闭嘴，不要出声。嘴里有东西时不要讲话。夹菜时不要在盘中搅动，不要用筷子指指划划。劝酒不要过度，要敬酒而不是劝酒。

3）西餐礼节：西餐一般讲究吃不同的菜用不同的刀叉，饮不同的酒用不同的酒杯。吃西餐应右手用刀，左手握叉。吃食物时要用刀将食物切成一小块，然后用叉放入嘴中。吃正餐时，刀、叉的数目与上菜的道数是相等的，并按照上菜的顺序由外到内排列，刀口向内。取用刀、叉时，应按照由外到内的顺序吃一道菜换一套刀、叉。暂时离开时，刀、叉应摆成"八"字放在盘边，表示未吃完。吃完后，将刀、叉并拢放置，表示已用完。进餐过程中，不应紧靠椅背或紧贴桌面，不要将胳膊放在桌子上，不要随意脱下衣服，松开领带，或把袖口挽起。如果不小心将刀、叉掉到地上，应从容地叫服务员更换新的。

4）喝汤的礼节：喝汤要用汤匙，不能端起碗来喝，喝汤时不要出声，汤匙由身边向外舀起，不要搅和汤，也不要用嘴吹。

5. 舞会中的礼节

（1）舞会前的准备。男士要穿西装，女士要着长裙，盘起长发。参加舞会前不要吃一些辛辣或带刺激性气味的食物。如果患感冒，就不要参加舞会。另外，如果不会跳舞，不要现学现跳。

（2）邀舞与跳舞。一般男士请女士跳舞。如果是上下级，不论男女，下级应主动邀请上级跳舞。如果男士有舞伴，要先请女伴跳舞；若是单独一人，应先请无男士陪伴的女士跳舞；若对方有男伴在场，应先向其男伴致意，然后再邀请女士跳舞。如果与女士是初次相识，千万不要拉着女士的手进入舞池，一前一后即可。

一曲结束，先致谢，然后将女伴送回座位。无特殊原因，不要中途更换舞伴。一般不能整个舞会总盯着一个舞伴，连续邀请一两支曲目即可。

第十二章 公共关系语言艺术

第六节 跨文化的公关语言

当今世界是一个多极世界，也是一个多元社会。不同国家、不同民族有不同的文化，如何协调彼此之间因文化背景不同产生的信任、理解障碍，即如何实现跨文化的沟通已成为世界性的话题。

公共关系是一个社会组织与其相关公众所构成的社会关系，公共关系主体的工作对象即公众理论上是遍布全世界的。因而公关事业与跨文化的传播有着极为密切的联系。

一、语言方面的跨文化沟通障碍

跨文化沟通是指这样一类语言交流现象，即语言的编码者是一种文化的成员，而语言的解码者则是另一种文化的成员。

一个民族所使用的语言与该民族所拥有的文化之间存在着密切的联系。在跨文化沟通中，不同文化之间的差异对于语言现象具有十分明显的制约关系。

（1）不同的文化给语言表达打上了各自不同的独特印记。如一些词语的语用意义，如果脱离了文化背景就难以理解。

（2）文化背景影响着对语句意义的理解。如中国人见面时的问候语可以是"你去哪里呀？"或"你吃饭了吗？"而在欧美，问这样的问题，是被看作干涉别人隐私的。

（3）不同的文化价值观会导致不同的语点组织和语符选择。文化价值观弥布于文化之中的一些普遍的规范性价值观，它通过成为文化背景的一个主要组成部分，因而往往成为制约跨文化沟通的一种关键性因素。

（4）文化差异造成语义的非对应性。如汉语中的某些惯语如不顾及特定的文化因素，仅就字面意义而翻译为别的语言，那么势必造成语言误译而导致交际障碍。同样，英语中的某些词汇若直接翻译为汉语，也会出现同样的问题。所以，跨文化沟通的语言翻译，应当考虑这些词语能否有原语与译语接受者中间引起相同作用的反应，尤其应注意将原语中蕴涵的各种文化因素与译语进行比较，使之在交际功能上相互协调。

二、跨文化公关

跨文化公关是指存在于具有不同文化背景的主客体之间的公共关系。

在跨文化公关实务中，公共关系主体要在异文化公众中传播组织信息，建立、维系本组织的良好形象和信誉，关键在于消除彼此文化背景相异引起的交际障碍。只有打通文化壁垒，才谈得上信息的顺畅交换，实现相互理解。所以，跨文化公关的核心是文化沟通。

1. 跨文化公关与涉外公关

跨文化公关与涉外公关的概念内涵有交叉，但着眼点不同。涉外公关是目前公关分类中比较流行的说法，是指跨国别的公共关系，着眼于国家、疆域的范围。公共关系延伸到国门之外，或公共关系主客体分属于不同的国籍，都可成为涉外公关。跨文化公关则着眼于主客体的文化差异。文化的界限不完全等同于国家或疆域上的界限。如一国内也存在着不同的地域文化类型，同一社会中的不同阶层、不同社群也有其亚文化，地域、社群等亚文化之间的公共关系也属于跨文化公关。

2. 跨文化公关语言的性质

（1）跨文化的语言交际。语言是交流信息最重要的工具，语言又是文化载体，因而跨文化的语言交际有着丰富的文化色彩，其表达和领会以话语为中心，话语背后潜藏着文化的接触。信息的发出者在言语中充当表达的角色，而信息的接受者担当领会的角色。跨文化的交际中，交际双方既是表达者又是领会者，互为说话人和听话人。从动态的角度讲，在特定的交际语境里，信息发出者根据自己的意念和原有的文化观念组织话语，发出信息；而接受者根据信息发出者的话语和自己的意愿及原有的文化观念去再现并领会对方的意思。由于言语双方文化观念相异，如果一方没有认识对方依据的文化，则再现就难以达到正确。

（2）跨文化的公关语言。对于跨文化交际意识的交际者来说，在跨语言的交际中，他们往往以为只要懂得对方的语言中的词汇、语音、语法就可完成交际了。然而，语言与文化总是存在着千丝万缕的联系，交际双方的表达和领会都受各自原有文化观念的深刻制约，建立彼此之间的文化共识是实现跨文化沟通的必要条件。

跨文化的公关语言是跨文化公关活动中的语言，它一方面要受公共关系职能的制约，另一方面又以实现沟通为直接的目的，因而必须无条件地建立文化共识。或者是公共关系主体接受公众的原有文化，或者是公众理解公共关系主体的文化，大多数是公共关系主体理解、迁就公众文化。

因此，公共关系人员在熟悉异文化公众语言要素的同时，必须熟悉其文化，在公共关系目的的总体制约下求得表达、领会的顺畅实现。

3. 跨文化公关的语言策略

从跨文化公关语言的性质可知，实现与异文化公众的语言沟通，远非熟悉对方语言的结构知识那么简单，也不是拜托翻译就能解决问题的，公共关系人员应该从跨文化公关的实质——文化沟通的角度发展自己的沟通能力，其语言策略包括以下几种：

（1）克服文化优越感，以平等的心态参与交际。视自己的文化为正宗并抱有一种优越感，而对异文化从心理上排斥或者以一种欣赏奇风异俗的态度去对待，这是跨文化沟通中常有的表现，是本土文化中心主义造就的心理定势的一种下意识的流露。这种态度不可取。文化本身没有高低之分，不同文化类型反映的是人类不同的生存状态。所以，在跨文化的公关语言交际中，公共关系人员应该时时注意调整自己的心态，以免因下意识地流露优越感而伤害对方。

（2）发展移情，实施文化融入。公共关系人员应将自己的思想感情融入对方文化之中，直至把自己放在对方的位置上来观察问题。这种设身处地为他人着想，努力理解对方文化以选择话语并实现公共关系目的的能力是跨文化的公关语言能力。

发展移情，实施文化融入易于赢得异文化公众的认同；忽视文化差异，想当然地以本土文化好恶强加于人则容易产生文化摩擦。

（3）充分利用共识文化。任何异文化的公共关系主客体都不同程度地拥有一定的共识文化。含有共识文化的语言材料是跨文化公关中不可多得的宝贵资源，应该有意识地加以挖掘并利用。如中国古典文学在周边的国家中传播甚广，如王维的诗句"红豆生南国，春来发几枝。愿君多采撷，此物最相思"，不仅在我国家喻户晓，而且在日本、朝鲜、东南亚等国家都广为传诵，"红豆"因王维的诗而带上了"相思"的浓重文化色彩。也由此在世界范围内，形成了"红豆寄相思"的共识文化。

三、汉英交际语言文化差异

汉英两种语言背后蕴涵的交际文化存在不少对立性的差异，反映了东西方不同的社交准

第十二章　公共关系语言艺术

则。这些差异可体现在以下几方面。

1. 对年龄问题的理解

年龄对于英美人来说，是一个十分敏感的话题。在英美等国家人们会千方百计地保持青春，防止衰老。在与英美人打交道时，打听对方的年龄、说对方年老都是不礼貌的行为。中国的传统则对于年龄向来比较随意，不仅如此，社会交往中，还习惯于拔高对方的辈分，以示尊重。比如，有一位从事外事工作的小姐，曾接待了一位来自美国加州的82岁高龄来华旅游的老太太。见面时，这位小姐说："您这么大年龄还到国外旅游，可真不容易呀！"不料，老太太一听此话，脸色立马一沉，冷冷地应了一句："是吗？你认为老人到国外旅游是一件奇怪的事吗？"小姐本意是礼貌尊敬，而事与愿违，原因是不了解西方国家老年人对"老"的忌讳。

2. 问候

中国人表达对他人的关心，推崇"问寒问暖""无微不至"。如问"你去哪儿呀？""你一个月挣多少钱？"等。而这些问候如果放在英美人身上，就会适得其反，因为他们反感别人关心自己的私生活。

3. 邀请

处于传统的礼貌，中国人在接受邀请时总是半推半就地应承，倘若满口答应则被人认为是不懂礼貌。而英美人没有这种含蓄，对于邀请要么一口答应，要么一口回绝，接受与否态度明确。对这一点一定要正确认识，否则会出现误会。

4. 道歉与致谢

公共关系实务中，若冒犯了公众，公共关系人员要向公众道歉。中国人表示歉意是否诚恳似乎取决于道歉话说多少；可英美人，尤其是美国人性格粗犷，办事干净利落，"对不起"听多了，反而觉得道歉者不诚恳。如有位公关小姐在为美国客人倒茶时，不小心将茶水溅到了客人的身上，她赶紧说："对不起。"客人回答："没关系。"而那位公关小姐又加了一句："对不起，实在对不起，是我不小心。"这样一来，反倒让客人局促不安起来。同样，感谢话说多了，也会让英美人感觉烦不胜烦。所以，道歉和致谢言不在多，关键是适可而止，充满歉意地致谢也是不合英美礼俗的。

5. 称赞与被称赞

对于欧美人来说，当面称赞女性美丽是很自然的事，女性听了也是美滋滋的。中国人却不同。中国人不习惯当面赞美女子漂亮，甚至会认为这是一种挑逗。

中国人对赞美总是谦虚一番，或贬低自己，或归功于集体；而英美人士听到赞美会立即说"谢谢"，毫无保留地接受。

6. 某些动物词的文化象征

在中国，狗是低贱的动物，有关狗的词语多数是贬义。而在英美人心目中，狗是人类的良友，称人是"幸运狗"或"老狗"，意思是"幸运儿""老练"，是一种夸奖。

在中国，龙是吉祥的象征，是力量的象征，炎黄子孙是"龙的传人"。而英语中"Dragon"是喷烟吐火的怪物。所以亚洲的"四小龙"被翻译成"Four Tigers（四小虎）"。

在中国，孔雀被视为一种美丽的鸟，也是喜庆吉祥的象征，所以人们常用孔雀比喻美丽的人或事物。在英语中，孔雀是祸鸟、淫鸟，说孔雀开屏是自我炫耀和吹嘘。

猫头鹰在中国被看作不祥之鸟。而在英语中，"Owl"是个表示智慧的鸟，说某人像"Owl"则是比喻他聪明。

四、中日交际语言文化差异

中日两国地缘关系密切，文化交往源远流长，两国传统文化与国民性存在许多相似点，这些相似点已形成的共识文化，为中日之间的公共关系实务提供了便利。另外，虽然日本文化基本上属于以中国传统文化为代表的东方文化，但由于受地理环境、独特的社会结构和急速发展起来的生产方式制约，其文化和国民性与中国传统文化以及中国的民族特性相比，还是有很大区别的。

1. 共识文化

日本公众的伦理观、道德观是以中国传统的伦常道德为模本的，彼此所推崇的都是儒家的克己主义。如在精神上都重感情、重义理、重道德，提倡与人为善、和为贵；在物质上不作过分追求而安分知足；在社会中都重视人伦调和，讲整体，重权威，互以对方为重，不过多要求个人权利，而重义务等。如在日本企业中，三菱综合研究所把"中庸之道"作为自己的最高道德标准。

在公关语言中，以社交套语为例，日本人若被邀请吃饭，日本人即使已经很饿了，也要说"吃过了"，以表示拒绝，这一点与中国的传统习惯相似。所以，在公共关系实务中，应该注重这种文化上的相似性，于公关语言中寻求彼此对文化的认同。

2. 交际用语中的家族观念和等级观念

在社会交往中，在中国以亲属称谓充当社交称谓十分普遍，并能体现一种亲近感。而在日本，家族内的联系几乎被削弱到西方的水平，亲属称谓没有汉语这么发达，所以自然也就不会像中国人那样以亲属称谓做社交称谓。相反，日本传统社会的等级观念却远比家族观念强烈，日语中区分自己与对方身份、上下级差别的词汇异常发达。在社交中，日本人对职务有严格的区分，如是副职一定要称呼副职。

3. 交际用语的"和为贵"

例如，日本社会是重视人际关系的以和为贵的社会，而且与中国相比有过之而无不及。日本社会有一定的伸缩性，人与人之间仿佛有润滑剂，可以减少摩擦与冲突。以谢绝的社交套语为例，对于请求，日本人一般不直接表示拒绝，而是先表示感谢，然后再说明自己的情况，语言风格相当委婉。这样做的目的在于保持双方协调与融洽的关系。

4. 电话用语

电话的特点之一是"不见其人只闻其声"，因此，在电话中使用的语言及其声音便成了判断好恶、决定取舍的唯一依据。日本人很介意对方讲话时的措辞及语言的表达艺术，打电话时仿佛面对对方、双方正在面谈一样。

日本人的电话用语特别强调两点：一是敬中有亲、亲而不亵。严肃认真是通过规范的敬语来体现的；亲切热情则是通过电话使对方感受出来的，而不是通过过分的亲昵用语表现出来的。二是发音清楚，词句丰富。日本人认为清脆的语音才受欢迎，这一点中国的公共关系人员要注意。

在挂电话时，中国人习惯常常在说过礼节话之后再说一声"再见"，然后挂电话。而日本人却以越来越小的声音，不停地轮番说一些礼节话，直到对方挂上电话之后才轻轻挂上电话。

5. 中日文中的汉字

日语中吸收了大量古汉语词汇。时至今日，日本还使用着近2000个汉字，其中部分汉字形、音、义与现代汉语相同或相近，有些是可以猜出意思的。而现代日文假名中夹杂的一些汉字，若想当然地用汉语的音义去理解，就难免出错。如日语中的"野菜"相当于汉语中的"蔬菜"；

第十二章 公共关系语言艺术

"汽车"相当于"火车";日语中的"留守"是"出门,不在家"的意思;"油断一秒,怪我一生"的意思是"疏忽一时,悔恨终生"等。所以,切不可简单地理解日语的意思。

6. 数字忌讳和数字崇拜

日本人忌讳的数字是4和9,因为4的读音与日语中的"死"的发音相近,而9的发音近似于"苦"。如在日本的监狱,有9号牢房却没有4号牢房。

日本人喜欢的数字是奇数,请客送礼大都乐意送3、5、7等奇数礼物。"3"的谐音是"生",表示吉祥,如东京电视塔的高度就是333m。

数字禁忌和崇拜带有很强的民族色彩,公共关系人员要留意其褒贬差异,以免给对方带来不悦。

【案例 12-1】
G20 峰会晚宴首脑座位安排

英国伦敦当地时间20××年4月1日晚,20国集团金融峰会东道主英国前首相布朗夫妇在唐宁街10号首相官邸举行了欢迎晚宴,迎接出席此次峰会的各国领导人及其配偶。布朗在一个房间宴请了各国领导人,当时的"第一夫人"萨拉·布朗陪着各国"第一配偶"在另一个房间一边聊家常一边享受美食。英国媒体日前披露了各国领导人在晚宴上的座次,如图12-1所示。

图 12-1　G20 峰会晚宴首脑座次图○

───────────

○ 来源:国际在线、中国新闻网。

公共关系学

据《卫报》4月2日披露,作为东道主,英国前首相布朗坐在了椭圆形宴会桌主人应该坐的位置上,中华人民共和国主席胡锦涛坐在他右侧,印尼总统苏西洛坐在布朗的左侧,约旦国王阿卜杜拉二世坐在布朗的正对面。据悉,布朗将私下会晤阿卜杜拉,两人将就两国之间的军火交易进行商谈。法国总统萨科齐被安排坐在胡锦涛的右侧。俄罗斯总统梅德韦杰夫被安排坐在墨西哥总统卡尔德龙和土耳其总理埃尔多安之间。

出乎意料的是,备受关注的美国总统奥巴马没有坐在布朗附近,他被安排坐在布朗的斜对面,其左右两边分别是韩国总统李明博和德国总理默克尔。阿根廷总统克里斯蒂娜·费尔南德斯·德基什内尔坐在奥巴马正对面。

为体现此次峰会的代表性,一些国际和区域组织的领导人也应邀出席了此次峰会,诸如世界银行行长佐利克、世贸组织总干事拉米和国际货币基金组织前总裁卡恩等。据悉,佐利克、卡恩及拉米三人分坐在宴会桌的两头。

英国《卫报》发表评论称,这样的座次安排很可能也大大出乎了与会各国领导人的意料。

[**案例讨论**] 你有注意平时参加会议等正式场合的座位安排吗?讨论并对其中的规律做一些总结。

【思考·讨论·训练】

1. 简述公关语言艺术的特点。
2. 人际交往中的空间距离应该如何把握?
3. 与人交谈中,注视对方时,应尽量将目光放在什么位置?
4. 怎样使用服饰语言?
5. 跨文化交流中应该注意哪些问题?
6. 怎样注意公关礼貌语言的运用?

参 考 文 献

[1] 詹姆斯·格鲁尼格. 卓越公共关系与传播管理 [M]. 卫五名，等译. 北京：北京大学出版社，2016.
[2] 里斯 A，里斯 L. 广告的没落　公关的崛起 [M]. 太原：山西人民出版社，2009.
[3] 菲利普斯. 网络公关 [M]. 陈刚，袁泉，译. 北京：北京大学出版社，2005.
[4] 宋鲁禹. e时代的危机公关 [M]. 北京：中国纺织出版社，2010.
[5] 李道平，等. 公共关系学 [M]. 北京：经济科学出版社，2003.
[6] 赵晓兰，等. 最新公共关系学教程 [M]. 北京：经济管理出版社，2004.
[7] 金实青，等. 公共关系学 [M]. 北京：北京工业大学出版社，2004.
[8] 居延安. 公共关系学 [M]. 2版. 上海：复旦大学出版社，2001.
[9] 吕维霞. 案说公共关系 [M]. 北京：对外经济贸易大学出版社，2002.
[10] 周晓琛. 商务谈判理论与实践 [M]. 北京：中国水利水电出版社，2004.
[11] 苗杰. 现代广告学 [M]. 北京：中国人民大学出版社，2011.
[12] 姚力，王丽. 广告创意与案例分析 [M]. 北京：高等教育出版社，2004.
[13] 饶德江. 广告策划与创意 [M]. 武汉：武汉大学出版社，2003.
[14] 倪宁. 广告学教程 [M]. 2版. 北京：中国人民大学出版社，2004.
[15] 陈敏. 现代公共关系实务 [M]. 上海：上海中医药大学出版社，2004.
[16] 希伯里，奎克，韦斯特比克. 体育营销学 [M]. 燕清联合，译. 2版. 北京：清华大学出版社，2004.
[17] 肖北婴，等. 现代公共关系学新编 [M]. 北京：北京工业大学出版社，2003.
[18] 李兴国. 公共关系实用教程 [M]. 北京：高等教育出版社，2000.
[19] 畅铁民. 企业危机管理 [M]. 北京：科学出版社，2004.
[20] 黎运汉. 公关语言学 [M]. 广州：暨南大学出版社，2004.
[21] 史仕新，夏菁. 企业网络公关策略 [J]. 企业改革与管理，2003（9）：24-25.
[22] 方琴丽，王挺. 企业网络公关策划研究 [J]. 焦作工学院学报（社会科学版），2004（2）：95-97.
[23] 车跃丽. 论网络时代的公共关系 [J]. 江淮论坛，2002（2）：33-39.
[24] 袁媛. 试论网络公关与网络广告的共存与融合 [J]. 山东行政学院学报，2004（4）：24-26.
[25] 姚凯. 网络公关及其传播方式研究 [J]. 科学管理研究，2004（1）：62-66.
[26] 张鸣. 论网络平台上的企业公关 [J]. 福建论坛（经济社会版），2003（6）：40-42.
[27] 秦文. 体育营销的夺金秘籍 [J]. 企业改革与管理，2004（5）：60.